philo praktisch 2

NEUE AUSGABE

Herausgegeben von Jörg Peters,
Martina Peters und Bernd Rolf

C.C.BUCHNER

philopraktisch – Neue Ausgabe
Unterrichtswerk für Praktische Philosophie in der Sekundarstufe I
Herausgegeben von Jörg Peters, Martina Peters und Bernd Rolf

Band 2
für die Jahrgangsstufen 7/8

Bearbeitet von Jörg Peters, Martina Peters und Bernd Rolf

Zu diesem Lehrwerk sind erhältlich:

- Digitales Lehrermaterial **click & teach** Einzellizenz, WEB-Bestell-Nr. 210581
- Digitales Lehrermaterial **click & teach** Box (Karte mit Freischaltcode), ISBN 978-3-661-21058-2

Weitere Lizenzformen (Einzellizenz flex, Kollegiumslizenz) und Materialien unter www.ccbuchner.de.

Dieser Titel ist auch als digitale Ausgabe **click & study** unter www.ccbuchner.de erhältlich.

1. Auflage, 1. Druck 2023

Alle Drucke dieser Auflage sind, weil untereinander unverändert, nebeneinander benutzbar.

Dieses Werk folgt der reformierten Rechtschreibung und Zeichensetzung. Ausnahmen bilden Texte, bei denen künstlerische, philologische oder lizenzrechtliche Gründe einer Änderung entgegenstehen.

Die Mediencodes enthalten ausschließlich optionale Unterrichtsmaterialien. An keiner Stelle im Schülerbuch dürfen Eintragungen vorgenommen werden.

Layout und Satz: mgo360 GmbH & Co. KG, Bamberg
Umschlag: mgo360 GmbH & Co. KG, Bamberg
Druck und Bindung: Mohn Media Mohndruck GmbH, Gütersloh

www.ccbuchner.de

ISBN 978-3-661-**21057**-5

Liebe Schülerinnen und Schüler,

wer hat schon Lust, seine Hausaufgaben zu machen? Wirklich eine lästige Pflicht, die man auch einfach lassen könnte, um sich auf das zu konzentrieren, was Spaß macht! Und am schönsten wäre ein Schlaraffenland, in dem niemand mehr arbeiten muss, oder eine Welt, in der Maschinen alles für uns regeln, denn so kann man sicher glücklich und erfüllt leben – oder vielleicht doch nicht?
Dies alles sind Themen und Fragen, mit denen ihr euch in diesem Buch unter anderem beschäftigen werdet und lernen könnt, welche Gedanken Philosophinnen und Philosophen sich heute oder vor langer Zeit dazu gemacht haben.
Wir laden euch auf eine spannende Reise ein, die euch an die unterschiedlichsten Stationen führen wird: Lernt mit Alice im Wunderland Humpty Dumpty kennen (s. S. 207), begebt euch nach Atlantis (s. S. 142), ins alte China (s. S. 258f.), Namibia oder Israel (s. S. 152f.) – es gibt viel zu entdecken!

Mit eurer Lehrerin oder eurem Lehrer könnt ihr besprechen, wie man das Buch nutzen kann:
In *philo praktisch – Neue Ausgabe* findet ihr insgesamt 14 Kapitel, zu jedem der sieben Fragenkreise des Buches gibt es zwei. Von diesen beiden könnt ihr das Kapitel aussuchen, das euch mehr interessiert.
Jedes der 14 Kapitel beginnt mit einer **Auftaktseite**, die euch auf das jeweilige Thema einstimmt.
Bei einem der beiden Themen eines Fragenkreises schlagen wir euch auf der Auftaktseite unter dem Logo *plus* noch eine zusätzliche (freiwillige) kapitelbegleitende Lernaufgabe vor, bei dem ihr selbst aktiv werden müsst. Dazu gibt es ganz unterschiedliche Angebote, aus denen ihr z. B. in jedem Schuljahr eines gemeinsam mit eurer Lehrkraft auswählen könnt.
Beim anderen Thema des jeweiligen Fragenkreises findet ihr im Kapitelverlauf eine farbig hervorgehobene **Methodenkompetenzseite**, auf der ihr jeweils wichtige Fähigkeiten trainiert. So lernt ihr beispielsweise, mit Gedanken zu experimentieren, in einem Rollenspiel Verhaltensweisen zu erproben oder philosophische Fragen in Filmszenen zu entdecken. Wir empfehlen euch, pro Schuljahr mindestens zwei dieser Kapitel mit Methodenkompetenzseiten auszuwählen.
Die verschiedenen **Doppelseiten** zu einem Kapitelthema enthalten jeweils vielfältige **Materialien (M)**, z. B. Bilder, Texte, Comics, Filmausschnitte usw., die ihr über die zugeordneten **Aufgaben** erarbeiten könnt. Diese sind manchmal zusätzlich gekennzeichnet durch die Buchstaben W für Wahlaufgaben, V für Vertiefung oder H für Hilfestellung (s. genauere Erläuterung auf S. 7).
Das Icon MK steht für Medienkompetenz: Damit ist eine sinnvolle und selbstbestimmte Nutzung der neuen Medien gemeint. Diese sollt ihr besonders im Kapitel „Virtualität und Schein" (s. S. 218 ff.) einüben.
Kästen, die das Symbol INFO tragen, erklären euch wichtige Begriffe und Sachverhalte noch einmal klar und einprägsam.
Und am Ende jedes Kapitels findet ihr unter der Überschrift **„Was wir wissen – was wir können"** (neben dem Abschluss eurer evtl. gewählten *plus*-Aufgabe) eine Übersicht zu den wichtigsten Inhalten jeder Einheit: **Wissen kompakt**. Diese könnt ihr zur Wiederholung und zusammen mit dem **Kompetenz-Check** zur Selbstüberprüfung nutzen.

Viel Spaß beim „Philosophieren" wünscht euch
Euer Autorenteam

FRAGENKREIS 4: DIE FRAGE NACH RECHT, STAAT UND WIRTSCHAFT

FRAGENKREIS 5: DIE FRAGE NACH NATUR, KULTUR UND TECHNIK

FRAGENKREIS 6: DIE FRAGE NACH WAHRHEIT, WIRKLICHKEIT UND MEDIEN

FRAGENKREIS 7: DIE FRAGE NACH URSPRUNG, ZUKUNFT UND SINN

Infokästen zu wichtigen Grundbegriffen

Bedeutung der Icons W, V und H

Wahlaufgaben (W)

Manchmal hast du die Möglichkeit, zwischen verschiedenen Aufgaben zu wählen. Vor solchen Aufgaben findest du den Buchstaben W. Die Wahlaufgaben (auch bei arbeitsteiliger Gruppenarbeit oder Gruppenpuzzles) beziehen sich entweder auf dasselbe Material oder auf verschiedene Materialien, d. h. du kannst die Aufgabenstellung oder das Material wählen, die bzw. das dich mehr anspricht.

Wahl zwischen zwei Aufgaben (S. 97)

W
2 Erläutere die beiden Statements und finde Beispiele aus deinem Alltag oder Umfeld, die verdeutlichen, wie Lust und Pflicht sich ergänzen können. > M3
3 Schreibe Bazon Brock oder Friedrich Schiller eine E-Mail, in der du zu seiner Äußerung Stellung nimmst und dein Verständnis von Lust und Pflicht darlegst. > M3

Wahl zwischen zwei Materialien (S. 161)

W
1 Zeige anhand von Beispielen, inwiefern der Mensch sowohl ein Natur- als auch ein Kulturwesen ist. > M1
2 Erläutere anhand der Abbildungen, inwiefern der Mensch nach Landmann ein kulturschöpferisches Wesen ist. > M2

Vertiefung (V)

In allen mit einem V gekennzeichneten Aufgaben soll ein Problem oder eine Fragestellung vertiefend und weiterführend untersucht werden.

Vertiefung (S. 257)

V 3 Diskutiert den in der Karma-Lehre angenommenen ursächlichen Zusammenhang von „Handlung" und „Glück". > M2

Hilfestellung (H)

Wenn du den Buchstaben H vor einer Aufgabe siehst, findest du auf den Seiten 264-269 zusätzliche Hinweise oder Anregungen, die dir (falls gewünscht) helfen, diese Aufgabe zu bearbeiten.

Hilfestellung (S. 37 / 264)

H 2 Wird man als Mann oder Frau geboren? Untersuche, welche Antwort im Text auf diese Frage gegeben wird. > M2

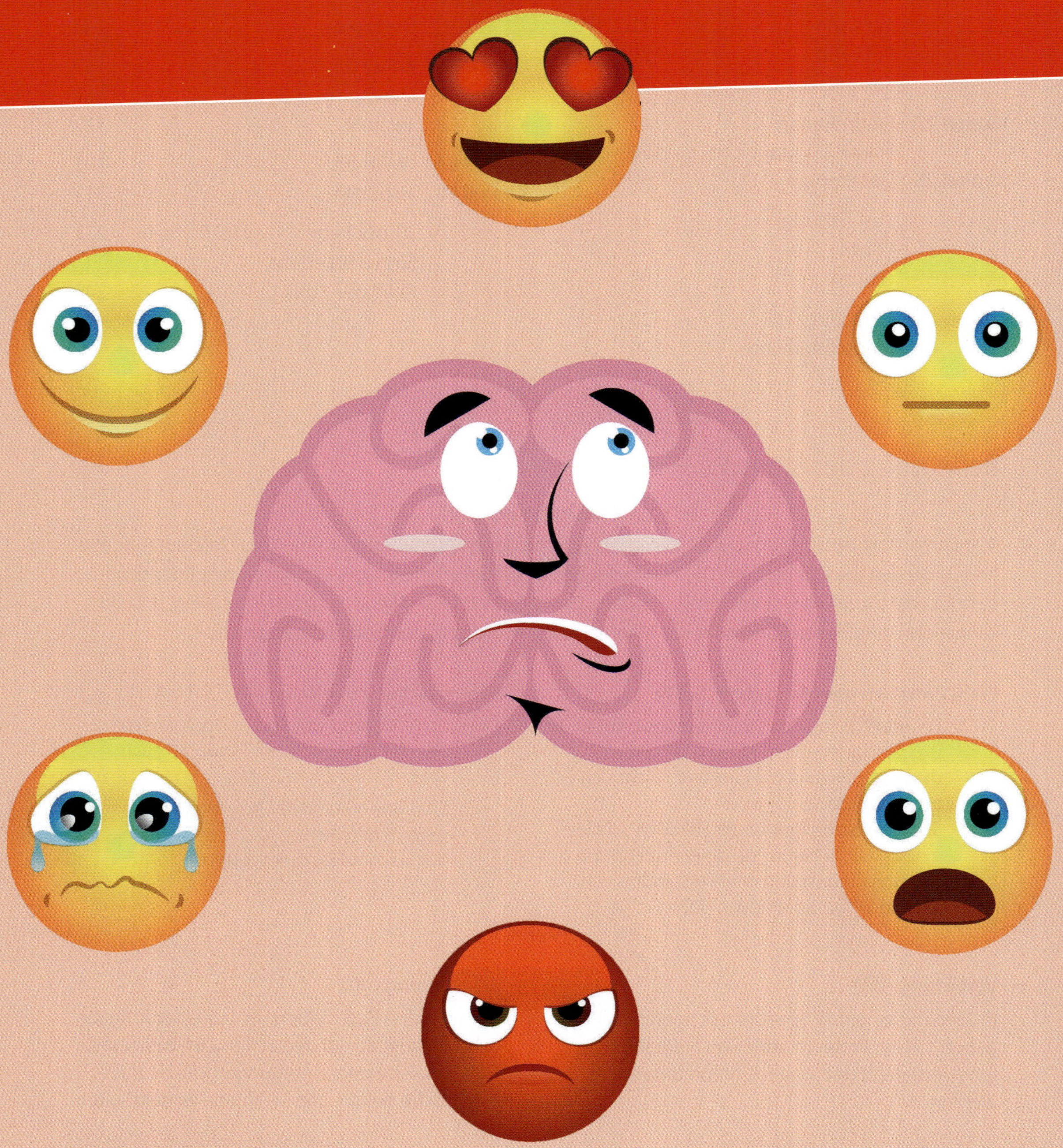

Gefühl und Verstand

AUFGABEN

1 Beschreibt die Emojis und benennt, was sie zum Ausdruck bringen. (Lösung: s. S. 270)

2 Schildert Situationen, in denen sich die abgebildeten Emojis einsetzen lassen.

plus E-Book „Gefühle geben zu denken"

In den kommenden Wochen werdet ihr euch intensiv mit der Vielfalt von Gefühlen auseinandersetzen. Eure Aufgabe wird es dabei z. B. sein, Geschichten zu schreiben, Film- und Jugendbuchszenen oder Songtexte herauszusuchen, die sich auf unterschiedliche Facetten von Gefühlen beziehen. Manchmal müsst ihr auch Erklärungen zu Gefühlen anführen oder Bewertungen zu ihnen abgeben.

Am Ende sollt ihr aus euren Materialien ein E-Book gestalten, zu dem jede und jeder aus eurem Kurs verschiedene Beiträge geleistet hat.

Die Welt der Gefühle

M1 Wie geht's?

M2 Das Moped

Tom kommt mit seinem neuen Moped angedüst und hält quietschend vor den anderen. Er dreht noch einige Male den Gashebel und lässt den Motor aufheulen, bevor er ihn abstellt. Tom bleibt breitbeinig auf dem Moped sitzen. Neugierige Blicke, Fragen, anerkennende Bemerkungen.

Jan denkt: Der hat's vielleicht gut! Neues Moped. Gefällt mir. Alle finden Tom cool. Hat immer die richtigen Klamotten, ohne sich nach anderen zu richten. Ihm fällt auch immer was ein, wenn Mädchen dabei sind. Nee, neidisch bin ich nicht, aber so wie er sein: nicht schlecht.

Freddy denkt: So ein Angeber. Das Moped hat ihm seine Oma geschenkt. Die wickelt er um den Finger. Immer will er im Mittelpunkt stehen. Die Klamotten sind auch nicht billig, auch von Oma gesponsert. Er meint wohl, seine blöden Sprüche wären witzig. Alles nur Show! Es gibt sogar Mädchen, die finden ihn cool. Kann ich nicht nachvollziehen. Ich kann auch ohne Moped leben.

M3 Kim, Anja und ihr Lehrer

Eine 14-jährige Schülerin erzählt aufgeregt: „Heute ist er wieder zu weit gegangen – der Herr N. Der macht uns ja immer wieder fertig. Aber heute hat er die Anja zum Heulen gebracht – die Anja, das ist 'ne Einser-Schülerin! Der hat so getan, als ob sie doof wäre, nur weil sie mal was nicht wusste. Hat die ganz übel lächerlich gemacht. Das müssen Sie sich mal vorstellen. Da bin ich aber aufgestanden und hab' gesagt: ‚Herr N., Sie haben eine Art, die wirklich sehr verletzend ist.' Ich habe ihm meine Meinung gesagt; ich hab' versucht, möglichst höflich zu bleiben, ehrlich. Der hat auch zugehört und die anderen haben geklatscht und mir danach gesagt, dass sie das ganz toll von mir finden – vor allem, weil die doch auch von mir wissen, dass ich die Anja gar nicht so ganz besonders gerne mag. – Aber jetzt hab' ich Schiss, dass der es mir heimzahlt. Ich misstraue dem. – Aber trotzdem: Leid tut's mir nicht, das können Sie mir glauben."

Udo Baer / Gabriele Frick-Baer

Udo Baer (*1949) / Gabriele Frick-Baer (*1952): deutsches Autorenpaar, schreiben Sachbücher zu pädagogischen und therapeutischen Themen

M4 Gefühlen auf der Spur

verärgert
deprimiert
wütend
enttäuscht
frustriert
geknickt
aufgebracht
niedergeschlagen
zornig
schockiert
verstimmt
ungehalten
beleidigt
leer
melancholisch
unzufrieden

Carla hat fleißig für die Mathearbeit gelernt. Sie hat sogar darauf verzichtet, mit Jan auf eine Fete zu gehen. Und nun: Schon wieder daneben! Carla sagt: „Ich bin sauer!"

Sven kommt nach Hause mit einem finsteren Gesicht. Sein Bruder fragt ihn, was los sei. Sven: „Ach, der blöde Marvin hat wieder über mich gelästert. Er hat gesagt, ich wäre der größte Loser in der Klasse, und mein Gehirn wäre nicht größer als eine Erbse. Ich bin echt sauer!"

Sabine darf beim Handballturnier nicht mitmachen. Der Trainer hat die Chris vorgezogen. Die anderen sagen, dass Sabine eindeutig besser ist. „Das weiß ich auch", sagt sie, „ich bin sauer!"

Ekrem hat einen schlechten Tag. Nichts klappt, alles wirkt grau in grau, selbst das Taschengeld, das ihm sein Großvater zugesteckt hat, kann ihn nicht aufheitern. „Was hast du?", wird er gefragt. „Ich bin einfach sauer", sagt er.

Xenia hat sich mit Karin verabredet, um mit ihr shoppen zu gehen. Nach der vereinbarten Zeit wartet sie noch eine halbe Stunde. Dann geht sie alleine los, obwohl ihr dies keinen Spaß macht. „Ich bin wirklich sauer", sagt sie zu sich selbst.

empört
erbost
betrübt
betroffen
bekümmert
unglücklich
entmutigt
bedrückt
verzweifelt
gekränkt
unglücklich
böse (auf/über)
schlecht gelaunt

AUFGABEN

1 Beschreibe die Situationen, in denen die Menschen sind, und benenne ihre Gefühle, die sie durch ihre Körperhaltung und Mimik zum Ausdruck bringen. > M1

W 2 Benenne, welche Gefühle Jan und Freddy Tom gegenüber haben, und erkläre, wie es zu den unterschiedlichen Reaktionen kommen kann. > M2

3 Erläutere die unterschiedlichen Gefühle, die Kim Anja und ihrem Lehrer gegenüber hat. > M3

4 Ersetze das Adjektiv „sauer" jeweils durch ein passenderes Adjektiv. Du kannst dieses aus den farbig hervorgehobenen Ausdrücken auswählen. > M4

V 5 Erläutere, warum es wichtig sein kann, sich über die eigenen Gefühle (und die anderer) klar zu werden und sie so genau wie möglich zu benennen. > M4

Wie Gefühle uns steuern

M1 Verliebt sein ist …

M2 Emotionen und Gefühle

Lenne Kaffka (*1985): Audio-Redakteur, verfasst Podcasts für Zeitungen

Carlotta Welding (*1984): Emotionscoach und Sachbuchautorin

Lenne Kaffka: Hallo Carlotta, […] ich versuche jetzt gleich mal zu Beginn meine Gefühle zu sortieren. Ich freue mich, dass wir sprechen können. Ich bin ernsthaft ein bisschen besorgt, dass ich nicht alle Fragen stellen kann, die ich mir so vorgenommen habe, und ich würde schon sagen: ich bin aufgeregt. Ich merke, dass ich so ein bisschen herumzappele. Wie geht's dir gerade?

Carlotta Welding: Ja, ich bin auf jeden Fall auch aufgeregt.

Lenne Kaffka: Woran merkst du das?

Carlotta Welding: Ich habe so eine gewisse Röte im Gesicht, das ist so eine Wärme in den Wangen – daran merke ich das wahrscheinlich am ehesten – und ich hibbele mit dem Fuß so ein bisschen hin und her. […]

Lenne Kaffka: Gefühle, Emotionen – alltagssprachlich nutzen wir die Begriffe ja teilweise synonym. Und auch jetzt in den ersten Sätzen haben wir schon beide Begriffe genutzt. Es ist aber nicht genau dasselbe. Wo ist denn eigentlich der Unterschied?

Carlotta Welding: […] Wenn man jetzt so in die Fachsprachwelt guckt, dann wird unterschieden zwischen Gefühl und Emotion, und zwar insofern, als dass die Emotion die körperlichen Vorläufer meint, also die schwitzigen Hände oder der schnelle Herzschlag oder eben die Röte im Gesicht usw., und das Gefühl ist dann eben erst der Moment, wo ich mir dessen bewusst werde und dem Ganzen einen Namen geben kann. Und das […] – dieser Moment, in dem ich das merke und bewusst wahrnehme – hat eben auch wieder Rückwirkungen auf die körperliche Ebene […]. Das ist ein ganz diffiziles Zusammenspiel.

M3 Der emotionale Prozess

Lenne Kaffka: In deinem Buch habe ich jetzt gelernt, dass zum gesamten emotionalen Prozess nicht nur die Emotion und das Gefühl gehören, sondern noch zwei weitere Komponenten: nämlich der Ausdruck und die Handlung. Gefühle versickern nämlich selten im Nichts, schreibst du. Lass uns das vielleicht einmal greifbar machen und so eine Situation durchspielen. Vielleicht nehmen wir mich als Beispiel: Ich bin auf einer Party, sehe, dass meine [...] [Freundin] ausgerechnet mit dem hübschesten Typen sich total gut versteht, richtig lange quatscht. Das muss ich aushalten, finde ich, aber das macht ja trotzdem was mit mir. Auf dieser Party komme ich jetzt mal schlechter damit klar und setze mich schmollend [...] in die Ecke. Wo erkennst du da diese vier Komponenten?

Carlotta Welding: Das kann man ganz schön an diesem Beispiel veranschaulichen. Du guckst 'rüber zu deiner [...] [Freundin] und siehst diese Szene, wie sie miteinander lachen und ... – was weiß ich – ... und merkst vielleicht einen erhöhten Pulsschlag, vielleicht auch so ein bisschen einen Kloß im Hals – das wäre dann die Emotion. Wahrscheinlich schnell darauf merkst du bewusst: Oh, der sieht vielleicht gut aus, meine [...] [Freundin] findet den anscheinend ziemlich gut, ich bin eifersüchtig. Das ist dann das Gefühl. Und dann ist der Ausdruck des Gefühls [...]: du guckst z. B. grimmig oder verdrießlich, oder schmollend – das wäre dann sozusagen der nonverbale Ausdruck dieses Gefühls. Und eine Handlung wäre beispielsweise: Du gehst dahin und ziehst sie weg, oder du [...] sagst, du willst jetzt sofort nach Hause. Das wären also verschiedene Handlungskomponenten.

Lenne Kaffka: Man könnte festhalten, dass unsere Gefühle uns ein Stück weit steuern.

Carlotta Welding: Genau. Emotion ist ursprünglich eine Handlungsanweisung, d. h. ein Gefühl will uns eigentlich etwas machen lassen. Und insofern sind Handlungen meistens emotional motiviert bzw. die Handlungen sind am stärksten und es steckt am meisten Wumms dahinter, wenn sie emotional motiviert sind.

M2/M3 Podcast „Wie wir lernen, unsere Gefühle zu verstehen" (Sendungstranskript)

INFO

Gefühle

Unter Gefühlen versteht man psychische Zustände wie Angst, Freude usw., die auf körperlichen Emotionen beruhen. Wir können unsere Gefühle nicht bewusst steuern und sie haben Einfluss auf unser Handeln

AUFGABEN

1 Analysiere die Grafik und nimm Stellung zu der Frage, ob Verliebtheit nur ein biochemischer Prozess ist. > M1

2 Stelle den Unterschied von Emotionen und Gefühlen an (weiteren) Beispielen dar. > M2

3 Erläutere die vier Komponenten des emotionalen Prozesses anhand eines Schaubildes. Finde weitere Beispiele dazu. > M3

plus Schreibe eine Geschichte, die die vier Komponenten des emotionalen Prozesses veranschaulicht. Beende deinen Text mit einer Erklärung: „Die Geschichte bringt zum Ausdruck, dass ..."

Wozu Gefühle gut sind

M1 Auf die Stimme der Gefühle hören?

Daniel Goleman (*1946): US-amerikanischer Psychologe

Einmal fuhr ich im Frühling über einen Bergpass […], als mir plötzlich ein Schneetreiben die Sicht auf das nur wenige Wagenlängen vor mir fahrende Auto verwehrte. Mein Blick bohrte sich in die Schneewolke, aber ich konnte nichts sehen; der wirbelnde Schnee war ein einziges blendendes Weiß. Während ich auf die Bremse stieg, spürte ich, dass Beklemmung meinen Körper überflutete, und ich hörte das Hämmern meines Herzens. Meine Beklemmung steigerte sich zu voller Angst: Ich hielt am Straßenrand an und wartete auf das Ende des Schneetreibens. *Daniel Goleman*

M2 Wie negative Gefühle uns schützen

Thomas Vašek (*1968): deutscher Philosoph, Journalist und Buchautor

[Anders als oft angenommen, sind Gefühle nicht unvernünftig. Vielmehr ermöglichen sie uns, in Gefahrensituationen sinnvoll zu reagieren.] Sie helfen uns dabei, die Aufmerksamkeit blitzartig auf ein Problem zu richten […]. [In der Entwicklungsgeschichte der Menschheit brachten sie] einen entscheidenden Vorteil: Wer nicht lang nachdenken musste, wenn er mit einer Gefahr konfrontiert war, hatte eben eine höhere Chance zu überleben. *Thomas Vašek*

Bei Zorn strömt Blut zu den Händen, was es erleichtert, zur Waffe zu greifen oder einen Feind zu schlagen; der Puls nimmt zu, und ein Ausstoß von Hormonen wie Adrenalin erzeugt einen Energieschub, der für eine energische Aktion ausreicht. Bei Furcht fließt Blut zu den großen Skelettmuskeln, vor allem in die Beine, und sorgt dafür, dass man leichter fliehen kann – und dass das Gesicht bleich wird, da das Blut von ihm fortgeleitet wird (was den Eindruck erzeugt, dass das Blut „in den Adern gefriert"). Gleichzeitig erstarrt der Körper, wenn auch nur für einen kurzen Augenblick, vielleicht um die Abwägung zu ermöglichen, ob man sich nicht besser verstecken sollte. […] [Der Körper wird in] einen allgemeinen Alarmzustand versetz[t], so dass er gereizt und handlungsbereit wird, während die Aufmerksamkeit sich auf die vorliegende Gefahr konzentriert, um besser abschätzen zu können, welche Reaktion die richtige ist. […]

Der Ausdruck von Abscheu ist bei allen Menschen derselbe, und er vermittelt überall dieselbe Botschaft: irgendetwas schmeckt oder riecht im konkreten oder übertragenen Sinne widerwärtig. Der Ausdruck von Abscheu im Gesicht – die Oberlippe wird geschürzt, während die Nase gerümpft wird – erinnert […] an einen ursprünglichen Versuch, die Nasenlöcher vor einem schädlichen Geruch zu verschließen oder giftige Nahrung auszuspeien. *Daniel Goleman*

M3 Warum auch positive Gefühle wichtig sind

Gefühle sind der „Grundstoff" unserer Existenz, sie geben dem Leben Farbe und Richtung. Dabei unterschätzen wir noch immer die Rolle angenehmer Emotionen. […] [Diese] sind nicht nur einfach da, um uns das Leben zu versüßen. Nein: Freude, Lachen, Lust, Liebe, Zufriedenheit und so weiter stellten auch schon früher einen maßgeblichen evolutionären Vorteil dar. Sie ermöglichten Kooperation, Arbeitsteilung und das allmähliche Entstehen komplexer Kulturen. Nicht mehr der Aggressivste, Misstrauischste, Ängstlichste überlebte und gedieh, sondern der Neugierige, zur Freundschaft Fähige, zu Humor und Bindung Begabte, Experimentierfreudige. […]

Emotionen wie Wut, Ekel, Hass oder Angst verengen das Spektrum unserer Denk- und Handlungsalternativen. Sie blenden alles aus, was nicht unmittelbar einer Problemlösung dient, und sie fokussieren Geist und Körper in kritischen Situationen […] auf das jeweils sinnvolle Spektrum von Fähigkeiten oder Handlungsweisen. […] Emotionen wie Freude, Zufriedenheit oder Heiterkeit dagegen erweitern das Spektrum unserer Denk- und Handlungsalternativen. Sie […] [bringen] eher den Geist als den Körper in Gang. […] Trotz ihrer oft nur kurzen Dauer sind sie, um ein Modewort zu gebrauchen, nachhaltiger. Das heißt, sie haben langfristig positive Wirkungen. Sie lösen nicht nur wie die negativen Gefühle ein momentanes Problem, sondern generieren eine Reihe von Vorteilen. […] [Sie haben] einen vierfachen Langzeitnutzen:

- Sie begünstigen den Aufbau und die Pflege sozialer Beziehungen und Bindungen, die uns das Leben erleichtern und auf die wir in Krisenzeiten zurückgreifen können.
- Sie ermöglichen und fördern das Lernen, die Kreativität und alle anderen Intelligenzleistungen, die uns Problemlösungen auf einem höheren Niveau erlauben.
- Sie wirken sich positiv auf die körperliche Gesundheit aus, indem sie Stressreaktionen mildern und schneller abbauen und wie ein Puffer gegenüber zukünftigem Stress wirken.
- Sie verbessern die Qualität unserer psychischen Fähigkeiten wie Resilienz (Widerstandskraft), Zielgerichtetheit und Optimismus, und sie ermöglichen die Festigung der Identität.

Positive Gefühle haben einen kaum zu überschätzenden Wert für die körperliche und seelische Gesundheit und für das Wohlbefinden. […] [Sie] helfen, die negativen Wirkungen der negativen Emotionen zu dämpfen, auszugleichen und schneller zu überwinden. *Heiko Ernst*

generieren: hervorbringen

fokussieren: bündeln, scharf stellen

Heiko Ernst (*1948): deutscher Psychologe und Sachbuchautor

AUFGABEN

1 Stelle dar, was den Autofahrer dazu bewogen hat, am Straßenrand anzuhalten. Findest du es richtig, in solchen Situationen auf die Stimme der Gefühle zu hören? Begründe deine Antwort. > M1

2 Erkläre anhand von (weiteren) Beispielen, wie negative Gefühle uns schützen. > M2

3 Erkläre, was positive Gefühle in uns bewirken und welchen Langzeitnutzen sie haben. > M3

plus Finde Szenen in Spielfilmen oder TV-Serien, in denen eine Figur durch die von negativen oder positiven Gefühlen ausgelöste Verengung bzw. Erweiterung ihres Denk- und Handlungsspielraums (vgl. M3) profitiert. Schreibe dazu einen kurzen erklärenden Kommentar.

Wenn Gefühle uns überwältigen

M1 Moritz, 14 – Rasend vor Wut

Verdammt, wie können meine Eltern mir verbieten, mit zum Zelten zu fahren? Alle gehen, und es ist kein bisschen gefährlich. Wir nehmen einfach den Zug und dann finden wir schon 'ne Wiese oder so. Als bräuchte man unbedingt einen Zeltplatz – nur um mal ein Wochenende weg zu sein. Ich weiß gar nicht, was die wollen, ist doch alles voll organisiert. Wir nehmen das Gruppenticket und einen Schlafsack hab' ich ja eh! Das ist so typisch, nur weil die so langweilig sind, wird mir alles verboten, die sperren mich echt ein!

Was soll ich denn jetzt machen? Ich muss mit, ich muss einfach! Nur weil die meine Eltern sind, können sie so über mein Leben bestimmen, oder was? Ich bin alt genug, ich weiß, was ich will und was das Beste für mich ist! Und das geht ja wohl niemanden was an! Wie können sie mir das antun? Die tun so, als wäre ich ein Kind, ich hasse das! Ich weiß, dass ich Recht habe und ich kann nichts machen – das ist so unfair! Die verbieten mir das doch ohne Grund, das macht mich so wütend. Wie können die so ungerecht sein? Wie soll ich das den anderen überhaupt erklären, die lachen mich doch aus und außerdem verpasse ich alles. Das ist so unfair!

Ich würde am liebsten den neuen Fernseher kaputtmachen, dann würden sie mal sehen, wie es sich anfühlt, wenn man hilflos und wütend ist! Die werden schon sehen, was sie davon haben!

www.gefuehle-fetzen.net
(Bundespsychotherapeutenkammer)

M2 Emotionsregulation

Jeder Mensch kennt Situationen, in denen er von Gefühlen überwältigt wird. Ein guter Umgang mit [...] [belastenden Gefühlen, die sogenannte Emotionsregulation,] ist für die psychische Gesundheit wesentlich. Jedoch gelingt das nicht allen Menschen gleich gut. Wer seine eigenen Gefühle und die anderer erkennt, versteht und verschiedene Strategien anwenden kann, um mit unangenehmen Gefühlen umzugehen, besitzt eine gute Emotionsregulation. [...] [Es gibt folgende Strategien:]

Ablenkung:

Ablenkung durch positive Aktivitäten oder Gedanken kann dazu beitragen, dass [...] [belastende] Emotionen zurückgedrängt werden. Die Anspannung lässt nach und die Situation wird als weniger bedrohlich empfunden. Beispiele für ablenkende Aktivitäten sind [...] spontane Unternehmungen mit Freunden, Musik hören, mit Haustieren spielen oder an etwas Schönes denken [...]. Zugrunde liegende Ursachen, wie z. B. Konflikte mit den Eltern, Stress in der Schule, bleiben allerdings ungeklärt und bestehen fort.

Unterdrückung:

Es gibt Situationen, in denen es auf den ersten Blick sinnvoll erscheint, wenn man seine Gefühle unterdrückt, z. B. bei Aggressionen gegenüber einer anderen Person oder bei schlechter Laune, um anderen nicht eine schöne Feier zu verderben. Diese Strategie ist dann nützlich, wenn es in der Situation nicht angebracht ist, seine Gefühle offen zu zeigen. Kurzfristig wird ein Konflikt oder die Eskalation einer Situation vermieden. Ein Nachteil ist, dass unangenehme Gefühle bestehen bleiben und die zugrundeliegenden Probleme das Wohlbefinden belasten.

Neubewertung:
Wie Ereignisse bewertet werden, beeinflusst die Emotionen, die durch das Ereignis entstehen. Eine Neubewertung bietet die Chance, unangenehme Emotionen und Stress abzuschwächen. Es geht darum, Distanz zur belastenden Situation zu schaffen. Dazu versucht man, in die Rolle eines neutralen Beobachters oder einer neutralen Beobachterin zu schlüpfen und die Situation aus dieser Perspektive neu zu bewerten, sodass die ursprünglichen damit verbundenen, unangenehmen Gefühle nachlassen und einer gelasseneren Einstellung Platz machen. […]

Akzeptanz:
Akzeptanz ist die Bereitschaft, unangenehme Situationen und Gefühle hinzunehmen und darauf zu vertrauen, dass die aktuellen Gefühle nicht ewig dauern werden. Damit ist gemeint, dass man die eigenen Gefühle […], annimmt und dabei nicht bewertet oder verurteilt. Dies ist vor allem in Situationen notwendig, die sich im Moment nicht ändern lassen, z. B. Trauer beim Tod eines geliebten Menschen oder Verzweiflung nach einem schweren Unfall. Wer die Realität akzeptiert, dem fällt es leichter, in einem nächsten Schritt belastende Situationen zu bewältigen.

Problemlösen:
[…] Die wesentlichen Schritte zur Lösung von Problemen sind:
1. Am Beginn das Problem analysieren:
Was ist das Problem? Was ist das Ziel, d. h. welcher gewünschte Zustand soll erreicht werden? […]
2. Alternative Lösungen suchen:
Welche unterschiedlichen Möglichkeiten gibt es, das Problem zu lösen und das Ziel zu erreichen? […]
3. Zusätzliche Informationen besorgen:
Wie haben andere das Problem gelöst? Die Erfahrungen anderer Menschen in ähnlichen Situationen können hilfreich sein und Anregungen bieten.
4. Vor- und Nachteile aller Möglichkeiten auflisten:
Welche Vorteile und welche Nachteile haben die einzelnen Lösungswege? […]
5. Entscheidung treffen und begründen:
Welche Maßnahme scheint am besten geeignet zu sein, um das Problem zu lösen? *Sonja Schuch*

Sonja Schuch: österreichische Gesundheitsmanagerin

AUFGABEN

1 Stell dir vor, du bist mit Moritz befreundet. Gib ihm Ratschläge, wie er mit seiner Wut umgehen kann. > M1
2 Benenne weitere Beispiele für Emotionen, die zu Problemen führen können. > M1
3 Erläutere die verschiedenen Strategien zur Emotionsregulation. Welche von ihnen wären hilfreich für Moritz, welche für die von euch gefundenen Beispiele? > M2

plus Wähle ein Jugendbuch aus, in dem eine Jugendliche oder ein Jugendlicher auf der Grundlage von Wut oder Aggression handelt. Verfasse eine Empfehlung, die die Hauptfigur anwenden könnte, um ihre Emotionen zu regulieren.

Hin- und hergerissen

M1 Florian und Svenja

Florian hat sich mit Svenja angefreundet. Ihre Familie ist arm und oft fehlt Geld, um Lebensmittel zu kaufen. Daher sammelt sie Lebensmittel aus Müllcontainern der Supermärkte. Als Florian ihr dabei hilft, werden sie von der „Tütenschnapper-Gang" überrascht.

[Svenja drängte zum Aufbruch.] Sie wollte unbedingt zum nächsten Container – trotz der Warnung, die der gemeine Tütenklauer ausgesprochen hatte. So pfiffig sie auch war, am Risiko, den drei Wegelagerern erneut in die Quere zu kommen, hatte sich nichts geändert. Daher wird es auch niemanden wundern, dass ich unbedingt nach Hause wollte. Und wenn sie mich für einen Feigling hielt.

„Ich muss dann los", sagte ich und hatte alles andere als ein reines Gewissen.

Svenja war mir nicht einmal böse. „Treffen wir uns wieder?", guckte sie mich prüfend an.

Diese Frage hatte ich befürchtet – noch einen Tag zuvor hätte ich mich darüber riesig gefreut.

„Klar", antwortete ich dennoch. „Wann immer du willst."

Wir machten einen Treffpunkt samt Uhrzeit aus und verabschiedeten uns. Ich traute mich nicht einmal mehr, sie anzuschauen, denn ich wusste bereits, dass ich nicht erscheinen würde. […]

Jemanden bei einer guten Tat zu unterstützen, war eine Sache, dafür Prügel zu beziehen, eine andere. Die Tütenschnapper-Gang konnte überall auftauchen, bei jedem x-beliebigen Container, und dann wären wir reif. Deswegen blieb ich zum vereinbarten Treffpunkt auch zu Hause. Es war eine Entscheidung der Vernunft. Niemand konnte von mir ernsthaft erwarten, dass ich mit offenen Augen ins Verderben lief. Nüchtern betrachtet tat ich das einzig Richtige. Das versuchte ich mir zumindest einzureden. Doch es klappte nicht. Genauso hätte ich mir einreden können, dass die Erde eine Scheibe ist. Ich begriff, dass der Entschluss, nicht zum Treffpunkt zu erscheinen, eine krasse Fehlentscheidung war. Ich hatte Svenja erbärmlich im Stich gelassen.

Ich war der größte Lump auf Erden. Ein Verräter.

Bernd Schreiber

Bernd Schreiber (*1952): deutscher Kinder- und Jugendbuchautor

M2 Manchmal widersprüchlich

Erst nachdem das Gehirn die emotionalen Erinnerungen abgerufen hat, werden die Bereiche der Großhirnrinde aktiviert, in denen der Verstand verortet ist. […]. Bewertungen, die wir mit dem Verstand vornehmen, sind uns bewusst. Sie können in Sprache ausgedrückt und mit präzisen Argumenten belegt werden. […]

Bei der Vielzahl von Entscheidungen, die wir treffen, kommt es […] vor, dass die beiden Systeme [Gefühl und Verstand] zu unterschiedlichen Bewertungen kommen. Mit dem Verstand kommen wir beispielsweise unter Abwägung durchdachter Argumente zu einer Entscheidung, bei der uns das emotionale Erfahrungsgedächtnis negative Signale sendet. Wir fühlen uns mit der Entscheidung nicht wohl. Je nach Tragweite der Entscheidung, kann dies zu negativen Konsequenzen führen.

Oft wird die Umsetzung einer Entscheidung schwierig oder unmöglich, wenn die beiden Bewertungssysteme nicht am gleichen Strang ziehen. Zum Beispiel kann es sein, dass der Verstand weiß, dass es wieder Zeit für die regelmäßige ärztliche Kontrolle der Zähne ist. Das emotionale Erfahrungsgedächtnis verbindet mit dem Zahnarztbesuch aber Unangenehmes und arbeitet gegen die Terminvereinbarung.

Anne Hewelt

Anne Hewelt: Personalmanagerin und Mediatorin

M3 Nicht immer einig

Die **VERLIEBTHEIT** sagt: „Du musst heute Nachmittag unbedingt Celine besuchen; du hast sie doch seit zwei Tagen nicht mehr gesehen. Ohne sie bist du nur ein halber Mensch!“

Die **TRAURIGKEIT** sagt: „Schau dir die Welt an, alles ist so düster. Die Blumen verwelken. Aus Kindern werden irgendwann alte Leute. Wer berühmt ist, wird bald vergessen. Und all deine Bemühungen bringen doch letztlich nichts.“

Der **Verstand** sagt: „Ach was, denk doch daran, dass du morgen eine wichtige Arbeit schreibst, von der viel abhängt. Ist doch klar, was hier vorgeht. Los, gib dir schon einen Ruck und schlag dein Buch auf!“

Der **Verstand** sagt: „...“

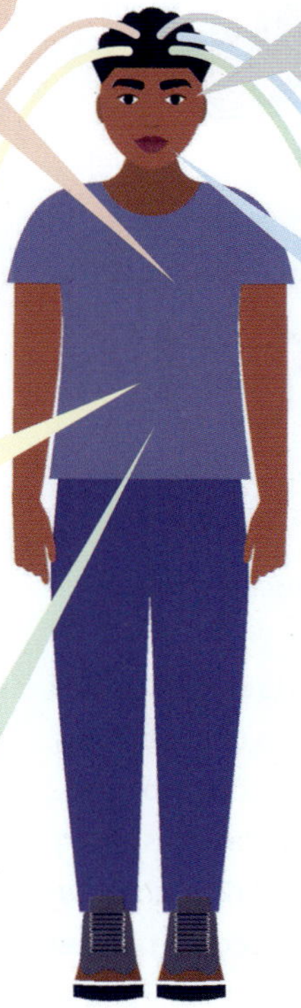

Der **NEID** sagt: „Nein, die schicken Klamotten brauchst du Philipp wirklich nicht zu gönnen, das hat der nicht verdient. Es ist doch ungerecht, dass ausgerechnet dieser blöde Typ so reiche Eltern hat.“

Die **FREUDE** sagt: „Genieße den kühlen Wind auf deinem Gesicht, erfreue dich an dem Blau zwischen den hellen Wolken, das heute besonders intensiv leuchtet, höre dem übermütigen Gezwitscher der Vögel zu, und schaue den Menschen ins Gesicht, sie lächeln dir freundlich zu.“

Der **Verstand** sagt: „...“

Der **Verstand** sagt: „...“

Die **WUT** sagt: „Das ist doch einfach eine Unverschämtheit, was der zu dir gesagt hat. Das brauchst du dir wirklich nicht gefallen zu lassen. Los, hau ihm schon eine rein, aber bitte so, dass es richtig weh tut, mit aller Kraft!“

Der **Verstand** sagt: „...“

AUFGABEN

1. Beschreibe Florians Gefühle und Gedanken. Diskutiert, ob sein Entschluss richtig war. > M1
2. Beziehe die Aussagen von M2 auf Florians Situation. > M1/M2
3. Verstand und Gefühle stehen oft im Widerspruch zueinander. Schreibe auf, was der Verstand dem jeweiligen Gefühl antworten könnte. Begründe deine Entscheidungen. > M3

plus Finde einen Songtext, in dem ein Konflikt zwischen Gefühl und Verstand dargestellt wird. Begründe deine Songauswahl.

Warum wir den Verstand brauchen

M1 Eine Art Selbstgespräch

Mit M ist im Folgenden der Mensch gemeint, vielleicht Maike oder Metin. Und V bedeutet Verstand.

M: Sag mal, Verstand, wozu bist du eigentlich gut? Tiere kommen doch auch bestens ohne dich aus.

V: Die brauchen mich auch nicht, die haben Instinkte, die für sie sorgen. Aber du brauchst mich. Was ich kann? Schau dir nur die ägyptischen Pyramiden an, die chinesische Mauer, den Kölner Dom oder die Imam-Moschee in Isfahan. Jetzt weißt du, was ich kann. Oder denke an die Leistungen der Wissenschaft, an den Fortschritt der Medizin, an den bemannten Raumflug oder an …

M: Und so weiter. Sag mal ganz einfach, was du kannst.

V: Ich denke.

M: Das ist mir wieder zu einfach. Was gehört denn alles zum Denken?

V: Wie lang darf die Liste sein? Ich fange einfach mal an: Ich rechne, kalkuliere, beurteile, bewerte, konstruiere, analysiere, vergleiche, erfasse das Allgemeine, frage nach Gründen und Folgen, nach Sinn und Zweck, ich diene dem Erkennen, ich verstehe, interpretiere, plane, entwerfe, schließe …

M: Halt! Was heißt „schließen"? Machst du die Tür zu?

V: Quatsch! Wenn ich einige Informationen habe, dann komme ich nur durch Denken zu einer neuen Erkenntnis. Ich weiß z. B., dass Hans größer als Philipp ist. Und ich habe erfahren, dass Philipp größer als Alex ist. Und nun schließe ich, dass …

M: … Hans größer als Alex ist. O.K. Und was ist mit dem Urteilen und Bewerten?

V: Nun, ich überlege, ob etwas gut oder schlecht, nützlich oder schädlich, gerecht oder ungerecht, zweckmäßig oder unzweckmäßig ist. Und ich suche nach Gründen, die für das eine oder andere sprechen, wäge ab und komme so zu einem Urteil oder einer Bewertung.

M: Du sprichst auch vom Planen. Erläutere das mal!

V: Du kannst nicht immer einfach tun, wozu du gerade Lust hast. Die Zukunft ist wichtig, du musst vorsorgen. Du musst dir Ziele setzen. Ich begutachte die Ziele und überlege, wie man ihnen Schritt für Schritt näher kommt, indem man die richtigen Mittel einsetzt.

M: Soll das heißen, dass du für mich sorgst?

V: Könnte man so sagen. Ich bin auf dein Wohl bedacht und gebe dir Ratschläge, wie du dich verhalten sollst und wie du mit dir und mit anderen umzugehen hast.

M: Schön, ich habe aber auch Gefühle, die mir lieb und teuer sind!

V: Ach ja, die Gefühle! Die bemerke ich erst, wenn du dabei bist, ihnen zu folgen statt mir. Das wurmt mich dann. Allerdings: Manchmal lasse auch ich mich von ihnen an der Nase herumführen. Das ist mir gar nicht recht.

M: Meine Triebe und Begierden machen dir bestimmt auch zu schaffen, oder?

V: Sehr oft! Irgendwie sind sie ja lebensnotwendig, können dich aber auch in die Katastrophe führen. Oft muss ich ganz streng mein Veto einlegen.

Veto (von lat. „ich verbiete"): Einspruch

M: Manchmal mag ich deine kühle Art nicht, du bist aber wahrscheinlich mein wichtigster Begleiter. Ich sollte dir dankbar sein. Aber ohne Gefühle ginge es auch nicht.

V: Das gebe ich nur ungern zu. Ich möchte dich an etwas Wichtiges erinnern, das du wahrscheinlich genau weißt: Ob du meinen Ratschlägen folgst, liegt nicht an mir, sondern nur an dir selbst. Entscheiden musst du. Die Frage ist nur, ob du es auch schaffst, deinen Entschluss in die Tat umzusetzen.

M2 Der Mensch – ein Verstandeswesen?

Der Mensch unterscheidet sich von anderen Lebewesen dadurch, dass er nicht nur Gefühle hat, sondern darüber hinaus auch mit Verstand bzw. Vernunft *(logos)* ausgestattet ist. Das ist es, was den Menschen zum Menschen macht.

Aristoteles

Baruch de Spinoza

Ich halte den Menschen einerseits für ein vernünftiges, andererseits für ein von Gefühlen und Leidenschaften getriebenes Lebewesen. Die Aufgabe der Vernunft *(ratio)* ist es, die Leidenschaften zu kontrollieren, so dass sie keinen Schaden anrichten.

Wenn eine Entscheidung ansteht, besteht die Aufgabe des Verstandes darin, alle Fakten zusammenzutragen. Wie eine Person dann tatsächlich handelt, entscheiden aber die Gefühle.

David Hume

Aristoteles (384 – 322 v. Chr.): griechischer Philosoph

Baruch de Spinoza (1632 – 1677): niederländischer Philosoph

David Hume (1711 – 1776): schottischer Philosoph

INFO

Verstand

Verstand (von griech. *logos* bzw. lat. *ratio*) bezeichnet die Fähigkeit, etwas zu denken, zu analysieren, zu schließen, zu beurteilen usw. Der Begriff wird häufig gleichbedeutend mit Vernunft verwendet, womit das Vermögen des Menschen gemeint ist, zur Erkenntnis zu gelangen.

AUFGABEN

1 Beschreibe die Zeichnung und erläutere, was sie über Gefühl und Verstand zum Ausdruck bringt. > M1

2 Erläutere die Aufgaben, die der Verstand sich im Text selbst zuschreibt, und ergänze diese. > M1

3 Vergleiche die Aussagen der Philosophen über Verstand bzw. Vernunft und nimm Stellung zu ihren Einschätzungen. > M2

Wie sich Gefühl und Verstand ergänzen können

M1 Zum Beispiel Elliot Smith

Elliot Smith war ein erfolgreicher Geschäftsmann, als sich eines Tages sein Leben unwiderruflich änderte. […] [Bei einem Arztbesuch] stellte sich heraus, dass in seinem Kopf, direkt hinter der Stirn, ein Tumor wuchs. Das Geschwür hatte die Größe einer Mandarine. Chirurgen schnitten den Tumor heraus sowie einen Teil des Stirnlappens […] Anfangs schien es, als sei die OP ein Erfolg. Bald jedoch zeigte sich, dass Smith nicht mehr der Alte war. […] Bei der Arbeit war er völlig verloren. Nahm er sich vor, seinen Schreibtisch aufzuräumen, konnte er stundenlang darüber grübeln, nach welchem Prinzip er seine Papiere sortieren sollte. Irgendwann schließlich fing er damit an, nur um sich kurz darauf in eines der Dokumente zu vertiefen und dabei ganz das Aufräumen zu vergessen. Schließlich wurde ihm gekündigt. Daraufhin tat sich Smith mit einem dubiosen Partner zusammen und endete im Bankrott. Seine Ehe ging in die Brüche. Am Ende irrte er ratlos durchs Leben und landete schließlich in der Obhut seiner Geschwister. […]

Bas Kast (*1973): deutsch-niederländischer Autor und Wissenschaftsjournalist

[Der Neurologe Antonio R. Damasio, der den Fall dann untersuchte, stellte fest:] Elliot Smith hatte keinerlei Gedächtnisprobleme […] und seine Intelligenz lag im oberen Bereich. […] [Es wurde schließlich klar, dass es ihm] an etwas anderem [mangelte], und dass dies die Ursache für sein unvernünftiges Verhalten sein könnte: Dem Mann fehlte es an Gefühl. Von Beginn an war Damasio das kühle Verhalten Smiths aufgefallen: „In den vielen Stunden erlebte ich bei ihm nie einen Anflug von Emotion: keine Traurigkeit, keine Ungeduld, keinen Überdruss angesichts meiner endlosen Fragerei." Selbst von seinem eigenen Schicksal erzählte Smith, als sei es eine Nachricht aus der Zeitung. Ein Test brachte das ganze Ausmaß seiner Gefühllosigkeit ans Tageslicht. Als man Smith Bilder von brennenden Häusern und ertrinkenden Menschen vorlegte, blieb er vollkommen regungslos. Offenbar waren mit der Operation Hirnareale zerstört worden, die für die emotionale Wahrnehmung und Bewertung wichtig sind. *Bas Kast*

M2 Ein populärer Scheingegensatz

philopraktisch: Es ist eine weit verbreitete Auffassung, dass Verstand und Gefühl Gegensätze sind, die einander ausschließen. Und oft wird dazu geraten, sich nicht auf das sogenannte Bauchgefühl zu verlassen, sondern sich am Verstand zu orientieren. Wie stehen Sie als Psychologin dazu?

Expertin: Ich halte es für falsch, Gefühl und Verstand als Gegenspieler zu betrachten. Das Gegenteil von *rational* ist nämlich nicht *emotional*, sondern *irrational*, und das Gegenteil von *emotional* ist nicht *rational*, sondern *gefühllos*. Verstand und Gefühl schließen sich überhaupt nicht aus, sondern können sich ergänzen. Deshalb sollten wir bei Entscheidungen weder unsere Gefühle ausblenden noch unseren Verstand ausschalten.

philopraktisch: Erklären Sie bitte, wie das gelingen kann.

Expertin: Um das zu verstehen, muss man auf die Stärken und Schwächen beider Vermögen schauen. Emotionen und Gefühle lenken in einer Gefahrensituation blitzartig die Aufmerksamkeit auf das, was uns bedroht, und sie ermöglichen eine schnelle Reaktion. Das Problem ist, dass Entscheidungen aus dem Bauch heraus, intuitive Entscheidungen, nicht zwangsläufig richtig sind. Welche Situationen uns z. B. Angst machen, ist ja das Ergebnis der langen Entwicklungsgeschichte der Menschheit, und spiegelt darüber hinaus die Erfahrungen wider, die jeder von uns im Laufe seines Lebens gemacht hat. Wenn wir nun in eine neue Situation kommen, die wir noch nie erlebt haben, sind Gefühle keine verlässlichen Ratgeber, sie können uns in die Irre führen. Gefühle entstehen auch immer aus einer bestimmten Situation heraus – aber die Umstände können sich ja ändern, und ein paar Wochen oder Monate später kann es sein, dass man sich fragt: „Warum zum Teufel habe ich mich damals eigentlich so entschieden?“

philopraktisch: Ich verstehe. Es kann falsch sein, naiv darauf zu vertrauen, dass uns die Intuition unfehlbar in die richtige Richtung weist. Wie aber steht es mit dem Verstand?

Expertin: Die Stärke des Verstandes liegt zweifellos darin, Fakten zusammenzutragen, Zusammenhänge zu überprüfen und Gründe und Gegengründe gegeneinander abzuwägen. Er ist also eine wertvolle Hilfe, wenn es darum geht, zu entscheiden, welche Mittel erfolgsversprechend sind, um ein angestrebtes Ziel zu erreichen.

Doch welche Ziele ich anstreben sollte, was für mich wichtig ist, kann der Verstand letztlich nicht entscheiden. Ob ich z. B. diesen oder jenen Partner wählen soll, ist keine Sache des Verstandes, das erschließt sich mir durch mein Gefühl.

Außerdem erzeugt Rationalität keine Energie. Nach einer langen, sorgfältigen Diskussion, in der man alle Gründe und Gegengründe mit größtmöglicher Sorgfalt analysiert hat, kann es sein, dass man genau weiß, was richtig zu tun wäre – aber man verspürt nicht die geringste Motivation, es auch anzupacken. Motivation wird durch die Leidenschaft erzeugt, die man für eine Sache aufbringt, sie kommt aus dem Bauch: „Ich will das einfach!"

philopraktisch: Und wie können sich Gefühl und Verstand nun ergänzen?

Expertin: Es kommt daher darauf an, Rationalität und Intuition so zusammenzuführen, dass man ihre Stärken miteinander kombiniert und ihre Schwächen ausschaltet. Wenn ich z. B. vor der Frage stehe, welchen Beruf ich ergreifen soll, zeigen mir meine Gefühle an, was mir wichtig ist, ob ich etwa in einem medizinischen Beruf Menschen helfen möchte, oder einen technischen Beruf bevorzuge. Aufgabe des Verstandes ist es, dieses Ziel zu bewerten, z. B. zu klären, welche Aussichten es in einem solchen Beruf auf dem künftigen Arbeitsmarkt gibt. Außerdem geht es darum, eine richtige Strategie zu entwickeln, die zu diesem Berufsziel hinführt, z. B. einen Praktikumsplatz zu suchen, sich für einen Ausbildungs- oder Studienplatz zu bewerben usw. Aber diese rationalen Überlegungen wären folgenlos, wenn sie nicht mit Entschlossenheit und Leidenschaft umgesetzt würden.

AUFGABEN

1 Untersuche, was sich aus dem Fall Elliot Smith über die Bedeutung der Gefühle schließen lässt. > M1

2 Bildet Tandems: Eine oder einer von euch hält in Stichworten die Stärken und Schwächen der Gefühle, die bzw. der Andere die Stärken und Schwächen des Verstandes fest. Erstellt anschließend gemeinsam ein Schaubild, das zeigt, wie Gefühle und Verstand sich ergänzen können. > M2

plus Finde weitere Beispielsituationen, in denen Gefühle und Verstand einander ergänzen. Erläutere ihre jeweilige Leistung in einem abschließenden Statement.

Was wir wissen – was wir können

Wissen kompakt

findet oft einen körperlichen Ausdruck, z. B.:
- Lächeln,
- grimmiges Gesicht,
- …

beruht auf körperlichen Prozessen (Emotionen), z. B.:
- Erhöhung des Pulsschlages,
- Schweißausbruch
- …

Gefühl

psychischer Zustand (wie Freude, Liebe, Wut, Angst usw.), den wir erleben

steuert unser Handeln:
- schützt vor Gefahren,
- begünstigt soziale Kooperation;
- zeigt uns Ziele an
- …

können sich widersprechen

können sich ergänzen

kann Gefühle bewerten

Verstand

Fähigkeit zu denken, zu analysieren, zu folgern, zu urteilen usw.

kann die Mittel analysieren, die zu einem gewünschten Ziel führen sollen

kann Gefühle regulieren

KOMPETENZ-CHECK

Überprüfe dich selbst. Wenn du dich bei einem Punkt noch unsicher fühlst, lies und bearbeite (ggf. mit einer Partnerin oder einem Partner) die passende Schulbuchseite noch einmal.

Ich kann …		Meine Einschätzung – –	–	+	++
anhand von Mimik, Gesten und Verhaltensweisen Gefühle erkennen und benennen	> S. 8–11				
an einem Beispiel den Unterschied von Emotion und Gefühl erklären und die vier Komponenten eines emotionalen Prozesses erläutern	> S. 12–13				
erklären, wozu positive und negative Gefühle gut sind	> S. 14–15				
anhand von Beispielen zeigen, wie man strategisch mit belastenden Gefühlen umgehen kann	> S. 16–17				
exemplarisch deutlich machen, inwiefern bei Entscheidungsprozessen Gefühl und Verstand im Widerstreit miteinander liegen können	> S. 18–19				
erläutern, wie Philosophen das Verhältnis von Gefühl und Verstand beurteilen, und dazu Stellung nehmen	> S. 20–21				
zeigen, wie sich Verstand und Gefühle ergänzen können	> S. 22–23				

Arbeitsblatt:
Kompetenz-Check „Gefühl und Verstand“

Mediencode: 21057-01

plus In den letzten Wochen habt ihr Filme, Bücher und Songs gesucht und kommentiert oder eigene Texte geschrieben, um euch mit verschiedenen Aspekten zum Thema „Gefühle“ (und des Umgangs mit ihnen) zu befassen:

MK

- eigene Geschichten zu den vier Komponenten des emotionalen Prozesses
- Filmszenen zur Verdeutlichung des Nutzens von positiven und negativen Gefühlen
- Tipps zur Regulation der Emotionen (für eine Jugendbuchfigur)
- Songtexte zu einem Konflikt zwischen Gefühl und Verstand
- Beispielsituationen zum Zusammenspiel von Gefühl und Verstand

Wählt zu jedem Aspekt mehrere der von euch verfassten Beiträge aus und stellt sie in fünf Kapiteln zusammen. Nun könnt ihr mithilfe einer kostenlosen App, z. B. Calibri, Sigil, Mobipocket Creator usw., euer gemeinsames E-Book mit dem Titel „Gefühle geben zu denken“ erstellen.

Geschlechtlichkeit und Pubertät

AUFGABEN

1 Die Fotos auf der linken Seite sind unterschiedlichen Medien entnommen. Kommentiert die Darstellungen im Hinblick auf die Frage, inwieweit sie der Realität von Jugendlichen entsprechen.

2 Tragt zusammen, was ihr über die Pubertät wisst.

Aufbruch in eine neue Zeit

M1 Isabelle und Sascha

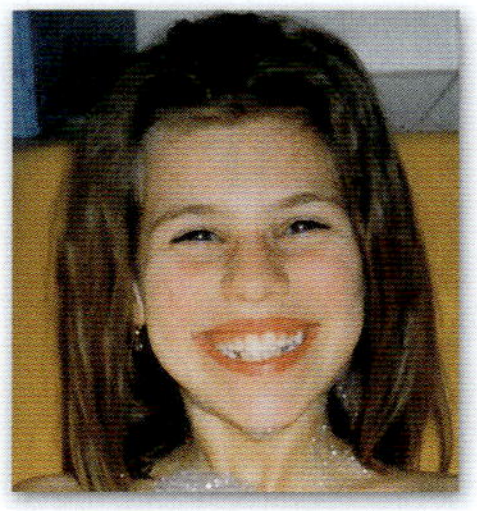

Isabelle mit 12,

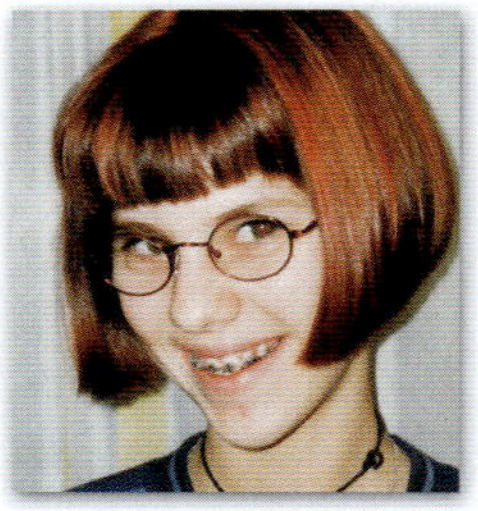

... mit 14,

... mit 16,

... und mit 19 Jahren

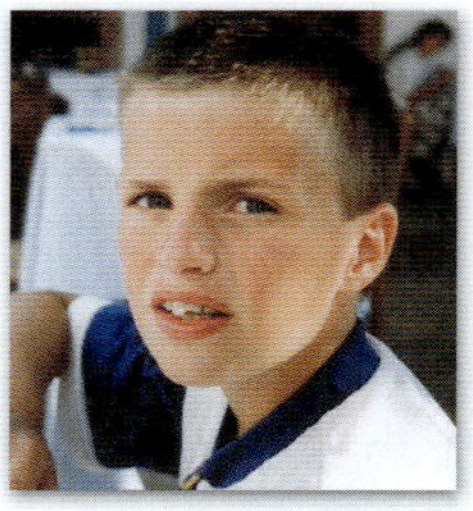

Sascha mit 11,

... mit 14,

... mit 16,

... und mit 19 Jahren

M2 Pubertätsgezicke ...

Der Roman *Plötzlich 14* gibt einen Einblick in das Leben der 14-jährigen Henriette.

„Ist es nicht toll, dass wir heute einen richtigen Mädels-Einkaufsbummel unternehmen?", flötet Mum, während sie unsere Familienkutsche ins Parkhaus manövriert. „Supercool", bestätigt Tessa, […] meine kleine Schwester […]. Ich grunze bloß nichtssagend. Denn ich habe keineswegs vor, mit einer Nervensäge und Miss Familienrat zusammen shoppen zu gehen. Vielmehr bin ich im Einkaufszentrum mit meiner besten Freundin Jill verabredet. Aber wir wollen so tun, als ob es ein zufälliges Treffen wäre […].

„Hej, Henriette, das ist ja eine Überraschung!", ruft plötzlich eine fröhliche Stimme. Jill lehnt Kaugummi kauend am Eingang einer Boutique und grinst uns an. „Hi Tessa, hallo Eva", fügt sie hinzu. *Oh Mann! Auffälliger geht's ja kaum noch.* […] „Du, Henriette, hilfst du mir, einen Bikini auszusuchen?", rettet mich Jill. „Mein alter ist total kindisch, ich brauche dringend einen neuen – schließlich werde ich die Sommerferien mehr oder weniger im Schwimmbad verbringen." Mum wirft mir einen halb verzweifelten, halb verständnisvollen Blick zu. „Zieht nur los", sagt sie. „Wir treffen uns in zwei Stunden hier wieder. Okay?" „Wie du meinst", sage ich so lässig, wie ich nur kann, denn eigentlich denke ich: *Yesssss! Es hat funktioniert*! […]

Ich suche nach einem Geschenk für [meinen Freund] Nick zu unserem ersten Jahrestag. Ich weiß schon, was ich ihm kaufen werde: einen silbernen Bilderrahmen in Herzform, in den ich ein Foto stecken möchte, das uns beide Arm in Arm zeigt. Ich bin selbst ganz gerührt von dieser Idee – ist sie nicht irrsinnig romantisch? […] *Ein ganzes Jahr, denke ich* […]. Ist das nicht der Wahnsinn? Unfassbar, dass ich mir noch vor einem Jahr kaum vorstellen konnte, einen Freund zu haben – jedenfalls keinen echten. Zwar war ich damals ständig verliebt, aber ich habe mich immer damit begnügt, still und heimlich für einen Jungen zu schwärmen. Übrigens für permanent wechselnde Angebetete. Das hat sich gründlich geändert als Nick aufgetaucht ist. Jetzt schwärme ich bloß noch für ihn, und das nicht mehr heimlich, sondern unheimlich! Und Nick schwärmt natürlich genauso für mich. […]

Als wir [nach dem Shoppen] am Treffpunkt ankommen, ist von Mum und Tessa weit und breit nichts zu sehen. Anstatt mich darüber zu freuen, bin ich stinksauer. Keine Ahnung, warum. Paps meint, ich wäre furchtbar launisch in letzter Zeit, und sogar Oma findet, mein Pubertätsgezicke wäre manchmal ganz schön anstrengend. Als ob ich die Einzige wäre, die manchmal die Nerven verliert. Im Übrigen kann ich nichts dafür – die Hormone sind schuld. Außerdem sind es meistens die anderen, die mich auf die Palme bringen. Im Moment zum Beispiel Jill mit ihrem Rechthabergesicht. Natürlich auch Mum, weil sie unpünktlich ist und uns hier blöd rumstehen lässt. Vor allem aber bin ich auf das Schicksal wütend, das es wohl gerade auf mich abgesehen hat. Oder warum in aller Welt taucht ausgerechnet hier und jetzt der Badezimmerblockierer auf?

„Hi, ihr zwei Hübschen!", brüllt uns mein großer Bruder Levin schon von Weitem entgegen. Und ich frage mich, ob er vielleicht Drogen genommen hat, denn normalerweise würde er sich eher eine Woche lang weder duschen noch einparfümieren, als mich hübsch zu nennen. Als er näherkommt, wird mir klar, dass er mich komplett links liegen lässt. Das mit den zwei Hübschen war nur so dahergeredet, um sich bei Jill einzuschleimen. […] Er lässt sogar die Gelegenheit sausen, mich wegen eines Einkaufs im Unterwäscheladen für Damen aufzuziehen. […]

„Darf ich dich zu einer Cola einladen?", säuselt Levin jetzt und schmachtet Jill an. Er ist superpeinlich! So langsam wird es wohl Zeit, die Flucht zu ergreifen – oder sich fremdzuschämen. Wobei ich mir nicht sicher bin, ob leibliche Brüder als fremd gelten … Jill dreht ihm den Rücken zu und zieht eine Grimasse.

Heike Abidi

Heike Abidi (*1965): deutsche Werbetexterin und Autorin

INFO

Pubertät

Unter Pubertät versteht man die Entwicklungsphase, die an die Kindheit anschließt und mit der Geschlechtsreife endet. Sie ist mit großen physischen und psychischen Veränderungen verbunden.

AUFGABEN

1 Beschreibe, wie sich Isabelle und Sascha im Laufe der Jahre entwickelt haben. Stelle Vermutungen darüber an, welche weiteren Veränderungen wohl stattgefunden haben könnten. > M1

V 2 Erstelle eine Collage mit Fotos, die deine Entwicklung vom Kind zur bzw. zum Jugendlichen zeigen. > M1

3 Erläutere unter Bezug auf den Text, welche Veränderungen und Herausforderungen die Pubertät mit sich bringt. > M2

Ich und meine Eltern

M1 Eltern – gar nicht so einfach

Fall 1:

Mutter Petra

„Neulich [...] [gab] meine Tochter [...] [eine Pyjamaparty]. In Erinnerung an meine eigenen Pyjamapartys zog ich einen Bademantel an. Als ich reinkam, quatschten die Mädchen. Mit einem coolen Spruch wollte ich mich in ihr Gespräch einklinken. Nichts zu machen. Um die Stimmung zu lockern, begann ich, mit den Hüften zu wippen. Da zerrte mich meine Tochter wutentbrannt aus dem Zimmer. Warum? Versteh ich auch nicht!"

Tochter Sina

„Vor kurzem saß ich mit Freundinnen nichts ahnend auf der Couch. Da ging die Tür auf und Mama stand im [...] Bademantel im Türrahmen und sagte: „Na, ihr Süßen, was ist [...] angesagt?" Fassungslos fixierte ich sie. Dann fing sie auch noch an zu tanzen. Vor meinen Freundinnen! Es reichte! Genervt zog ich sie aus dem Zimmer und ließ sie stehen. [...]"

Fall 2:

Vater Thomas

„Als moderner Vater kümmere ich mich um meine Tochter. Neulich habe ich mitbekommen, dass sie sich mit einem Jungen im Park treffen wollte. Ich schnappte mir den Hund und folgte ihr unauffällig. Während sie dasaßen und redeten, entdeckte sie uns und wurde rot. Später zu Hause rastete sie völlig aus. Dabei wollte ich doch nur sichergehen!"

Tochter Anna

„Neulich hatte ich ein Date mit einem supertollen Jungen aus der Parallelklasse. Wir haben uns im Park getroffen. Während wir so dasitzen und reden, er mit dem Rücken zum Weg, sehe ich einen Hund, der aussieht wie meiner. Dann einen Mann, der aussieht wie mein Vater. Es war mein Vater! Oh Mann, wenn der Junge das gesehen hätte! Das ist so peinlich!"

Anke Helle, Magazin SCHULE

M2 Von dir Mama

Samy Deluxe (*1977): deutscher Rapper und Musikproduzent

Mama liebt mich, Papa verließ mich [...]
Mama liebt' mich auch noch, als ich aus der Schule flieg'
Teenager – denk', ich bin so 'n cooler Typ – so dumm
Hilflos, willenlos, schau ma' die Fotos
Wie ich ziellos, sinnlos auf dem Schulhof pos'
Mama liebt mich, da kann nix daran ändern
Schickt' mich nach England, dort fang' ich mit Graffiti und Rap an [...]
Rap ist meine Berufung [...]
Mama hält immer zu mir, trotz dem Stress und dem Trubel
[...]
Ich hatte nie 'n Vater, dafür 'n Team Partner
Und alles Gute, was ich habe, hab' ich von dir, Mama

Samy Deluxe

M3 Gespräch mit dem Vater

Sylva pendelt nach der Trennung ihrer Eltern zwischen der Mutter in Berlin und dem Vater in Tschechien. Manchmal versteht sie die Erwachsenen und sich selbst nicht mehr.

Dieses Gefühl [der Andersartigkeit] war von Anfang an in Sylva. Die üblichen Verhaltensweisen [...] engten sie ein. Sie konnte sich nicht anständig benehmen. Auch wenn sie sich anstrengte, konnte sie nicht abschätzen, was von ihr erwartet wurde. [...] Meistens ging sie, wenn sie besser geblieben wäre, und sie schwieg, wenn sie antworten sollte. Andere Male wieder sagte sie ihre Meinung und brachte ihre Umgebung in Verlegenheit. Es war eine Qual, sich anzupassen. Sie brach Regeln und Gewohnheiten, egal wo sie sich aufhielt. [...]

Deshalb sucht sie das Gespräch mit ihrem Vater. Er fragt sie, was ihr gerade durch den Kopf geht.

„Alles Mögliche. Zum Beispiel die Vorherbestimmtheit zum Alleinsein. Jeden Tag zusätzliche Verluste. Gespaltenheit. Der Einfluss [...] des Verstands [...] ... und, und, und ...!"

Sie spürt, wie ihr Gesicht brennt. Sie ist gespannt und aufgebracht. Hunderte schmerzhafte Themen gehen ihr durch den Kopf. [...] Jede Sekunde wächst die Hoffnungslosigkeit auf dieser Erde und es führt kein Weg hinaus! Welchen Sinn hat es, in der Küche zu stehen und zu labern, auf Mutter zu warten, nach Berlin zu ziehen oder [...] sonst wohin, zu lernen, Geld zu verdienen, Krankenversicherung zu zahlen, Kinder zur Welt bringen, Angst um sie zu haben ... Wo ist der Sinn? Wo ist die Garantie, dass alles irgendeine Bedeutung hat? Dass es nicht nur ein zufälliges und verwirrtes Gewusel im Sand ist, das von der nächsten Welle weggespült wird? „Ich bin so unglücklich!" Tränen kullern ihr über die glühenden Wangen. [...] „Ich weiß nichts, Papa! Ich versteh nichts!" [...]

„Weißt du, in der Pubertät..." Er fängt an und verstummt wieder. [...] Endlich entschließt er sich doch.

„Die Pubertät ist ein eigenartiger Zustand. Nicht wiederholbar. In der Pubertät ist der Mensch nackt, also berührt ihn alles direkt. Die Berührung ist erregend und schmerzhaft zugleich. [...] Erst wenn du älter wirst, beginnst du, dich anzuziehen." [...]

„Fühlst du dich nicht mehr nackt?"

Der Vater schüttelt langsam und niedergeschlagen den Kopf. „Vielleicht habe ich nicht so viele Schichten, aber eine direkte Berührung ist ein Wunder für mich."

„Das alles also ... was ich jetzt erlebe ... geht vorbei?"

„Höchstwahrscheinlich ja. Leider." [...]

Sie umarmt ihn fest. „Weißt du was, Papa?", sagt sie und bemüht sich, ihre Stimme wie die von Mutter klingen zu lassen. Optimistisch. Voller Tatendrang. „Ich mach jetzt Kartoffelpuffer warm."

Iva Procházková

Iva Procházková (*1953): tschechische Schriftstellerin

AUFGABEN

W
1 Stellt euch vor, Sina und Anna reden anschließend mit ihren Eltern. Stellt das Gespräch jeweils in einem Rollenspiel dar. > M1
2 Legt dar, was man aus dem Song über die Teenagerzeit des Rappers und die Rolle seiner Mutter erfährt. Stellt ein Gespräch zwischen beiden in einem Rollenspiel dar. > M2
3 Erkläre, was der Vater mit der Aussage „In der Pubertät ist der Mensch nackt" meint. > M3
4 Vergleiche die unterschiedlichen Beziehungen zwischen den Eltern und Jugendlichen. > M1-M3

Rollenspiel
> S. 275

Zeitweise störanfällig

M1 Achtung Baustelle

Das Gehirn gleicht in der Pubertät einer Baustelle. Die Großhirnrinde wächst zunächst noch einmal stark an und nimmt dann radikal ab. Es sterben vor allem die Nervenzellen ab, die selten gebraucht werden. Das Gehirn sortiert aus, es konzentriert seine Kräfte und wird dabei wesentlich schneller und effektiver, es wird vorbereitet auf das selbständige Leben. So erklären sich einerseits die hohen Leistungen, zu denen Jugendliche in dieser Zeit erstmals fähig sind – die Zunahme an Denkschärfe, Abstraktionsvermögen –, andererseits die besonderen Probleme der Pubertät. Der Umbau des Gehirns ist nämlich genau getaktet, er verläuft von hinten nach vorn, von den einfachen zu den höheren Hirnregionen. Am Ende fehlt noch die höchste Instanz, der vordere Stirnlappen. Hier hat die Besonnenheit ihren Sitz, hier werden Gefühle reguliert und die Folgen von Handlungen bedacht – alles Dinge, bei denen Jugendliche in dieser Zeit schlecht abschneiden. Deshalb denken sie wenig über die Folgen ihres Tuns nach und können Risiken nur schwer einschätzen. Immer mal wieder ist ihr Bewertungssystem im Gehirn heillos überfordert. Das Verhalten von Jugendlichen wird stark von dem Teil des Gehirns gesteuert, der für Gefühle zuständig ist. Trotzdem fällt es ihnen schwer, die Gefühle anderer richtig zu deuten. Sie sehen Ärger und Ablehnung in Situationen, in denen diese gar nicht vorhanden sind. Einen Trost gibt es aber für sie: Diese Zeit geht mit Sicherheit vorüber.

Abstraktionsvermögen: Fähigkeit, konkrete Situationen und Fragen zu verallgemeinern

M2 Hormongesteuert

Chromosom: Träger von Erbanlagen

Nur ein einziges Chromosom unterscheidet das Erbgut der Jungen von dem der Mädchen. Doch das hat enorme Auswirkungen. Wenn im Gehirn der Startschuss für die Pubertät fällt, werden massenhaft Hormone produziert, bei den Jungen das Testosteron, bei den Mädchen das Östrogen. Sie lösen bei Jungen und Mädchen körperliche Veränderungen aus und manchmal können auch psychische Probleme auftreten.

Mädchen fällt es in der Pubertät z. B. oft schwer, ihr verändertes Äußeres anzunehmen. Angeregt durch das Sexualhormon Östrogen wächst bei ihnen verstärkt der Hippocampus, der Teil des Gehirns, der für das emotionale Gedächtnis zuständig ist. Dadurch kann es zu extremen Stimmungsschwankungen kommen. So erklärt sich auch, dass besonders Mädchen in der Pubertät für Depressionen anfällig sind, sich gelegentlich selbst Verletzungen zufügen (Ritzen) oder zu Magersucht neigen.

Entwicklungsbedingt hinken Jungen ihren Klassenkameradinnen durchschnittlich zwei Jahre hinterher, außerdem ist das Eintrittsalter in die Pubertät von Junge zu Junge sehr verschieden, was zu Verunsicherungen führen kann. Jungen haben daher oft das Gefühl, ihre Männlichkeit beweisen zu müssen. Da außerdem das männliche Gehirn sein Wachstum später abschließt als das weibliche, neigen Jungen noch stärker als Mädchen zu risikobereitem Verhalten wie Alkoholexzessen, aggressiven Ausrastern und lebensgefährlichen Mutproben.

M3 Adriana und Daniel

Adriana sagt: „Manchmal bin ich so gut drauf, dass ich die Welt umarmen könnte. Sogar meine Schwester, die mir sonst voll auf die Nerven geht. Habe ich allerdings schlechte Laune, dann raste ich schon aus, wenn sie mir zu nah kommt. Ich weiß dann oft selbst nicht, was los ist. Wenn ich dann noch irgendeinen Song höre, der mich runterzieht, dann könnte ich heulen und weiß gar nicht warum. Was ist das bloß? Warum streite ich mich, obwohl mir keiner etwas getan hat? Und wenn ich meine Tage bekomme, dann ist alles aus: Ich bin schon den Tag zuvor mies drauf und dann kommen die Bauchschmerzen. Da machen lieber alle einen Bogen um mich. Überhaupt mein Körper! Ich finde meinen Busen nicht schön. Auch die Rundungen an meinen Hüften finde ich nicht schön. Meine Eltern meinen, ich würde mich für mein Alter viel zu stark schminken. Dabei möchte ich bloß, dass mich andere hübsch finden."

Daniel steht auf Adriana. Ihre tolle Figur, die coolen Klamotten und so, das versetzt ihn immer in Aufregung, wenn er sie sieht. Allerdings beachtet sie ihn kaum. Kein Wunder, an ihm passt ja auch nichts mehr zusammen, findet er: Alles ist so schlaksig und wirkt ungelenk, die Stimme klingt wie eine gesprungene Saite. Und nie fällt ihm in ihrer Nähe ein witziger Spruch ein! Was soll er tun? Er könnte versuchen, den schweigsamen Coolen raushängen zu lassen, so auf die lässige, ein bisschen einsame Art. „Man kommt gar nicht richtig an dich ran", das sagen seine Eltern ja schließlich auch manchmal zu ihm! Aber mit seinen Freunden ist es doch eigentlich anders. Da sorgt er für Stimmung, hat Ideen für coole Aktionen, kann schlagfertig und witzig sein. Aber wie soll das in der Schule gehen, wenn alle zuhören, vor allem Adriana? Manchmal versucht er nur, den Schultag zu überstehen, ohne sich zu blamieren. Dann kommt ihm alles unglaublich anstrengend vor.

M4 Pädagogische Konsequenzen?

Die Erkenntnis [der Entwicklungsforschung], dass die [...] [Pubertät] eine entscheidende Phase in der Reifung des Gehirns darstellt und Reifungsprozesse möglicherweise bis in die dritte Lebensdekade anhalten, hat [...] auch wichtige pädagogische [...] Konsequenzen. Dies sollte [...] bei Entscheidungen, die die Entwicklung von Kindern und Jugendlichen betreffen, berücksichtigt werden. *Kerstin Konrad*

Kerstin Konrad: Professorin an der Uniklinik Aachen

AUFGABEN

MK

1. Erkläre, welche Veränderungen während der Pubertät stattfinden und wie sie sich auf das Verhalten von Jugendlichen auswirken. Führe dazu auch eine eigene Internetrecherche durch. > M1
2. Stelle dar, wie sich der Verlauf der Pubertät bei Mädchen und Jungen unterscheidet. > M2
3. Schreibe alle genannten Stimmungen der beiden Jugendlichen auf unterschiedlich gefärbte Karten (rot für Adriana, blau für Daniel) und ordne sie auf einem Gefühlsbarometer (Skala von -5 bis +5) an. Vergleicht eure Verteilungen und wertet sie aus. > M3
4. Erkläre die Gefühle von Adriana und Daniel auf der Grundlage der psychischen und physischen Veränderungen in der Pubertät (M1 und M2). > M1-M3
5. (V) Diskutiert, welche pädagogischen Konsequenzen in Bezug auf die Pubertät Kerstin Konrad meinen könnte. > M4

Ich bin auf meinem Weg

M1 Steiler Aufstieg

Wolfgang Mattheuer

Wolfgang Mattheuer (1927 – 2004): deutscher Maler, Graphiker und Bildhauer

M2 „Ich, Lara de Diego, 16"

Zuhause, das ist, wo ich mich nicht auspowern muss, wo ich mich sicher fühle, wo ich ruhig bin. Wenn ich mit meinen Eltern aneinandergerate, dann wegen Hausaufgaben, Zimmer aufräumen oder so. […]

Kürzlich hab ich mir einen Computer zusammengespart. Im Internet bei Facebook […] und YouTube bin ich oft.

Freundschaft ist, wenn wir uns auch wieder vertragen, nachdem wir aneinandergeraten sind. […] Zickig werde ich, wenn mir jemand das Gefühl gibt, etwas Besseres zu sein als ich.

Wenn es Streit gibt, denke ich zuerst: Was hab ich falsch gemacht? Andererseits fühle ich mich auch im Recht, sonst muss ich mich ja nicht streiten. Mit meiner Mutter geht es meist darum, dass dem einen oder anderen der Ton nicht passt. Meist reden wir dann eine Weile nicht miteinander. Irgendwann entsteht wieder ein kleines Gespräch, zum Beispiel beim Essen, […] und wir pendeln uns wieder ein. Mit meinem Vater streite ich weniger. Ich habe zu beiden ganz verschiedene Verhältnisse, die aber beide total gut funktionieren. Sie unterstützen mich in allem, was ich tue, weil sie sagen, es ist mein Leben.

Die Liebe spielt in meinem Leben eine Rolle, aber sie drängt noch nicht in den Vordergrund. Da steht die Schule. Mit meinen Freundinnen rede ich über die Liebe. Ich fühle mich da aber gar nicht unter Druck. Ich geh es locker an.

Ich fechte, seit ich zehn Jahre alt bin. […] Auf Mode bin ich nicht total fixiert. Ich achte darauf, dass ich gepflegt daherkomme.

Wenn man sich das Leben vorstellt, sieht man sich schon gern reich, beliebt und in einem großen Haus. Aber später bin ich vielleicht doch mit einer Wohnung zufrieden. Meine Eltern sind toll, aber sie übernehmen keine Vorbildfunktion. Manchmal sehe ich mich als Studentin in einer WG mit Freunden. Dann stelle ich mir wieder so ein Leben vor wie in den US-Fernsehserien, mit Mann und zwei Kindern. Aber ich weiß nicht, ob ich das wirklich will. Wenn ich Kinder hätte, sollten sie von mir Selbstvertrauen lernen.

Der Spiegel Wissen 2/10

M3 Entwicklungsanforderungen im Jugendalter

Schauen wir uns doch einmal an, welche dieser Entwicklungsaufgaben zum Jugendalter bzw. zur Adoleszenz gehören:

Akzeptieren der eigenen körperlichen Veränderungen

Im Zuge der Pubertät ergeben sich weitreichende körperliche Veränderungen, mit denen der Jugendliche erst einmal umzugehen lernen muss. [...]

Das Lösen vom Elternhaus

Einer der wichtigsten Prozesse innerhalb der Adoleszenz ist die Ablösung vom Elternhaus, mit der in der Regel vielfältige Probleme und Spannungen in der Familie einhergehen. Plötzlich will der Spross abends mit Freunden weggehen, nicht mehr mit den Eltern verreisen oder auch einmal auswärts übernachten. [...]

Der Aufbau eines eigenen Freundeskreises

Während vor der Adoleszenz der Freundeskreis des Kindes meist durch schulische und elterliche Einflüsse bestimmt wird, beginnt der Jugendliche dann damit, seine Freunde selbst und bewusst auszuwählen. Auch der häufige Wechsel von Freunden bzw. ganzer Freundeskreise gehört in dieser Zeit zur Normalität. [...]

Erste intime Kontakte und Beziehungen

Das Entdecken der eigenen Sexualität ist ein entscheidender Faktor in der Phase der Adoleszenz. Er steht im engen Zusammenhang mit den bereits erwähnten körperlichen Veränderungen. Hierdurch ergeben sich oft Probleme, insbesondere dann, wenn der Jugendliche die Veränderungen des Körpers und des Aussehens noch nicht vollständig akzeptiert hat, aber trotzdem schon intime Beziehungen eingeht.

Entwicklung einer eigenen Weltanschauung

Wird das „Weltbild" eines Kindes fast ausschließlich von den Ansichten und Gewohnheiten der Eltern bestimmt, beginnt sich der Jugendliche in der Adoleszenz eine eigene, individuelle Weltanschauung aufzubauen. Hier spielen viele Faktoren und Bereiche mit hinein, z. B. Politik, Religion usw.

Entwicklung einer Zukunftsperspektive

Neben dem Aufbau einer beruflichen Perspektive entwickelt der Jugendliche auch eine generelle Zukunftsvision, z. B. hinsichtlich eines konkreten Lebensmodells, Familie, Kinder, Wohnort, übergeordnete Lebensziele usw. [...]

Entwicklung eines Selbstbildes

Das Problem in der Phase der Pubertät besteht darin, dass es erst ab einem gewissen Zeitpunkt für den Heranwachsenden möglich ist, sich selbst aus der Sicht anderer zu sehen und somit ein klares Bild bzw. eine definierte Selbstdarstellung zu gewinnen.

Hans Hirling

Jugendalter:
11. – 18. Lebensjahr

Adoleszenz:
11. – 21. Lebensjahr

Hans Hirling:
Autor von Büchern zur Freizeit, Kinder- und Jugendarbeit

AUFGABEN

1 Beschreibe das Bild und erläutere, inwiefern es den Weg von Jugendlichen durch die Pubertät symbolisieren kann. > M1

2 Wandelt den Text in Partnerarbeit in ein Interview mit Lara um, indem ihr Fragen findet, die sich auf Laras Entwicklung hin zu einer eigenständigen Person beziehen. > M2

3 Veranschauliche die Entwicklungsaufgaben im Jugendalter (M3) durch Beispiele. Untersuche, welche sich davon in Laras Aussagen (M2) finden lassen. > M3/M2

V 4 Beurteile, welche der Entwicklungsaufgaben du für leicht(er), welche für schwierig(er) hältst. > M3

Als Mann oder Frau „geboren“?

M1 Typisch Mädchen, typisch Junge?

M2 Das biologische Geschlecht ist nicht entscheidend ...

konventionell (frz.): herkömmlich, üblich; förmlich

Im 20. Jahrhundert haben viele Philosophinnen und Soziologinnen die konventionelle Rolle der Frau in der Gesellschaft kritisiert. […] [Sie behaupten:] Man kommt nicht als Frau oder Mann zur Welt, sondern man bekommt in der Gesellschaft weibliche oder männliche Rollenbilder zugeschrieben. […] [Man muss] sich klar machen, dass nicht immer dasselbe gemeint ist, wenn man davon spricht, dass jemand weiblich oder männlich ist. Damit kann das biologische Geschlecht gemeint sein, muss es aber nicht! Es gibt in unserer Gesellschaft einen Unterschied zwischen „eine Frau sein“ und „weiblich“ sein sowie zwischen „ein Mann sein“ und „männlich“ sein. Ein Mann zu sein ist an biologische Merkmale gebunden. „Männlich“ ist hingegen eine Eigenschaft, die auch auf Frauen zutreffen kann. Von einer Frau mit einer sehr tiefen Stimme könnte man vielleicht sagen, sie habe eine männliche Stimme. Genauso können auch Männer mit bestimmten Accessoires, einer kleinen Handtasche oder einem eleganten Gang zum Beispiel, als „weiblich“ beschrieben werden. Die Wörter „männlich“ und „weiblich“ können sich also auf das biologische Geschlecht beziehen oder aber auch ein bestimmtes Aussehen oder Verhalten beschreiben. Um diese beiden Ebenen zu trennen, unterscheidet man in der Geschlechterforschung zwischen dem biologischen und dem sozialen Geschlecht eines Menschen. Letzteres bezeichnet die sozialen Eigenschaften, die mit einem Geschlecht verbunden werden.

Das biologische Geschlecht wird von den Geschlechtschromosomen (XX oder XY) bestimmt und zeigt sich in der körperlichen Ausprägung von primären und sekundären Geschlechtsmerkmalen. So weit, so einfach. […]

Traditionellerweise wird unser biologisches Geschlecht als Ursache für unser soziales Geschlecht betrachtet. Man geht zum Beispiel oft davon aus, dass Frauen natürlicherweise bestimmte Eigenschaften und Verhaltensweisen haben, dass sie fürsorglich sind und sich gern um Kinder kümmern (schließlich gebären sie die Kinder). Männer sind von Natur aus kräftiger und beweisen das gern beim Sport. Das biologische Geschlecht beeinflusst so die Fähigkeiten und Verhaltensweisen der Menschen. […]

Judith Butler (*1953): Philosophin und Philologin, arbeitet zur feministischen Theorie; Professorin an der University of California, Berkeley

Die amerikanische Philosophin Judith Butler behauptet, dass es nicht die biologischen Merkmale sind, die beispielsweise Frau und Mann voneinander unterscheiden. Natürlich gibt es verschiedene Gene und verschiedene biologische Geschlechtsmerkmale, aber sie haben keine weiteren Folgen für die soziale Identität. Es gibt ja auch Menschen mit grünen und Menschen mit braunen Augen – aber das hat keine Bedeutung dafür, welche Eigenschaften oder welches Verhalten sie sonst so haben! Für Judith Butler ist es mit der Geschlechtsidentität ähnlich: Unser Geschlecht ist keine Frage des Seins, sondern eine Frage des Handelns. Nicht das biologische Geschlecht ist entscheidend, sondern das Geschlechtsverhalten macht den Unterschied, also die Dinge, die wir tun. Die soziale Geschlechtsidentität wird durch unser konkretes Verhalten bestimmt: Wie wir uns kleiden, wie wir uns bewegen, welchen Hobbys wir nachgehen. […] Unsere Rollenverständnisse sind gesellschaftlich entstanden, und das, was wir damit verbinden, ist nicht ein für alle Mal festgelegt. *Jörg Bernardy*

Jörg Bernardy (*1982): deutscher Autor und Philosoph

M3 Viele Buchstaben und was sie bedeuten

„LGBTQIA+" ist eine Abkürzung der englischen Wörter **L**esbian, **G**ay, **B**isexual, **T**ranssexual/**T**ransgender, **Q**ueer, **I**ntersexual und **A**sexual. Es ist also eine Abkürzung für lesbische, schwule, bisexuelle, transsexuelle/Transgender-, queere, intersexuelle und asexuelle Menschen. […]. Natürlich gibt es aber noch viel mehr Sexualitäten. Und dafür steht das „+" am Ende von „LGBTQIA+". So werden auch Menschen erwähnt, die eine andere sexuelle Orientierung haben. […] Niemand darf deswegen beleidigt oder benachteiligt werden – laut Grundgesetz sind alle Menschen gleich viel wert. […] Jeder soll so respektiert werden, wie er ist. *zdf.de*

INFO

Sex und Gender

In der Geschlechterforschung hat sich die Unterscheidung zwischen den Begriffen *sex* und *gender* durchgesetzt. „Sex" bezieht sich auf die körperlichen Geschlechtsmerkmale wie Chromosomensätze und Geschlechtsorgane. Das Geschlechtsverhalten sowie das Geschlecht, mit der sich eine Person identifiziert, wird dagegen als „Gender" bezeichnet.

AUFGABEN

1 Stelle dar, was in der Abbildung unter typisch Mann bzw. typisch Frau verstanden wird, und nimm Stellung dazu. > M1

H 2 Wird man als Mann oder Frau geboren? Untersuche, welche Antwort im Text auf diese Frage gegeben wird. > M2

3 Erläutere den Unterschied von biologischem und sozialem Geschlecht anhand von Beispielen. > M2

4 Schreibe einen Brief an Judith Butler, in dem du zu ihrer Aussage „Unser Geschlecht ist keine Frage des Seins, sondern eine Frage des Handelns" Stellung nimmst. > M2

5 Recherchiere und erkläre, was unter den einzelnen sexuellen Orientierungen zu verstehen ist. > M3 MK

„Ich oute mich!"

M1 Simon

Als er vierzehn […] war, hat Simon sich das erste Mal für Jungs interessiert. Damals ging er […] wie selbstverständlich davon aus, dass „das" wieder weggehen würde. Mit fünfzehn, schon weniger sicher, dachte er: Das muss unbedingt wieder weggehen. Mit sechzehn dann: Vielleicht bleibt es ja so? Und mit 17, […] da wusste er: Es wird so bleiben. Kurz darauf brachte er seinen damaligen Freund zum ersten Mal mit nach Hause und erklärte seinen verdutzten Eltern: „Ich bin schwul." Es folgte eine lange Pause. Dann rief sein Vater […]: „Wir sind total enttäuscht, wie kannst du uns das nur antun, du bist unser einziger Sohn, das ist eine Schande!" Und die Mutter […] fügte hinzu: „Hoffentlich ist das nur eine Phase, wir wollen doch Enkel!" […] „Ich war voll enttäuscht, ich hatte mir was anderes erhofft", erzählt er heute, ein halbes Jahr später. […] Drei Wochen lang hätten die Eltern überhaupt nicht mit ihm geredet […]. „Sie fragen nicht, wie es ist, schwul zu sein, oder wie ich es bemerkt habe. Nichts. Gar nichts", sagt Simon, der […] wegen seiner Eltern ziemlich verbittert ist. Er lässt sie nicht mehr an sich ran und redet kaum noch mit ihnen. Dass er einen neuen Freund hat, wissen sie auch nicht.

Katrin Hummel

Katrin Hummel (*1968): deutsche Journalistin und Buchautorin

M2 Jenny

Die 16-jährige Jenny hatte eigentlich schon seit langem bemerkt, dass sie nicht auf Jungen steht, sondern sich ausschließlich von Mädchen angezogen fühlt. Als dann nach den Sommerferien die 17-jährige Marie in ihre Klasse kam, ließen ihre Gefühle nicht mehr den geringsten Zweifel zu. Jenny verliebte sich Hals über Kopf in ihre Mitschülerin. Erst wollte Jenny das Kribbeln im Bauch nicht wirklich wahrhaben, das sie in Maries Gegenwart befiel. Doch nach und nach ließen sich ihre immer stärker werdenden Gefühle nicht mehr verdrängen, und als Marie ihr schließlich auf einer Party gestand, dass sie sich in sie verliebt habe, war es endgültig um Jenny geschehen. Der erste Kuss war ein vorsichtiger Ausdruck ihrer Verliebtheit, der zwar Jennys ganzen Mut erforderte, ihr aber doch vollkommen natürlich erschien. Jennys Eltern reagierten ausgesprochen gelassen, als ihre Tochter ihnen nach einiger Zeit vorsichtig eröffnete, sie habe sich verliebt – und zwar in ein Mädchen. Auch ihre Freundinnen und Freunde hatten nicht das geringste Problem damit. Als schlimm empfanden Jenny und Marie die erniedrigenden Kommentare, die ihnen von Unbekannten entgegengeschleudert wurden, wenn sie Hand in Hand durch die Stadt liefen oder sich küssten. „Ihr seid wohl vom anderen Ufer?!", „Blöde Lesben!", „Muss das denn sein?", „Ihr habt wohl keinen abgekriegt!", „Das ist ja ekelhaft!" – Derartige Beleidigungen zeugen, so Jenny und Marie, nur von der großen Dummheit, der mangelnden Toleranz und dem eingeschränkten Horizont derjenigen, die „andersrum" ganz offensichtlich für „falsch herum" halten.

M3 Noah

Noah ist queer und hat sich im Alter von 15 Jahren zunächst als bisexuell, mit 23 Jahren dann als transgeschlechtlich geoutet.

philopraktisch: Wie hat dein Umfeld auf deine Outings reagiert?

Noah: Nach meinem ersten Outing wurde ich in der Schule eine Zeit lang gemobbt, was dazu führte, dass ich nicht mehr gerne dorthin gegangen bin. Meine Eltern wollten meine sexuelle Orientierung nicht wahrhaben und meinten, es sei nur eine Phase, die bald vorbeigehen würde. Meinem Bruder war es schon lange klar, dass ich nicht hetero war. Er hatte mit meinem Outing ebenso wenig Probleme wie mein Freundeskreis.

Bei meinem zweiten Outing als transmaskulin, also als Person, die bei der Geburt nicht dem männlichen Geschlecht zugeordnet wurde, sich aber mit diesem identifiziert, waren die Reaktionen schon anders. Insbesondere meinen Eltern fiel es zunächst schwer, zu akzeptieren, dass sie keine Tochter mehr haben und dass ich – nach eingehenden Untersuchungen – Hormone bekomme, die mich optisch nach und nach zum Mann werden lassen. Auch die Änderung meines Namens von Anna in Noah haben sie erst einmal nicht wirklich verstanden.

philopraktisch: Was waren und sind momentan für dich die größten Schwierigkeiten und Herausforderungen im Alltag?

Noah: Toiletten sind vielleicht das größte Alltagsproblem, da ich immer noch weibliche Züge an mir habe. Ich gehe natürlich grundsätzlich auf Männertoiletten. Dort werden mir häufig Blicke zugeworfen, die verraten, dass viele Männer sich fragen, was eine Frau auf der Männertoilette zu suchen habe. Angesprochen hat mich bisher aber noch niemand. Das Toilettenproblem kennen übrigens auch viele Schülerinnen und Schüler, denn statistisch gesehen gibt es in jeder Klasse eine Person, die transgeschlechtlich ist. Diese Schülerinnen und Schüler trinken oft den ganzen Schultag nichts, nur um den Toilettengang zu vermeiden. Manche nehmen sogar einen langen Weg zu einem kleinen Café oder einer Bäckerei in Kauf, weil sie wissen, dass es dort eine Unisex-Toilette gibt.

Ein anderes Problem sind Umkleideräume. Nach meinem ersten Outing habe ich mich in der Mädchenumkleide nur noch am äußersten Rand, weit ab von den anderen Mädchen, umgezogen. Danach bin ich schnell in die Turnhalle gegangen, weil ich immer Angst davor hatte, dass eines der Mädchen sagen könnte, ich hätte sie angestarrt, was ich natürlich nie getan habe. Wenn ich heute in ein Fitness-Studio gehe, kann ich nach dem Sport aufgrund meiner körperlichen Beschaffenheit nicht die Männerdusche benutzen, obwohl ich mich gerne waschen würde. Ich muss also zusehen, dass ich nach dem Sport möglichst schnell nach Hause komme.

Originalinterview (Name geändert)

queer:
Sammelbegriff für alle Personen, deren geschlechtliche Identität und/oder sexuelle Orientierung nicht der zweigeschlechtlichen Norm entspricht

bisexuell:
sowohl hetero- als auch homosexuell

transgeschlechtlich:
Menschen, die sich nicht (ausschließlich) mit dem Geschlecht identifizieren, das ihnen bei ihrer Geburt zugewiesen wurde

AUFGABEN

1 Stelle die Erfahrungen dar, die Simon, Jenny und Noah aufgrund ihrer geschlechtlichen Orientierung bzw. Identität gemacht haben. Beurteile die unterschiedlichen Reaktionen auf ihre Outings. > M1-M3

2 Erläutere, mit welchen Schwierigkeiten Noah im Alltag zu kämpfen hatte und hat. Welche Möglichkeiten gibt es deiner Meinung nach, um queeren Menschen das Leben zu erleichtern? Vergleicht eure Ideen dazu. > M3

TIPP
Wenn ihr queere Hilfe sucht, könnt ihr euch auf https://queeres-netzwerk.nrw/ Informieren.

Gleiches Recht für alle Geschlechter?

M1 Der Fall Vanja

Mann oder Frau? Jahrelang hat[te] Vanja dafür gekämpft, dass die Gesellschaft Menschen nicht mehr zwingt, sich auf das eine oder andere Geschlecht festzulegen […], [und schließlich] vor dem Bundesverfassungsgericht einen Erfolg erzielt. […] Wenn im Geburtenregister ein Geschlecht eingetragen wird, dann muss es […] [seit 2018] neben „weiblich" und „männlich" noch eine dritte Option geben, und zwar „inter" oder „divers", wie Vanja vorgeschlagen hatte, oder „eine andere positive Bezeichnung des Geschlechts". Das Kreuzchen bei „Geschlecht" schlicht wegzulassen, wie dies seit 2013 möglich […] [war], wenn das Geschlecht eines Neugeborenen nicht eindeutig ist, reicht demnach nicht aus. Die Begründung der Richter: Intersexuelle begriffen sich nicht als geschlechtslos, sondern hätten nach eigenem Empfinden ein Geschlecht jenseits von männlich oder weiblich. Die geschlechtliche Identität sei ein „[…] [wichtiger Teil] der eigenen Persönlichkeit" und somit von dem im Grundgesetz verankerten allgemeinen Persönlichkeitsrecht geschützt. […] Deshalb sei auch die geschlechtliche Identität jener Menschen geschützt, die weder dem männlichen noch dem weiblichen Geschlecht zuzuordnen seien. […]

Vanja ist mit nur einem X-Chromosom auf die Welt gekommen und musste sich als Kind – so wie viele andere Intersexuelle – medizinischen Eingriffen und Operationen unterziehen, um „zu einem Mädchen zu werden", wie er*sie sagt. „Aber das bin ich eben nicht." „Wenn ein Kind bisher ohne eindeutiges Geschlecht auf die Welt kam, galt das medizinisch immer als ‚Fehler', der korrigiert werden muss", sagt Vanja. „Dabei schaden solche Eingriffe in der Regel viel mehr als sie nutzen." Das Karlsruher Urteil bedeutet[e] für Vanja deshalb weit mehr, als dass er*sie den Eintrag „weiblich" im Geburtenregister [in „divers"] ändern kann. „Es sorgt dafür, dass Kinder nach der Geburt nicht sofort einer Kategorie zugeordnet werden müssen und dann oft operiert werden", sagt Vanja. Pro Jahr gibt es nach Angaben des Deutschen Instituts für Menschenrechte etwa 1500 solcher medizinischen Eingriffe.

Silke Fokken

intersexuell/ intergeschlechtlich: Bezeichnung für Menschen mit medizinisch nicht eindeutig als (nur) männlich oder (nur) weiblich identifizierbaren körperlichen Merkmalen

Silke Fokken (*1972): deutsche Redakteurin

Methodenkompetenz: Stellung nehmen und die eigene Position mit Argumenten vertreten

Wenn du zu einer strittigen Frage überzeugend Stellung nehmen möchtest, musst du deine Position durch treffende Argumente stützen. Gehe dabei in folgenden Schritten vor:

1. Führe kurz aus, zu welcher Frage du Stellung nehmen möchtest.
2. Formuliere deine Position zu dieser Frage.
3. Führe treffende Argumente an, die deine Position stützen.
4. Bekräftige in einem Resümee deine Position noch einmal und/oder weise auf Konsequenzen hin, die daraus folgen.

Tipp: Wenn es dir schwer fällt, Argumente für deine Position zu finden, ist es hilfreich, sich mit den Stellungnahmen anderer auseinanderzusetzen und ihre Pro- und Contra-Argumente zu prüfen.

M2 Stellungnahme zur Frage des dritten Geschlechts

Darstellung der strittigen Frage

In Deutschland gibt es schätzungsweise 160.000 Intersexuelle. Diese Personen wurden lange Zeit im Geburtsregister und im Personalausweis dem männlichen oder dem weiblichen Geschlecht zugeordnet oder es wurde auf einen Geschlechtseintrag verzichtet. Das Bundesverfassungsgericht hat im November 2017 entschieden, dass Intersexuelle das Recht haben, ihr Geschlecht in standesamtlichen Dokumenten mit einer positiven Bezeichnung – „inter/divers" oder „divers" – eintragen zu lassen. Auch wenn die Entscheidung des Bundesverfassungsgerichtes unserem traditionellen Denkmuster widerspricht, dass Menschen entweder männlichen oder weiblichen Geschlechts sind, finde ich sie richtig und betrachte sie als einen Fortschritt bei der Gleichstellung intersexueller Personen.

Eigene Position

Argument 1

Zur Begründung meiner Auffassung möchte ich auf das Grundgesetz der Bundesrepublik Deutschland verweisen. Artikel 3.3 unserer Verfassung besagt, dass niemand wegen seiner Abstammung, seiner Rasse, seines Glaubens usw., und auch nicht seines Geschlechtes wegen benachteiligt werden darf. Es wäre aber eine Diskriminierung, wenn Männer und Frauen sich mit ihrem Geschlecht registrieren lassen dürfen, intersexuellen Personen hingegen dieses Recht verweigert wird.

Argument 2

Darüber hinaus besagt das allgemeine Persönlichkeitsrecht, von dem der Artikel 2 des Grundgesetzes handelt, dass jeder Mensch das Recht auf freie Entfaltung seiner Persönlichkeit hat. Nicht nur Männern und Frauen muss zugestanden werden, sich zu ihrer sexuellen Identität zu bekennen, sondern auch Personen, die nicht dem männlichen oder weiblichen Geschlecht angehören. Es ist mit dem Recht auf freie Entfaltung der Persönlichkeit nicht vereinbar, dass man sie zwingt, sich entweder als weiblich oder als männlich registrieren zu lassen oder gänzlich auf eine Eintragung ihres Geschlechts zu verzichten.

Resümee

Aus Gründen der Gleichbehandlung im Sinne der Menschenwürde finde ich es daher richtig, dass der Gesetzgeber 2018 die Möglichkeit geschaffen hat, im Geburtsregister, im Personalausweis usw. aktiv ein drittes Geschlecht eintragen zu lassen.

M3 Toiletten und Umkleideräume für transgeschlechtliche Personen?

Nimm unter Bezug auf den Fall Noah (S. 39, M3) begründet Stellung zu der Frage, ob es in öffentlichen Einrichtungen neben Toiletten und Umkleideräumen für Männer und Frauen weitere für anders-, z. B. transgeschlechtliche Personen geben sollte.

Frage …

Eigene Position …

Argumente …

Resümee …

AUFGABEN

1 Vollziehe anhand der Anleitung nach, wie in der Stellungnahme (M2) die Position zur Frage der Geschlechtergerechtigkeit (M1) dargestellt und durch Argumente gestützt wird. > M1/M2

2 Verfasse (nach dem Muster von M2) eine Stellungnahme zur Frage gesonderter Toiletten und Umkleideräume für Personen mit diversem Geschlecht. > M2/M3

Was wir wissen – was wir können

Wissen kompakt

Körperliche Veränderungen:
- Umorganisation des Gehirns
- Hormonelle Veränderungen
- Reifung der Geschlechtlichkeit
- …

Mögliche Auswirkungen:
- Stimmungsschwankungen, Launenhaftigkeit
- Probleme mit den Eltern,
- erhöhte Risikobereitschaft
- …

Entwicklungsaufgaben
- Entwicklung eines Selbstbildes
- Ablösung vom Elternhaus
- erste intime Kontakte und Beziehungen
- …

Pubertät

Entwicklungsphase nach der Kindheit, die zur **Geschlechtsreife** führt

Geschlechtlichkeit

Unterscheidung zwischen biologischem Geschlecht (Sex) und sozialem Geschlecht (Gender)

Traditionelle Rollenerwartungen und Konventionen im Bereich der Geschlechtlichkeit:
- ausschließlich zwei Geschlechtskategorien
- anerkannte Form der geschlechtlichen Orientierung: Heterosexualität (und damit Diskriminierung anderer Selbstzuordnungen)
- Dominanz des Mannes, Unterordnung der Frau
- …

←----→

Recht auf Selbstbestimmung im Bereich der Geschlechtlichkeit:
- Anerkennung einer dritten Geschlechtskategorie
- rechtliche Gleichstellung von allen sexuellen Orientierungen / geschlechtlichen Identitäten (z. B. Homo- und Bisexuelle, Trans- und Intergeschlechtliche)
- Gleichberechtigung der Geschlechter, neue Rollenverteilung zwischen Mann und Frau
- …

KOMPETENZ-CHECK

Überprüfe dich selbst: Wenn du dich bei einem Punkt noch unsicher fühlst, lies und bearbeite (ggf. mit einer Partnerin bzw. einem Partner) die passende Schulbuchseite noch einmal.

Ich kann …		Meine Einschätzung – –	–	+	++
an Beispielen aufzeigen, welche Schwierigkeiten und Probleme mit der Pubertät verbunden sind	> S. 26–29				
an Beispielen darstellen, wie sich das Verhältnis zwischen Jugendlichen und Eltern in der Pubertät verändern kann	> S. 30–31				
erklären, wie Veränderungen im Gehirn sich auf das Verhalten auswirken	> S. 32–33				
erläutern, welche Entwicklungsaufgaben Jugendliche zu bewältigen haben	> S. 34–35				
erklären, welche Konsequenzen sich aus der Unterscheidung von Sex und Gender ergeben	> S. 36–37				
am Beispiel von Homosexuellen und Transgeschlechtlichen deutlich machen, mit welchen Vorurteilen und Schwierigkeiten queere Personen im täglichen Leben umgehen müssen	> S. 38–39				
am Beispiel der Situation von inter- und transgeschlechtlichen Personen zum Recht auf Gleichstellung in unserer Gesellschaft Stellung nehmen	> S. 40–41				

Arbeitsblatt:
Kompetenz-Check „Geschlechtlichkeit und Pubertät“

Mediencode: 21057-02

Die Erfahrung lehrt uns, dass Liebe nicht darin besteht, dass man einander ansieht, sondern dass man gemeinsam in gleicher Richtung blickt.

Antoine de Saint-Exupéry

Für die Welt bist du irgendjemand, aber für irgendjemand bist du die Welt.

Erich Fried

Zwei, die sich gefunden haben!

Das Schönste aber hier auf Erden ist lieben und geliebt zu werden.

Wilhelm Busch

Freundschaft und Liebe erzeugen das Glück des menschlichen Lebens wie zwei Lippen den Kuss, welcher die Seele entzückt.

Friedrich Hebbel

In Partnerschaften muss man sich manchmal streiten, denn dadurch erfährt man mehr voneinander.

Johann Wolfgang von Goethe

Freundschaft, Liebe, Partnerschaft

AUFGABEN

1 Beschreibt die beiden Bilder und tauscht euch darüber aus, ob bzw. inwiefern auf ihnen jeweils Freundschaft, Liebe und/oder Partnerschaft dargestellt sind.

2 Bildet Tandems: Einigt euch auf zwei Zitate zu Freundschaft bzw. Liebe, die euch besonders gut gefallen. Stellt eure Auswahl im Kurs vor und begründet sie.

Was Freundschaft ausmacht

M1 Kurt und die Vorstadtkrokodile

Hannes, Mitglied der Krokodiler-Bande, hat sich mit dem im Rollstuhl sitzenden Kurt Wolfermann angefreundet. Er möchte, dass die Krokodiler Kurt als Mitglied in ihre Bande aufnehmen.

FILMTIPP
Vorstadtkrokodile ▪ 1977, auf YouTube verfügbar ▪ 2009 Neuverfilmung (s. Bild: Kurt heißt hier Kai)

Hannes, Mitglied der Krokodiler-Bande, hat sich mit dem im Rollstuhl sitzenden Kurt Wolfermann angefreundet. Er möchte, dass die Krokodiler Kurt als Mitglied in ihre Bande aufnehmen.

Am nächsten Nachmittag trafen sich wieder alle Krokodiler in ihrer Hütte im Wald. Am kommenden Sonntag wollten sie eine Radtour ins nahe Münsterland unternehmen, und sie berieten, welchen Weg sie fahren wollten und was jeder für diese Radtour mitzubringen hatte. Zu ihrer Überraschung stellte Hannes plötzlich den Antrag, Kurt Wolfermann bei den Krokodilern aufzunehmen, natürlich ohne Mutprobe, sozusagen als Ehrenmitglied, nicht als aktives Krokodil. Als er fertig war, lachte Olaf nur. Die anderen schwiegen oder grinsten. „So ein Quatsch", rief Olaf. „Was sollen wir mit dem, mit einem Krüppel, der dauernd gefahren werden muss. Wir können nur welche brauchen, die auf Bäume und Dächer klettern."

„Kurt ist kein Krüppel", schrie Hannes empört, „er kann nur nicht laufen ... und im Kopf hat er genauso viel wie wir alle zusammen, dass ihr es nur wisst."

„Komm, Hannes", sagte Peter begütigend, „Olaf hat schon recht. Der Kurt muss doch immer geschoben werden, was sollen wir mit so einem."

Frank meinte: „Wenn wir den bei uns haben, dann können wir nicht mehr Fahrrad fahren, dann müssen wir immer Rücksicht nehmen ... Fahrrad kann er auch nicht fahren."

Peter fragte wieder: „Wer soll ihn denn schieben? Wir vielleicht? [...]"

„[...] [Ein] wenig kann sich Kurt auch allein bewegen, wenn die Fahrbahn eben ist ... ich war bei ihm in der Wohnung."

„Der kann leicht umkippen", sagte Frank, „ich hab das mal gesehen, dass er beinahe umgekippt wäre vor dem Konsum."

Maria sagte: „Wir kennen uns mit so was nicht aus, wie das alles funktioniert, wenn was passiert, dann sind wir schuld [...]."

Sie waren verlegen. Auch Hannes war nachdenklich geworden, denn von dieser Seite aus hatte er es noch nicht betrachtet. [...]

Nach anfänglichem Zögern sagte Olaf, so, als dürfe kein Widerspruch mehr aufkommen: „[...] Was sollen wir mit so einem machen, der immer geschoben werden muss. Blöde Idee vom Hannes." „Stimmen wir doch ab", schlug Maria vor. Bei der Abstimmung zeigte es sich dann, dass alle gegen Kurts Aufnahme waren, nur Hannes stimmte dafür, und Maria enthielt sich der Stimme. Fast hätte Hannes geheult vor Wut.

Olaf, der das bemerkte, legte Hannes den Arm um die Schulter und versuchte ihn zu trösten: „Komm, Hannes, ist ja schön, dass du dich für den Kurt einsetzt [...]. Aber überleg doch mal, er wäre für uns immer ein Klotz am Bein, wir müssten immer auf ihn Rücksicht nehmen, ganz egal, was wir auch machen wollen. Das solltest du auch mal überlegen."

Max von der Grün

Max von der Grün (1926 – 2005): deutscher Schriftsteller, bekannt v. a. auch für sein Jugendbuch *Vorstadtkrokodile* (1976)

M2 Das waren zwei Freunde!

Johann Bökh ist Lehrer am Jungeninternat Kirchberg. Er erzählt den Schülern Martin, Matthias, Uli, Sebastian und Jonathan eine Geschichte:

„Von einem der […] Tertianer, die vor zwanzig Jahren in euren eisernen Bettstellen schliefen und auf euren Plätzen im Klassenzimmer und im Speisesaal saßen, handelt die Geschichte. Es war ein braver, fleißiger Junge. […] Da wurde eines Tages die Mutter dieses Jungen sehr krank. Und man brachte sie, weil sie sonst bestimmt gestorben wäre, von dem kleinen Heimatort nach Kirchberg ins Krankenhaus. […] Der kleine Junge war damals sehr aufgeregt. Er hatte keine ruhige Minute. Und da rannte er eines Tages […] [ohne Erlaubnis] einfach aus der Schule fort, quer durch die Stadt ins Krankenhaus, saß dort am Bett der Kranken und hielt ihre heißen Hände. […] [Zurück am] Schultor wartete schon ein Primaner auf ihn. […] [Der unbeliebte, eingebildete Schüler] fragte den Jungen, wo er gewesen sei. Der Junge hätte sich eher die Zunge abgebissen, als diesem Menschen zu erzählen, dass er von seiner kranken Mutter kam. Der Primaner entzog ihm zur Strafe die Ausgeherlaubnis für den nächsten Tag. Am nächsten Tag lief der Junge trotzdem davon. Denn die Mutter wartete ja auf ihn! Es ging ihr noch schlechter als am Tag vorher. Und sie bat ihn, morgen wieder zu kommen. Er versprach es ihr und lief in die Schule zurück.

[Dort hatte ihn der Primaner dem strengen Hauslehrer gemeldet, mit dem er auch nicht reden wollte. Dafür erhielt er vier Wochen Hausarrest.]

Aber am nächsten Tag war er wieder fort. Da brachte man ihn, als er zurückkam, zum Direktor des Gymnasiums. Und der bestrafte ihn mit zwei Stunden Karzer. Als sich nun der Direktor am nächsten Tage vom Hausmeister den Karzer aufschließen ließ, um den Jungen zu besuchen und ins Gebet zu nehmen, saß ein ganz anderer Junge im Karzer. Das war der Freund des Ausreißers, und er hatte sich einsperren lassen, damit der andere wieder zu seiner Mutter konnte.

Ja, […] das waren zwei Freunde! Sie blieben auch später beieinander. Sie studierten zusammen. Sie wohnten zusammen. […] Doktor Bökh […] sah die fünf Knaben lange an. „Und wisst ihr auch, wie dieser Junge hieß?" „Jawohl", sagte Martin leise. „Er hieß Johann Bökh."

Erich Kästner

Tertianer: Achtklässler

Primaner: Oberstufenschüler, damals mit Aufsichtspflicht

Erich Kästner (1899 – 1974): deutscher Schriftsteller und Kinderbuchautor

INFO

Freundschaft

Freundschaft nennt man eine besondere Beziehung zwischen zwei oder mehr Personen, die über eine bloße Bekanntschaft hinausgeht. Sie beruht auf tiefer Zuneigung, großem Vertrauen und hoher Wertschätzung und äußert sich darin, dass man am Leben der anderen Person(en) teilhat und sich für sie einsetzt.

AUFGABEN

1 Erläutere, welche Argumente für bzw. gegen die Aufnahme von Kurt in die Bande angeführt werden. Worin zeigt sich, dass Hannes Kurt als Freund betrachtet? > M1
2 Stelle dar, was Bökh mit seiner Geschichte zum Ausdruck bringen möchte. > M2
3 Erkläre, wodurch sich Freundschaft zwischen zwei Menschen auszeichnet bzw. auszeichnen sollte. > M1/M2

Freundschaft – richtig verstanden?

M1 „Nun trink schon einen mit, Ben!"

Ben und seine Freunde, Andreas, Dragan, Nico und Marc sind auf eine Geburtstagsfete eingeladen, zu der jemand Alkohol mitgebracht hat. Die Gelegenheit muss man doch ausnützen, findet Andreas! Aber vor allem Ben zweifelt, denn der nächste Tag ist Schultag und es steht eine Englischarbeit an. Außerdem will er eigentlich nicht trinken, aber wie wird diese Meinung bei den anderen ankommen?

Methodenkompetenz: In einem Rollenspiel Verhaltensweisen erproben

Bei einem Rollenspiel schlüpfen die Teilnehmenden wie im Theater in die Rolle einer anderen Person und erproben verschiedene Verhaltensweisen in einer vorgegebenen Situation. Es gibt viele Arten und Einsatzmöglichkeiten von Rollenspielen, z. B. kann man nach der besten Lösung für ein Problem suchen.

Jedes Rollenspiel sollte grundsätzlich drei Phasen haben:

1. **Vorbereitungsphase**
   Die Gruppe bespricht die Ausgangslage und verteilt die verschiedenen Rollen(karten) an die Spielerinnen und Spieler.
2. **Durchführungsphase**
   Die „Szene" wird (mehrfach) gespielt und die Nicht-Spielenden beobachten, welche Lösungen (jeweils) gezeigt werden.
3. **Auswertungsphase**
   Die Beobachterinnen und Beobachter geben den Spielerinnen und Spielern Rückmeldung, wie sie gespielt haben, und beurteilen die gefundene(n) Lösung(en).

M2 Rollenspiel: Eine Lösung für Bens Problem

1. Vorbereitungsphase: Die Ausgangslage (M1) wird besprochen und es werden Rollenkarten für die beteiligten Personen entworfen:

Andreas füllt Shotgläser für alle, trinkt und fordert seine Freunde auf mitzutrinken.

Dragan trinkt auch Schnaps und beteiligt sich daran, Ben zu überreden.

Nico nippt nur an seinem Glas, weil ihm der Schnaps nicht schmeckt. Er ist eigentlich auf Bens Seite, will das aber nicht offen zugeben.

Marc trinkt auch, zeigt aber Verständnis für Bens Haltung.

Ben lehnt es ab, Alkohol zu trinken, und steht zu seiner Meinung.

2. Durchführung: Protokoll eines Rollenspiels (Beispiel):

Marc: Geile Party, was?

Dragan: Ja, gute Musik und coole Typen. Da hat vorhin sogar einer 'ne Flasche Wodka mitgebracht, habt ihr das gesehen?

Andreas: Die ist für uns! Los, ein Shot für alle, damit wir ein bisschen in Stimmung kommen! (Er greift zur Flasche, füllt fünf Schnapsgläser und trinkt.) Rein damit!

Dragan (trinkt ebenfalls und prostet Marc und Nico zu)**:** Prost, Leute!

Nico (nippt kurz an seinem Glas)**:** Super stark, das Zeug!

Marc (trinkt auch)**:** Ja, aber muss sein! (Er reicht Ben sein Glas. Dieser nimmt es aber nicht an.)

Andreas: Jetzt bist du dran, Ben. Mach schon …

Ben: Ich möchte aber nicht.

Andreas: Komm schon, Schlappschwanz, zeig, dass du ein echter Kerl bist.

Ben (schüttelt den Kopf)**:** Nein, echt nicht.

Dragan: Was ist denn schon dabei?

Ben: Ich trinke grundsätzlich keinen Alkohol, und außerdem schreiben wir morgen die Englischarbeit, da möchte ich einen klaren Kopf haben.

Dragan: Hier, mach schon, sei kein Spielverderber. Lass uns auf unsere Freundschaft trinken.

Andreas: Genau. Wenn du unser Freund bist, trinkst du jetzt einen mit.

Ben: Die Party gefällt mir auch ohne Alkohol. Außerdem muss man ja wohl nicht Alkohol trinken, um Freundschaft zu beweisen, oder? Wenn ihr das braucht, könnt ihr euch ja zudröhnen. Ich habe das jedenfalls nicht nötig.

Marco: Eigentlich hat Ben ja recht. Lasst ihn doch in Ruhe, wenn er nicht will.

Nico: Seht mal: Da drüben sind ein paar Mädels aus unserer Klasse. Lasst uns zu denen gehen.

M3 Sprayen ist doch cool!

Ausgangslage:

Die Freunde Daniel, Julian, Luca und Milan (bzw. die Freundinnen Anna, Laura, Sarah und Elena) sind seit langer Zeit miteinander befreundet und haben schon Vieles gemeinsam unternommen. Als sie sich an diesem Abend treffen, schlägt Daniel (Anna) vor, in der Nacht Graffitis zu sprayen. Alle finden es toll und bekräftigen sich gegenseitig, dass sie auf diese Weise nicht nur ihren Zusammenhalt, sondern sogar ihre Freundschaft unter Beweis stellen können. Nur Luca (Sarah) ist von dieser Idee nicht wirklich begeistert.

AUFGABEN

1 Versetze dich in Bens Lage und stelle sein Problem in der Freundesgruppe dar. > M1

2 Vollzieht anhand der in der Anleitung genannten Schritte nach, aus welchen Phasen ein Rollenspiel besteht, und bewertet die gefundene Lösung. > M1/M2

3 Erstellt Rollenkarten nach dem Muster von M2 und führt anschließend Rollenspiele durch, in denen ihr Lösungen für das „Graffiti-Problem" vorstellt. Diskutiert im Anschluss an die Rollenspiele eure Lösungen. > M3

Was Philosophen über Freundschaft denken

Aristoteles
> S. 21

Philosoph (gr.): „Freund der Weisheit", Denker

M1 Drei Arten von Freundschaft

philopraktisch: Aristoteles, Sie sind einer der bekanntesten Philosophen der Antike. Sie haben sich doch ausgiebig zur Freundschaft geäußert. Erklären Sie uns bitte, was Sie unter Freundschaft verstehen?

Aristoteles: Gerne. Freundschaft gehört für jeden Menschen zum Wichtigsten im Leben. Niemand möchte ohne Freunde leben, auch wenn er alle Dinge besitzen sollte, die man sich nur vorstellen kann. Das liegt daran, dass der Mensch andere Menschen braucht. Aber nicht jeder Mensch, mit dem man seine Freizeit verbringt, ist automatisch auch eine Freundin oder ein Freund.

philopraktisch: Können Sie das etwas genauer erklären?

Aristoteles: Wir müssen zwischen drei Arten von Freundschaft unterscheiden. Da ist erstens die Freundschaft von Menschen, die etwas miteinander unternehmen, weil sie *Spaß* zusammen haben wollen.

philopraktisch: Zum Beispiel …

Aristoteles: Nehmen wir ein Beispiel aus Ihrer Zeit, etwa zwei Jungen, die nur deshalb miteinander befreundet sind, weil sie Spaß daran haben, Fußball zu spielen. Lässt aber ihre Begeisterung für das Fußballspiel nach, wird schon bald ihre Freundschaft zu Ende sein, denn der Grund ihrer Freundschaft bestand ja im gemeinsamen Fußballspielen.

philopraktisch: Das ist einleuchtend. Wie sieht es mit der zweiten Art von Freundschaft aus?

Aristoteles: Die zweite Form bezeichne ich als Freundschaft des *Nutzens*. Die Menschen sind nur deshalb miteinander befreundet, weil sie einander nützlich sind. So kann es auch sein, dass man sich befreundet hat, um dasselbe Ziel zu verfolgen, wobei das Ziel für beide Parteien nützlich sein muss. Besteht der Nutzen nicht mehr, endet diese Art der Freundschaft in der Regel. Wenn nur eine oder einer Nutzen aus der Freundschaft ziehen kann, kann man nicht von Freundschaft sprechen.

philopraktisch: Können Sie uns hierfür auch Beispiele geben?

Aristoteles: Aber natürlich. Frau Schmitz hilft Frau Meier beim Spazierengehen, weil Frau Meier aufgrund ihres Alters nicht mehr gut zu Fuß ist. Frau Meier kauft dafür regelmäßig für Frau Schmitz Lebensmittel ein, weil Frau Schmitz nur eine kleine Rente hat, die kaum zum Leben reicht. Hier noch ein zweites Beispiel: Ben ist nicht so gut in Mathe, Lisa hat Schwierigkeiten in Englisch. Sie treffen sich zweimal in der Woche, um sich bei den Hausaufgaben gegenseitig zu helfen.

philopraktisch: Bleibt noch die dritte Art der Freundschaft.

Aristoteles: Genau. Anders als bei der Freundschaft, die auf Spaß beruht, oder der Freundschaft des Nutzens hat man bei der *echten Freundschaft* den Freund oder die Freundin um seiner bzw. ihrer selbst willen gern.

philopraktisch: Das habe ich nicht verstanden.

Aristoteles: Man ist nicht in erster Linie mit einer Person befreundet, weil man mit ihr Spaß haben kann oder weil sie einem nützlich ist, sondern weil man sie so mag, wie sie ist. Echte Freundschaft besteht darin, dass man sich gut versteht und viele Ansichten teilt. Das Wichtigste aber ist, dass man dem Freund oder der Freundin immer Gutes und niemals Schlechtes wünscht und immer für den Anderen da ist, wenn es ihm schlecht geht.

M2 Wahre Freundschaft

Wie kann überhaupt „ein Leben lebenswert" sein, […] welches nicht auf wechselseitiger Freundesliebe ruht? Was gibt es Schöneres, als einen Menschen zu haben, mit dem du dich alles so zu reden traust wie mit deinem eigenen Ich? Gäbe es einen so schönen Ertrag in Stunden des Glücks, wenn du nicht einen Menschen hättest, der sich in gleicher Weise wie du selbst darüber freuen kann? Unglück aber zu ertragen wäre schwierig ohne einen, der so geartet ist, dass er es sogar noch schwerer nimmt als du. *Cicero*

Cicero (106 – 43 v. Chr.): römischer Philosoph

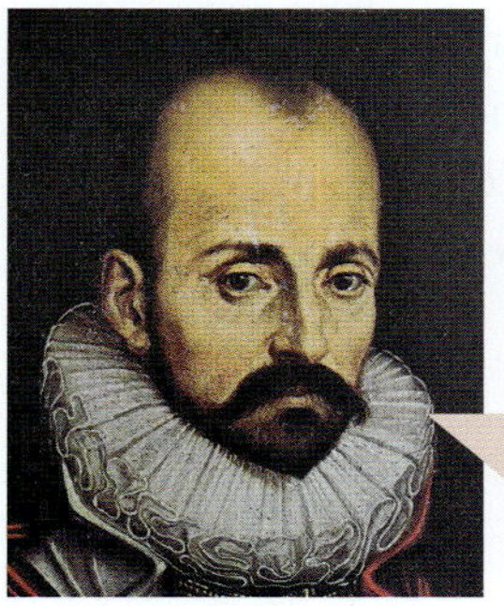

In einer Freundschaft, wie ich sie meine, geht eine so vollständige Verschmelzung der zwei Seelen miteinander vor sich, dass an dem Punkte, wo sie sich treffen, keine Naht mehr zu entdecken ist. Die Zweiheit ist verschwunden. Wenn ich sagen soll, warum ich ihn so liebhatte, kann ich mein Gefühl nur in die Worte kleiden: „Weil er es war; weil ich es war." *Michel de Montaigne*

Michel de Montaigne (1532 – 1592): französischer Philosoph

Wahre, echte Freundschaft setzt eine starke […] Teilnahme am Wohl und Wehe des andern voraus. […] Die Echtheit eines Freundes zu erproben hat man die beste Gelegenheit in dem Augenblick, da man ihm ein Unglück […] berichtet. Alsdann nämlich malt sich, in seinen Zügen, wahre, innige, unvermischte Betrübnis. Die gewöhnlichen sogenannten Freunde vermögen, bei solchen Gelegenheiten, oft kaum das Zucken zu einem leisen, wohlgefälligen Lächeln zu unterdrücken. *Arthur Schopenhauer*

Arthur Schopenhauer (1788 – 1860): deutscher Philosoph

AUFGABEN

1. Erläutere die Arten von Freundschaft, die Aristoteles unterscheidet, durch (weitere) Beispiele. > M1
2. Wende die von Aristoteles unterschiedenen Arten von Freundschaft auf die Beispiele der vorangegangenen Seiten an. > M1
3. Stelle die Auffassung Ciceros, Montaignes und Schopenhauers zur Freundschaft dar und veranschauliche sie durch Beispiele. > M2
4. Erläutere, was du unter wahrer Freundschaft verstehst, indem du dich auf philosophische Theorien beziehst. > M1/M2

Ist es Liebe?

M1 Verliebt

M2 Test für Verliebte

	Ja	Nein
Denkst du fast die ganze Zeit an ein bestimmtes Mädchen oder einen bestimmten Jungen?		
Läufst du an seiner oder ihrer Wohnung vorbei, um ihn oder sie „zufällig" zu treffen?		
Interessierst du dich plötzlich für Fußball (Reiten …), weil er oder sie sich dafür interessiert?		
Ist es dir in seiner oder ihrer Gegenwart peinlicher als sonst, wenn du dich mal ungeschickt verhältst?		
Wirst du eifersüchtig oder traurig, wenn er oder sie Spaß mit anderen hat und dich gar nicht beachtet?		
Bist du total cool zu ihm / ihr und ärgerst dich dann später darüber?		
Fängt dein Herz an zu rasen oder wirst du rot, wenn er oder sie dich anschaut?		
Bist du total verlegen, wenn du mit ihm oder ihr allein bist?		
Würdest du ihn oder sie gerne berühren?		
Könntest du dir vorstellen, ihn oder sie zu küssen?		

Sabine Thor-Wiedemann

Sabine Thor-Wiedemann (*1957): deutsche Ärztin, Sach- und Kinderbuchautorin

M3 Du bist schön

Du bist schön,
ziemlich schön sogar, […]
so lieb und nett,
so einfach und doch so wunderbar.
Ich schau mir dich einfach gerne an,
so klammheimlich und unscheinbar,
weil ich einfach noch nicht weiß,
ob du mich leiden kannst.
Seit ich dich gesehen habe,
ist die große Liebe auf den ersten Blick
kein fahles Konzept großer Dichter mehr,
sondern mehr als das,
mehr als alles,
was ich bisher kannte.
Als ich nicht rannte,
ist es passiert,
die Kollision meines Herzens
mit meinem Kopf,
der ganz genau weiß,
dass ich nicht in deinen passe.
Denn du stehst inmitten deines Lebens,
du hast so viel bereits erreicht,
von dem ich nicht zu träumen wage,
weil ich Angst habe,
dass du nicht darin vorkommst. […]
Und bevor mein Alleinsein schon fast
zu schwer ist,
um es allein zu tragen,
kann ich dich nicht einfach fragen,
ob du mir beim Tragen hilfst.
Denn wahrscheinlich bin ich
in deinen Augen
einfach nur eine Stecknadel,
die im Heuhaufen flüchtiger Bekanntschaften
einfach nicht zu finden ist,
vor allem dann,
wenn du nicht auf der Suche bist.

Slam-Poetry von Melli Klepper

M4 Die Verabredung von Harry und Cho

Nachdem Harry sein Spiegelbild auf der Rückseite eines Teelöffels begutachtet und versucht hatte, sein Haar zu glätten, ging er allein zur Eingangshalle, um Cho zu treffen, wobei er sich bang fragte, worüber um Himmels willen sie eigentlich reden sollten.

Sie erwartete ihn ein paar Schritte neben dem Eichenportal und sah sehr hübsch aus mit ihrem zu einem langen Pferdeschwanz gebundenen Haar. Während er auf sie zuging, kam es Harry vor, als wären seine Füße zu groß für seinen Körper, und plötzlich war er sich seiner Arme schrecklich bewusst; sie mussten bescheuert aussehen, wie sie da an ihm herunterbaumelten.

„Hi“, sagte Cho ein wenig atemlos.

„Hi“, sagte Harry.

Sie starrten sich einen Moment lang an, schließlich sagte Harry: „Also – ähm – wollen wir dann gehen?“

„Oh – ja …“ […]

Harry war erleichtert, als sie an die frische Luft traten, denn es schien ihm einfacher, stumm nebeneinander herzugehen, als nur dazustehen und verlegen dreinzublicken. […]

„Ähm … möchtest du vielleicht einen Kaffee?“, sagte Cho zögerlich, als es heftiger zu regnen begann.

„Ja, gut“, sagte Harry und blickte sich um. „Wo?“

„Oh, dort drüben ist ein ganz netter Laden […]“, sagte sie strahlend und führte ihn durch eine Seitenstraße zu einem kleinen Café, das Harry noch nie aufgefallen war. […] Sie setzten sich an den letzten freien Tisch, der am beschlagenen Fenster stand. Roger Davies […] saß zusammen mit einem hübschen blonden Mädchen etwa einen halben Meter entfernt. Sie hielten Händchen. Bei dem Anblick wurde Harry unbehaglich zumute, vor allem nun, da er sich im Café umsah und bemerkte, dass nur Paare hier waren, die allesamt Händchen hielten. Vielleicht erwartete Cho, dass er ihre Hand hielt. […]

Ihr Kaffee war noch nicht gekommen, da hatten Davies und seine Freundin schon angefangen, über ihre Zuckerschale hinweg zu knutschen. Harry wäre es lieber gewesen, sie hätten es bleiben lassen; er hatte das Gefühl, dass Davies hier Maßstäbe setzte und dass Cho bald von ihm erwarten würde, dass er mithielt. Er spürte sein Gesicht heiß werden […]. Um den Moment hinauszuzögern, indem er Cho ansehen musste, starrte er hoch zur Decke, als ob er die Malerarbeit begutachten würde […].

Chos Hand lag auf dem Tisch neben ihrer Kaffeetasse und Harry verspürte einen wachsenden Drang, sie in seine zu nehmen. Tu's doch einfach, sagte er sich, und eine Mischung aus Panik und Erregung stieg in seiner Brust hoch. […] Doch gerade als er seine Hand bewegte, zog Cho ihre vom Tisch. Sie sah mit leicht interessiertem Blick Roger Davies und seiner Freundin beim Küssen zu. „Er wollte mit mir ausgehen, weißt du“, sagte sie leise. „Vor ein paar Wochen. Roger. Ich hab ihn aber abblitzen lassen.“

Harry […] hatte keine Ahnung, warum sie ihm das sagte. *Joanne K. Rowling*

Joanne K. Rowling (*1965): britische Schriftstellerin, wurde durch *Harry Potter* weltweit bekannt

AUFGABEN

1 Beschreibe und erläutere die Abbildung anhand von Beispielen. > M1
2 Führe den Test durch (Auswertung auf S. 270) und bewerte ihn. > M2
3 Beschreibe die Gefühle der Sprecherin bzw. des Sprechers und erkläre, worauf sie beruhen. > M3
4 Stelle Harrys Gefühle dar und erläutere, warum Verliebtsein auch schwierig sein kann. > M4

Die Macht der Liebe

M1 Der Mythos vom Kugelmenschen

Platon (427 – 347 v. Chr.): griechischer Philosoph

In seinem Werk *Symposion* beschreibt Platon ein Gastmahl, bei dem die Teilnehmer Reden über die Natur der Liebe halten. Aristophanes beteiligt sich mit folgender Erzählung:

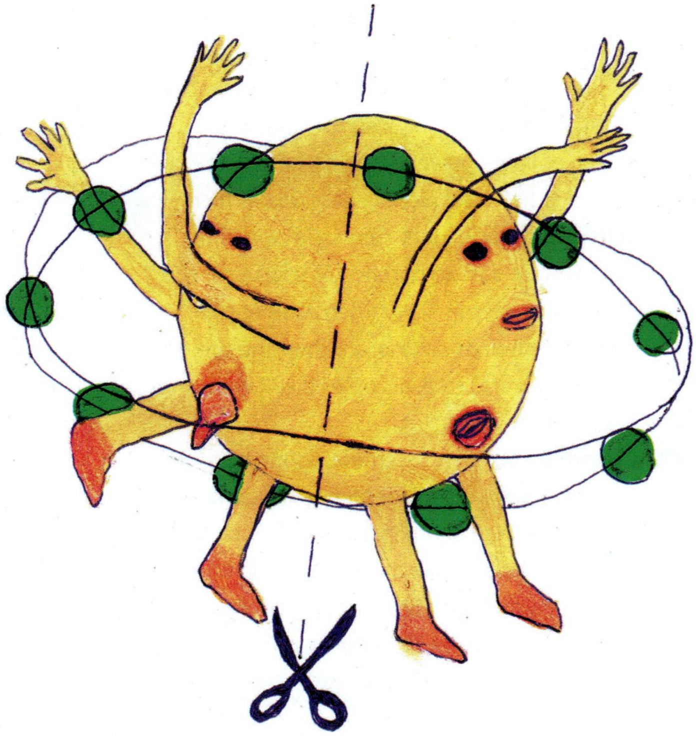

ehedem: früher

sich gesellen: sich anschließen, dazu kommen

Ehedem […] gab es drei Geschlechter von Menschen, nicht nur zwei wie jetzt, männlich und weiblich, sondern ihnen gesellte sich noch ein drittes hinzu, eine Verschmelzung jener beiden, […] ein mannweibliches Geschlecht, aus beiden, […] dem männlichen und weiblichen zusammengesetzt. […] Ferner war damals die ganze Gestalt eines jeden Menschen rund, indem Rücken und Seiten eine Kugel bildeten; Hände aber hatte ein jeder vier und ebenso viele Füße und zwei einander völlig gleiche Gesichter auf einem kreisrunden Halse, für beide einander entgegengesetzt liegende Gesichter aber einen gemeinsamen Kopf, zudem vier Ohren und zwei Schamglieder und alles andere wie man es sich hiernach wohl ausmalen kann. Man ging nicht nur aufrecht wie jetzt beliebig in der einen oder der anderen Richtung, sondern, wenn sie es eilig hatten, machten sie es wie die Radschlager, die mit gerade emporgestreckten Beinen sich im Kreise herum schwingen: auf ihre damaligen acht Gliedmaßen gestützt bewegten sie sich im Kreisschwung rasch vorwärts. […] Sie waren von gewaltiger Kraft und Stärke und von hohem Selbstgefühl […] und machten sich daran, sich den Weg zum Himmel zu bahnen, um den Göttern zu Leibe zu gehen.

Da hielten […] die Götter Rat, wie sie mit ihnen fertig werden sollten. […] Endlich sagte […] [Zeus]: Ich glaube, ich habe ein Mittel, um einerseits das Fortbestehen der Menschen zu sichern, anderseits ihrer Zuchtlosigkeit ein Ende zu machen durch Schwächung ihrer Kraft. Ich werde jeden in zwei Hälften zerschneiden, und die Folge wird sein, dass sie nicht nur schwächer, sondern auch uns nützlicher werden, weil sie an Zahl dann mehr geworden sind. Fortan werden sie aufrecht gehen auf zwei Beinen. […]

Jeder von uns sucht demnach beständig das ihm entsprechende Gegenstück. Alle Männer also, die ein Halbteil jener Gemeinschaft sind, die damals Mannweib genannt ward, sind in die Weiber verliebt, […] und alle Weiber dieser Gattung […] in die Männer. Alle Weiber dagegen, die Halbteile von ursprünglichen Weibern sind, wollen mit Männern überhaupt nichts zu schaffen haben, richten vielmehr ihren Sinn auf die Weiber. […] Alle Männer endlich, die Teilstücke eines ursprünglichen Mannes sind, gehen dem Männlichen nach. […] Fügt es sich nun, […] dass ein Liebhaber auf seine eigene andere Hälfte trifft, dann werden sie von wunderbaren Gefühlen der Freundschaft und Vertraulichkeit und Liebe ergriffen und möchten am liebsten auch keinen Augenblick voneinander lassen. Und sie sind es, die ihr ganzes Leben miteinander zubringen, sie, die nicht einmal zu sagen wüssten, was sie voneinander wollen. Der bloße Liebesgenuss im Zusammensein kann es doch nicht sein, sondern etwas anderes ist es offenbar, worauf die Seele beider voll Verlangen hingerichtet ist, etwas Unsagbares, nur in Ahnungen und Rätseln Andeutbares. […] Seinen Grund hat das darin, dass dies unsere ursprüngliche Natur (Urgestalt) war: wir waren ganze Wesen. Die Begierde also und das Streben nach dem Ganzen ist es, was man Liebe nennt.

Platon

M2 Die Kunst des Liebens

In seiner Schrift *Die Kunst des Liebens* untersucht Erich Fromm verschiedene Formen der Liebe.

Es gibt kaum eine Aktivität, kaum ein Unterfangen, das mit so ungeheuren Hoffnungen und Erwartungen begonnen wird und das mit einer solchen Regelmäßigkeit fehlschlägt wie die Liebe. […] [Es scheint] nur einen richtigen Weg zu geben, um ein Scheitern zu vermeiden: die Ursachen für dieses Scheitern herauszufinden und außerdem zu untersuchen, was „lieben" eigentlich bedeutet. Der erste Schritt auf diesem Weg ist, sich klarzumachen, dass Lieben eine Kunst ist. Liebe ist eine *Aktivität* und kein passiver Affekt. Sie ist etwas, das man in sich selbst entwickelt, nicht etwas, dem man verfällt. Ganz allgemein kann man den aktiven Charakter der Liebe so beschreiben, dass man sagt, sie ist in erster Linie ein Geben und nicht ein Empfangen. […]

Was gibt ein Mensch dem anderen? Er gibt etwas von sich selbst, vom Kostbarsten, was er besitzt, er gibt etwas von seinem Leben. […] Er gibt ihm etwas von seiner Freude, von seinem Interesse, von seinem Verständnis, von seinem Wissen, von seinem Humor, von seiner Traurigkeit – von allem, was in ihm lebendig ist. […] Indem er gibt, kann er nicht umhin, im anderen etwas zum Leben zu erwecken, und dieses zum Leben Erweckte strahlt zurück auf ihn; wenn jemand wahrhaft gibt, wird er ganz von selbst etwas zurückempfangen. Zum Geben gehört, dass es auch den anderen zum Geber macht […]. Die Liebe ist eine Macht, die Liebe erzeugt. […]

Ihr „aktiver" Charakter zeigt sich auch darin, dass sie […] Achtung [enthält]. […] Achtung hat nichts mit Furcht und nichts mit Ehrfurcht zu tun: Sie bezeichnet die Fähigkeit, jemanden so zu sehen, wie er ist, und seine einzigartige Individualität wahrzunehmen, Achtung bezieht sich darauf, dass man ein echtes Interesse daran hat, dass der andere wachsen und sich entfalten kann. Daher impliziert Achtung das Fehlen von Ausbeutung. Ich will, dass der andere um seiner selbst willen und auf seine eigene Weise wächst und sich entfaltet und nicht mir zuliebe. Wenn ich den anderen wirklich liebe, fühle ich mich eins mit ihm, aber so, wie er wirklich ist, und nicht, wie ich ihn als Objekt zu meinem Gebrauch benötige.

Erich Fromm

Erich Fromm: (1900–1980): deutsch-US-amerikanischer Philosoph und Psychoanalytiker

AUFGABEN

1 Gib den Mythos von den Kugelmenschen mit eigenen Worten wieder und erläutere, was darin über die Liebe zum Ausdruck gebracht wird. > M1

2 Stelle dar, worin nach Fromm die Kunst des Liebens besteht, und nimm dazu Stellung. > M2

Wa(h)re Liebe

M1 Erotische Liebe

Wenn ich meinen Nächsten liebe, liebe ich alle meine Nächsten; wenn ich mein Kind liebe, liebe ich alle meine Kinder, nein, ich liebe sogar darüber hinaus alle Kinder, alle, die meiner Hilfe bedürfen. Im Gegensatz zu diesen beiden Arten von Liebe steht die erotische Liebe. Hier handelt es sich um das Verlangen nach vollkommener Vereinigung, nach der Einheit mit einer anderen Person. Eben aus diesem Grund ist die erotische Liebe exklusiv und nicht universal; aber aus diesem Grund ist sie vielleicht auch die trügerischste Form der Liebe.

Zunächst einmal wird sie oft mit dem explosiven Erlebnis, „sich zu verlieben" verwechselt, mit dem plötzlichen Fallen der Schranken, die bis zu diesem Augenblick zwischen zwei Fremden bestanden. Aber […] das Erlebnis einer plötzlichen Intimität [ist] seinem Wesen nach kurzlebig. Nachdem der Fremde für mich zu einem intimen Bekannten geworden ist, sind zwischen uns keine Schranken mehr zu überwinden, und ich brauche mich nicht mehr darum zu bemühen, ihm näherzukommen. […]

Die sexuelle Begierde strebt nach Vereinigung und ist keineswegs nur ein körperliches Verlangen […]. Da das sexuelle Begehren von den meisten mit der Idee der Liebe in Verbindung gebracht wird, werden sie leicht zu dem Irrtum verführt, sie liebten einander, wenn sie sich körperlich begehren. Liebe kann zu dem Wunsch führen, sich körperlich zu vereinigen; in diesem Fall ist die körperliche Beziehung ohne Gier, ohne den Wunsch zu erobern oder sich erobern zu lassen, sondern sie ist voll Zärtlichkeit. Wenn dagegen das Verlangen nach körperlicher Vereinigung nicht von Liebe stimuliert wird, wenn die erotische Liebe nicht auch Liebe zum Nächsten ist, dann führt sie niemals zu einer Einheit, die mehr wäre als eine orgiastische, vorübergehende Vereinigung. Die sexuelle Anziehung erzeugt für den Augenblick die Illusion der Einheit, aber ohne Liebe lässt diese „Vereinigung" Fremde einander ebenso fremd bleiben, wie sie es vorher waren. […]

Damit es sich um echte Liebe handelt, muss die erotische Liebe einer Voraussetzung genügen: Ich muss aus meinem innersten Wesen heraus lieben. […] Jemanden zu lieben, ist nicht nur ein starkes Gefühl, es ist auch eine Entscheidung, ein Urteil, ein Versprechen. Wäre die Liebe nur ein Gefühl, so könnte sie nicht die Grundlage für das Versprechen sein, sich für immer zu lieben. Ein Gefühl kommt und kann auch wieder verschwinden. Wie kann ich behaupten, die Liebe werde ewig dauern, wenn nicht mein Urteilsvermögen und meine Entschlusskraft beteiligt sind?

Erich Fromm

INFO

Sexualität und Liebe

Unter Sexualität versteht man die Formen des geschlechtlichen Verhaltens, die in der Regel mit körperlichem Lustempfinden einhergehen.

Liebe bezeichnet dagegen das Gefühl inniger Verbundenheit mit einer anderen Person, das sich in tiefer Zuwendung zu diesem Menschen ausdrückt. Liebe zwischen Partnerinnen und Partnern kann mit Sexualität einhergehen, beruht aber nicht notwendig darauf.

geschlechtliches Verhalten:
> s. Kapitel 1B: Geschlechtlichkeit und Pubertät

M2 Liebe als Konsumartikel

James Bond ist nicht nur eine zu hohem Bekanntheitsgrad und Ruhm aufgestiegene Filmgestalt, sondern auch der Repräsentant einer bestimmten, zeittypischen Liebeskultur. [...] Immer wieder [säumen] bildhübsche, junge und heißblütige Frauen seinen Weg, mit denen er sich für kurze Zeit auf profitable Zusammenarbeit und eine sexuelle Affäre einlässt, um ihnen dann – fast ohne Abschiedsschmerz – Lebewohl zu sagen. [...]

Ich möchte James Bond als Symbolfigur für eine bestimmte Form von Liebe herausstellen. [...] James-Bond-Typen (gemeint sind auch die weiblichen Vertreter dieses Genres) kultivieren eine hohe Wertschätzung von Schönheit, körperlicher Fitness und Jugendlichkeit. [...] [James Bond] bietet leidenschaftlichen, erregenden Sex und sich als Lustobjekt. [...] [Er] kennt keine wirkliche mitmenschliche Kontinuität. Für ihn ist die Liebe nicht von Dauer. Gefühle kommen und gehen, auf Beständigkeit einer Zuneigung ist kein Verlass. Er liebt nicht aus seinem inneren Wesenskern heraus, den anderen nicht in seiner einmaligen Individualität. Treue passt nicht in sein Weltbild. [...]

James Bond versteht sich auf Eroberungen. Er kann hinreißend charmant, aufmerksam und lieb sein. [...] Aber er tut es nicht aus himmelsstürmender Liebe, sondern aus Kalkül. Er will sie haben und sich obendrein im Glanz seines Erfolgs sonnen. Er hat Affären, aber keine Liebesbeziehungen. Das Erobern, Verführen und Verlassen eines Partners gehören zusammen, sind nur drei Kapitel eines spannenden Romans, den man nach beendeter Lektüre befriedigt weglegt. Menschliche Beziehungen sollen unverbindlich bleiben, sie dürfen nicht in irgendeine Form von Verantwortung münden. [...]

James Bond ist ein Egoist. Er steht unter der Herrschaft des Bedürfnisprinzips. Er nimmt sich, was er will. Für ihn ist Liebe ein Tauschgeschäft, das Liebesobjekt ein Konsumartikel. Er bietet ein Bündel attraktiver Eigenschaften und sucht im Ausgleich dafür einen Partner mit gleichem Marktwert.

Dietmar Stiemerling

James Bond: Romanfigur von Ian Fleming, zeittypisches Männerideal, *hier:* Roger Moore als Bond (1973 – 1985)

säumen: umgeben, sich rundherum befinden

profitabel: gewinnbringend, ergiebig

kultivieren: pflegen, fördern

Kalkül: Berechnung, Überlegung

AUFGABEN

1 Bildet arbeitsteilige Gruppen:

W a) Erläutert Erich Fromms Auffassung von erotischer Liebe in Abgrenzung zu Verliebtsein und sexueller Begierde. Fertigt dazu ein Plakat an. > M1

b) Charakterisiert James Bond als Symbolfigur einer bestimmten Form von Liebe. Fertigt dazu ein Plakat an. > M2

2 Vergleicht die unterschiedlichen Formen der Liebe und nehmt Stellung dazu. > M1/M2

plus Erweitere dein Plakat aus Aufgabe 1b), indem du dir weitere Formen von Liebe als Konsumartikel überlegst und sie von wahrer Liebe abgrenzt.

Für ein Leben lang?

M1 Ich hab' da mal 'ne Frage

Eine poetischere und zugleich philosophischere Formulierung des Paarwunsches ist schlicht nicht denkbar. Keine Spur von einem konkreten Weshalb oder Wohin wird erwähnt, einfach nur ein Gehen, Du und Ich, gemeinsam, in eine offene Zukunft. Wer die Frage bejaht, bindet sich aus freien Stücken an die Existenz eines anderen. Nur Menschen tun so etwas. Sie neigen sogar in besonders auffälliger Weise dazu – überall auf der Welt, in jedem Zeitalter. *Wolfram Eilenberger*

Wolfram Eilenberger (*1972): deutscher Schriftsteller und Philosoph

M2 Eine Partnerin bzw. einen Partner wählen

Sich schrecklich zu verlieben, ist keine ernsthafte Angelegenheit, aber Partner zu werden schon. Eine wirklich sehr ernste Angelegenheit, trifft man doch hiermit eine sehr wichtige Entscheidung darüber, wie man sein Leben in der nächsten Zukunft verbringen will. [...]

Es ist nicht nur eine Frage, wie sich die tiefsten Werte auf die tägliche Erfahrung auswirken, sondern auch eine Frage alltäglicher Gewohnheiten – wie zum Beispiel, ob man lieber bei geöffnetem Fenster schläft oder bei geschlossenem. Zwar nicht wichtig im Sinne tiefer Werte und Respekt, sind diese kleinen Charakteristika dennoch wichtig, weil sie die tägliche Umgebung bilden für das Zusammenleben. [...]

Mit der Familie oder mit Freunden kann es uns ebenso gehen. Wir sagen, ich liebe die-und-die oder den-und-den, aber ich könnte nicht (oder würde lieber nicht) mit ihnen leben. Eine solche Aussage hat nichts mit Liebe oder Anziehung dieser Menschen zu tun. Ganz im Gegenteil, aber es ist gleichzeitig die Erkenntnis, dass sich daraus nicht zwingend ergeben muss, in diesem Menschen den passenden Gefährten für das tägliche Zusammenleben zu sehen.

Einer der Menschen, den ich auf der Welt am meisten liebe, mit dem ich seit über zwei Jahrzehnten eng befreundet bin, den ich im höchsten Maße schätzenswert und verblüffend und erleuchtend finde, ist ein Mensch, zu dem ich seit zwei Jahrzehnten sage: Mit dir zu leben, würde mich total verrückt machen. Das Gefühl beruht auf absoluter Gegenseitigkeit. Beide spüren wir große Zuneigung zu der intensiven Lebensenergie des anderen, doch in Kombination mit der eigenen wäre die häusliche Atmosphäre in kürzester Zeit derart aufgeheizt, dass wir beide durch die Decke gehen würden. Man kann wirklich sagen, dass wir aus Liebe füreinander getrennt bleiben. Wir lassen es so, haben allerdings die vorläufige und nicht nur spaßhafte Vereinbarung getroffen, uns die Sache noch mal zu überlegen, wenn wir beide über achtzig sind.

Liebe ist demnach eine notwendige, aber nicht ausreichende Voraussetzung für das glückliche Zusammenleben mit [einer Partnerin bzw.] einem Partner. All you need is love – plus einiger sehr wichtiger Übereinstimmungen, die vom Sublimen bis zum Lächerlichen reichen.

Bonnie Kreps

sublim: verfeinert, erhaben

Bonnie Kreps (*1937): dänisch-amerikanische Filmregisseurin und feministische Autorin

M3 Lebensläufe der Liebe

Holger und Stefan leben seit 15 Jahren zusammen. Das ging nicht immer ohne Streitereien, zum Beispiel über die Frage, wie offen sie mit ihrer gleichgeschlechtlichen Beziehung umgehen sollten. Trotzdem rauften sie sich immer wieder zusammen, auch dank gemeinsamer Interessen. Sie freuen sich darauf, die kleine Lisa, die sie gerade adoptiert haben, gemeinsam großzuziehen.

21 Jahre hat die Ehe von **Natalia und Richard** gehalten, dann haben sie sich scheiden lassen. Nach der Geburt hat sich Natalia hauptsächlich um die Kinder gekümmert, Richard ist seinen eigenen Interessen nachgegangen und die Beziehung zwischen ihnen kühlte vollends ab. Er verliebte sich in eine andere Frau und Natalia reichte die Scheidung ein.

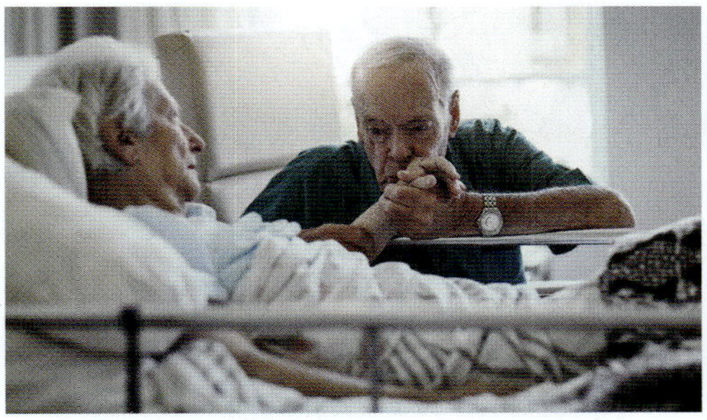

Bernhard und Josie haben alle Klippen des Lebens miteinander umschifft und sind sich seit 53 Jahren treu. Nach dem Krieg hatten sie wenig zu essen, und es war nicht immer leicht, ihre fünf Kinder groß zu ziehen. Seit Josie im Alter von 70 Jahren an Demenz erkrankt ist, pflegt Bernhard sie aufopferungsvoll.

Mariannes und Heinrichs Liebe hat sich verbraucht und ist einem Zustand gewichen, in dem sie sich nichts mehr zu sagen haben. Sie bleiben trotzdem zusammen. Sie möchte sich nicht von ihm trennen, weil sie sonst wirtschaftlich nicht abgesichert wäre. Er hält aus Gewohnheit und Bequemlichkeit an der Ehe fest – wer würde sonst für ihn kochen und die Wäsche waschen?

AUFGABEN

1 Erläutere, worin Wolfram Eilenberger die Besonderheit menschlicher Paarbindung sieht. > M1

2 Erkläre, was nach Bonnie Krebs für das glückliche Zusammenleben von Paaren notwendig ist, und nimm Stellung zu ihrer Ansicht. > M2

3 Bildet Vierergruppen, in denen ihr jeweils die Geschichte eines der vier Paare lest und euch gegenseitig vorstellt. Erarbeitet die Schwierigkeiten, die in Partnerschaft und Zusammenleben auftreten können, und diskutiert, wie man damit umgehen kann bzw. sollte. > M3

Geben und Nehmen in der Partnerschaft

M1 Neue Zeiten?

M2 Ich suche noch einen Mann

Ich suche immer noch einen Mann, der meinen Haushalt macht. Ich gebe ihm genug Wirtschaftsgeld, lasse ihm freie Hand, und er kann sich kaufen, was er will. Er kann auch einmal in der Woche raus, wenn alles getan ist, natürlich. Von mir aus braucht er überhaupt nicht arbeiten zu gehen, ich verdiene genug. Oder halbe Tage, ganz wie er will! Aber den Wagen muss ich mitnehmen, zur Arbeit, und wenn er ihn braucht, zum Einkaufen und so, dann muss er mich morgens ins Büro fahren und abends wieder abholen. Und dass er mir ja keine Schramme reinfährt, da bin ich sehr komisch! Meinen Totalschaden vom vorigen Jahr? Das war eine Verkettung unglücklicher Umstände! Ich werde z. B. nicht meckern, wenn er nicht mein blaues Kleid aus der Reinigung geholt hat. Und im Haushalt helfe ich auch, bringe Frühstück ans Bett, manchmal, und kochen tue ich sehr gerne, das macht mir richtig Spaß, nur spülen, nee, dabei mache ich auch zu viel kaputt. Gute Behandlung hat er bei mir auch. Später bekomme ich eine gute Pension. Sollte es einmal später im Büro werden, rufe ich bestimmt an und sage, dass er mit dem Essen nicht zu warten braucht. Nur das ewige Gefrage, was gekocht werden soll, das kann ich nicht leiden, wie soll ich das immer wissen? Und in den Ferien möchte ich gerne in den Süden, nach Monaco, nicht zum Skilaufen, wie vielleicht er. Ich schufte ja schließlich das ganze Jahr und brauche dringend Erholung. Am liebsten wäre mir Camping, das ist billig, und das bisschen Kochen kann er doch weitermachen, der Hotelfraß ist doch scheußlich und dann muss man auch noch auf die Minute antanzen.
Ach ja, jünger müsste er auch sein, so bis 10 Jahre, man hat doch Anspruch auf etwas Knackiges! Ich habe keine Lust, Geld für einen extra Freund auszugeben, ich bin treu! Also bitte, ich biete doch sehr viel – aber wo ist der Mann?

Alice Schwarzer

Alice Schwarzer (*1942): deutsche Publizistin und bekannte Feministin

M3 Spielregeln für eine Partnerschaft

In einer Beziehung gibt es Spielregeln wie in einem Fußballspiel. Wenn Sie gegen diese Regeln verstoßen, zeigt Ihnen Ihr Partner die rote Karte. Es ist möglich, eine dauerhafte und befriedigende Beziehung zu führen und ernsthafte Partnerschaftsprobleme zu vermeiden, wenn es uns gelingt, den richtigen Partner zu finden *und* wir der richtige Partner sind. Damit will ich sagen: Jeder der beiden hat zu gleichen Teilen die Verantwortung für die Partnerschaft [...] und jeder muss seinen Teil für das Gelingen der Beziehung beitragen. Eine Partnerschaft ist wie eine Pflanze: Sie will gepflegt und gehegt werden. [...]

Wenn Ihre Partnerschaft gedeihen soll, dann müssen Sie und Ihr Partner sich darum kümmern. Sich darum zu kümmern bedeutet nicht, jeden Tag endlose Gespräche zu führen [...] [, sondern vielmehr] immer mal wieder zu prüfen, ob man etwas vermisst oder ob es Gewohnheiten am anderen gibt, die einen stören. Gelegentliche Beziehungsprobleme und Streitereien sowie daraus resultierende Beziehungskrisen sind normal und gehören zum Beziehungsalltag. In Gefahr ist eine Beziehung und Liebe nur dann, wenn man permanent das Gefühl hat, mehr zu geben, als zu bekommen. *Doris Wolf*

Doris Wolf (*1954): deutsche Psychologin und Autorin von Beziehungsratgebern

M4 Paarbeziehungen in der Zukunft

In den Mittelpunkt der Paarbeziehung rückt [immer mehr] die Selbstbestimmung des Einzelnen, zugleich scheint sich die Liebe von gesellschaftlichen Zwängen zu befreien. [...] Vor allem die Frauen unterstützen den Trend zu einer „partnerschaftlichen" Form der Liebe. So nennen Soziologen eine moderne Form der Paarbeziehung, in der die Eigenverantwortlichkeit und Individualität der Beteiligten eine zentralere Rolle spielen als romantische Ideale wie Hingabe und Aufopferung für den Liebsten. [...]

Auch bei wichtigen Lebensentscheidungen [...] legen die Frauen größeren Wert auf Selbstbestimmung als die Männer. Die Männer scheinen noch eher dem traditionellen Liebesbegriff anzuhängen [...]. Erstaunlich ist die Diskrepanz zwischen den Geschlechtern wohl nicht: Das klassische Partnerschaftsmodell basierte auf traditionellen Rollenbegriffen, also auch auf einem Machtungleichgewicht zugunsten des Mannes. Die Frau hat allen Grund, sich entschieden davon abzuwenden. „Im Gegensatz zu den Männern sehen sie in dem moderneren, partnerschaftlichen Beziehungsmodell einen Gewinn", sagt der Sozialforscher Jan Wetzel. Falsch wäre es, das Unabhängigkeitsstreben der Frauen als generellen Widerwillen gegen die Bindung anzusehen. Beide Geschlechter erachten das Gefühl der Liebe als das höchste Gut im Leben. *Lydia Klöckner u. a.*

Diskrepanz: Unterschied, Abweichung

AUFGABEN

1. Beschreibe die Karikatur und erläutere, was durch sie zum Ausdruck gebracht werden soll. > M1
2. Stelle dar, was Alice Schwarzer kritisiert und mit welchem Mittel sie dies tut. > M2
3. Fasse Doris Wolfs Ratschläge, wie eine Partnerschaft gelingen kann, in eigenen Worten kurz zusammen. > M3
4. Erläutere, was die Sozialforschung über moderne Paarbeziehungen sagt. > M4
5. Nehmt Stellung zu den Materialien und diskutiert, wie moderne Paarbeziehungen gelingen können. > M1-M4

Was wir wissen – was wir können

Wissen kompakt

oberflächliche Freundschaft
Beziehung zum gegenseitigen Nutzen oder bloß zum Spaß

Freundschaft
Verbundenheit mit anderen, Anteilnahme an deren Leben, gemeinsame Unternehmungen, füreinander da sein

falsch verstandene Freundschaft
aus Freundschaft etwas Verwerfliches/Verbotenes tun

Verliebtsein
unvermittelt auftretendes Gefühl starker Zuneigung zu einer anderen Person

Sexuelle Begierde
Verlangen nach sexueller Befriedigung ohne innige Verbundenheit

Liebe
tiefe innige Verbundenheit von Personen (verschiedenen oder gleichen Geschlechts), die auf Achtung, Verantwortung und Fürsorge beruht; gegenseitiges Geben und Empfangen

Erotische Liebe
Verlangen nach vollkommener (auch körperlicher) Vereinigung mit der geliebten Person

Weitere Formen der Liebe
Nächstenliebe, Mutterliebe, …

Partnerschaft
zeitweilige oder dauerhafte Beziehung zwischen zwei Personen

gemeinsame Lebensgestaltung, eventuell in einem Haushalt

Herausforderungen durch Rollenerwartungen, Wunsch nach Bindung und Selbstverwirklichung

KOMPETENZ-CHECK

Überprüfe dich selbst. Wenn du dich bei einem Punkt noch unsicher fühlst, lies und bearbeite (ggf. mit einer Partnerin oder einem Partner) die passende Schulbuchseite noch einmal.

Ich kann …		Meine Einschätzung – –	–	+	++
an Beispielen deutlich machen, was Freundschaft ausmacht und wie sich Freundinnen und Freunde füreinander einsetzen (sollten)	> S. 46–49				
darstellen, wie Philosophen „Freundschaft" bestimmen und welche Arten von Freundschaft es gibt	> S. 50–51				
das Gefühl des Verliebtseins beschreiben und damit verbundene Unsicherheiten und Probleme erläutern	> S. 52–53				
das Bedürfnis nach Liebe anhand von Platons Mythos vom Kugelmenschen erläutern	> S. 54–55				
darstellen, was Liebe nach Erich Fromm ausmacht	> S. 54–55				
unterschiedliche Auffassungen und Ausprägungen von Liebe und Sexualität erläutern	> S. 56–57				
verschiedene Formen der Partnerschaft erläutern	> S. 58–59				
beurteilen, was es heißt, in einer Partnerschaft zu geben und zu nehmen	> S. 60–61				
in einem Rollenspiel Lösungen von Problemen erarbeiten (z. B. in Bezug auf Freundschaft)	> S. 48–49				

Arbeitsblatt:
Kompetenz-Check „Freundschaft, Liebe, Partnerschaft"

Mediencode: 21057-03

Was bedeutet es, fremd zu sein?
Wie kann man Fremdheit über-winden?
Wie soll man Fremden begegnen?
Warum kommen Menschen aus anderen Ländern nach Deutschland?
Wie äußert sich Fremdenfeind-lichkeit?

Begegnung mit Fremden

AUFGABEN

1 Berichtet, in welchen Situationen ihr schon Erfahrungen mit dem Anderssein von Menschen gemacht habt.

2 Formuliert erste Antworten zu den fünf Fragen von der linken Seite.

plus

Das Fest der Begegnung

Eure Aufgabe wird es in den kommenden Wochen sein, eine Veranstaltung zu organisieren, bei der Menschen unterschiedlicher Kulturen sich begegnen und miteinander ins Gespräch kommen. Neben Spiel und Spaß sollen bei dem Fest auch unterschiedliche Speisen aus den verschiedenen Kulturen angeboten werden. Ein Programmpunkt der Veranstaltung sollen Interviews mit Gästen aus unterschiedlichen Herkunftsländern sein, die ihr zu ihrem Leben in Deutschland befragt.

> Überlegt, wen und wie ihr zu eurem Fest einladen wollt, wann und wo es stattfinden soll und wer euch bei der Vorbereitung unterstützen kann.

> Erstellt eine Liste, was alles zu tun ist (z. B. Anfrage bei der Schulleitung, Gestaltung von Plakaten und Flyern; Vorbereitung der Aktivitäten und Interviews (s. S. 71, 75, 77, 79); Zeit- und Einsatzplan für den Veranstaltungstag etc.). Bildet Arbeitsgruppen und haltet fest, wer was bis wann zu erledigen hat.

Wo ich zuhause bin

M1 Marcos aus Brasilien

Marcos ist ein […] *Carioca*. So nennt man die Einwohner von Rio de Janeiro. Marcos wohnt in Ipanema. Das Viertel liegt direkt am Meer und ist eines der reichsten von Rio. […] Die Wohnungen in den Hochhäusern am Meer sind großzügig angelegt und haben in allen Räumen eine Klimaanlage. In den schattigen Straßen dahinter stehen prächtige Villen. Die meisten Häuser werden von bewaffneten Männern überwacht, die rund um die Uhr an Bildschirmen nach Verdächtigem Ausschau halten. Außerdem sind überall Überwachungskameras angebracht.

Jeden Tag – auch heute – geht Marcos zum Meer, egal, ob er Schule hat oder nicht. In Rio beginnt der Unterricht wegen der großen Hitze bereits um 7 Uhr. Um 15 Uhr ist die Schule aus, und danach ist noch viel Zeit für den jeweiligen Lieblingssport.

Wenn er den Hügel hinter dem Strand von Ipanema hinaufklettert, überschreitet er die Grenze zwischen zwei Welten. Auf einer Seite sind der Strand und die Badenden. Die andere Seite gehört den Autos, der Umweltverschmutzung, der Stadt mit ihren schönen Gebäuden und den Favelas, den gefährlichen Armenvierteln. […]

Manchmal begegnet Marcos Straßenkindern, die ihn neidisch betrachten. Er kann sie leicht erkennen, denn meistens bilden sie Gruppen, gehen barfuß und tragen zerrissene und schmutzige Kleidung. Sie putzen den Autofahrern an roten Ampeln für ein paar Centavos die Windschutzscheibe. Marcos' Eltern haben ihn vor den *moleques*, den Straßenkindern, gewarnt. Wenn sie Hunger haben, greifen sie bummelnde Touristen oder Kinder aus reichen Vierteln an.

Der Wind hat inzwischen aufgefrischt, und es verspricht ein guter Tag zum Wellenreiten zu werden.

Eine Gruppe junger Mädchen hat sich neben Marcos in den Sand gelegt. Es sind Freundinnen aus der Schule […]. *nach François-Xavier Freland*

M2 Andrei aus Russland

Andrei lebt mit seinen Eltern in einem Weiler, einem winzigen Dorf, gegenüber dem kleinen Dorf Myschkino am Ufer der Wolga. Insgesamt leben hier im Winter nur fünf Menschen: er mit seinen Eltern sowie zwei alte Frauen, die in ihrem eigenen Haus wohnen. Sein Schulweg ist lang. Er muss einen Kilometer bis zur großen Straße laufen und von dort den Schulbus nach Myschkino nehmen. Andrei hat noch nie woanders gelebt als in seinem kleinen Dorf. […]

Zu beiden Seiten der Wolga erstrecken sich endlos weite Nadelwälder. Andrei liebt den Wald, denn im späten Frühjahr und im Sommer kann man dort leckere Sachen finden: eine Fülle von Pilzen und unzählige Beeren. In diesen Monaten verbringt Andreis Mutter viel Zeit in der Küche: Früchte müssen eingeweckt, Marmelade gekocht, Saft gemacht, Pilze und Kräuter getrocknet werden. Im Winter, wenn es kein frisches Obst oder Gemüse mehr gibt, freut sich die Familie über die Vorräte. Neben dem Obst und Gemüse ist die Kartoffel ein wichtiges Grundnahrungsmittel. Aber manchmal hat Andrei es richtig satt, ständig Kartoffeln essen zu müssen.

Er träumt auch manchmal davon, in einer modernen Wohnung zu leben. Das Holzhaus, in dem er wohnt, wurde nach einer Technik erbaut, die schon seit Hunderten von Jahren in Russland angewandt wird. Das Haus ist viereckig, und die Wände bestehen aus dicken Baumstämmen, die lediglich entrindet wurden. Ein solches Haus nennt man *Isba*. Diese Häuser bestehen hauptsächlich aus einem großen Raum, in dem die ganze Familie lebt. Im Sommer spielt sich der Alltag auch auf der Veranda und dem Speicher ab, doch da dort nicht geheizt wird, sind diese Räume im Winter zum Wohnen ungeeignet. In der Mitte des Hauptraums steht ein großer russischer Ofen, der den ganzen Winter über eine wohlige Wärme verbreitet. Das Feuer geht nie aus, wenn man ein wenig darauf achtet. [...]

nach Maïa Werth

M3 Shubha aus Indien

Shubha wohnt in Thanfavur, einer Stadt im Süden von Indien. Als sie gestern Abend von der Schule nach Hause gekommen ist, hat sie gleich Safrankuchen gebacken. Am heutigen Feiertag nimmt sie das Gebäck mit in den Tempel, weil sie und ihre Mutter die Götter um einen Gefallen bitten wollen. Shubhas 18 Jahre alte Schwester hat geheiratet und wünscht sich ein Kind. Ihre Mutter glaubt, dass sich dieser Wunsch erfüllen wird, wenn sie zum Gott Vishnu, der die Geburten begünstigt, beten. Am Eingang des Tempels zieht Shubha ihre Sandalen aus. In Indien ist es üblich, zu Hause und im Tempel barfuß zu laufen, um den Boden nicht zu beflecken, denn alles, was von draußen kommt, gilt als unrein. Shubha geht dreimal um die Vishnu-Statue herum, wie es der Brauch vorschreibt. [...]
Shubhas Vater ist Sänger. [...] Er möchte, dass seine Tochter ebenfalls Musikerin wird. Shubha erhält daher seit ihrem vierten Lebensjahr Einzelunterricht. [...]

Shubha weiß, dass es in Indien nicht einfach ist, ein Mädchen zu sein. Viele Ehepaare wünschen sich einen Sohn, denn die Verheiratung von Töchtern ist eine kostspielige Angelegenheit. Die Eltern der Braut müssen an die Familie des zukünftigen Ehemanns eine hohe Mitgift zahlen, obwohl dies eigentlich seit langem durch ein Gesetz verboten ist. Shubha ist sich sicher, dass ihre Eltern ihr nicht vorschreiben werden, wen und wann sie zu heiraten hat. Zunächst möchte sie aber ihr Gesangsstudium zu Ende bringen, auch wenn sie nach dem Abschluss bereits älter als 18 Jahre sein wird. Viele indische Mädchen heiraten sehr früh und werden sehr jung Mutter. Sie widmen ihr ganzes Leben der Familie und dem Haushalt. Shubha hat ohne Zweifel großes Glück, ein anderes Leben führen zu können.

nach Philippe Godard

AUFGABEN

1 Teilt euch in Gruppen auf und setzt euch jeweils mit dem Leben eines der drei Kinder auseinander.

W
a) Marcos > M1
b) Andrei > M2
c) Shubha > M3

Fertigt Plakate an, auf denen jeweils alle Besonderheiten der Lebensführung festgehalten werden. Stellt eure Ergebnisse euren Mitschülerinnen und Mitschülern vor.

V 2 Vergleiche die drei dargestellten Lebensweisen mit deinem Leben. Stelle dar, was dir gegebenenfalls fremd vorkommt.

Die Erfahrung des Fremden

M1 Vom Reiz des Reisens

Sarah Althaus: Schweizer Reisebloggerin

Warum muss ich eigentlich permanent reisen? Warum gefällt es mir so und was zieht mich immer wieder in die weite Welt hinaus? Das sind Fragen, die immer wieder auftauchen. Oft kriege ich sie von anderen Leuten gestellt, aber nicht selten frage auch ich mich das wieder. […] Ich weiß es nicht, aber schon seit ich ganz klein war, hat mich die weite Welt fasziniert. […] Wie lebt es sich wohl in Brasilien? Wie schmeckt die Luft in Mozambique? Und wie fühlt sich der Regenwald in Malaysia an?

Diesen Fragen bin ich sobald irgendwie möglich nachgegangen. Ich musste es einfach wissen. […] Und je mehr ich gereist bin, desto größer wurde der Durst nach noch mehr Abenteuern. Ich wurde mutiger, habe mich immer weiter weg getraut und dann auch alleine. Meine erste Reise alleine nach Nepal. Darauf sollte meine Weltreise folgen und danach gab es sowieso kein Halten mehr. Was macht den Reiz des Reisens nun eigentlich aus? Für mich ist es die Sucht nach Abenteuern, das Ausbrechen aus dem Alltag, das Sehen, was hinter der nächsten Ecke liegt. *Sarah Althaus*

M2 Erfahrungsbericht: Auf dem Nachtmarkt in Bangkok

In meinem letzten Urlaub habe ich eine Reise nach Thailand unternommen und dabei auch den berühmten Bangkoker Nachtmarkt in der Khao San Road besucht. Dort gibt es Garküchen, in denen man richtig gutes Streetfood zu sich nehmen kann. Aber es gibt auch zahlreiche Stände, die eine Art von Snacks verkaufen, die – sagen wir es mal so – wohl nichts für meinen europäischen Gaumen sind. Was ich meine, sind frittierte, gekochte, gegarte oder gegrillte Heuschrecken, Bambuswürmer, Grillen, Holz- und Mehlwürmer, Seidenraupen, Wanzen, Kakerlaken, Skorpione oder Spinnen. Sie springen einem sofort ins Auge, weil sie in großen Kisten zum Verkauf ausliegen. Komme ich an einem solchen Stand vorbei, schaue ich meist in eine andere Richtung, weil ich diesen Anblick – trotz meiner zahlreichen Besuche immer noch – recht befremdlich finde. Diese Befremdlichkeit kann noch gesteigert werden, nämlich dann, wenn ich mitbekomme, wie genüsslich Thailänderinnen und Thailänder diesen „Snack" zu sich nehmen. Ich frage mich dann jedes Mal, wie man „so etwas" essen kann. Das ist doch einfach eklig! Daher hat es diese Art der Ernährung bislang nicht auf meinem Speiseplan geschafft und wird dort auch in Zukunft nicht zu finden sein.

M3 Anziehend – abstoßend

Der Universitätsprofessor Karlo Meyer beschreibt die (spontanen) Reaktionen bei der Wahrnehmung von Dingen, die einem fremd sind.

Die Kinder lachen, als sie den Ruf […] [eines Mannes in einer unbekannten Sprache] hören. Das Fremde macht unsicher. Es […] irritiert. Es geht nicht auf, wie die bekannten Dinge aufgehen. Die Schülerinnen und Schüler hören jemanden rufen, aber wie er ruft, ist ganz seltsam und unverständlich. Sie wissen nicht, wie sie sich verhalten sollen, empfinden es als „komisch". […] Warum lachen sie? Schnell kommt heraus, dass sie lachen, weil es fremd ist und sie es nicht verstehen. Es ist eine fremde Sprache. […]

Das Fremde, wie es vor allem bei kulturellen Unterschieden erfahren wird, verbindet sich mit einer ambivalenten Erfahrung. In dem kulturell Fremden gibt es immer auch etwas, was Bekanntes anspricht (ein Mensch ruft), und doch lässt es sich nicht in den alten Mustern verorten (fremdartiger Wortlaut, fremdartige Sprechmelodie). Es spricht zum Teil Vertrautes an (das ist ein Mensch) und ist doch letztlich fremd (ich verstehe es nicht). Diese gegensätzlichen Erfahrungen gelten für vieles „andere", das mir fremd ist […].

Aus dieser Ambivalenz resultiert eine grundsätzliche Irritation und im Extremfall gar ein Schock durch das Fremde. Die Irritation entspringt der Spannung zwischen der erlebten Fremdheit und dem, was aus dieser Fremdheit heraus anspricht, anstößt und abstößt. Das, was Bekanntes anspricht, verlangt danach, sich zu verhalten (z. B. auf einen Ruf zu antworten). Das Erleben der Fremdheit stellt die bekannten Verhaltensmuster in Frage (der unverständliche Wortlaut […]). Aus dieser Irritation bauen sich leicht Schutzmechanismen wie Abwehr gegenüber dem Fremden auf – Affekte, die jedes Kind entwickelt. In der Irritation reizt aber auch das Unbekannte als das Abenteuerliche, Faszinierende, Exotische […]. Das Fremde kann in einzelnen Aspekten vertrauter werden und so den eigenen Horizont erweitern. […] Unsicherheit und Neugier, Angst und Faszination sind natürliche Reaktionen auf Fremdes.

Karlo Meyer

irritieren: unsicher machen, zweifeln lassen

resultieren: sich ergeben, folgen, entstehen

ambivalent: zwiespältig, doppelwertig

Karlo Meyer (*1968): deutscher Theologe und Religionspädagoge

INFO

Das Fremde

Als fremd bezeichnet man etwas, das als abweichend von Eigenem oder Vertrautem wahrgenommen wird, d. h. als etwas Andersartiges oder weit Entferntes. Menschen reagieren auf Fremdes mit unterschiedlichen Verhaltensweisen wie etwa Neugier oder Angst. Fremdes kann Faszination, aber auch Ablehnung hervorrufen, so dass man es sich aneignen oder sich von ihm abgrenzen möchte.

AUFGABEN

1 Erläutere, was für Sarah Althaus den Reiz des Reisens ausmacht. > M1
2 Beschreibe, was der Reisende auf dem Nachtmarkt als „befremdlich" empfindet und warum. > M2
3 Erkläre, inwiefern Fremdes sowohl „abstoßend" als auch „anziehend" sein kann. > M3

Fremd(e) in Deutschland

M1 Herkunftsländer

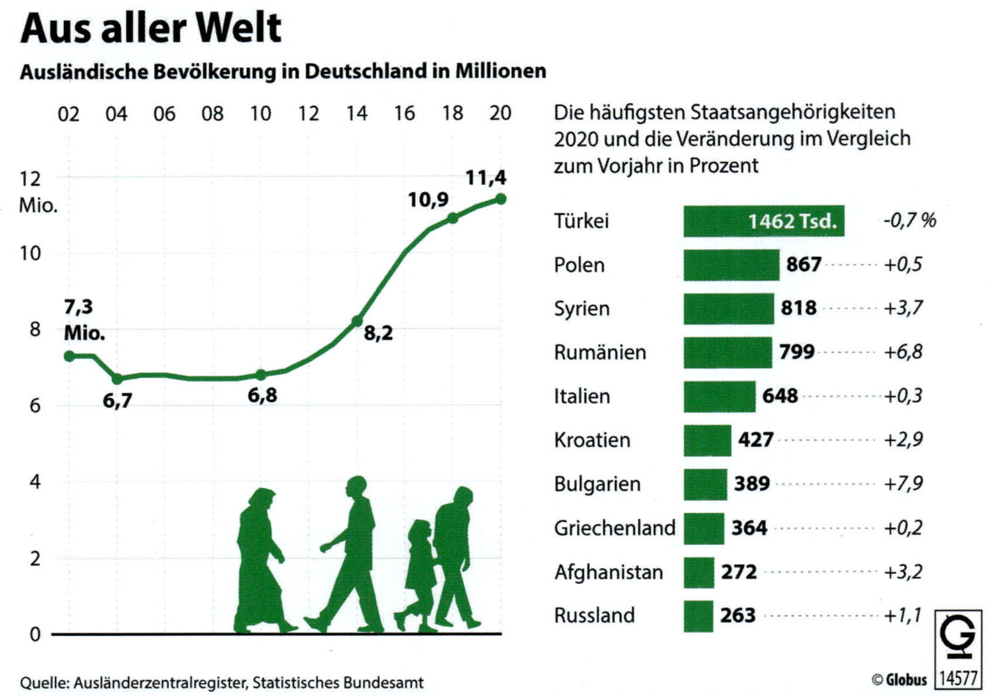

M2 Warum wir nach Deutschland gekommen sind

Ich bin schon lange in Deutschland, weil man mich als Arbeiter angeworben hat.
Guiseppe (52) aus Italien

Die Deutschen zahlen mir als Computerspezialistin ein sehr gutes Gehalt.
Milana (31) aus Bosnien

Mein Mann lebt schon lange in Deutschland. Endlich durfte ich zu ihm kommen.
Ayşe (29) aus der Türkei

Meine Eltern sind mit mir nach Deutschland gekommen, weil wir eigentlich Deutsche sind.
Julia (14) aus Russland

Ich bin fasziniert von der deutschen Kultur und Lebensweise. Deshalb bin ich nach Deutschland ausgewandert.
Miguel (23) aus Mexiko

Mein Bruder und ich sind nach Deutschland geflohen, um Terror und Völkermord zu entgehen.
Riham (28) aus dem Irak

Mein Land wurde angegriffen. Um unsere Kinder zu schützen, bin ich geflohen. Mein Mann musste zurückbleiben.
Natalia (38) aus der Ukraine

M3 „Aber woher kommst du wirklich?“

stern: [Frau Ogette, in Ihrem Buch *Und jetzt du* setzen Sie sich kritisch mit der Frage auseinander:] „Wo kommst du her?“ […] Wie kann das so falsch sein, danach zu fragen? […]

Tupoka Ogette: Die Frage ist für mich so lange in Ordnung, wie Sie meine Antwort einfach stehen lassen können, wenn ich sage: Ich komme aus Berlin-Kreuzberg oder auch Leipzig. Das ist in Deutschland aber leider oft nicht der Fall. Dann wird weitergefragt: „Aber woher kommst du wirklich?“ Und es wird klar: Es geht gar nicht um mich. Denn ich habe ja schon die Antwort gegeben, die für mich die richtige ist. Es geht also um die Projektion des Fragenden, und die macht sich in meinem Fall lediglich am Melaningehalt meiner Haut fest. Muss doch irgendwie aus Afrika kommen. Kann doch nicht von hier sein.

stern: Ja, schon. Darin allein muss aber ja keine Wertung stecken.

Tupoka Ogette: Aber die Antwort wird ja nicht neutral aufgenommen. Wenn ich sage: „Mein Vater ist aus Tansania“, gibt es andere Bilder im Kopf, als wenn ich sagen würde: „Mein Vater ist aus den USA.“ Es macht einen Unterschied, ob ich sage: aus Polen oder aus England, aus Kenia oder aus Afghanistan. Es entstehen andere Assoziationsketten. Manche sind abwertend, manche sind aufwertend. Man verharrt in einer Projektion. Und die wiederum hat viel mit dem Märchen zu tun, dass Deutschsein mit Weißsein verknüpft sei. Wodurch die Frage das Gefühl weckt, offenbar nicht dazuzugehören.

Da sind wir an dem entscheidenden Punkt: Was macht es mit Menschen, wenn sie permanent diese Frage gestellt bekommen? Ich kann von mir erzählen, dass ich in Leipzig geboren bin. Deutsch träume, denke, liebe, esse. Und dass mir dennoch tagtäglich diese Frage gestellt wird, immer wieder. Sodass ich irgendwann dachte: Na ja, dann stimmt wohl meine Selbstwahrnehmung der Zugehörigkeit gar nicht, sonst würden mich die Leute ja nicht ständig fragen. […]

Diese Frage berührt das Gefühl von Teilhabe, von Zuhausesein, von Mitspracherecht. Ich erinnere mich an eine Frau, die mehrmals nachsetzte: „Woher kommen Sie wirklich?“ und schließlich im Brustton der Überzeugung sagte, sie selbst sei ja „echte Berlinerin“. Vielen ist nicht bewusst, dass dieses „echt“ die Deutungshoheit trägt: „Am Ende des Tages entscheide ich, wo es langgeht.“

stern

Assoziation: gedankliche Verbindung

Tupoka Ogette: (*1980): deutsche Autorin

Projektion: Übertragung

Melanin: roter bis schwarzer Farbstoff, der die (schwarze oder braune) Färbung von Haut und Haaren bei Menschen und Tieren bewirkt

AUFGABEN

1 Werte die Statistik aus. Benenne Chancen und Probleme, die sich deiner Ansicht nach aus dem Zusammenleben von Menschen unterschiedlicher Herkunftsländer ergeben können. > M1

2 Erläutere, warum die genannten Personen nach Deutschland gekommen sind. Ergänze weitere mögliche Gründe. > M2

3 Erläutere, warum Ogette die Frage „Woher kommen Sie?“ kritisiert. Nimm Stellung zu ihrer Auffassung. > M3

plus Eure Gäste sind eingeladen, darüber zu berichten, woher sie stammen, warum sie nach Deutschland gekommen sind und wie sie sich hier fühlen. Entwickelt dazu Detailfragen, die ihr ihnen im Interview stellen könnt.

Vor Krieg und Not fliehen

M1 Endlich angekommen ...

M2 Krieg – stell dir vor, er wäre hier!

Wenn durch die Bomben der größte Teil des Landes, der größte Teil der Stadt in Ruinen läge? Wenn das Haus, in dem du und deine Familie lebt, Löcher in den Wänden hätte? Wenn alle Fensterscheiben zerbrochen, das Dach weggerissen wäre? Der Winter steht bevor, die Heizung funktioniert nicht, es regnet herein.

Ihr könnt euch nur im Keller aufhalten. Deine Mutter hat eine schwere Erkältung. Dein großer Bruder hat schon früh bei einem Vorfall mit einer Mine drei Finger der linken Hand verloren. Deine kleine Schwester wurde von Granatsplittern am Kopf verletzt, sie liegt in einem Krankenhaus, dem es an allem fehlt. Deine Großeltern starben, als eine Bombe ihr Pflegeheim traf.

Du bist noch unversehrt, aber du hast Angst. Morgens, mittags, abends, nachts. Jedes Mal, wenn in der Ferne die Raketen abgefeuert werden, zuckst du zusammen, jedes Mal, wenn du am Horizont Licht aufscheinen siehst und du nicht weißt, ob die Rakete dieses Mal in deine Richtung fliegt. Jedes Mal, wenn es irgendwo kracht, zuckst du zusammen. Wie viele deiner Freunde wurden dieses Mal getroffen?

Janne Teller (1964): dänische Schriftstellerin

Die Wasserrohre sind schon lange geplatzt. Jeden Tag müssen du und dein großer Bruder durch die Straßen und über den Rathausplatz zum öffentlichen Wasserversorgungswagen laufen, jeder mit zwei Eimern. [...] [Den Platz muss man schnell überqueren. Das ist gefährlich, weil man von Soldaten anderer Nationen getötet werden könnte.] Schlimmer als die Angst ist der Hunger. Am allerschlimmsten ist die Kälte. Du frierst die ganze Zeit, und dabei ist es erst Anfang November. Du weißt nicht, wie ihr den Winter überleben sollt. Der Arzt sagt, deine Mutter wird einen weiteren Winter im Keller nicht schaffen. Er kann euch zu keiner besseren Bleibe verhelfen. Es gibt zu viele andere, die einen weiteren Winter im Keller nicht schaffen werden.

Dein bester Freund ist verschwunden. Sein Vater war [...] Politiker. [Er wurde verfolgt, weil er sich für Redefreiheit eingesetzt hatte. Deshalb wollte er mit seiner Familie das Land verlassen. Aber er wurde von der Polizei verhaftet und grundlos in ein Gefängnis gebracht, in dem er jetzt sitzt. Keiner weiß, ob er noch einmal daraus entlassen wird.]

nach Janne Teller

M3 Amira ist angekommen

Amira Ibrahim sitzt an der Nähmaschine. Sie führt die Kante des Stoffes in den Nähfuß, schiebt ihn mit einem Pfriem weiter, betätigt das Pedal. Die 34-Jährige arbeitet bei „Stitch by Stitch", einer Schneiderwerkstatt in Frankfurt am Main, die 2016 entstand und geflüchtete Frauen beschäftigt. Eine der Gründerinnen, die Modedesignerin Claudia Frick, hatte in den Jahren zuvor oft vergeblich nach einer Schneiderei für ihr kleines Label gesucht. Nebenbei unterrichtete sie. Die deutschen Schülerinnen konnten oft nicht einmal einen Knopf annähen. Eine afghanische Schülerin zeigte ihr eines Tages eine Stoffblume. „Wo hast du sie gekauft?", fragte Frick. „Habe ich selbst genäht", erwiderte die Schülerin. Als 2015 viele Frauen aus den arabischen Ländern nach Deutschland kamen, eröffnete Frick mit ihrer Partnerin Nicole von Alvensleben die Schneiderei, um die Talente der Frauen zu nutzen und Modelabels, die geringe Stückzahlen in Deutschland fertigen lassen wollen, eine Produktionsstätte anzubieten. „Wir wussten, da kommen Menschen, die Sachen können, die man hier nicht findet", sagt Frick.

„Ich hatte keine Ahnung von Deutschland, außer dass es hier kalt ist, Kinder zur Schule gehen können und man keine Angst haben muss", sagt Amira Ibrahim […]. Ibrahim ist Kurdin, sie hat in Syrien und dem Libanon gelebt […]. Eine Schwester brachte ihr das Sticken bei. Als Frick sie zum Probearbeiten einlud, machte Ibrahim nicht wie die anderen eine kleine Blumenstickerei, sondern nähte ein ganzes Gemälde auf den Stoff, inklusive Stiel- und Keilstich. „Da war klar, dass wir sie ins Boot holen", sagt Frick. Im Libanon hatte Ibrahim für Mikael Derderian gearbeitet, einen bekannten Designer, der sie ein Kleid für die Popsängerin Shakira besticken ließ. „Sie hat Fertigkeiten, die von Generation zu Generation weitergegeben wurden", sagt er am Telefon. „Ich hoffe, Deutschland weiß, was da für Talente ins Land gekommen sind."

[…] Ibrahim musste [trotz ihrer Nähkünste in Deutschland zunächst noch] eine Ausbildung machen. Sie lernte die Unterschiede zwischen Schablonen-, Zacken- und Knopflochscheren, sie nähte Paspeltaschen und Briefecken. […] „In unserer Heimat helfen [die Männer oft] nicht mit den Kindern. Hier musste mein Mann das tun, weil ich früh aus dem Haus gehe." […] [Und so] brät ihr Mann dem Sohn Spiegelei zum Frühstück und holt sie manchmal von der Schneiderei ab.

Ibrahim hatte das Glück, einen Arbeitgeber zu finden, der ihre Fähigkeiten erkannte. Genau das, sagt [die Psychoanalytikerin] Leuzinger-Bohleber, sei entscheidend für Integration: „Es kommt darauf an, an die Identität vor der Flucht anzuknüpfen. Das ist nur möglich, wenn es jemanden gibt, der auch nach dem Vorher fragt: Was hast du gemacht? Was hast du gemocht?"

Verena Friederike Hasel

AUFGABEN

1 Bildet Tandems: Beschreibt die Fotos und tauscht euch darüber aus, wie sich die Geflüchteten in den gezeigten Situationen wohl fühlen. > M1

2 Stell dir vor, der Krieg wäre hier und deine Eltern wollten zusammen mit dir das Land verlassen. Wie stehst du dazu? > M2

3 Stelle am Beispiel Amiras dar, welche Faktoren eine Rolle spielen, damit geflüchtete Menschen sich in Deutschland einleben können. > M3

Fremdenfeindlichkeit

M1 Sortierte Klingelschilder

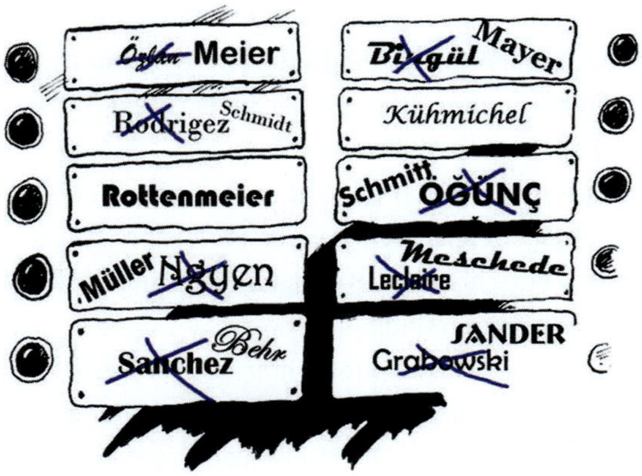

Folgende geplante Maßnahme einer Wohnungsgesellschaft löste heftige Kritik in der Bevölkerung aus:

Ein Haus für Türken, eins für Italiener, eins für russische Spätaussiedler, eins für Deutsche, eins für …? Eine der größten deutschen Wohnungsgesellschaften will ihre Wohnungen nach Volksgruppen sortiert vermieten.
„Wir setzen auf einheitliche […] Nachbarschaften", sagt der Geschäftsführer der Nassauischen Wohnungsgesellschaft Thomas Dilger. *GrafStat*

M2 „Unser Territorium?"

Zwei Passagiere in einem Eisenbahnabteil. Wir wissen nichts über ihre Vorgeschichte, ihre Herkunft oder ihr Ziel. Sie haben sich häuslich eingerichtet, Tischchen, Kleiderhaken, Gepäckablagen in Beschlag genommen. Auf den freien Sitzen liegen Zeitungen, Mäntel, Handtaschen herum. Die Tür öffnet sich, und zwei neue Reisende treten ein. Ihre Ankunft wird nicht begrüßt. Ein deutlicher Widerwille macht sich bemerkbar, zusammenzurücken, die freien Plätze zu räumen, den Stauraum über den Sitzen zu teilen. Dabei verhalten sich die ursprünglichen Fahrgäste, auch wenn sie einander gar nicht kennen, eigentümlich solidarisch. Sie treten, den neu Hinzukommenden gegenüber, als Gruppe auf. Es ist ihr Territorium, das zur Disposition steht. Jeden, der neu zusteigt, betrachten sie als Eindringling. Ihr Selbstverständnis ist das von Eingeborenen, die den ganzen Raum für sich in Anspruch nehmen. Diese Auffassung lässt sich rational nicht begründen. Umso tiefer scheint sie verwurzelt zu sein. Dennoch kommt es so gut wie nie zu offenen Auseinandersetzungen. Das liegt daran, dass die Fahrgäste einem Regelsystem unterliegen, das nicht von ihnen abhängt. Ihr territorialer Instinkt wird einerseits durch den institutionellen Code der Bahn, andererseits durch ungeschriebene Verhaltensnormen wie die der Höflichkeit gebändigt. Also werden nur Blicke getauscht und Entschuldigungsformeln zwischen den Zähnen gemurmelt. Die neuen Fahrgäste werden geduldet. Man gewöhnt sich an sie. Doch bleiben sie, wenn auch in abnehmendem Grade, stigmatisiert. […]
Nun öffnen zwei weitere Passagiere die Tür des Abteils. Von diesem Augenblick an verändert sich der Status der zuvor Eingetretenen. Eben noch waren sie Eindringlinge, Außenseiter; jetzt haben sie sich mit einem Mal in Eingeborene verwandelt. Sie gehören zum Clan der Sesshaften, der Abteilbesitzer, und nehmen alle Privilegien für sich in Anspruch, von denen jene glauben, dass sie ihnen zustünden. Paradox wirkt dabei die Verteidigung eines „angestammten" Territoriums, das soeben erst besetzt wurde; bemerkenswert das Fehlen jeder Empathie mit den Neuankömmlingen, die mit denselben Widerständen zu kämpfen, dieselbe schwierige Initiation vor sich haben, der sich ihre Vorgänger unterziehen mussten; eigentümlich die rasche Vergesslichkeit, mit der das eigene Herkommen verdeckt und verleugnet wird. *Hans Magnus Enzensberger*

stigmatisieren: brandmarken, zeichnen

Disposition: Verfügung, Einteilung, Gliederung

paradox: widersinnig, einen Widerspruch enthaltend

Empathie: Einfühlungsvermögen

Hans Magnus Enzensberger (*1929): deutscher Schriftsteller

M3 Anders als wir

In seinem Buch *Papa, was ist ein Fremder?* beschreibt Tahar Ben Jelloun ein Gespräch mit seiner Tochter zu diesem Thema.

Leider passiert es häufig, dass wir jemanden verachten oder sogar schlecht behandeln, der uns nichts getan hat […]. [Er] nervt uns dann, […] einfach nur, weil er anders ist als wir.

Wie anders?

Nun, […] jemand [ist] „anders", weil er eine andere Sprache spricht, anders kocht, andere Bräuche oder eine andere Religion hat, auf eine andere Art lebt und feiert als wir. Es gibt also neben äußerlichen Unterschieden wie zum Beispiel Körpergröße, Hautfarbe und Gesichtszügen die Unterschiede im Verhalten, in den Überzeugungen, im Glauben und viele andere mehr.

Heißt das, ein Rassist und Ausländerfeind mag nur seine eigene Sprache, nur Menschen mit seiner Hautfarbe und auch nur Speisen aus seinem eigenen Land?

Nicht ganz: Ein Fremdenfeind kann andere Sprachen lieben und lernen, weil er sie für seine Arbeit oder seine Hobbys braucht, aber er kann gleichzeitig die Völker verachten, die diese Sprachen sprechen. Er kann sich zum Beispiel weigern, einem ausländischen Studenten ein Zimmer zu vermieten, und gleichzeitig mit Vorliebe in asiatischen Restaurants essen. Ein solcher Fremdenfeind sieht in allem, was sich zu sehr von ihm unterscheidet, eine Bedrohung. […] [Deshalb misstraut er] allem Neuen und Fremden. […]

[Ist Rassismus anerzogen?]

Ja, zweifellos wird niemand als Rassist geboren, man wird erst dazu gemacht […]. Einige [Politiker oder Religionsführer] benutzen den Rassismus oder die Religion, um die Menschen dazu zu bringen, einander zu hassen und zu bekämpfen. Dabei kennen sich diese Menschen gar nicht. Um das zu erreichen, schüren sie die Angst vor dem Fremden. […] Nimm zum Beispiel unsere Nachbarn hier in Paris. Sie haben uns lange misstraut, bis wir sie eines Abends zum Kuskusessen eingeladen haben. Da haben sie gemerkt, dass wir leben wie sie. Seitdem sind wir in ihren Augen nicht mehr gefährlich, auch wenn wir aus einem anderen Land, aus Marokko, stammen. Durch unsere Einladung haben wir ihr Misstrauen verjagt. Wir haben miteinander geredet und uns besser kennengelernt. Wir haben zusammen gelacht. Das heißt, wir fühlten uns wohl miteinander, während wir uns vorher im Treppenhaus kaum gegrüßt haben.

Tahar Ben Jelloun

Rassismus: Ablehnung von Menschen aufgrund bestimmter äußerer Merkmale (z. B. Hautfarbe)

Tahar Ben Jelloun (*1944): marokkanischer Schriftsteller, lebt in Paris

AUFGABEN

1. Nimm Stellung zu den geplanten Maßnahmen der Wohnungsgesellschaft. > M1
2. Erläutert anhand der Situation im Zugabteil, wieso Fremde es schwer haben können, Teil einer Gruppe zu werden. Übertragt die Situation aus dem Zugabteil auf eure Stadt oder einen Staat. > M2
3. Erkläre, wodurch sich Menschen nach Tahar Ben Jelloun unterscheiden. Finde weitere Unterschiede. > M3
4. Zeige anhand von Beispielen, wie Fremdenfeinde auf die Unterschiede von Menschen reagieren und wie man Fremdenfeindlichkeit abbauen kann. > M3

plus Eure Gäste sind eingeladen, darüber zu berichten, ob bzw. in welchen Situationen sie mit fremdenfeindlichen Verhalten konfrontiert worden sind. Entwickelt dazu Detailfragen, die ihr ihnen im Interview stellen könnt.

Andere willkommen heißen

M1 Das Lied vom Anderssein

Klaus W. Hoffmann (*1947): deutscher Schriftsteller und Liedermacher

Im Land der Blaukarierten
sind alle blaukariert.
Doch wenn ein Rotgefleckter
sich mal dorthin verirrt,
dann rufen Blaukarierte:
„Der passt zu uns doch nicht!
Er soll von hier verschwinden,
der rotgefleckte Wicht!“

Im Land der Rotgefleckten
sind alle rotgefleckt.
Doch wird ein Grüngestreifter
In diesem Land entdeckt,
dann rufen Rotgefleckte:
„Der passt zu uns doch nicht!
Er soll von hier verschwinden,
der grüngestreifte Wicht!“

Im Land der Grüngestreiften
sind alle grüngestreift.
Doch wenn ein Blaukarierter
So etwas nicht begreift,
dann rufen Grüngestreifte:
„Der passt zu uns doch nicht!
Er soll von hier verschwinden,
der blaukarierte Wicht!“

Im Land der Buntgemischten
Sind alle buntgemischt.
Und wenn ein Gelbgetupfter
Das bunte Land auffrischt,
dann rufen Buntgemischte:
„Willkommen hier im Land!
Hier kannst du mit uns leben,
wir reichen dir die Hand!“

Klaus W. Hoffmann

M2 Umgang mit Fremden

Dalai Lama: geistiges Oberhaupt der tibetischen Buddhisten > S. 249

Wichtig ist, dass wir den Fremden grundsätzlich mit einer freundlichen Einstellung begegnen. Dabei sollten wir uns immer wieder vor Augen halten, dass die Fremden genauso fühlen wie wir. Nur so können die Schranken fallen, die man innerlich zwischen sich selbst, seiner Familie und den Fremden errichtet. Nur so können echte Kontakte zu unseren Mitmenschen entstehen. Hassgefühle gegenüber Ausländern sind oft ein Ausdruck von Angst vor dem Unbekannten. Wenn sich Fremde begegnen, sind sie zunächst vorsichtig und zurückhaltend. Aber solche Ängste kann man doch abbauen. Wenn ich mit einem mir noch unbekannten Menschen zusammentreffe, dann achte ich wenig darauf, welche Stellung er innehat, ob er reich oder arm ist. Für mich zählen sein Gesichtsausdruck, sein Lächeln, sein Blick. Das sagt mir mehr über einen bestimmten Menschen als alles, was in seinem Pass vermerkt ist. Jedes Mal, wenn ich mit jemandem aus einer anderen Kultur spreche, spüre ich, dass es zwar Dinge gibt, die uns voneinander unterscheiden, und doch sind wir alle Menschen. Wenn Kinder aus Afrika, aus Europa oder Asien zusammenkommen, dann können sie sich ohne Schwierigkeiten zusammensetzen und miteinander spielen. Kinder achten doch nicht auf kulturelle Unterschiede. Sie werden Freunde, wenn sie sich gut verstehen, ohne auf die Rasse oder die Hautfarbe zu achten. Das zeigt doch, dass es die eine große Völkergemeinschaft gibt.

Dalai Lama

M3 Wie du!

M4 Vom Weltbürgerrecht

philopraktisch: Herr Kant, Sie waren der erste Philosoph der neueren Zeit, der sich Gedanken über die Rechte von Fremden machte. Wie kamen Sie dazu?

Immanuel Kant: Lange Zeit über spielte sich das Leben der Menschen in der Regel innerhalb der Grenzen eines Staates ab. Das änderte sich durch den aufkommenden Handel zwischen den Staaten zu meiner Zeit. Jetzt reichte es nicht mehr, nur Rechte für den Verkehr der Menschen in einem Staat festzulegen, es bedurfte auch der Festlegung von Rechten, die Menschen haben, wenn sie reisen und sich auf fremdem Boden aufhalten. Alle Staatsangehörigen eines Landes sind auch Mitglieder der Weltgemeinschaft, und als solche haben sie ebenfalls Rechte.

philopraktisch: Und welche Rechte kann nun jemand Fremdes im Ausland beanspruchen?

Immanuel Kant: Jede fremde Person, die ausländischen Boden betritt, kann nicht nur erwarten, dass man ihr nicht feindlich gegenübertritt, sondern sogar, dass man sie gastfreundlich aufnimmt und menschenwürdig behandelt. Ja, sie hat geradezu ein Recht darauf. Fremde haben nämlich ein sogenanntes Besuchsrecht, das es ihnen gestattet, sich auf fremdem Boden aufzuhalten, solange sie sich nicht in irgendeiner Weise anstößig verhalten.

philopraktisch: Wie lässt sich das begründen?

Immanuel Kant: Das ist so, weil die Oberfläche der Erde allen Menschen gemeinschaftlich gehört und diese sich nicht ins Unendliche verstreuen können. Das bedeutet, dass ursprünglich niemand mehr Recht als jemand Anderes darauf hatte, an einem bestimmten Ort der Erde zu sein. Jeder Mensch hat gegenüber der Regierung eines anderen Landes ein Recht auf Duldung, Unterstützung und Schutz, egal, woher er kommt und was ihn dahin geführt hat. *(fiktives Interview)*

Immanuel Kant (1724 – 1804): bedeutender deutscher Philosoph der Aufklärung

AUFGABEN

1 Stelle dar, was mit dem „Lied vom Anderssein" zum Ausdruck gebracht werden soll. > M1
2 Erläutere, was der Dalai Lama im Umgang mit Fremden für wichtig hält und wie er seine Haltung begründet. Nimm dazu Stellung. > M2
H 3 Interpretiere die Abbildung und den dazugehörigen Text. > M3
4 Erläutere Kants Auffassung vom Weltbürgerrecht und nimm Stellung dazu. > M4

plus Eure Gäste sind eingeladen, über positive Erfahrungen in ihrer neuen Heimat zu berichten. Entwickelt dazu Detailfragen, die ihr ihnen im Interview stellen könnt.

Gleichbehandlung – eine gesellschaftliche Aufgabe

M1 Alle Menschen sind vor dem Gesetz gleich

Die Gleichbehandlung aller Menschen in Deutschland wird in Artikel 3 des Grundgesetzes geregelt. Dort heißt es unter anderem:

1. Alle Menschen sind vor dem Gesetz gleich. […]
3. Niemand darf wegen seines Geschlechtes, seiner Abstammung, seiner Rasse, seiner Sprache, seiner Heimat und Herkunft, seines Glaubens, seiner religiösen oder politischen Anschauungen benachteiligt oder bevorzugt werden. […]

Das bedeutet: […]

- Der Staat darf niemanden besser oder schlechter behandeln: Egal ob jemand aus einer berühmten Familie kommt, eine wichtige Chefin ist oder ein armer Mann. […]

Deswegen sagt das Grundgesetz:

- Niemand darf bevorzugt oder benachteiligt werden, wegen der Religion, die er hat.
- Niemand darf bevorzugt oder benachteiligt werden, nur weil er in einem anderen Land geboren ist. Jeder kann Bundespräsident von Deutschland oder Bürgermeister seiner Stadt werden. Er muss alt genug sein und einen deutschen Pass haben. […]
- Niemand darf bevorzugt oder benachteiligt werden, wegen der Hautfarbe. Niemand darf zum Beispiel wegen seiner Hautfarbe für die gleiche Straftat milder oder strenger bestraft werden. *Bundeszentrale für politische Bildung*

M2 Alis Traum

Ali Can (*1993): deutsch-türkischer Sozialaktivist

Ali Can betritt unter anhaltendem Applaus die Bühne […]. Vor ihm sitzen gut 100 Gäste in Abendgarderobe. Wenn er gefragt werde, ob er integriert sei, sage er: Ja, klar; er gucke Sonntagabend Tatort, sei auf der Zugspitze wandern gewesen und habe sich in Gießen an der Uni eine Zeit lang nicht Ali, sondern Alifred genannt. Das Publikum lacht, dann wird Can ernst. „Ich habe gelernt mitzumachen, und die Leute haben mich mitgenommen", sagt er. Aber sosehr er sich auch anpasste – das Anderssein, das blieb. Und immer gab es Menschen, die ihm das Gefühl gaben, dass das etwas Schlechtes war.

Im Juli 2018 trat Ali Can, 25, mit #MeTwo eine deutschlandweite Debatte über Alltagsrassismus los. Ein Hashtag bei Twitter, der viele Tausend Reaktionen erhielt. […] Vor allem junge Migranten folgen. Narben, lange versteckt, zeigen jetzt viele öffentlich. Sie erzählen von Erniedrigungen im Job, in der Bahn oder vor der Clubtür. Und, häufiger als alles andere: in der Schule. Tausende Menschen teilen ihre rassistischen Erfahrungen auf Twitter, nach einer Woche sind es 200.000 Tweets. […]

[Can] will den Riss in der Gesellschaft flicken, den Leuten wieder mehr Respekt füreinander beibringen. Ali Can nennt seine Vision den „neuen deutschen Traum". Den Traum einer migrantenfreundlicheren Gesellschaft, in der alle die gleichen Chancen haben. […]

Er erzählt, wie er in der vierten Klasse eine Hauptschulempfehlung von seinem Lehrer bekam, obwohl sein Notendurchschnitt für die Realschule gereicht hätte. Auf der Gesamtschule habe er gute Noten gehabt und als Klugscheißer gegolten. „Ich war der Türke, der aber klug ist – als wäre das eine große Überraschung", sagt er. Als er mit einem Lehrer über eine Note sprechen wollte, sagte der: „Ali, wir sind nicht auf dem türkischen Basar." Vor allem die Lehrer hätten sein Anderssein betont, obwohl er am liebsten gar nicht aufgefallen wäre. […]

Vieles, was er tut, ist ein Kampf um Akzeptanz – zum Beispiel die Entscheidung, Deutsch auf Lehramt zu studieren. „Es war ein kleiner Versuch, mich gegen die Vorurteile zu wehren, dass ich als Migrant der deutschen Sprache nicht mächtig bin oder mich mit der Kultur nicht auskenne", sagt er. […]

Ali Can hat viele Visionen. Eine davon verwirklicht er derzeit in der Essener Nordstadt, zwischen Spielhallen und Dönerbuden. Hier entsteht ein neues Bildungshaus mit dem Namen „VielRespektZentrum". Ein Gebetsraum für Muslime, einer für Christen, einer für Juden. Hinter den Schaufenstern ein Café, daneben ein Videoraum, wo Can seine eigene Late-Night-Show zu Migrationsthemen für YouTube aufzeichnen will. Seit Sommer 2018 leitet er das Bildungshaus. […]

[Ali und sein Team] entwickeln Workshops, mit denen sie gegen […] [Rassismus] ankämpfen wollen, zuerst an den Schulen. Es gebe zwar einzelne Initiativen wie „Schule ohne Rassismus – Schule mit Courage". Aber es fehle an dauerhaften Strukturen, die über solche Auszeichnungen hinausgingen. Beispielsweise habe nicht jedes Bundesland ein Antidiskriminierungsbüro, es gebe nicht genügend Stellen, an die Schüler und Lehrer sich wenden können. Deswegen will Can Anti-Rassismus-Trainings für Lehrer anbieten. Vielen sei noch immer nicht bewusst, dass jemand sich viel mehr Mühe geben müsse, wenn er Ali oder Cem heiße. […]

Ali Can ging schon 2015 auf Pegida-Demos und wollte mit Islamgegnern ins Gespräch kommen. […] 2017 diskutierte er vor dem Brandenburger Tor mit dem Chef der Jungen Alternativen. Danach schrieb er auf Instagram, er habe auch Positives mitnehmen können aus dem Gespräch. Eine Aussage, für die jeder CDU-Politiker einen Shitstorm kassieren würde. Ali Can steht für Dialog, und zwar mit allen, das hat er von seinen Eltern gelernt.

Elisabeth Kagermeier

Courage: Mut, Entschlossenheit

Pegida: „Patriotische Europäer gegen die Islamisierung des Abendlandes", 2014 in Dresden gegründete, fremdenfeindliche Organisation

Junge Alternative: Jugendorganisation der AfD

AUFGABEN

1 Erläutere die Bedeutung von Artikel 3 des Grundgesetzes anhand der Abbildung. Finde positive sowie negative Fallbeispiele dazu. > M1

2 Stelle die Schwierigkeiten dar, mit denen Ali Can zu kämpfen hat. Recherchiere auf #MeTwo weitere Beispiele für Benachteiligungen von Migrantinnen und Migranten. > M2 MK

3 Beschreibe, was Ali alles unternimmt, damit Migrantinnen und Migranten die gleichen Chancen erhalten wie Einheimische. > M2

4 Verfasse ein Statement, in dem du Ali Cans Aktivitäten beurteilst. > M2

V 5 Stellt eure Statements im Kurs zur Diskussion und trefft eine Auswahl, die ihr über #MeTwo an Can schickt. > M2

plus Entwickelt auf der Basis dieses Kapitels (weitere) Ideen für eine migrantenfreundliche Gesellschaft, die ihr mit euren Gästen diskutieren könnt.

Was wir wissen – was wir können

Wissen kompakt

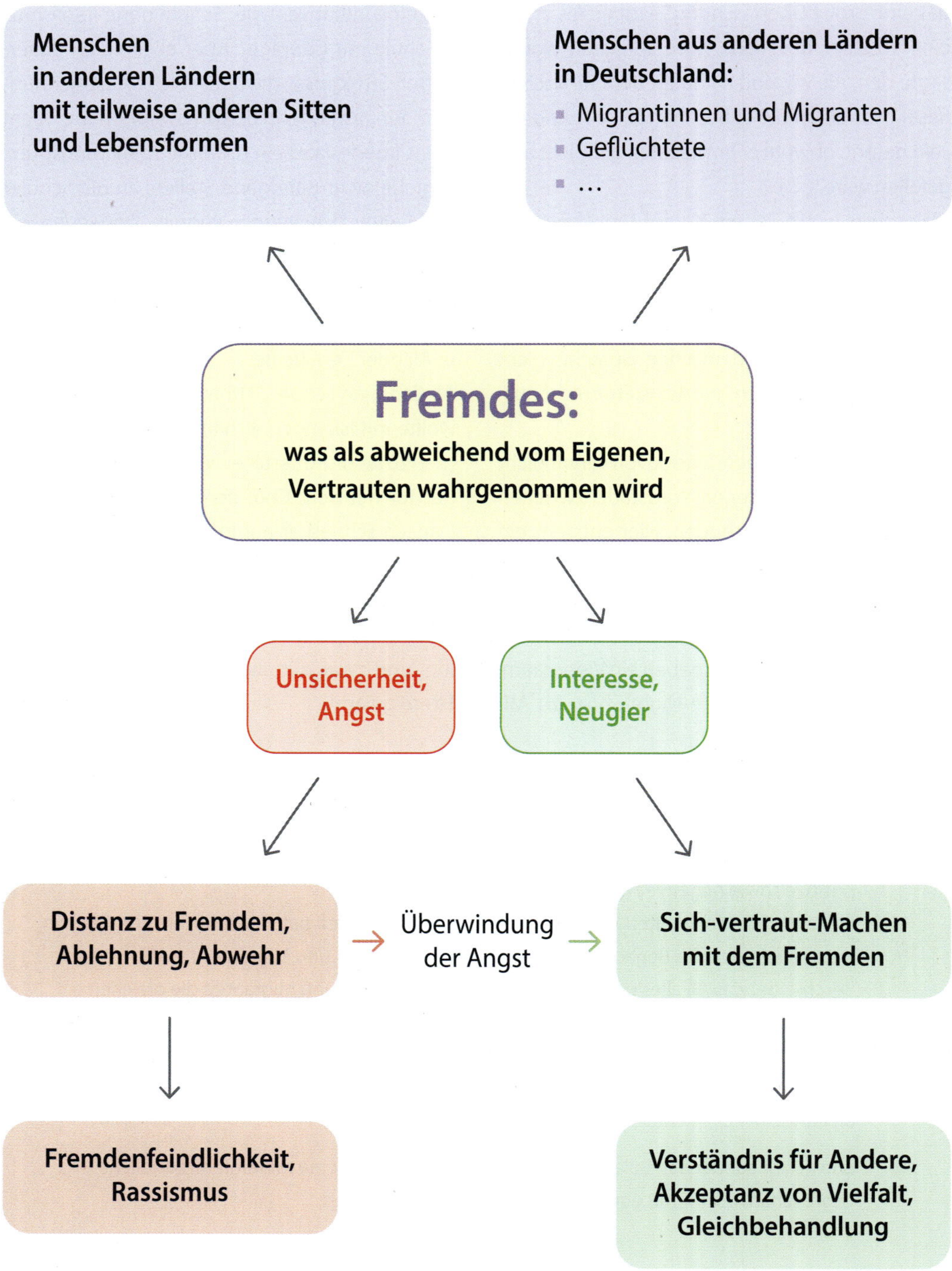

KOMPETENZ-CHECK

Überprüfe dich selbst: Wenn du dich bei einem Punkt noch unsicher fühlst, lies und bearbeite (ggf. mit einer Partnerin bzw. einem Partner) die passende Schulbuchseite noch einmal.

Ich kann …		Meine Einschätzung – –	–	+	++
darstellen, wie sich die Lebensbedingungen von Menschen in verschiedenen Ländern unterscheiden	> S. 66–67				
erläutern, inwiefern das Fremde als Chance oder Bedrohung wahrgenommen werden kann	> S. 68–69				
erläutern, warum Menschen nach Deutschland kommen und wie sie sich hier fühlen	> S. 70–73				
darstellen, wie es zu Fremdenfeindlichkeit kommen kann und wie sie sich überwinden lässt	> S. 74–75				
begründen, warum Fremde einen Anspruch darauf haben, freundlich aufgenommen zu werden	> S. 76–77				
beurteilen, warum Menschen unterschiedlicher Herkunft ein Recht auf Gleichbehandlung haben	> S. 78–79				

Arbeitsblatt:
Kompetenz-Check „Begegnung mit Fremden"

Mediencode: 21057-04

plus In den letzten Wochen habt ihr Vorbereitungen für eine Veranstaltung getroffen, bei der Menschen unterschiedlicher Herkunft sich begegnen und miteinander ins Gespräch kommen sollen. Legt nun auf der Grundlage eurer Vorbereitungen den genauen Ablauf der Veranstaltung fest (z. B. eine Liste der Speisen und Getränke, die angeboten werden, eine Auswahl an Spielen zur Förderung des Miteinanders). Bündelt eure Fragen, die ihr in Interviews geladenen Gästen zu folgenden Bereichen stellt:

- Herkunft und Gründe für die Migration
- Erfahrungen mit fremdenfeindlichem Verhalten
- positive Erfahrungen in Deutschland
- (weitere) Ideen für eine migrantenfreundliche Gesellschaft

Kündigt eure Veranstaltung an (Plakate, Flyer usw.) und führt das Fest der Begegnung durch. Ladet evtl. die lokale Presse zur Berichterstattung ein.

Calvin und Hobbes
von WATTERSON
Dies ist Susi. Das ist Tom.
Susi ist klein.
Tom ist groß.
Tom ist größer als Susi.
NA UND?!
ICH HASSE HAUSAUFGABEN.
AAAHH!
WUSCH
HEY!
HUCH! UAAH! HALT!
GALOPP GALOPP
AAAUGHH!!
AUTSCH! HILFE! HILFE!
WAPP!!
(c) WATTERSON / Distr. BULLS
BONK!
BONK!

Lust und Pflicht

Bill Watterson

AUFGABEN

1 Beschreibe, was auf den einzelnen Bildern des Comics dargestellt wird.
2 Formuliere Calvins Antwort und begründe sie. (Originalantwort: s. S. 271)
3 Erläutere, inwieweit der Comic „Lust" und „Pflicht" thematisiert.

Ein Leben voller Lust

M1 Sex sells – ist das okay?

Lippenstift-Werbung, Symbolbild

„Sex Sells" gilt seit Jahrzehnten als ein ständiges Motto der Werbeindustrie. Es drückt aus, dass ein Produkt, unabhängig davon, ob es sich um einen Schokoladenriegel oder eine Motorsäge handelt, leichter verkauft werden kann, wenn es mit sexuellen Inhalten verbunden wird.
Bereits im Jahr 1880 kam eine amerikanische Brauerei auf die Idee, mit der Abbildung schöner Frauen Bier zu verkaufen. Seitdem ist die Verwendung erotischer Motive aus der Werbung nicht mehr wegzudenken. Im Gegenteil: Die Freizügigkeit in der Darstellung hat stetig zugenommen. So geriet z. B. eine französische Kosmetikfirma vor ein paar Jahren wegen einer deutlich sexualisierten Lippenstift-Werbung in die Kritik.
Allerdings steht die Tendenz zu einer sehr freizügigen Werbung nicht mehr für sich allein. Sie wird zum Sinnbild für die Freiheit und Unabhängigkeit der und des Einzelnen in einer Gesellschaft, in der Lustbefriedigung oftmals gleichbedeutend ist mit dem Streben nach Glück.

M2 Freude

Was ist die größte Belohnung, die uns etwas im Leben geben kann? Was ist der absolute Hit, den uns eine Anstrengung einbringen kann, eine Liebkosung, ein Wort, ein Musikstück, Wissen, eine Maschine oder ein Haufen Geld, Prestige, Ehre, Macht, Liebe, die Ethik oder was dir sonst noch einfällt? Ich mache dich darauf aufmerksam, dass die Antwort so einfach ist, dass die Gefahr besteht, dich damit zu enttäuschen: Das Höchste, das wir überhaupt erreichen können, ist Freude.
Alles, soweit es zur Freude führt, hat Berechtigung (zumindest von einem Gesichtspunkt aus, auch wenn er nicht absolut ist), und alles, was uns unwiederbringlich von der Freude wegführt, ist ein Irrweg.
Was ist Freude? Ein spontanes Ja zum Leben, das aus unserem Inneren kommt, manchmal, wenn wir es am wenigsten erwarten. Ein Ja zu dem, was wir sind, oder besser, zu dem, was wir zu sein meinen. Wer sich freut, hat bereits den höchsten Preis erhalten und vermisst nichts; wer

keine Freude kennt – wie weise, schön, gesund, reich, mächtig, heilig er auch sein mag –, ist elend dran, ihm fehlt das Wichtigste. […]
Die Kunst, das Vergnügen in den Dienst der Freude zu stellen, [...] ist eine grundlegende Fähigkeit des freien Menschen […]. [Einige wollen] sie durch die völlige Enthaltsamkeit […] ersetzen. Bevor sie versuchen, etwas gut zu gebrauchen, was man schlecht gebrauchen (d. h. missbrauchen) kann, verschmähen […] [sie] es lieber völlig und ziehen es nach Möglichkeit vor, dass man es von außen verbietet, damit so ihr freier Wille weniger strapaziert wird. […] Je mehr sie mit Gewalt auf die Sachen verzichten, umso besser gefallen sie ihnen natürlich […]. Die professionellen Verleumder des Vergnügens nennt man „Puritaner". Weißt du, was ein Puritaner ist? Jemand, der versichert, dass man etwas Gutes daran erkennt, dass es uns nicht gefällt; der behauptet, dass Leiden immer höher zu bewerten ist als sich freuen (wobei es in Wirklichkeit verdienstvoller sein kann, sich gut zu freuen als schlecht zu leiden). Und das Schlimmste von allem: Der Puritaner glaubt, dass es jemandem, der gut lebt, schlecht gehen muss, und wenn es jemandem schlecht geht, dann deshalb, weil er gut lebt. […]
Wer dir sagt, die Vergnügen seien „egoistisch", weil es immer jemanden gäbe, der leide, während du genießt, dem antwortest du, dass es gut ist, dem andern so viel wie möglich zu helfen, damit er aufhört zu leiden, dass es aber schädlich ist, Gewissensbisse zu haben, dass man in diesem Moment nicht auch leidet oder dass man so genießt, wie der andere genießen können möchte. Das Leiden dessen zu verstehen, der leidet, und zu versuchen, es zu beseitigen, bedeutet einfach Interesse. Falsch aber ist es, Scham zu empfinden, weil man genießt. Nur jemand mit viel Lust, sich und den anderen das Leben zu verbittern, kann zu dem Glauben gelangen, dass man immer gegen jemand genießt. Und wenn du jemanden siehst, der alle Vergnügen, an denen er nicht teilhat oder die er sich nicht zu erlauben wagt, für „schmutzig" oder „tierisch" hält, den erlaube ich dir für schmutzig und ziemlich tierisch zu halten.

Fernando Savater

Puritaner: Anhänger des Puritanismus (religiöse Bewegung des 16./17. Jahrhunderts in England und Schottland, die *purification* = Reinigung forderten), gelten als besonders sittenstrenge Menschen

Fernando Savater (*1947): spanischer Philosophieprofessor und Verfasser von philosophischen Büchern für Jugendliche

INFO

Lust (Freude)

Unter Lust (gr. *hedoné*), auch häufig mit Freude übersetzt, versteht man eine angenehme Weise des Erlebens. Sie ist ein starker Handlungsantrieb. Nach dem griechischen Ursprung des Wortes werden Menschen, die nach dem Lustprinzip handeln, als Hedonisten bezeichnet.

AUFGABEN

1 Nimm anhand des Bildes Stellung zu der Frage, ob und inwiefern „Sex sells" zutrifft. > M1
2 Erkläre, aus welchen Gründen die Werbeindustrie Sex als Mittel einsetzt, und beurteile, welche Bedeutung Lustbefriedigung bei der Suche nach Glück hat. > M1
3 Vergleiche die Einstellungen, die Savater dem Puritaner und demjenigen, dessen Leben auf Freude ausgerichtet ist, zuspricht, und nimm Stellung zu den beiden Positionen. > M2

Aber bitte mit Maß!

M1 Berechtigter Einwand?

M2 Nicht dem Leben entfliehen

Die Freuden zu genießen […] heißt, nicht zu erlauben, dass eine von ihnen dich der Möglichkeit aller anderen beraubt. […] Der Unterschied zwischen „genießen" und „missbrauchen" ist genau dieser: Wenn du ein Vergnügen genießt, bereicherst du dein Leben, und jedes Mal gefällt dir nicht nur das Vergnügen mehr, sondern auch das Leben selbst; das Zeichen dafür, dass du es missbrauchst, ist die Erkenntnis, dass das Vergnügen dir das Leben ärmer macht und dich nicht das Leben interessiert, sondern nur dieses spezielle Vergnügen. Das heißt, das Vergnügen ist kein angenehmer Bestandteil der Vielfältigkeit des Lebens mehr, sondern eine Zuflucht, um dem Leben zu entfliehen, um dich vor ihm zu verstecken. [...] [Der Genuss droht] in dem ein oder anderen Fall uns im wahrsten Sinn des Wortes zu töten. Entweder tötet er unsere Gesundheit und unseren Körper, oder er verroht uns, indem er unsere Menschlichkeit tötet, unsere Rücksicht auf die anderen und auf das Übrige, das unser Leben ausmacht. […]

Erlaube mir, dass ich allen Vergnügen misstraue, deren hauptsächlicher Zauber der „Schaden" und die „Gefahr" zu sein scheint. Es ist eine Sache, dass du „vor Vergnügen stirbst", und eine ganz andere, dass das Vergnügen darin besteht, wirklich zu sterben – oder zumindest, sich vorzustellen „zu sterben". […]

Wenn ich also gezwungenermaßen wählen soll zwischen den Mühsalen des Lebens und den Vergnügen des Todes, entscheide ich mich ohne zu zögern für die ersteren – eben weil es mir gefällt zu genießen und nicht, zugrunde zu gehen! Ich will keine Vergnügen, die mir erlauben, dem Leben zu entfliehen.

Fernando Savater

Fernando Savater: > S. 85

M3 Weniger ist mehr?

Héctor Zagal und José Galindo erklären Jugendlichen die Auffassung des Philosophen Epikur.

Sinn und letztes Ziel unseres Daseins ist es [nach Epikur], dass wir ein möglich lustvolles Leben führen. Wir dürfen […] [seine Lehre] aber nicht mit einem primitiven Hedonismus verwechseln. […] Für den primitiven Hedonisten besteht das Glück in der unkontrollierten Suche nach immer neuen Annehmlichkeiten; völlig zügellos gibt er sich den Genüssen des Lebens hin. Für einen solchen Hedonismus stehen Sprüche wie: „Lasst uns essen und trinken, denn morgen sind wir tot" […].

Epikur ist kein primitiver Hedonist. Er ist klug genug, um zu wissen, dass die unkontrollierte und vernunftlose Suche nach immer neuen Annehmlichkeiten am Ende zu Überdruss, Ärger und Leid führt. Nehmen wir ein Beispiel. Wenn jemand eine Vorliebe für *Cuba libre* hat, dann meint ein primitiver Hedonist, er müsse davon

Epikur (ca. 341 – 270 v. Chr.): griechischer Philosoph, Begründer einer eigenen Schule und Glückslehre

Cuba libre: Cocktail aus Rum, Cola und Limetten(saft)

so viele trinken, wie er Lust hat, gegebenenfalls bis zum Umkippen. Ein Epikureer dagegen würde die folgende Überlegung anstellen: Sich mit Rum zu betrinken, ruft zwar einen lustvollen Zustand hervor, der zwei bis drei Stunden andauert; am nächsten Tag aber hast du dafür sechs oder sieben Stunden lang Kopfschmerzen, Magenbeschwerden und Durst. Außerdem ist im Rausch die Gefahr größer, bei einem Streit oder einem Unfall verletzt zu werden oder jemand anderen zu verletzen, und das hätte unangenehme Folgen (im zweiten Falle: Gefängnis, Gewissensbisse, Geldverlust). Und wenn wir uns zu häufig betrinken, würden wir schließlich unsere Leber zugrunde richten und unsere Arbeit verlieren, und dann hätten wir kein Geld mehr übrig für weitere Besuche in der Cocktailbar. Deswegen ist Betrinken nicht besonders gut dazu geeignet, uns Lust zu verschaffen. Die damit verbundene Lust ist zu kurz, zu kostspielig und das Risiko zu hoch, dass sie in Leid umschlägt. […] Die wahre Lust – so glaubt Epikur – liegt darin, dass wir so viel Leid, Unruhe und Ängste von uns fernhalten wie möglich. Nach seinem Dafürhalten soll der Mensch deshalb ein gemäßigtes Leben führen, kein zügelloses. Die Sehnsucht nach sexueller Lust, nach dem Rausch des Alkohols, nach Reichtum, nach Auszeichnung und Ehre enthält zu viel Unzufriedenheit, zu viel Leid. Besser ist es, ein heiteres und ausgeglichenes Leben zu führen. Ein Leben ohne innere Unruhe führt zu beständiger Lust, während die exzessiven Vergnügen bald vorüber sind, worauf wir sie dann schmerzlich vermissen. […]

Den besonders intensiven Lustzuständen, die schnell vorübergehen und noch größeres Leid verursachen, zieht Epikur die kleineren Annehmlichkeiten vor, die lange ohne unangenehme Nebenwirkungen genossen werden können. [Diese Position nennt man gemäßigten Hedonismus.] *Héctor Zagal / José Galindo*

exzessiv: übermäßig, ausschweifend

Héctor Zagal / José Galindo: mexikanische Philosophen

M4 Grenzen des Lustprinzips

Wenn jemand sein Vergnügen darin findet, anderen Schmerz zuzufügen, oder wenn sein Vergnügen von der Art ist, dass es Leiden anderer im Gefolge hat, soll er sich auch vom Ziel der Lustmaximierung leiten lassen? Wenn nun […] [ein] Hedonist dies bejaht, so ist klar, dass er für diesen Satz allgemein keine Zustimmung erwarten darf, nämlich nicht die Zustimmung der Betroffenen. *Robert Spaemann*

Robert Spaemann (1927–2018): deutscher Philosoph

AUFGABEN

1. Interpretiere die Karikatur und nimm Stellung dazu. > M1
2. Erläutere den Unterschied zwischen „genießen" und „missbrauchen" nach Savater an (weiteren) Beispielen. > M2
3. Erkläre, wie sich die Form des Hedonismus, die Epikur vertritt, vom primitiven Hedonismus unterscheidet. > M3
4. Erläutere Spaemanns Kritik am Hedonismus und nimm Stellung dazu. > M4

Lustgewinn als höchstes Ziel?

M1 Wie wollen wir leben? – Ein Gedankenexperiment von Robert Spaemann

Problemstellung

„Was ist eigentlich das letzte Ziel unseres Strebens?" […] Die früheste Antwort, die auf diese Frage gegeben wurde und die auch heute wieder sehr verbreitet ist, lautet: Was wir eigentlich und im Grunde wollen und weshalb wir alles andere wollen, ist Lustgewinn und Unlustvermeidung, oder auch, einfacher gesprochen: wir wollen uns wohlfühlen. Gut ist, was zur Erreichung dieses Zieles beiträgt; schlecht ist, was ihm Abbruch tut. Wir nennen diese Auffassung „Hedonismus", vom griechischen Wort hedoné, Lust. […] [Hat der Hedonismus recht?]

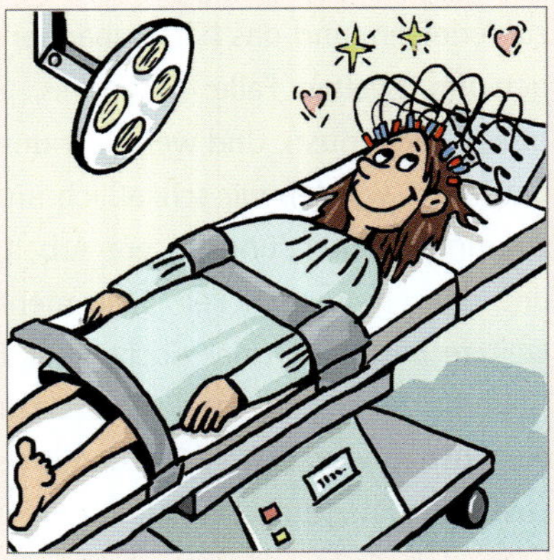

Annahme

Um diese Frage zu beantworten, machen wir folgendes Gedankenexperiment: Stellen wir uns einen Menschen vor, der in einem Operationssaal auf dem Tisch festgeschnallt ist. Er steht unter Narkose. In seine Schädeldecke sind einige Drähte eingeführt. Durch diese Drähte werden genau dosierte Stromstöße in bestimmte Gehirnzentren geleitet, die dazu führen, dass dieser Mensch sich in einer Dauereuphorie befindet. Sein Gesicht spiegelt den Zustand äußersten Wohlbefindens. Der Arzt, der das Experiment leitet, erklärt uns, dass dieser Mensch mindestens weitere 10 Jahre in diesem Zustand bleiben wird. Wenn es nicht mehr möglich sein wird, den Zustand zu verlängern, werde man ihn mit dem Abschalten der Maschine unverzüglich schmerzlos sterben lassen. Der Arzt bietet uns an, uns sofort in die gleiche Lage zu versetzen.

Frage

Und nun frage sich jeder, ob er freudig bereit wäre, sich in diese Art von Seligkeit versetzen zu lassen. […]

Durchführung des Gedankenexperiments

Der Mann auf dem Tisch genießt offensichtlich die höchsten Lustgefühle. Und doch wollen wir nicht mit ihm tauschen. Wir wollen lieber unser mittelmäßiges Leben fortsetzen. Warum wollen wir nicht tauschen? Weil der Mann sich außerhalb des wirklichen Lebens, außerhalb der Realität befindet. Er merkt es zwar gar nicht, sein Traum ist vielleicht bevölkert mit den liebenswürdigsten Menschen. Aber die mittelmäßigen und dafür realen Menschen sind uns doch lieber. […]

Folgerung

Was folgt aus unserer Abneigung, uns auf ein solches Angebot einzulassen? Es folgt, dass das, was wir eigentlich und im Grunde wollen, gar nicht Lustgewinn ist. […] Es stimmt gar nicht, dass Realität für uns in erster Linie das Widrige, das Widerständige ist, dem wir uns notgedrungen anpassen müssen. Sie ist nämlich gleichzeitig das, was wir um keinen Preis missen möchten. Innerhalb der Realität sind Lust und Schmerz gemischt. Der Schmerz, wo er nicht übermäßig wird, hat dabei eine wichtige Funktion. Er zeigt uns nämlich Gefährdungen des Lebens an. Er steht im Dienste der Selbsterhaltung. Das Selbsterhaltungsstreben schränkt in der Tat das Luststreben ein. Aber nicht im Sinne eines faulen Kompromisses; denn Lustgewinn ist offensichtlich gar nicht die Hauptsache, die wir eigentlich und im Grunde wollen, sondern ist nur eine erwünschte Begleiterscheinung. Die Realitätserfahrung dagegen, weit entfernt, das Hindernis unserer Lebenserfüllung zu sein, ist vielmehr deren eigentlicher Inhalt. Und die Tatsache, dass immer unsere Selbsterhaltung auf dem Spiel steht – sogar mit der Gewissheit tödlichen Ausgangs am Ende –, bringt, so merkwürdig es klingt, überhaupt erst Sinn in unser Leben.

Robert Spaemann

Robert Spaemann: > S. 87

Methodenkompetenz: Mit Gedanken experimentieren

Um Lösungen von Problemen zu finden und Neues zu entdecken, experimentieren Philosophinnen und Philosophen oft mit Gedanken. Ein Gedankenexperiment weist Parallelen zu einem naturwissenschaftlichen Experiment auf. Es lässt sich in folgende Phasen einteilen:

1. Problemstellung: Anlass für ein Gedankenexperiment ist in der Regel ein sich aufdrängendes philosophisches Problem. – „…?"
2. Annahme: Sie bildet die „Versuchsanordnung" und ist in der Regel kontrafaktisch, d. h. sie steht im Widerspruch zu realen Gegebenheiten. – „Angenommen, …"
3. Frage: Aus der Annahme ergibt sich die Frage, die das Experiment einleitet. – „Was wäre dann?"
4. Durchführung des Gedankenexperiments: Hier werden Überlegungen angestellt, die zur Beantwortung der Frage führen. Oft müssen verschiedene Antwortmöglichkeiten durchgespielt werden, um die plausibelste Antwort zu finden. – „Dann wäre …"
5. Folgerung: Aus dem Gedankenexperiment werden Folgerungen für die übergreifende Problemstellung gezogen. – „Also …"

M2 Gedankenexperiment: Die Insel der primitiven Hedonisten

Problemstellung:	…
Annahme:	Stell dir vor, jemand erleidet Schiffbruch und gelangt dann auf die Insel der primitiven Hedonistinnen und Hedonisten. Dort handeln die Menschen ausschließlich nach dem Grundsatz des individuellen Lustgewinns bzw. der Unlustvermeidung.
Frage:	Wie ergeht es der bzw. dem Schiffbrüchigen auf dieser Insel?
Durchführung des Gedankenexperiments:	…
Folgerung:	…

AUFGABEN

1 Vollziehe anhand der Anleitung und des Beispiels die einzelnen Schritte nach, wie ein Gedankenexperiment durchgeführt wird. > M1

2 Führe das Gedankenexperiment „Die Insel der primitiven Hedonisten" für dich durch. Denke hierbei z. B. an den Stellenwert von: Arbeit, Gesundheit, Soziales, Moral. Schreibe nach dem Muster von M1 einen kurzen Aufsatz dazu. > M2

Pflicht gegen Lust

M1 Interview mit Lust und Pflicht

[unbearbeiteter Tonbandmitschnitt]

Ich freue mich, heute einen Gast willkommen zu heißen, der in der Hörergunst stets ganz oben steht.

Ja. Nein. Was war die Frage? Entschuldigung, ich war gerade abgelenkt. Kennen Sie die Frau dort unten? Oh, das war unpassend. Entschuldigung.

Das macht nichts. Darf ich Ihnen nun die erste Frage stellen?

So richtig fix sind Sie ja nicht gerade. Wissen Sie was? Ich gehe! [Schritte, kurze Pause, Seufzen, Schritte] […]

Halt, warten Sie! Sie können doch nicht ...

Oh doch, sie kann!

Nanu, wer sind Sie? Ich habe Sie gar nicht kommen hören. Sie sehen blass aus. Geht es Ihnen gut?

[müdes Seufzen] Ich bin Pflicht […].

Schön, dass Sie hier sind. Ich habe meinem Redakteur ein Interview mit Lust zugesagt. Aber wie Sie ja sicher mitbekommen haben, hat sie sich plötzlich verabschiedet. Könnten Sie mir vielleicht etwas über Lust erzählen?

Genau deswegen […] [bin ich] hier. Die Leute kommen zu Schaden, wenn sie sich auf Lust verlassen. Dummheit hat da bestimmt seine Finger im Spiel …

Erzählen Sie mir bitte etwas von Ihrem Verhältnis zur Lust.

Nun ja, wir könnten unterschiedlicher nicht sein. [Schnaufen] Wissen Sie, seit wir existieren, Lust und ich, renne ich ihr hinterher und versuche das Chaos aufzuräumen, das sie hinterlässt.

Können Sie das näher ausführen?

Selbstverständlich. Lust hat die ebenso wunderbare wie nervtötende Fähigkeit, Dingen einen Anfang zu geben, einen Stein ins Rollen zu bringen […]. Ich versuche die Dinge weiterzuführen, die von Lust angestoßen und bald verlassen wurden. Ohne mich würde vieles, was begonnen wurde, zu keinem vernünftigen Ende finden. Dieser Stuhl hier, das Gebäude, in dem wir uns befinden, ja, die ganze Stadt, glauben Sie, das wurde fertig gestellt, weil jemand Lust dazu verspürte? Ha! Die Lust steht oft genug nur im Weg. […] Gewissenlos nimmt sie den Menschen jede stabile Ordnung, sie macht sie orientierungslos!

John Boomer

M2 Rias größter Wunsch

Heute Abend würde sie es wieder versuchen. Sie hatte schon einiges unternommen, aber nichts hatte geholfen, weder Bitten noch Betteln, kein Schmollen und schon gar nicht ihre Erpressungsversuche.

Dieses Mal, so nahm Ria sich vor, würde sie die ganze Zeit sachlich bleiben und gute Argumente vorbringen, um ihre Eltern zu überzeugen. Christoph, ihren großen Bruder, hatte sie in ihren Plan eingeweiht. Er würde eine große Hilfe sein.

„Was ist eigentlich aus der Sache mit der Reitbeteiligung geworden?", eröffnete er das Gespräch beim Abendtisch. „Nicht schon wieder", stöhnte der Vater auf. „Das haben wir doch schon x-mal diskutiert. Eine Reitbeteiligung ist mit einigen Kosten verbunden und wir haben uns gerade einen neuen Wagen angeschafft."

Das war Rias Stichwort. „Ich könnte mich an den Kosten beteiligen und vor der Schule Zeitungen austragen."

Ihre Mutter schüttelte den Kopf. „Das werde ich keinesfalls erlauben. Du hast jetzt schon kaum noch Freizeit."

„Aber Freizeit bedeutet doch, dass man tut, wozu man Lust hat. Mir würde nichts mehr Spaß machen, als mich um ein Pferd zu kümmern, auch wenn ich dafür zusätzlich einen Teil meiner Freizeit opfern müsste, um zu jobben."

„Allein die Reitbeteiligung würde bereits eine große Anzahl neuer Aufgaben für dich bedeuten. Und deine schulischen Verpflichtungen darfst du auf keinen Fall vernachlässigen."

„Du hast Recht: Schule ist wichtig." Ria nickte bekräftigend mit dem Kopf. „Andererseits braucht man bei so viel schulischer Arbeit einen Ausgleich. Und viel Bewegung an frischer Luft wäre da doch ideal."

„Die Bewegung im Stallmist ebenfalls", warf Christoph grinsend ein. Ihre Eltern zogen es vor, diese Bemerkung zu überhören. „Aber mal im Ernst: Ria könnte doch ihre Mitgliedschaft im Tanzstudio aufgeben. Dadurch würdet ihr die hohen Mitgliedsgebühren sparen und sie hätte mehr Zeit für ihre neuen Aufgaben." Ihre Eltern sahen Ria fragend an. Sie schluckte. Auch wenn Ria ebenso gut wir ihr Bruder wusste, dass sie eigentlich nicht besonders gern tanzte, war sie wegen der anderen Mädchen ganz gerne dort hingegangen. „Ja", sagte sie schließlich. „Das ist doch eine gute Idee."

M3 Warum es Pflichten geben muss

philopraktisch: Pflichten werden von den meisten Menschen als unangenehm angesehen, weil sie eine Art Zwang darstellen. Philosophinnen und Philosophen behaupten aber, dass es Pflichten geben muss und dass jeder Mensch bestimmte Verpflichtungen hat. Können Sie das unseren Leserinnen und Lesern einmal erklären?

Philosophin: Gerne. Das wird deutlich, wenn wir einmal auf das Verhältnis von Rechten und Pflichten schauen. Rechte sind Vorteile, die man in Anspruch nimmt, und Pflichten das, was wir anderen dafür schulden. Das ist wie bei einem Kauf, den man ja als Tausch auffassen kann. Angenommen, jemand möchte sich ein Handy kaufen, weil ihm das gewisse Vorteile bringt. Er kann diese Vorteile jedoch nur nutzen, wenn er dafür eine Leistung erbringt, d. h. einen bestimmten Preis zahlt. – Übertragen auf Rechte und Pflichten bedeutet das: Wenn jemand die Vorteile, die Rechte ihm bieten, nutzen will, muss er dafür einen Preis zahlen, d. h. bestimmte Pflichten einhalten. So müssen Schülerinnen und Schüler für das Recht, eine Ausbildung zu erhalten, die ihnen ermöglicht, später in einem Beruf ihren Lebensunterhalt zu verdienen, einen bestimmten Preis zahlen, nämlich bestimmte Pflichten einhalten, die sie gegenüber der Schule haben, also z. B. zur Schule zu gehen und pünktlich zum Unterricht zu erscheinen usw.

AUFGABEN

1 Bildet Dreiergruppen: Lest den Text nach einer Übungsphase möglichst lebendig vor. Erläutert, welche Eigenschaften von Lust und Pflicht durch das Interview deutlich werden. > M1

V 2 Fertige auf Grundlage eurer Antworten zu Aufgabe 1 skizzenhafte Portraits der Interviewpartner „Lust" und „Pflicht" an. > M1

3 Erläutere, welche Pflichten sich aus Rias Wunsch nach einer Reitbeteiligung für sie ergeben. > M2

4 Erkläre, warum es nach Auffassung der Philosophin Pflichten geben muss, und nimm Stellung dazu. > M3

Pflichten in der Gemeinschaft

M1 Wozu sie sich verpflichtet haben

M2 Die Pflichten von Eltern und Kindern in der Familie

Den Müll rausbringen, das eigene Zimmer aufräumen, Blumen gießen, Tisch decken und kleine Besorgungen erledigen – das sind die typischen Kinderaufgaben im Familienverbund. Ist der Nachwuchs noch klein, ist er meist mit Begeisterung bei der Sache. Je älter Kinder aber werden, desto eher versuchen sie, sich zu drücken. Doch Eltern dürfen ohne schlechtes Gewissen die Mithilfe einfordern. […] [Denn auch wenn] mit der Pubertät […] die Kindheit und damit der Erziehungsauftrag [der Eltern endet, haben sie] […] gesetzliche Rückendeckung, wenn es um die Mithilfe im Haushalt geht. Denn in Paragraf 1619 des Bürgerlichen Gesetzbuches steht, dass ein Kind, solange es dem elterlichen Hausstand angehört und von den Eltern erzogen oder unterhalten wird, verpflichtet ist, in einer seinen Kräften und seiner Lebensstellung entsprechenden Weise den Eltern in ihrem Hauswesen und Geschäft Dienste zu leisten. Übersetzt heißt das, dass Kinder zur Mitarbeit im Haushalt verpflichtet sind – und zwar, solange sie die Füße unter den elterlichen Tisch stellen. […] Art und Umfang der zu erbringenden Pflichten [müssen sich] nach der Reife und den Kräften des Kindes richten […], und das Recht auf die freie Gestaltung einer Ausbildung [darf] nicht eingeschränkt werden. Andersherum ist es, per Gesetz, sogar die Pflicht der Eltern, ihr Kind an die Übernahme eigener Verantwortlichkeiten und Pflichten heranzuführen, beschrieben in Paragraf 1626 unter dem Stichwort „Elterliche Sorge". Für ein Kind ab 14 seien sieben Stunden pro Woche angemessen, findet der Bundesgerichtshof. Bei jüngeren entsprechend weniger.

[…] Die Aufgabenverteilung richtet sich, genau wie die Art der Aufgaben, nach dem Entwicklungsstand des Kindes. „Unser Fünfjähriger sortiert jeden Tag die Schuhe im Flur, die zwölfjährige Tochter dagegen weiß, dass das Bad immer sonntags von ihr geputzt sein muss – wann sie es macht und ob sie sich die Aufgaben einteilt oder alles auf einmal übernimmt, ist ihr überlassen" [, sagt eine 45-jährige Mutter]. *Simone Blaß*

Simone Blaß: deutsche Redakteurin

INFO

Pflicht

Unter einer Pflicht versteht man einen Anspruch, der an eine Person gerichtet ist, etwas, das getan werden soll. Pflichten werden daher oft von außen (von Autoritäten, durch die Gesellschaft) an Personen herangetragen. Eine Person ist aber auch in der Lage, sich selbst Pflichten aufzuerlegen.

M3 Das soziale Jahr

Der deutsche Bundespräsident äußerte die Idee, für alle jungen Menschen nach der Schule ein soziales Pflichtjahr einzuführen. Ist das eine gute oder schlechte Idee? Was spricht dafür, was dagegen?

Pro: Die Pflicht zum sozialen Dienst könnte den Gemeinsinn stärken und Leute für diese Arbeit begeistern, die sie bislang nicht auf dem Schirm hatten.

Den Nachwuchs dazu zu verpflichten, mal für eine begrenzte Zeit in die sozialen Berufe zu schauen, ist eine gute Idee, wenn man's richtig angeht. Es stärkt das soziale Miteinander und führt vor Augen, was für Bedürfnisse es in der Gesellschaft gibt. Helfen kann auch schön sein und vielleicht Menschen für einen Beruf interessieren, den sie sonst nie gewählt hätten.

Gleichzeitig müssen die sozialen Berufe aber insgesamt aufgewertet werden durch bessere Bezahlung und bessere Arbeitsbedingungen. Denn nur dann klappt diese Idee. Die Pflichtzeit darf nicht dazu benutzt werden, den Mangel in diesem Bereich auszugleichen und billige Arbeitskräfte heranzuholen. […] In Deutschland leben wir in einem Land, in dem wir viel vom Staat bekommen. Wir können kostenlos studieren, es gibt im Vergleich zu anderen Ländern ein gut funktionierendes Sozialsystem. Hier für eine begrenzte Zeit etwas zurückzugeben, ist dann nur fair. *Jens Eberl*

Contra: Ein verpflichtender sozialer Dienst schränkt junge Menschen in ihrer persönlichen Entscheidungsfreiheit ein und schreckt sie womöglich von sozialen Berufen ab.

Viele junge Erwachsene engagieren sich aber sowieso schon. Über 50 000 Jugendliche absolvierten 2021 ein freiwilliges soziales Jahr, aus eigener Entscheidung, und deswegen mit 100%igem Einsatz. Andere engagieren sich im Ausland, in sozialen Projekten, oder sie arbeiten bei Work and Travel in Berufen außerhalb der eigenen Blase. Besonders in der Zeit nach dem Schulabschluss sollte der Freiraum zur Entdeckung der persönlichen Interessen und Kompetenzen gegeben werden. Und wenn die nicht im sozialen Bereich liegen, ist das auch o.k.

Wenn aber das Ziel ist, junge Menschen nachhaltig für einen sozialen Beruf zu begeistern, dann ist eine Pflicht nicht der richtige Weg. Harte Arbeitsbedingungen in Pflege & Co für ein geringes monatliches Taschengeld überzeugt wohl die wenigsten, es sei denn, sie brennen eh schon für den sozialen Bereich. Von einem kurzen und womöglich halbherzigen Engagement haben beide Seiten nichts. *Katharina Spreier*

absolvieren: abschließen, leisten

Jens Eberl / Katharina Spreier: deutsche Rundfunkmitarbeitende (ARD)

AUFGABEN

1 Mache deutlich, welche Verpflichtungen die Menschen auf den Bildern eingegangen sind. > M1

2 Erläutere, welche unterschiedlichen Pflichten Eltern und Kinder in der Familie haben. > M2

3 Prüft die Pro- und Contra-Argumente auf ihre Stichhaltigkeit. Diskutiert, ob es sinnvoll ist, ein soziales Pflichtjahr einzuführen. > M3

V H 4 Legt gemeinsam eine Tabelle dazu an, welche verschiedenen Pflichten ihr in verschiedenen Gemeinschaften (Familie, Schule, Verein, Wohnort, Heimatland) habt bzw. haben werdet. > M1-M3

Grenzen der Pflichterfüllung

M1 Pflicht zur Hilfeleistung?

Miriam hatte es eilig, als sie auf ihrem Fahrrad in den Waldweg einbog. Sie hatte versprochen, um zehn Uhr zu Hause zu sein, und jetzt war es fast elf. Sie wusste, dass ihre Eltern sich Sorgen machen würden, und bereute ihre Entscheidung, noch ins Kino gegangen zu sein. Hastig trat sie in die Pedale. Der Fahrradweg war an dieser Stelle gut ausgebaut und Miriam kam schnell voran.
Sie erschrak, als sie in einiger Entfernung vor sich den dunklen Umriss eines Menschen im Gegenlicht der Straßenlaterne erblickte. Er schien leicht zu schwanken und fiel dann an den Rand der Grabenböschung.
Jetzt sah sie auch das Fahrrad, das ein Stück weiter den Weg hinauf am Boden lag. Da braucht jemand dringend Hilfe, dachte Miriam und fuhr schneller. Vielleicht aber auch nicht, schoss es ihr durch den Kopf. Vielleicht ist das ein Trick. Aber wenn nicht ..., ich muss doch helfen!
Verzweifelt blickte sie sich um, aber die Landstraße lag leer und verlassen im Dunkel. Langsam rollte sie auf die Unfallstelle zu. Sie musste sich entscheiden, jetzt ...

M2 Unterlassene Hilfeleistung

Gemeine Gefahr: Zustand, bei dem die Möglichkeit eines Schadens an Leib, Leben oder Vermögen einer unbestimmten Anzahl von Personen besteht

Wer bei Unglücksfällen oder gemeiner Gefahr oder Not nicht Hilfe leistet, obwohl dies erforderlich und ihm den Umständen nach zuzumuten, insbesondere ohne erhebliche eigene Gefahr und ohne Verletzung anderer wichtiger Pflichten möglich ist, wird mit Freiheitsstrafe bis zu einem Jahr oder mit Geldstrafe bestraft.

StGB (Strafgesetzbuch) § 323c (1)

M3 Gehorsamspflicht?

Nicht nur für Kinder gilt die Gehorsamspflicht ihren Eltern gegenüber (vgl. S. 92, M2), sondern auch für die Bediensteten des Staates, also für Beamtinnen und Beamte sowie Soldatinnen und Soldaten. Das bedeutet, dass alle Anweisungen und Befehle von Weisungsbefugten ausgeführt werden müssen. Sollte eine Beamtin oder ein Beamter allerdings Bedenken gegen die Ausführung eines Befehls haben, muss sie oder er seine vorgesetzte Führungskraft darüber informieren. Kann diese von den Einwänden nicht überzeugt werden, besteht die Verpflichtung, den Anweisungen trotz eigener Vorbehalte Folge zu leisten. Die Verantwortung für die Folgen des Handelns trägt nun die oder der Vorgesetzte. Die Gehorsamspflicht ist innerhalb des Militärs von besonderer Wichtigkeit. Im deutschen Wehrrecht wird unmissverständlich klargestellt: Die bzw. der Untergebene hat den Befehl der vorgesetzten Instanz *vollständig, gewissenhaft* und *unverzüglich* auszuführen.
Aber es gibt auch bei Staatsbediensteten Ausnahmen: Wenn die Befehlsempfängerinnen und -empfänger der Ansicht sind, dass sie mit der Befolgung einer Anordnung gegen die Würde des Menschen verstoßen oder eine Straftat begehen würden, müssen sie den Gehorsam verweigern.

M4 Der Fall Eichmann

Adolf Eichmann war während des nationalsozialistischen Regimes der für den Transport der jüdischen Bevölkerung Europas in die Vernichtungslager zuständige Beamte. Auf diese Weise trug er die Mitverantwortung für die Ermordung von Millionen Menschen.

Nach dem Krieg floh Eichmann aus Deutschland nach Argentinien. Der israelische Geheimdienst spürte ihn dort auf und brachte ihn nach Israel, wo er sich vor einem israelischen Gericht für seine Taten zu verantworten hatte.

Seine Verteidigung übernahm der deutsche Anwalt Robert Servatius. Servatius versuchte unter anderem in seiner Verteidigung zu belegen, dass Eichmann als „kleines Rädchen im System" des nationalsozialistischen Vernichtungsapparates als Beamter nur den Befehlen seiner Vorgesetzten gehorcht habe. Er könne daher nicht für die Morde zur Verantwortung gezogen werden. Das Gericht folgte dieser Argumentation nicht. Es stellte klar, dass kein Beamter einen verbrecherischen Befehl befolgen dürfe. Eichmann wurde auch in allen anderen Anklagepunkten für schuldig befunden und am 1. Juni 1962 hingerichtet.

Adolf Eichmann (1906 – 1962): deutscher SS-Offizier und verurteilter Kriegsverbrecher

Regime: Herrschaft, Regierung

M5 Eine heilige Pflicht

„Ziviler Ungehorsam wird zur heiligen Pflicht,wenn der Staat den Boden des Rechts verlassen hat."

Mahatma Gandhi

Mahatma Gandhi (1869 – 1948): indischer Rechtsanwalt, Pazifist und Freiheitskämpfer

AUFGABEN

1 Versetze dich in Miriams Lage: Wie würdest du an ihrer Stelle handeln? Begründe deine Entscheidung. > M1

2 Wende §323c StGB auf den Fall aus M1 an und erkläre, unter welchen Umständen auch du verpflichtet bist, an Unfallorten Erste Hilfe zu leisten. > M2

3 Erläutere, warum im Staatsdienst und beim Militär die Gehorsamspflicht wichtig ist und welche Ausnahmen es gibt. > M3

V H 4 Erläutere, wie der Verteidiger Adolf Eichmanns dessen Taten zu rechtfertigen versuchte (M4), und nimm auf der Basis des Zitats von Gandhi (M5) Stellung dazu. > M4/M5

Lust und Pflicht vereint

M1 Engagement für Humanität

Annika R., Krankenpflegerin aus Kevelaer, engagiert sich bei „Aktion Pro Humanität".

Seit einigen Jahren unterstütze ich in meiner Urlaubszeit regelmäßig ein Team von Ärztinnen und Ärzten des Centre Medical, das 1995 von der Stiftung Aktion Pro Humanität in Benin errichtet wurde.

Stiftung Aktion Pro Humanität: gemeinnützige Hilfsorganisation

Warum ich das tue? Der Chefarzt des Krankenhauses in Kevelaer, in dem ich als Krankenpflegerin tätig bin, fragte mich, ob ich ihm bei seiner ehrenamtlichen Arbeit in Benin helfen wolle. Ich habe direkt zugesagt, denn Benin ist eines der ärmsten Länder der Welt und ich denke, dass Menschen, die in Wohlstand leben, die Pflicht haben, Anderen, denen es nicht so gut geht, zu helfen.

Die Reise nach Benin ist anstrengend, auch das Leben vor Ort ist mühsam und auf viele Bequemlichkeiten, die wir aus Deutschland kennen, muss man verzichten. Aber die Tätigkeit in der Krankenstation entschädigt mich für die Entbehrungen. Es erfüllt mich mit Freude zu sehen, wie dankbar die Menschen in Benin die Arbeit unseres Teams annehmen. Ein Patient brachte mir vor einigen Tagen einen Blumenstrauß, weil er nach einer Behandlung bei uns wieder laufen, arbeiten und seine Familie ernähren kann. Einer schwangeren Frau, die sich mit einer Blutvergiftung auf unsere Station schleppte, konnten wir nicht nur ihr Leben retten; gestern zeigte sie uns überglücklich ihr gesundes Baby. Solche Erlebnisse sind es, die mich motivieren, mich auch weiterhin für das Projekt in Benin einzusetzen.

M2 Dem Umweltschutz verpflichtet

GREENPEACE

Greenpeace: transnationale Non-Profit-Organisation, die sich (medienwirksam) für Natur- und Klimaschutz engagiert

Dennis S., Systemadministrator aus Dortmund, ist ehrenamtliches Mitglied bei Greenpeace. Über den Beginn seines Engagements für den Umweltschutz berichtet er:

Zu meiner freiwilligen Arbeit für Greenpeace bin ich eher zufällig gekommen. Die Ziele der Organisation kannte ich natürlich schon vorher. Greenpeace war aufgrund seiner Aktionen in den Medien sehr präsent. Dass es Greenpeace gelang, durch die Information der Öffentlichkeit Einfluss auf die Umweltpolitik großer Konzerne zu nehmen, beeindruckte mich sehr.

Irgendwann bin ich durch Zufall mit einem Mitglied von Greenpeace ins Gespräch gekommen. Damals fing man gerade an, über Gentechnik in Lebensmitteln zu diskutieren. In meinem persönlichen Umfeld gab es kaum Leute, die bereit waren, sich mit solchen Themen aktiv auseinanderzusetzen. Daher entschied ich mich, die Einladung der Greenpeace-Mitarbeiterin zu einer Plenumssitzung anzunehmen. Die freundliche Aufnahme dort, das fachliche Wissen und die Bereitschaft, sich und andere zu informieren, fand ich sehr überzeugend.

Mit der Zeit beteiligte ich mich zunehmend an Aktionen meiner regionalen Greenpeace-Gruppe. Natürlich wird man zur Durchführung einer Aktion nicht gedrängt oder gar gezwungen. Aber wenn ich eine Aktion freiwillig übernehme, fühle ich mich auch verpflichtet, alles dafür zu tun, dass sie erfolgreich verläuft, auch wenn die Vorbereitungen dafür sehr anstrengend sein können. Wenn es gelingt, bin ich sehr glücklich darüber.

M3 Lust durch Pflicht

Wer hätte nicht jene Lustschauer empfunden, die einem über den Rücken laufen, nachdem eine große Tat vollbracht wurde? […] Wer hätte nie die Wonnen eines ausgeführten Planes genossen? Wer hätte nicht äußerste physische Anstrengung lustvoll genossen beim Sport, langen Märschen oder in stechender Sonnenhitze? Wer kennt nicht die Lust, einen hoch sich auftürmenden Berg von Arbeiten […] zügig, konzentriert und in einer sich ständig steigernden Kraftanstrengung wegzuarbeiten? *Bazon Brock*

Bazon (Jürgen Johannes Hermann) Brock (*1936): deutscher Ästhetikprofessor und Kunsttheoretiker

Manche Menschen denken, es bestehe ein Gegensatz zwischen Pflicht und Lust. Ich bin da anderer Ansicht. Es ist ja nicht notwendig so, dass man seine Pflichten verletzt, wenn man das tut, wozu man Lust hat, oder dass man seine Pflicht nur mit Unlust erledigt. Es gibt genügend Beispiele dafür, dass jemand das, was er tun soll, auch mit Freude tut. Solche Menschen haben eine schöne Seele. Es ist ein Kennzeichen höchster Tugend, wenn Menschen ihre Pflichten mit Freuden erfüllen, wenn sie ihrer Lust folgen und damit zugleich das tun, was ihre Pflicht ist. *Friedrich Schiller*

Friedrich Schiller (1759 – 1805): bedeutender deutscher Schriftsteller, Philosoph und Historiker

AUFGABEN

1 Stelle dar, inwieweit bei Annika und Dennis sowohl Verpflichtung als auch Lust bzw. Freude eine Rolle spielen, umweltpolitisch bzw. medizinisch für eine Hilfsorganisation aktiv zu werden, und beurteile ihr Handeln. > M1/M2

W

2 Erläutere die beiden Statements und finde Beispiele aus deinem Alltag oder Umfeld, die verdeutlichen, wie Lust und Pflicht sich ergänzen können. > M3

3 Schreibe Bazon Brock oder Friedrich Schiller eine E-Mail, in der du zu seiner Äußerung Stellung nimmst und dein Verständnis von Lust und Pflicht darlegst. > M3

Was wir wissen – was wir können

Wissen kompakt

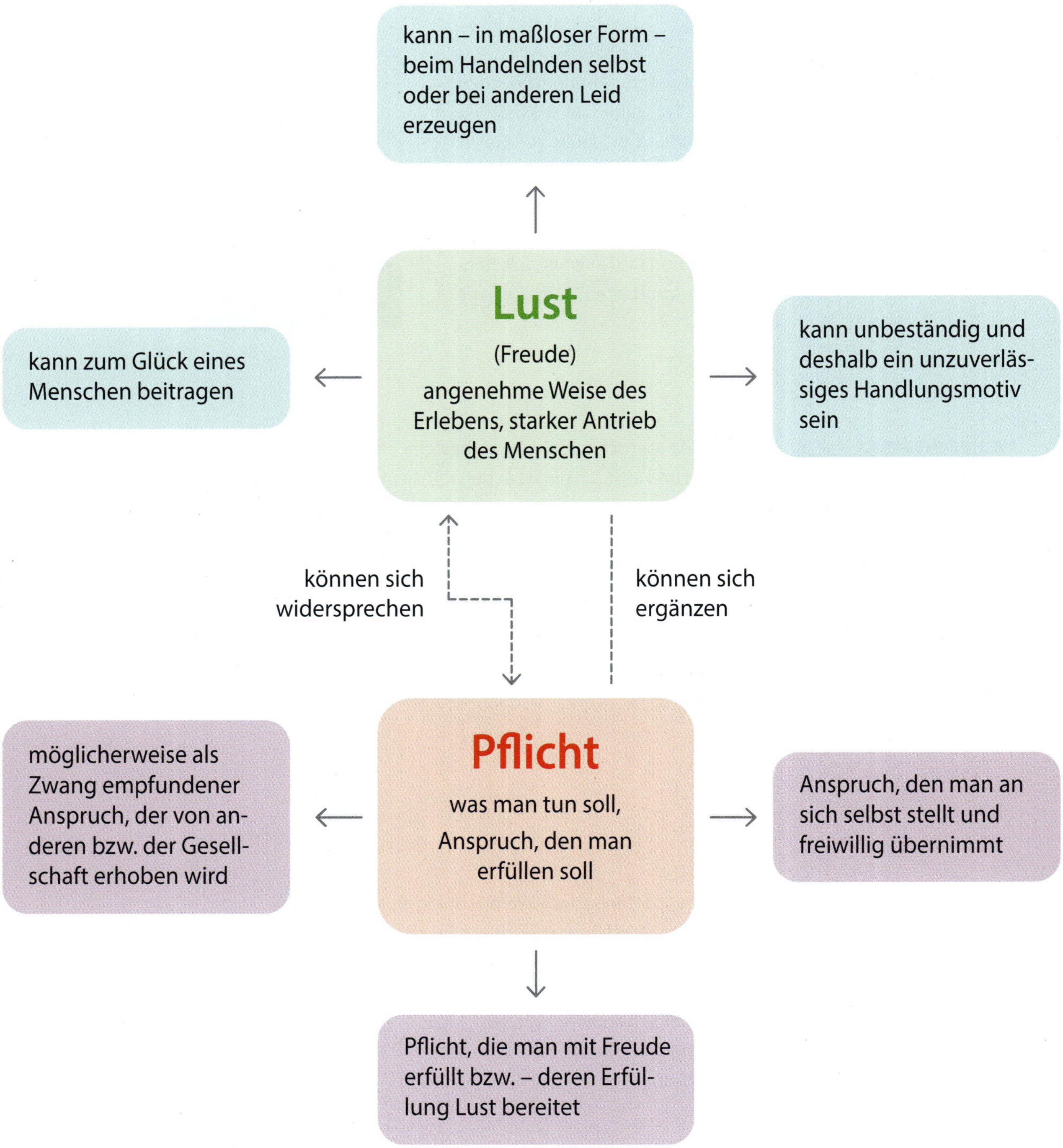

KOMPETENZ-CHECK

Überprüfe dich selbst: Wenn du dich bei einem Punkt noch unsicher fühlst, lies und bearbeite (ggf. mit Partner/in) die passende Schulbuchseite noch einmal.

Ich kann …		Meine Einschätzung – –	–	+	++
erläutern, inwiefern das Streben nach Lust (Freude) für viele Menschen ein wichtiger Antrieb im Leben ist, und eine solche hedonistische Haltung von einer lustfeindlichen (puritanischen) Einstellung unterscheiden	> S. 84 – 85				
anhand von Beispielen darstellen, inwiefern ein ausschließliches Leben nach dem Lustprinzip für einen selbst und für Andere schädlich sein kann	> S. 86 – 87				
erläutern, in welchem Verhältnis Lust und Pflicht zueinander stehen	> S. 90 – 91				
anhand von Beispielen darstellen, welche Pflichten Personen gegenüber einer Gemeinschaft haben	> S. 92 – 93				
beurteilen, unter welchen Umständen es Ausnahmen von der Pflicht zum Gehorsam gibt bzw. geben muss	> S. 94 – 95				
erläutern, wie sich Pflicht und Lust (Freude) ergänzen können, und beurteilen, wann eine solche Verbindung erstrebenswert ist	> S. 96 – 97				
auf der Grundlage eines Gedankenexperiments beurteilen, ob Lustgewinn das höchste Ziel ist, das Menschen anstreben (sollten)	> S. 88 – 89				

Arbeitsblatt:
Kompetenz-Check „Lust und Pflicht"

Mediencode:
21004-05

Mord an einer Tankstelle in Idar-Oberstein

Ein 49-jähriger Mann aus Idar-Oberstein […] [hat am 18.09.2021] einen 20-jährigen Tankstellenmitarbeiter […] erschossen […]. [Er handelte] aus Ärger über die […] Aufforderung des Kassierers, eine Mund-Nasen-Bedeckung anzulegen. Weiterhin hat er in seiner Vernehmung angegeben, die Corona-Schutzmaßnahmen abzulehnen.

Polizeipräsidium Trier

1

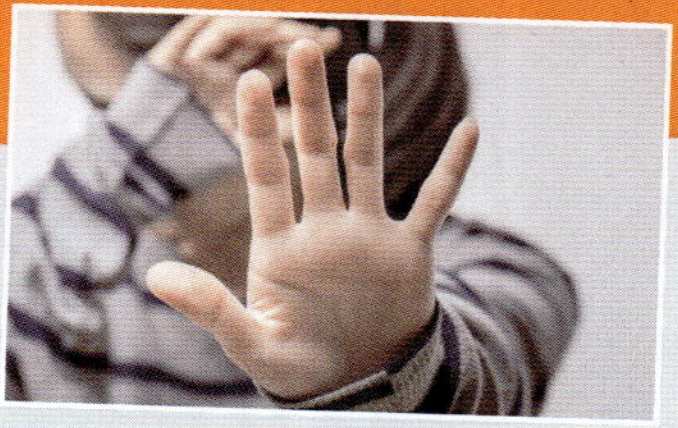

Jeden Tag bringt ein Mann in Deutschland seine Frau um

Zehntausende Frauen werden von ihrem Partner geschlagen – und trauen sich doch nicht, ihn zu verlassen.

www.augsburger-allgemeine.de

2

Neue Wege im Kampf gegen Aggressivität

Andrea Costa, Bürgermeister von Luzzara in der italienischen Emilia-Romagna, hat zu Jahresbeginn ein „Boshaftigkeitsverbot“ in seiner Gemeinde erlassen. Jede Äußerung von „Boshaftigkeit, Groll oder Wut“ sei sowohl im öffentlichen Raum als auch in den sozialen Netzwerken untersagt. Der 41-Jährige, seit 2015 im Amt, will damit die Verrohung des Zusammenlebens aufhalten. […]
Besonders Aufsehen erregend sind die Strafen, die […] für Verstöße gegen die Anti-Boshaftigkeits-Verordnung vor[ge]sehen [sind]: Bücher lesen, Filme ansehen, Museen besuchen …

www.saarbruecker-zeitung.de

Gewalt gegen Lehrer. Angriffe und Mobbing an fast jeder zweiten Schule

An fast jeder zweiten Schule in Deutschland hat es in den vergangenen fünf Jahren Gewalttaten gegen Lehrer gegeben – durch Schüler und teilweise auch durch Eltern.

www.deutschlandfunk.de

3

Einbrecher wird angeschossen

Unmittelbar nach einer Geldautomatensprengung in der Freiheitsstraße in Castrop-Rauxel […] ist ein Tatverdächtiger festgenommen worden. Er ist vom Schuss eines Polizeibeamten am Bein getroffen worden. Lebensgefahr besteht nicht. […] Zwei [weitere] Tatverdächtige konnten […] flüchten.

Polizei Dortmund

4

Gewalt und Aggression

AUFGABEN

1 Vergleicht die Fälle (1–4), die in die Schlagzeilen geraten sind. Stellt dar, was ihnen gemeinsam ist und wodurch sie sich unterscheiden.

2 Diskutiert, inwiefern die Verordnung des italienischen Bürgermeisters (mittlerer Text) dazu beitragen kann, Aggressivität zu vermeiden.

3 Sammelt eigene Vorschläge, wie sich Gewalt vermeiden lässt.

plus Ratgeber „Umgang mit Gewalt und Aggression"

Eure Aufgabe wird es in den nächsten Wochen sein, einen Ratgeber zu erstellen. Dieser soll 1. Hinweise enthalten, wie man aggressivem Verhalten und/oder Gewalttätigkeiten präventiv begegnen kann, 2. Möglichkeiten aufzeigen, welche Verhaltensmöglichkeiten man hat, wenn es zu Gewalttätigkeiten kommt, und 3. Tipps geben, welche Institutionen Betroffenen – den Opfern, aber auch den Tätern oder Täterinnen – helfen können.

Nach der Fertigstellung soll der Ratgeber in eurer Schule ausgelegt werden, damit eure Mitschülerinnen und -schüler sich im Bedarfsfall informieren können.

Die alltägliche Gewalt …

M1 Gewalt überall?

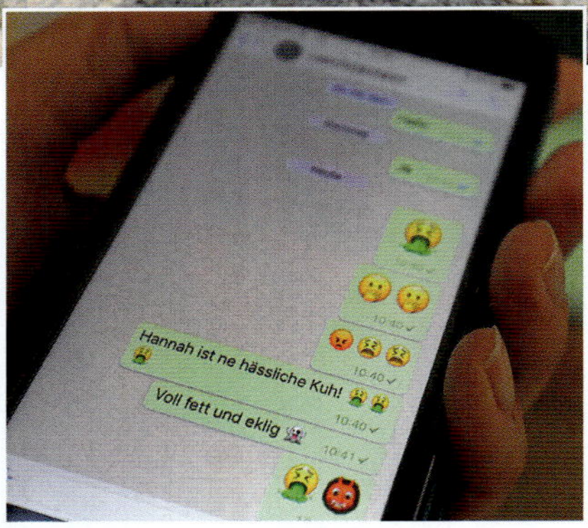

M2 Erscheinungsformen von Gewalt

In allen Fällen [von Gewalt] haben wir es […] mit Konflikten zwischen zwei oder mehreren Personen zu tun. In diesem Konflikt wendet mindestens eine Seite physische Mittel (Körperkräfte, Waffen) an, um die andere Seite zu schädigen bzw. mit einer solchen Schädigung zu drohen. […] Von der brennenden Wange nach einer Ohrfeige über gebrochene Knochen bis hin zu lebensgefährlichen Verletzungen kann dabei das Spektrum reichen. […] Dass man Menschen nicht nur mit einem Faustschlag, sondern oft viel wirkungsvoller mit Worten treffen kann, ist offensichtlich. […] Wenn man in dieser Weise auchverbale Attacken […] als gewaltförmiges Verhalten ansieht, so vollzieht sich die „Schädigung" des Opfers […] auf der psychischen Ebene. [...] Doch [auch] […] institutionelle Verhältnisse [haben] […] gewaltförmige Aspekte. Und in der Tat wird dies von Jugendlichen nicht selten so empfunden: „Noten" und „Stofffülle" werden von Schüler(innen) als Gewaltmittel der Schule und der Lehrer bezeichnet. […] In diese Richtung geht ein Begriffsverständnis, das in der sozialwissenschaftlichen Literatur der letzten Jahre eine große Karriere gemacht hat: die „strukturelle Gewalt". In einem solchen Gewaltbegriff […] geraten grundlegende […] gesellschaftliche Zustände wie Armut, Unterdrückung, Entfremdung in den […] [Blick]. […] Verwiesen wird damit auf die gewalthaltigen Potenziale, die in den Strukturen gesellschaftlicher Ungleichheit, Ausbeutung und Ungerechtigkeit stecken. *Klaus-Jürgen Tillmann*

Klaus-Jürgen Tillmann (*1944): deutscher Erziehungswissenschaftler in Tübingen

INFO

Gewalt

Unter Gewalt (von ahd. *waltan* = stark sein, beherrschen) versteht man einerseits die legitime Ausübung von Zwang (z. B. die staatliche Gewalt). Andererseits bezeichnet Gewalt die rechtswidrig angewandte Macht, die darauf abzielt, anderen (physisch oder psychisch) Schaden zuzufügen. In diesem Sinne ist Gewalt gleichbedeutend mit Aggression.

M3 Sich durchsetzen

Die Menschen halten die Aggression für legitim, das heißt diese Durchsetzung mit Aggression erscheint ihnen gerechtfertigt, weil wir in einer Gesellschaft leben, wo jeder dafür sorgen muss, dass er weiterkommt. […] Hier muss sich jeder durchsetzen, also tue ich das auch. *Andreas Zick*

Durch Gewalt können wir manches erreichen und durchsetzen, jedoch zumeist auf Kosten und zum Nachteil anderer. Obwohl wir kurzfristig ein Problem vielleicht lösen können, schaffen wir durch Gewalt zugleich die Grundlage für neue Schwierigkeiten. *Dalai Lama*

Andreas Zick (*1962): deutscher Sozialpsychologe

Dalai Lama: > S. 76, 249

AUFGABEN

1 Beschreibe die Bilder und bewerte die dargestellten Ereignisse. > M1

H 2 Ordne die im Text M2 und im Infokasten genannten Formen von Gewalt den Abbildungen zu. > M1/M2/Infokasten

3 Nimm Stellung zu den Bewertungen von Aggression und Gewalt. > M3

Gewalt unter Jugendlichen

M1 Tatverdächtige bei Gewaltkriminalität nach Altersgruppen (2020)

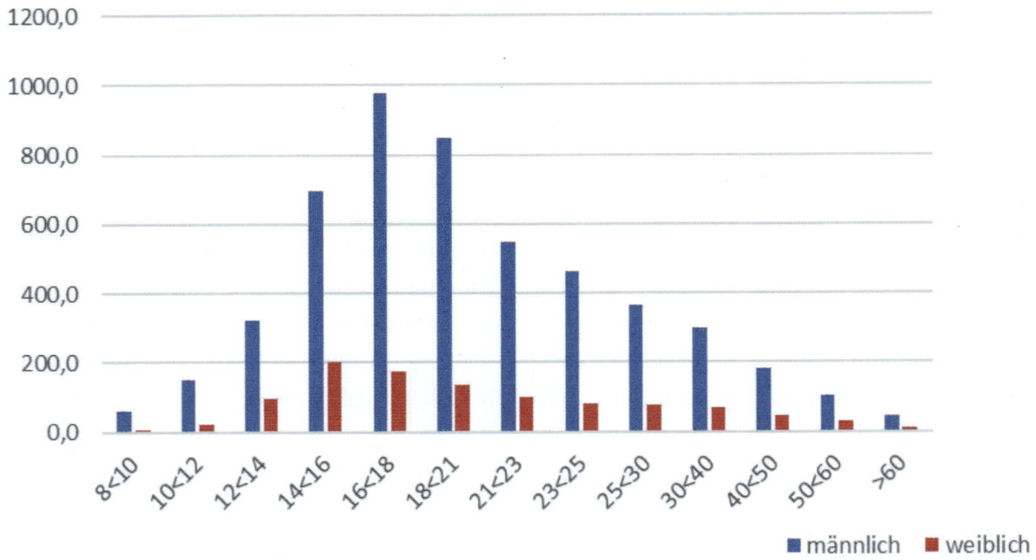

M2 Jugendkriminalität – ein „normales" Phänomen?

[Von einer erschütternden Gewalttat] berichtet die Tagesschau am 8. Dezember 2019. Der 49-jährige Roland S. war mit seiner Frau und einem befreundeten Paar auf einem Weihnachtsmarkt. Auf dem Weg nach Hause treffen sie auf eine Gruppe Jugendlicher. Es kommt zum Streit, als einer der Jugendlichen nach einer Zigarette fragt. Videokameras zeichnen den Vorfall auf: auch den heftigen Schlag in Gesicht, der den 49-Jährigen tötet. Er stirbt an einer Hirnblutung. […]

Die sieben Tatverdächtigen im Alter von 17 bis 20 Jahren sind alle im Raum Augsburg geboren. Sie waren zur Tatzeit angetrunken. Halid S., der Haupttäter […] ist der Polizei bereits bekannt, auch wegen Körperverletzung. Auf seinem Handy finden sich zahlreiche gewaltverherrlichende Videos. Ihm wird Totschlag und gefährliche Körperverletzung vorgeworfen, den übrigen Jugendlichen und jungen Erwachsenen Beihilfe zum Totschlag und gemeinschaftlich begangene gefährliche Körperverletzung. […]

Was […] erschreckt, ist das Alter des Hauptverdächtigen: 17 Jahre. Wird die Jugend immer krimineller? […]

Kriminelles Verhalten gehört zum Erwachsenwerden dazu und verschwindet auch wieder – das konnten der Soziologe Jost Reinecke und der Kriminologe Klaus Boers nun auch in einer groß angelegten Langzeitstudie [über 20 Jahre mit 3000 Teilnehmerinnen und Teilnehmern zwischen 13 und 30 Jahren] belegen. […] Das Ergebnis: Mehr als 80 Prozent der Jungen und fast 70 Prozent der Mädchen gaben an, mindestens eine strafbare Handlung zwischen dem dreizehnten und achtzehnten Lebensjahr begangen zu haben. Zahlen, die deutlich höher sind, als die der polizeilichen Kriminalstatistik, sagt Jost Reinecke […].

„Es können Gewaltdelikte sein, das ist aber ein vergleichbar kleiner Prozentsatz. Es sind Sachbeschädigungsdelikte und es können Diebstahlsdelikte sein. Und das ist in der Jugendphase

das, was am meisten vorkommt, also insbesondere der Ladendiebstahl."
Im Alter zwischen 14 und 15 Jahren zeigt sich beim kriminellen Verhalten ein Höhepunkt, erklärt Jost Reinecke […]. Danach nehmen die Taten deutlich ab. Diese sogenannte „Spontanbewährung" erfolgt ohne Eingreifen von Polizei und Justiz, allein durch den Einfluss von Eltern, Lehrern, Freunden oder Gesprächen in Vereinen.

Georg Gruber

M3 Wann Jugendliche gewalttätig werden

[Immer noch zu viele] Jugendliche werden in Deutschland jedes Jahr gewalttätig. Was aber macht Heranwachsende aggressiv? […]
Wer als Kind häufig geschlagen wird, neigt als Erwachsener selbst zu Gewalttaten. Der Grund: Die Hemmschwelle, andere zu verletzen, ist niedriger. Gewalt scheint eine Möglichkeit, Konflikte zu lösen. So haben es die Eltern schließlich vorgelebt.
Auch Alkohol steigert die Gewaltbereitschaft. Fast ein Drittel der männlichen Gewaltverbrecher war zur Tatzeit betrunken. Und bei zwei Drittel aller verurteilten Mädchen war Alkohol im Spiel. Wer Drogen nimmt, rastet schneller aus, verliert leichter die Kontrolle.
Der größte Einfluss auf Gewaltbereitschaft von Jugendlichen hat der Freundeskreis. Viele Jugendliche sehnen sich nach Anerkennung. In gewaltbereiten Cliquen scheinen Schlägereien ein Mittel zu sein, diese Anerkennung zu erhalten. Wer mit Straftätern befreundet ist, wird um ein Vielfaches häufiger selbst zum Täter als andere Jugendliche.
Ego-Shooter, Kampfspiele, Splatter-Movies – der Einfluss von Medien auf die Gewaltbereitschaft ist bis heute umstritten. Einige meinen, wer bereits zu Gewalttaten neigt, wird durch gewaltverherrlichende Computerspiele und Filme noch aggressiver. Bewiesen ist diese These allerdings nicht.
Auch Perspektivlosigkeit und Zukunftsängste sind aggressionsfördernd. Wer keine Ausbildung findet, fühlt sich nicht gebraucht. Bei einigen schlägt der Frust in Gewalt um. Sie verstoßen dann gegen gesellschaftliche Regeln und Gesetze und verbauen sich dadurch die eigene Zukunft.

Günther Gugel

Günther Gugel (*1949): Pädagoge und Buchautor, ehemaliger Geschäftsführer des Instituts für Friedenspädagogik in Tübingen

AUFGABEN

1 Erläutere die Statistik und stelle heraus, was auffällig ist. Überprüfe (z. B. anhand von Meldungen im Lokalteil deiner Zeitung), ob die Angaben für deinen Wohnort zutreffen. > M1
2 Stelle die Informationen des Textes zu Häufigkeit und Formen von Jugendkriminalität in einem Schaubild dar. > M2
3 Diskutiert, ob und inwieweit kriminelles Verhalten zum Erwachsenwerden dazugehört (Z. 25ff.). > M2
4 Erläutere die Gründe, die im Text für die Gewaltbereitschaft von Jugendlichen angeführt werden, und zeige, welche (weiteren) Faktoren Gewaltbereitschaft möglicherweise begünstigen. > M3
5 Nimm Stellung zur These, dass (neue) Medien möglicherweise die Gewaltbereitschaft erhöhen (s. Z. 25ff.). > M3 MK
H V 6 Stelle dar, inwieweit Bildung und ein positives Lebensumfeld helfen könnten, Gewalt entgegenzuwirken. > M3

Mobbing in der Schule

M1 Abgemeldet

M2 Sylvias Geschichte

Die Mobbing-Geschichte von Sylvia H. beginnt mit der Einladung zu einer Halloween-Party. Das Mädchen, damals 14 Jahre alt, will ihre besten Freundinnen nach Hause einladen. Ihre Eltern legen fest: Nicht mehr als zehn Gäste dürfen kommen. Sylvia trifft eine Auswahl. „Das war der Auslöser", sagt die Schülerin rückblickend. Denn vier Mädchen, die auch in ihre Klasse gehen, sind nicht eingeladen. Eine Klassenkameradin lädt zu einer „Gegenparty" ein. [...] Zur „Strafe" wird [...] [Sylvia zudem nach ihrer Feier von den vier Mitschülerinnen] ignoriert. „Man hat mich wochenlang wie Luft behandelt", berichtet die Schülerin. Sylvia ist verstört. Die anderen Mädchen finden Gefallen an dem Spiel. Nun fängt man an, sie zu beleidigen. Schüler aus anderen Klassen machen mit. „Ich war geschockt, wurde panisch", sagt Sylvia: „Mir wurde kalt, ich schwitzte, Tränen stiegen mir in die Augen." Die Schülerin hofft auf ein Gespräch mit den Mitschülern und dem Klassenlehrer, das Klärung bringen soll. „Doch danach wurde es noch schlimmer. [...] [Ich wurde] als Missgeburt und als Schlampe beschimpft. Am Ende sah es so aus, als ob ich die Ursache des Problems wäre." Die Schülerin vergräbt sich zu Hause. Sie hat viel Zeit zum Lernen, schreibt gute Noten – und zieht so noch mehr Neid auf sich. Als ein Austausch mit einer Partnerschule in England ansteht, kommt es zum Eklat. „Ein Mädchen aus meiner Stufe hat dort bei der Ankunft das Gerücht verbreitet, ich sei leicht zu haben. Als ich auf dem Schulhof erschien, war bei den Jungs aus England schon großes Gejohle. Ein Typ kam zu mir und forderte mich auf, mit ihm in den Busch zu gehen."

Gerhard Voogt

M3 Mobbing – eine perfide Form von Gewalt

perfide: niederträchtig, gemein

subtil: spitzfindig, scharfsinnig

Mobbing an Schulen wird auch heute noch viel zu oft als Bagatelle oder üblicher „Konkurrenzkampf" unter Schülern abgetan. Das ist es nicht. Mobbing ist eine perfide und subtile Form der Gewalt mit eindeutig formulierten Zielen. [...] Mobber erhoffen sich durch gezielte und geplante Attacken auf ihre Opfer eine Aufwertung des eigenen Ansehens und ihrer Stellung in der Gruppe. Minderwertigkeitsgefühle, mangelnde Achtung und Aufmerksamkeit, aber auch Neid

und eigene psychische Verletzungen kommen häufig als Auslöser in Frage. [...]
Die Opfer können sich in den seltensten Fällen aus eigener Kraft aus der Mobbing-Situation befreien. Tragischerweise suchen und finden viele Opfer die auslösenden Faktoren bei sich. [...]
Die Mittäter können Schüler, Lehrer, aber auch die eigenen Eltern sein. Wer eine Mobbing-Situation fördert, bagatellisiert oder erkennt und durch Wegschauen duldet, unterstützt automatisch die Täter. Die Symptome von [...] Schul-Mobbing werden meist recht schnell sichtbar und spürbar. Die Opfer entziehen sich der Situation durch Schulschwänzen oder psychosomatische Erkrankungen. Lebensfreude und Leistungsbereitschaft und -fähigkeit nehmen rapide ab. Das Klassenklima [...] verschlechtert sich. Die Folgen werden leider immer noch unterschätzt. Die Reaktionen der Opfer reichen von Depressionen und psychosomatischen Erkrankungen bis hin zur Autoaggression, Suizid, oder Gewalt bis hin zu Amokläufen. Mobbing lähmt und zerstört. [...]
Auswege und Lösungen müssen stets sofort erarbeitet und anschließend konsequent und langfristig durchgesetzt und begleitet werden. [...]
Besonders beliebt und häufig, jedoch im Ansatz [...] fatal falsch ist die Methode, die Opfer umzuschulen. Man entfernt das schwächste Glied aus der Kette, was dem Opfer die eigene sowie die Ohnmacht seines gesamten Umfelds verdeutlicht. Gleichzeitig bestärkt man hierdurch Täter und Mittäter, die sich am alten Tatort neuen Opfern zuwenden können. *Lernen ohne Angst e.V.*

Autoaggression: gegen sich selbst gerichtete Aggression

psychosomatisch: von seelischen Vorgängen beeinflusst

M4 Hilfe bei Mobbing

Ein paar Möglichkeiten, die dir weiterhelfen könnten:

- Suche dir moralischen und menschlichen Rückhalt und Unterstützung bei Verbündeten in deiner Klasse [...].
- Sprich Schülerinnen und Schüler in deiner Umgebung auf das Problem an. Suche dir eine Selbsthilfegruppe.
- Protokolliere jede Art von Übergriffen (Mobbingtagebuch).
- Wenn möglich, sichere dir die Aussagen von Zeuginnen und Zeugen.
- Fordere deine Mitschüler, aber auch die beteiligten Lehrer notfalls schriftlich auf, das unerwünschte Verhalten zu unterlassen.
- Geht der Terror weiter, wende dich an die Schulleitung oder den Vertrauenslehrer. [...]
- Kommst du damit nicht klar, hol dir professionelle Hilfe durch einen Psychologen oder eine Erziehungsberatungsstelle. [...]

Werner Ebner

AUFGABEN

1 Beschreibe, was auf dem Bild dargestellt ist. Formuliere Gedanken, die dem Schüler im roten T-Shirt möglicherweise gerade durch den Kopf gehen. > M1
2 Stelle den Fall von Sylvia dar und beurteile das Verhalten der Beteiligten. > M2
3 Verfasse eine Mindmap zu den verschiedenen Aspekten des Mobbings. > M3
4 Angenommen, Sylvia würde dich ins Vertrauen ziehen. Was würdest du ihr raten? > M2/M4

plus Übernehmt die Tipps zur Hilfe bei Mobbing für euren Ratgeber. Ergänzt sie gegebenenfalls. Stellt Telefonnummern von Beratungsstellen für Mobbingopfer zusammen.

Aggression – angeboren oder erlernt?

M1 Das aus den Fugen geratene Raubtier

Konrad Lorenz (1903–1989): österreichischer Zoologe und Verhaltensforscher

Auf die Frage, warum Menschen aggressiv und gewalttätig sind, kann man mit Konrad Lorenz antworten:

Dieses Verhalten gehört zu unserer Natur, wir haben es aus dem Tierreich geerbt. Alle Tiere sind mit einem Aggressionstrieb ausgestattet, so wie sie auch einen Fortpflanzungstrieb, einen Fluchttrieb usw. besitzen. Dieser Aggressionstrieb ist nichts Böses, sondern dient dem Überleben des Individuums und der Erhaltung der Art.

Genau betrachtet gibt es im Tierreich zwei Arten von Aggression: Die Aggression zwischen Angehörigen verschiedener Arten, das Beutemachen, dient ganz offensichtlich dem Überleben. Darüber hinaus gibt es auch die innerartliche Aggression: Kämpfe von Artgenossen untereinander. Diese haben den biologischen Sinn, dass die Stärksten sich fortpflanzen, die Rangordnung in einem Rudel anführen usw. Interessant ist, dass es bei solchen Rivalenkämpfen infolge eines Hemmungsmechanismus nie zur Tötung von Artgenossen kommt. Im Unterschied zu anderen Tieren besitzt der Mensch diesen Hemmungsmechanismus nicht. Er ist das einzige Tier, das auch Artgenossen tötet, ein „aus den Fugen geratenes Raubtier". Beim Menschen bricht der Aggressionstrieb immer wieder ungehemmt durch und dann passieren schreckliche Dinge wie Mord und Krieg.

M2 Lernen durch Bekräftigung

Nehmen wir einmal den […] Fall an, dass ein kleines Kind noch keine Gelegenheit hatte, Aggressionen bei anderen Menschen zu beobachten. Dieses Kind spielt im Sandkasten mit einem anderen Kind, und in einem bestimmten Moment möchten beide Kinder die Schaufel ergreifen. Beide ziehen an der Schaufel, es kommt zu heftigen Bewegungen, bei denen schließlich das eine Kind das andere zurückstößt, so dass es hinfällt und weint. Das Kind, das gestoßen hat, nimmt die Schaufel; es hat „gewonnen". Das andere Kind mag sich nach einer Weile erheben und erneut die Schaufel zu ergreifen versuchen, wird jedoch nun durch einen Schlag mit der Schaufel zurückgehalten. Wir können sagen, dass das eine Kind sich mit Hilfe von Aggression durchgesetzt hat. Es ist wahrscheinlich, dass es sich nun in einer ähnlichen Situation häufiger so verhalten wird. Es hat eine aggressive Verhaltensweise gelernt. […] Aggression ist ein Mittel der Selbstdurchsetzung. […]

Für diese Lernart haben sich […] mehrere Bezeichnungen eingebürgert: Lernen am Erfolg, Lernen durch Bekräftigung (oder: Verstärkung). […] Einige Beispiele mögen die universelle Bedeutung dieses Prinzips veranschaulichen: Man lernt, Schreibmaschine zu schreiben, weil das Auftauchen des richtigen Buchstabens die ent-

Prinzip: Grundsatz, Regel

sprechende Fingerbewegung „bekräftigt"; ein Hund lernt vor der Tür zu bellen, weil er dann reingelassen wird; ein Kind lernt, in der Schule Antworten zu geben, für die es gelobt wird; jemand lernt, Witze zu machen, weil die anderen dann lachen. Oder man lernt, seinen Mund zu halten, weil man dann Unannehmlichkeiten vermeidet. Da die lerntheoretische Auffassung behauptet, dass aggressives Verhalten keine Sonderstellung einnimmt, sondern nach denselben Gesetzen gelernt wird wie anderes Verhalten, muss das bezeichnete Prinzip auch hier Geltung besitzen. […]

Wenn wir im Alltag auf aggressives Verhalten stoßen, empfiehlt es sich also, nach den (bekräftigenden) Konsequenzen zu fragen, um dieses Verhalten erklären zu können. *Hans-Peter Nolting*

Hans-Peter Nolting (*1945): deutscher Psychologe, lehrte an der Universität in Göttingen

M3 Lernen durch Vorbilder

[Albert Bandura] machte zahlreiche Experimente, die alle zeigten: Menschen lernen auch durch Vorbilder. Eine wichtige Versuchsreihe führte er mit Kindergartenkindern durch, die „Bobo-Doll-Studie". Er drehte einen Film, in dem eine seiner Studentinnen die aufblasbare Clownpuppe Bobo Doll arg malträtiert. Sie schlägt und tritt die Puppe, wirft sie auf den Boden, setzt ihr mit einem Hammer zu und beschimpft sie mit wüsten, selbst erfundenen Ausdrücken. Wie ein Stehaufmännchen richtet sich Bobo Doll immer wieder auf, aber nur, um dann noch mehr einzustecken. Bandura zeigte diesen Film Kindern, die danach in einen Raum geschickt wurden, wo sich die gleiche Puppe befand. Die Kinder, die den Film gesehen hatten, zeigten, was sie gelernt hatten. Sie schlugen, traten und beschimpften Bobo Doll auf die gleiche Weise wie das Modell im Film. Eine Kontrollgruppe ohne die Filmerfahrung zeigte kein aggressives Verhalten. Um diese Wirkung näher zu untersuchen, entwickelte Bandura das Experiment weiter: Er zeigte den Film drei Gruppen von Kindern. Jede Gruppe sah ein anderes Ende des Films. Im Film der ersten Gruppe wird das Modell mit Süßigkeiten belohnt, die zweite Gruppe sah dagegen, wie das Modell seinerseits zur Strafe mit Schlägen und Tritten bedroht wird. Die dritte Gruppe sah den ursprünglichen Film, in dem das Verhalten des Modells folgenlos bleibt. […] Wer gesehen hat, wie das Modell bestraft wird, war deutlich weniger aggressiv als diejenigen Kinder, die gesehen hatten, wie die Misshandlungen belohnt werden oder zumindest folgenlos bleiben. Um der Kritik zu begegnen, dass Bobo Doll zum Schlagen geradezu einlade, zeigte er Kindern einen weiteren Film. Hier verprügelt die junge Frau einen echten Clown. Ergebnis: Die Kinder zeigten das aggressive Verhalten im gleichen Maße wie im Bobo-Doll-Versuch. […] Die Theorie des Modelllernens erklärt, wie Menschen durch Vorbild und Nachahmung lernen, sich in neuen und komplexen sozialen Situationen zu verhalten. *Kai Müller-Weuthen*

Albert Bandura (*1925): kanadischer Psychologe

malträtieren: misshandeln

wüst *(hier)*: gemein, unfreundlich

AUFGABEN

1 Beschreibe das Bild. Was sagt es über den Menschen aus? > M1

2 **Arbeitsteilige Gruppenarbeit:** Untersucht die unterschiedlichen Aggressionstheorien: Wie wird jeweils erklärt, dass Menschen aggressiv sind? Haltet eure Ergebnisse auf einem Plakat fest. > M1-M3

3 Nimm Stellung zu der Frage, ob Aggressionen angeboren oder erworben sind. > M1-M3

Der Zusammenhang von Frustration und Aggression

M1 Der Blumenversuch

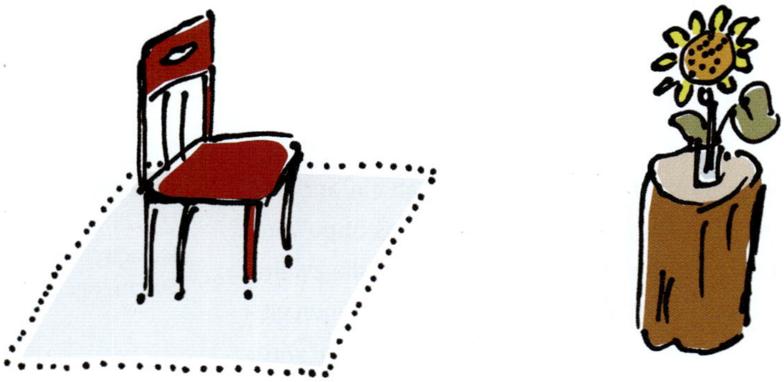

Instruktion: Anweisung, Vorschrift

Die Versuchsperson hatte sich in ein Quadrat von 2,50 m zu stellen; außerhalb des Quadrates stand ein Holzbock mit einer Blume. Die Versuchsperson hatte die Aufgabe, die Blume zu ergreifen, ohne dabei mit den Füßen das Quadrat zu verlassen. Es gab zwei Lösungen:

1. Man konnte einen innerhalb des Quadrates stehenden Stuhl nach außen setzen, sich mit einer Hand darauf stützen und die Blume ergreifen.
2. Man konnte sich niederknien und dabei die Füße im Quadrat lassen.

Die Lösungen wurden im Allgemeinen nach einiger Zeit gefunden.

Nun sagte der Versuchsleiter, es gäbe noch eine dritte Lösung – die es jedoch nicht gab. Die Versuchspersonen stießen bei ihrem Lösungsbemühen also auf eine unüberwindliche Barriere. Auf diese Weise wurden sie „frustriert".

Wie verhielten sich nun die Teilnehmer des Experiments? Durch anfängliche Erfolge ermutigt, bemühten sie sich zunächst auch um eine instruktionsgemäße dritte Lösung. Doch mit zunehmendem Misserfolg kam es zu instruktionswidrigen Ersatzlösungen (Ergreifen einer näherstehenden, aber „falschen" Blume), zu Rückzugstendenzen – vorübergehend (sich hinsetzen und Zeitung lesen) oder endgültig (aufhören) – sowie zu verschiedenen Formen von Ärgerausbrüchen (Schimpfen, Rache androhen, dem Versuchsleiter Befehle erteilen, sogar körperliche Kämpfe). Die Frustration hatte also auf die meisten Versuchspersonen eine deutliche, zum Teil sehr tiefe Wirkung; es gab jedoch auch einige, die ohne Ärger blieben. *Hans-Peter Nolting*

M2 Unter welchen Bedingungen führt Frustration zu Aggression?

Tamara Dembo (1901–1993): russische Psychologin, lehrte ab 1930 in den USA

Es gibt zahlreiche Untersuchungen mit Frustrationen im Sinne von Hindernissen, meist in der Form von Misserfolgen. Sie werden durch unlösbare Aufgaben hervorgerufen, wie etwa in dem geschilderten „Blumenversuch" von DEMBO (1931) […]. Weitere verschiedentlich verwendete Formen von Hindernisfrustration sind das Vordrängeln in einer Menschenschlange […] oder das Stehenbleiben eines Autos vor der Ampel, wenn sie auf Grün umspringt […]. Der sicherste Weg, bei einem Menschen Aggression zu provozieren, ist vermutlich, ihn körperlich anzugreifen. Dies wäre eine Frustration vom Typ der schädigenden Reize. […] [Auch] verbale Angriffe wie Beleidigungen oder ungerechte Kritik […] [führen] zu aggressiven Reaktionen. […]

Woran liegt es aber, wenn auf Frustrationen der genannten Art keine Aggression folgt [– wie der Blumenversuch von Dembo in einigen Fällen ebenfalls gezeigt hat]? Ein erster Gedanke wäre, dass eine solche Frustrationssituation für die betreffende Person nicht zu einem Frustrationserlebnis führt. […] [Ein Frustrationserlebnis besteht darin], dass durch die Behinderung oder dergleichen emotionale Prozesse ausgelöst werden, die subjektiv als ein Gefühl von Ärger, Wut, Zorn

[…] erlebt werden. […] Ein solches Frustrationsgefühl wird aber längst nicht immer erzeugt, wenn ein Außenstehender die Situation als Frustration (Hindernis oder schädigender Reiz) definieren würde. […] [Dazu] ist es nötig, dass der Betroffene die Situation als störend (eher bei Hindernissen), als bedrohlich (eher bei schädigenden Reizen) oder sonstwie aversiv bewertet oder interpretiert. Danach ist es also von Bedeutung,

- ob man eine Situation als echte Behinderung ansieht oder nicht (z. B. bei einer Zugverspätung: ob man einen eiligen Termin erreichen muss oder viel Zeit hat) […];
- ob man eine Frustration als Willkürakt oder als unwillkürlich (etwa: sachbedingt) ansieht (z. B. ob ich versehentlich im Gewühl oder absichtlich ans Bein getreten werde);
- ob man […] ein Verhalten als gegen sich gerichtet ansieht oder nicht (z. B. ob man Kritik als Hilfe oder Herabsetzung auffasst). […]

Wenn jemand ärgerlich, wütend oder zornig ist, so ist damit noch nicht festgelegt, dass er sich aggressiv verhält. Er kann seinen Ärger auch beherrschen und überspielen, kann sich zurückziehen oder sich selbst beschwichtigen. Hier spielen die Verhaltensgewohnheiten hinsichtlich des Umgangs mit aggressiven Gefühlen sowie die Neigung zu Aggressionshemmungen eine Rolle. Beide Faktoren gehen auf Lernerfahrungen zurück […].

Außer von den besprochenen Faktoren in der Person hängt es natürlich auch von den Besonderheiten der Situation ab, ob sich aggressive Emotionen im Verhalten durchsetzen oder nicht. So können Aggressionen ausbleiben, wenn durch die aktuelle Situation (z. B. „feine" Gesellschaft) Hemmungen hervorgerufen werden. Erleichtert wird die Aggression hingegen, wenn bereits andere Personen in dieser Situation aggressives Verhalten zeigen (sogenannte Modelle). Wenn beispielsweise in einer Menschenschlange jemand gerade gesehen hat, wie ein anderer einen Vordrängelnden barsch zurückwies, so erhöht das die Wahrscheinlichkeit, dass er selbst auch auf einen Vordrängler aggressiv reagiert. […]

Aggression […] tritt offenbar dann auf, wenn

- die Situation tatsächlich als frustrierend bewertet wird und Ärger oder ähnliche Gefühle auslöst,
- das Individuum für solche Situationen aggressive Verhaltensgewohnheiten mitbringt,
- die Situation keine Hemmungen weckt oder Hemmungen bei dem betreffenden Menschen schwer geweckt werden können,
- die Situation aggressive Modelle […] bietet.

An all diesen Bedingungen könnte man nun ansetzen und Änderungen versuchen, um eine Verminderung aggressiven Verhaltens zu erreichen.

Hans-Peter Nolting

aversiv: unwillig, abgeneigt

barsch: unfreundlich, schroff

Willkür: Laune, Zufall

AUFGABEN

1 Erläutere den Blumenversuch. Wie ist demnach Aggression zu erklären? > M1

2 Stelle dar, unter welchen Bedingungen Frustration nach Nolting zu Aggression führt, und nimm dazu Stellung. > M2

3 Ergänzt euer Plakat zu den Aggressionstheorien (S. 109, A2) um eine Darstellung der Frustrations-Aggressionstheorie. > M2

plus Erörtert auf der Grundlage eures Plakates aus Aufgabe 3, durch welche Maßnahmen man eine Verminderung aggressiven Verhaltens erreichen kann, und übernehmt die Ergebnisse in Form von Tipps in euren Ratgeber.

Zuschauen – Mitmachen – Eingreifen?

M1 Stimmungswechsel mit Folgen?

In dem folgenden Experiment geht es darum, zu verstehen, welchen Einfluss Außenstehende auf Gewaltsituationen haben:

Zwei Teilnehmer schlagen sich mit Schaumstoffschlägern die Hucke voll (Regeln: Nicht ins Gesicht und in die Genitalien). Vor Beginn dieser Übung werden sie allerdings aus dem Raum geschickt. Mit den anderen wird folgende Absprache getroffen: Alle bilden um die zwei „Schläger" einen festen Kreis, der aus zwei „Fangruppen" besteht: die eine Hälfte der Teilnehmer hält zu dem einen „Schläger", die andere zum anderen. Wichtig ist nun, dass alle „Zuschauer" auf die Signale des Trainers aufpassen und reagieren: Wenn der Kampf losgeht, unterstützt jede Gruppe ihren „Schläger" (durch Anfeuerungsrufe). Nach ca. zehn Sekunden gibt der Trainer (im Hintergrund für die Teilnehmer sichtbar) das Signal für einen Stimmungswechsel: ca. fünf Sekunden unterstützen nun alle (beide Gruppen) nur einen Kontrahenten; danach ca. fünf Sekunden nur den anderen Kontrahenten; danach herrscht ca. fünf Sekunden absolute Ruhe und danach werden die beiden „Schläger" wieder heftig, so als wäre nichts gewesen, von ihrer jeweiligen Fangruppe angefeuert.

Ralf-Erik Posselt

M2 Preis für Zivilcourage verliehen!

Am Mittwoch, 5. Oktober [wurden] Johannes Koch (17) und Felix Hoffmann (18) [...] für ihr mutiges Einschreiten geehrt, das zur Ergreifung eines Täters führte.

Johannes Koch und Felix Hoffmann bei der Pressekonferenz zur Preisverleihung

Es war der Nachmittag des 14. April dieses Jahres. Im Oberdeck des Linienbusses 115 stritten sich mehrere Jugendliche. Kurz vor der Haltestelle Machnower Straße/Berlepschstraße wurde einem 15-Jährigen, der sich über zu laute Musik beschwert hatte, von einem 14-Jährigen plötzlich so heftig mit der Faust ins Gesicht geschlagen, dass dieser mehrere Tage im Krankenhaus bleiben musste. Der Täter flüchtete an der Haltestelle zunächst aus dem Bus. Johannes Koch und Felix Hoffmann, Schüler des Schadow-Gymnasiums, waren ebenfalls im Bus und hatten den Vorfall beobachtet. Das Opfer kannten sie. An der nächsten Haltestelle stiegen sie aus, liefen zurück, trafen auf den Täter und verlangten von ihm, sich bei dem Opfer zu entschuldigen, was dieser ablehnte. Es gelang Johannes, ein Foto von dem Angreifer zu machen. Die Polizei konnte ihn daraufhin schnell ermitteln. Ganz ungefährlich schätzten die beiden Zeugen die Situation nicht ein, denn der Täter befand sich in einer Gruppe von weiteren 14- bis 15-Jährigen. „Wären wir nicht ein paar Jahre älter gewesen, hätten wir das Risiko vielleicht gescheut", sagten Felix und Johannes. Sie betonten aber auch, dass sie eine unglaubliche Wut empfunden hätten: „Nicht zu fassen, dass so etwas mitten am Tag passieren kann, dass jemand so geschlagen wird. Wir fühlten uns betroffen und wollten den Täter zur Rede stellen." Von den anderen Fahrgästen sei übrigens keine Reaktion gekommen.

Ulrike Martin

M3 Hinsehen statt weggehen – sechs Regeln für kritische Situationen

Diese sechs Regeln für kritische Situationen sollen zeigen, dass jeder Mensch unabhängig von Alter, Geschlecht, Größe oder Körperbau, Hilfe leisten kann, ohne sich selbst in Gefahr zu bringen.

1. Helfen Sie, ohne sich selbst in Gefahr zu bringen
Es geht nicht darum, „den Helden zu spielen" – schon eine umsichtige Reaktion kann helfen! Schauen Sie nicht weg, seien Sie aufmerksam, sprechen Sie andere (mögliche) Helfende direkt an oder sagen Sie laut, dass Sie Hilfe organisieren. Dies kann bereits dazu beitragen, dass von dem Opfer abgelassen wird.

2. Fordern Sie andere aktiv und direkt zur Mithilfe auf
Holen Sie sich Hilfe von weiteren Personen. Sprechen Sie den Mann mit der roten Jacke an, der gerade aus dem Geschäft kommt, oder wenden Sie sich an das Zugpersonal. Bitten Sie um Mithilfe. Einer solchen direkten Ansprache kann man sich schwer entziehen.

3. Beobachten Sie genau und prägen Sie sich Täter-Merkmale ein
Wie sah der Täter aus? Welche Kleidung trug er? Wohin ist er gegangen? Die Polizei ist auf Unterstützung angewiesen. Oft sind es kleine Details, die dazu beitragen, dass der Täter zur Verantwortung gezogen werden kann. […]

4. Organisieren Sie Hilfe unter Notruf 110
Den gebührenfreien Notruf 110 kann jeder wählen. Sie haben kein Mobiltelefon oder der Telefon-Akku ist leer? Dann bitten Sie eine andere Person, umgehend die Polizei zu verständigen. Wichtig ist es, die Situation kurz und bündig zu schildern:

- *Wo* ist das Ereignis?
- *Wer* ruft an?
- *Was* ist geschehen?
- *Wie viele* Betroffene? […]

5. Kümmern Sie sich um Opfer
Erste Hilfe kann lebenswichtig sein! Kümmern Sie sich deshalb unverzüglich um verletzte Personen. Verschaffen Sie sich einen Überblick, wie Sie Hilfe leisten können. Bitten Sie auch andere Personen um Unterstützung.

6. Stellen Sie sich als Zeuge zur Verfügung
Mit Ihrer Aussage zum Geschehen tragen Sie dazu bei, dass die Straftat umfassend aufgeklärt werden kann.

Bundespolizei

AUFGABEN

1 Führt das Experiment durch. > M1

2 Befragt die Außenstehenden, wie sie die Wirkung ihres unterschiedlichen Verhaltens auf die beiden Konfliktbeteiligten einschätzen. > M1

3 Befragt die „Schläger bzw. Schlägerinnen", wie die unterschiedlichen Verhaltensweisen der Außenstehenden auf sie gewirkt haben, und vergleicht ihre Erfahrung mit den Einschätzungen aus Aufgabe 2. > M1

4 Erläutere am Beispiel von Johannes und Felix, was man unter Zivilcourage versteht und warum sie wichtig ist. > M2

5 Erläutere die Ratschläge der Bundespolizei und nimm Stellung dazu. > M3

V 6 Gestaltet gemeinsam ein Plakat zu den unterschiedlichen Rollen, die Außenstehende in Bezug auf Gewalttäter bzw. -täterinnen und Opfer einnehmen können. > M1-M3

plus Illustriert die Regeln der Polizei für euren Ratgeber durch Bilder.

Gewaltfrei miteinander kommunizieren

M1 Unpünktlichkeit – Was nun?

Herr J. beginnt seinen naturwissenschaftlichen Unterricht gern mit einer kurzen mündlichen Angabe der Dinge, die im Unterrichtsverlauf erledigt werden sollen. Die Schülerin Sylvia kommt häufig zu spät zur Stunde, deshalb muss der Lehrer seine Informationen ihretwegen wiederholen oder ihre Fragen beantworten, da sie nicht weiß, welche Aufgaben sie erledigen soll.

Lehrer: Wenn Sie verspätet hier ankommen, verpassen Sie die Instruktionen, die ich gleich zu Beginn der Stunde gebe. Dann muss ich mir extra nochmals die Zeit nehmen, um Ihnen Ihre Anweisungen persönlich zu geben. Ich bin das jetzt leid.

Sylvia: Ich gehöre nun mal dem Redaktionsstab für unser Jahrbuch an, und wir haben im Augenblick wirklich viel zu tun, um die von der Druckerei gesetzten Termine einzuhalten. Deshalb habe ich mich verspätet.

Thomas Gordon (1918 – 2002): US-amerikanischer Psychologe

Lehrer: Ich weiß, dass Sie zu den Herausgebern des Jahrbuches gehören und dass dies eine wichtige Aufgabe ist, aber mein Unterricht ist auch wichtig. Sie kriegen Ihr Abitur nicht, wenn Sie diesen Kurs nicht beenden.

Sylvia: Die schriftlichen Arbeiten habe ich ja wohl alle geschafft, oder? Ich sehe nicht ein, dass ich mich so abhetzen soll, nur damit es Ihnen erspart bleibt, mir nochmals in ein paar Worten zu sagen, was ich tun soll. Was ist denn daran so schlimm?

Lehrer: Ich habe es mir ja auch eine ganze Weile schweigend angesehen, aber ich habe es jetzt satt, Sie wie eine Primadonna zu behandeln, nur weil Sie noch diesen anderen Job haben. Von jetzt an kommen Sie pünktlich oder gar nicht mehr!

Sylvia: Aber ...

Lehrer: Kein aber. Wenn Sie die Punkte für diesen Kurs haben wollen, kommen Sie pünktlich wie alle anderen auch. Nun setzen Sie sich.

Sylvia: (ärgerlich) Nun gut, ich werd's versuchen.

Thomas Gordon

M2 Was ist Gewaltfreie Kommunikation?

Marshall B. Rosenberg (1934 – 2015): US-amerikanischer Psychologe und Mediator; entwickelte das Konzept der Gewaltfreien Kommunikation

Konflikte und Gewalt entstehen überall dort, wo Menschen sich in ihren Bedürfnissen eingeschränkt fühlen. […] [Daher ist es wichtig], hinter der Aggression die Bedürfnisse des Anderen zu sehen – ohne dabei das, was man selbst braucht, aus den Augen zu verlieren. Gewaltfreie Kommunikation ist mehr als nur eine erfolgreiche Gesprächsstrategie. Sie ist eine Lebenshaltung, die zunehmend Situationen zu schaffen vermag, in der alle Beteiligten etwas gewinnen. […]

Es gibt vier Komponenten, die ich für sehr nützlich halte. Erstens: Beobachte, ohne zu bewerten. Der erste Schritt in der Gewaltfreien Kommunikation ist also, einer anderen Person mitzuteilen, was uns nicht gefällt, ohne ihr Verhalten zu bewerten. Eine klare *Beobachtung* heißt: Halte dich einfach an die Tatsachen. Zum Beispiel: Ein Mann sagt zu seiner Frau: „Du kannst einfach nicht mit Geld umgehen." Und sie sagt: „Immer musst du mich kontrollieren." Das sind keine Beobachtungen. Das sind Interpretationen und Bewertungen eines Verhaltens. […] Mir geht es darum, dass wir eine Form der Bewertung finden, die dem Leben dient. Wenn ich zum Beispiel das Verhalten eines anderen Menschen bewerte, kann ich das tun, ohne mich über ihn zu stellen. Es geht darum, wie ich meine Macht einsetze. […] Eine beliebte Form von Machtmissbrauch ist zum Beispiel Schuld. […] [Ich] mache […] mein Gegenüber dafür verantwortlich, wenn es mir schlecht geht. Ich sage zum Beispiel: „Du verletzt mich." Oder: „Ich bin enttäuscht von dir.", „Du machst mich wütend." Ein zentraler Aspekt der Gewaltfreien Kommunikation ist das Bewusstsein, dass andere Menschen nicht für unsere Gefühle verantwortlich sind. Das Einzige, was unsere Gefühle beeinflussen kann, ist die Haltung, mit der wir reagieren. […]

Die zweite Komponente sind *Gefühle*. Wie fühlst du dich, wenn die Person sich so verhält?

Und die dritte Komponente sind die *Bedürfnisse*, die mit den Gefühlen verbunden sind. Wenn unsere Bedürfnisse erfüllt sind, dann haben wir angenehme Gefühle. Wenn sie nicht erfüllt sind, haben wir schmerzhafte Gefühle. [...] [W]enn wir unserem Gegenüber vermitteln können, was unsere Bedürfnisse sind, dann haben wir eine viel bessere Chance, dass diese Person bereit ist, etwas zur Erfüllung dieser Bedürfnisse beizutragen, als wenn wir sie angreifen und kritisieren.

Im vierten Schritt geht es also darum, eine klare *Bitte* zu äußern, das heißt, positiv zu formulieren, was ich von der anderen Person will — nicht, was ich nicht will — und dabei klare Handlungsangebote zu machen: Worum bitte ich die andere Person, was möchte ich von ihr? Es geht nicht darum, was sie denken soll oder wie sie fühlen soll, nicht, wie sie sein soll. Sondern es geht um ganz konkrete Handlungen, um die ich sie bitte, damit mein Leben bereichert wird. […] Eine Frau sagt [dann] zum Beispiel zu ihrem Mann: […] „Ich möchte gerne, dass du mir sagst, ob du bereit bist, einen Abend in der Woche mit mir zu verbringen und einen mit den Kindern." […]

Die Grundidee der Gewaltfreien Kommunikation ist also ganz einfach […]. Die Herausforderung ist, anderen Menschen offen mitzuteilen:

„Hey, wenn du so handelst, dann passiert Folgendes in mir.	Beobachtung
So fühle ich mich,	Gefühle
das brauche ich.	Bedürfnis
Und das ist es, worum ich dich bitten will."	Bitte

Marshall B. Rosenberg

AUFGABEN

1 Bildet Tandems: Versetzt euch in die beiden Beteiligten und beschreibt ihre jeweiligen Gefühle. > M1

2 Erkläre die einzelnen Komponenten der Gewaltfreien Kommunikation nach Rosenberg und nimm Stellung zu seinem Modell der Konfliktlösung. > M2

3 Stellt im Rollenspiel dar, wie sich der Konflikt zwischen dem Lehrer und Sylvia durch Gewaltfreie Kommunikation lösen lässt. > M1/M2

plus Formuliert für euren Ratgeber im Anschluss an Rosenberg Tipps zur Gewaltfreien Kommunikation.

Rollenspiel:
> S. 275

Was wir wissen – was wir können

Wissen kompakt

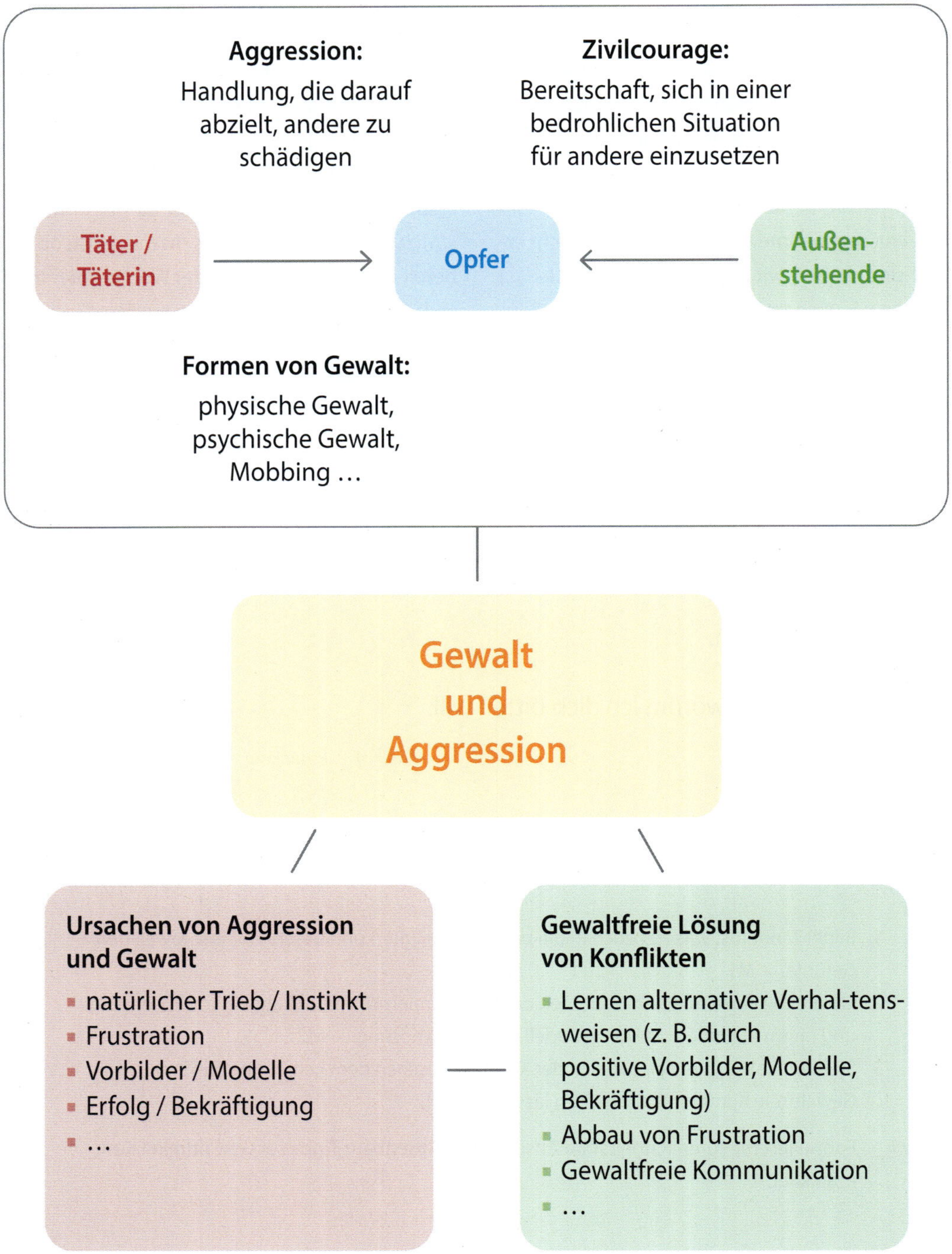

KOMPETENZ-CHECK

Überprüfe dich selbst: Wenn du dich bei einem Punkt noch unsicher fühlst, lies und bearbeite (ggf. mit einer Partnerin oder einem Partner) die passende Schulbuchseite noch einmal.

Ich kann …		Meine Einschätzung – –	–	+	++
Formen der Gewalt unterscheiden	> S. 100–103				
Gründe für Gewaltbereitschaft unter Jugendlichen benennen und Beispiele dafür anführen	> S. 104–105				
Ursachen und Auswirkungen von Mobbing erklären und Hilfsmaßnahmen aufzeigen	> S. 106–107				
beurteilen, inwiefern Aggression angeboren ist	> S. 108–109				
die Rollen von Vorbildern und Modellen bei aggressivem Verhalten erklären	> S. 108–109				
den Zusammenhang von Frustration und Aggression darlegen	> S. 110–111				
erläutern, welchen Einfluss Außenstehende auf eine eskalierende Situation haben können	> S. 112–113				
beurteilen, wann es sinnvoll ist, in eine Konfliktsituation einzugreifen	> S. 112–113				
die Komponenten der Gewaltfreien Kommunikation nach Rosenberg erläutern und Stellung dazu nehmen	> S. 114–115				

Arbeitsblatt:
Kompetenz-Check „Gewalt und Aggression"

Mediencode: 21057-06

plus Stellt nun euren Ratgeber zum Umgang mit Gewalt und Aggression fertig. Präsentiert ihn (z. B. im Rahmen einer Schulveranstaltung) und legt ausgedruckte Exemplare zum Mitnehmen bereit. Euer Ratgeber sollte folgende Punkte enthalten:

- Tipps und Telefonnummern zur Hilfe bei Mobbing
- Liste von Maßnahmen zur Verminderung aggressiven Verhaltens
- Illustration der Polizeiregeln zum Verhalten Außenstehender bei gewalttätigen Übergriffen
- Tipps zur Gewaltfreien Kommunikation

Gerechtigkeit ist
eine leere Hülle, in die alle
das hineinsetzen, was ihnen
in den Kram passt.

GOLDSCHMIEDELEHRLING, 19

Es ist **ungerecht**,
dass es so viel Elend und Not
in der Welt gibt.

SOZIALARBEITER, 38

Gerecht ist, wenn alle
Arbeit haben.

ARBEITSLOSER BAUARBEITER, 51

Gerecht ist,
wenn ich mein Honorar
bekomme.

RECHTSANWALT, 59

Gerecht ist,
wenn ich gleich viel
Taschengeld bekomme wie
meine große Schwester.

KLEINE SCHWESTER, 7

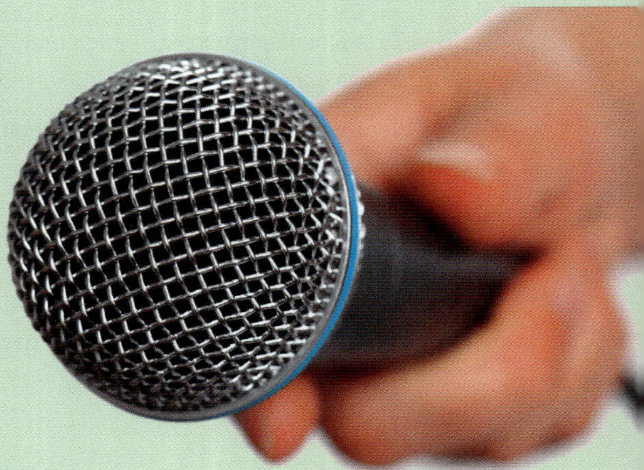

SCHÜLERIN, 14

Es ist **ungerecht**,
wenn in der Klassenarbeit
Sachen drankommen, die wir
nicht im Unterricht hatten.

ENGLISCHLEHRER, 52

Gerecht ist,
wenn jeder bekommt,
was er braucht.

*Zitate (Auswahl) in:
der blaue reiter.
Journal für Philosophie
01/2004, Heft 19*

Recht und Gerechtigkeit

Das ganze Geschrei nach Gerechtigkeit dient doch nur dazu, die Faulheit zu fördern.

UNTERNEHMER, 48

Gerecht ist, wenn alle gleich sind.

SCHAUSPIELERIN, 35

AUFGABEN

1 Diskutiert die Aussagen über Gerechtigkeit. Welchen könnt ihr (nicht) zustimmen? Warum (nicht)?

2 Beschreibt weitere Fälle von (Un-)Gerechtigkeit und nehmt Stellung dazu.

Unser Sinn für Gerechtigkeit

M1 Zwei Spiele

Ultimatum: (von lat. *ultimus*: der Letzte): nachdrückliche, befristete, letzte Aufforderung

Das Ultimatumspiel

Das Ultimatumspiel ist ein sehr bekanntes, einfaches Experiment, das schon seit 20 Jahren Expertinnen und Experten aus Wirtschaftswissenschaften, Psychologie, Philosophie und viele andere beschäftigt. Mit 10 Bonbons statt 10 Euro lässt es sich leicht nachspielen.

Spielanleitung:
Die Spielleitung gibt dir (Person A) 10 Euro mit der Auflage, jemand anderem (Person B, zum Beispiel eine Klassenkameradin oder auch ein Fremder) etwas davon abzugeben. Es ist egal, wie viel du abgibst, aber ihr erhaltet das Geld nur, wenn die oder der andere (Person B) dem Angebot zustimmt; lehnt Person B ab, so erhält niemand das Geld.

Wichtige Zusatzregel:
Die beiden Testpersonen dürfen nicht miteinander reden, so dass nichts ausgehandelt werden kann.

Das Trittbrettfahrerspiel

Spielanleitung:
In diesem Spiel erhalten mehrere Versuchspersonen eine bestimmte Geldausstattung, zum Beispiel 10 Euro. Sie sollen nun einen Teil des Geldes verdeckt auf ein gemeinsames Konto zahlen (öffentliches Gut). Nachdem jede bzw. jeder einen Betrag eingezahlt hat, verdoppelt die Spielleitung die Summe auf dem Konto und verteilt das Geld gleichmäßig auf alle, egal wie viel die jeweilige Person eingezahlt hat. Ein „Trittbrettfahrer", der nichts oder nur ganz wenig zum öffentlichen Gut beiträgt, profitiert also am meisten. Auch dieses Spiel lässt sich mit 10 Bonbons gut nachspielen.

Zusatzregel:
Die fairen Einzahlerinnen und Einzahler dürfen nun die „Trittbrettfahrer" bestrafen. Sie zahlen hierfür eine Gebühr und die Spielleitung muss den „Trittbrettfahrern" einen Strafzoll abfordern, d. h. die Fairen müssen Geld zahlen, um die Egoistinnen und Egoisten zu bestrafen.

M2 Woher kommt unser Sinn für gerechtes Verhalten?

Das Ultimatum- und das Trittbrettfahrerspiel gehören zu den besterforschten Versuchsanordnungen der Sozialpsychologie. Unzählige Versuchsleitungen haben sie inzwischen mit Versuchsteilnehmenden in aller Welt durchgespielt. Und was ist das Ergebnis?

In westlichen Gesellschaften lautet der am häufigsten gemachte Teilungsvorschlag beim Ultimatumspiel: 50:50. Unfaire Angebote, z. B. 70:30, werden zumeist abgelehnt. Nach den Analysen der Wissenschaftlerinnen und Wissenschaftler spielen dabei Alter, Geschlecht, Bildung der Versuchsteilnehmenden keine Rolle. Selbst arme Leute geben häufig vergleichsweise viel ab.

Auch beim Trittbrettfahrerspiel sind die meisten Versuchspersonen bereit, Kosten auf sich zu nehmen, um unfaires Verhalten zu bestrafen. Die Trittbrettfahrerinnen und -fahrer merken, dass sie bestraft werden, wenn sie nichts zum Gemeinschaftskonto beitragen, und ändern deshalb ihr Verhalten.

Ähnliche Ergebnisse zeigen sich im Prinzip auch bei einem internationalen Vergleich, den zwölf amerikanische Universitäten und eine Hochschule in Kolumbien in fünfzehn Gesellschaften in fünf Kontinenten durchgeführt haben, zum Beispiel in Ghanas Hauptstadt Accra, bei Fischern auf Fidschi, Ureinwohnerinnen und Ureinwohnern im bolivianischen Regenwald, Menschen aus der sibirischen Taiga und einem Nomadenvolk in Tansania. Sie alle reagieren ähnlich: Sie erzwingen uneigennütziges Verhalten, indem sie Menschen, die andere ausnutzen wollen, bestrafen, und nehmen dabei auch Kosten auf sich. Offenbar existieren Gerechtigkeitsnormen weltweit und überall wird auch darauf bestanden, dass diese eingehalten werden. Der mittlere Teilungsvorschlag lag in den meisten Gesellschaften zwischen 40 und 50 Prozent, Trittbrettfahrerinnen und -fahrer wurden in der Regel bestraft.

Jedoch zeigte sich bei einigen Naturvölkern, dass die Angebote der Geberinnen und Geber im Ultimatumspiel stärker schwankten als in westlich geprägten Gesellschaften. Die Lamalera zum Beispiel, Walfänger in Indonesien, gaben von 100 Euro Kapital im Schnitt mehr als die Hälfte ihres Besitzes, nämlich 58 Euro, ab, die Regenwaldnomadinnen und -nomaden der Machiguenga in Peru hingegen nur 26 Euro. Der Alltag beider Völker erklärt die Unterschiede: Die Machiguenga arbeiten seit jeher nur innerhalb der Familie zusammen – sie haben wenig Sinn dafür, mit Fremden zu teilen. Die Walfänger dagegen sind es gewohnt, ihren Fang nach genauen Regeln in ihrer Gemeinschaft zu verteilen.

Was lässt sich aus diesen Daten über den Ursprung unseres Gerechtigkeitssinnes ableiten? Das Empfinden für Gerechtigkeit ist offenbar keine unveränderliche Größe, es hängt mit den Lebensumständen der Menschen zusammen. Es ist also nicht angeboren, sondern wird kulturell geprägt. Aber in den meisten Gesellschaften scheint der Gerechtigkeitssinn so tief verinnerlicht zu sein, dass kaum jemand als unfairer Mensch dastehen möchte.

Versuchsanordnung: Konzept, Plan für einen Versuch

AUFGABEN

1 Führt die Spiele in Kleingruppen durch. Wertet eure Ergebnisse im Hinblick auf Gerechtigkeit und Ungerechtigkeit aus. > M1

2 Vergleicht eure Ergebnisse mit denen der Forschung und erläutert, inwiefern aus ihnen abzuleiten ist, dass Menschen über einen Gerechtigkeitssinn verfügen. > M1/M2

Für alle das Gleiche – ist das gerecht?

M1 Kuchen zu verteilen

Jana hat zur ihrem Geburtstag sechs Freundinnen und Freunde eingeladen.

Es gibt einen Kuchen, der unter den sieben Kindern aufgeteilt werden soll …

M2 Wann ist eine Note gerecht?

Gerechtigkeit, sagt man, besteht darin, alle gleich zu behandeln. Aber bedeutet das dann, dass alle Schülerinnen und Schüler dieselben Noten bekommen sollen? Wäre vielleicht auch nicht schlecht, aber dann brauchte man eigentlich keine Noten mehr. Gleichbehandlung bedeutet vielmehr: das Gleiche nur bei gleichen Voraussetzungen. Was ist damit gemeint? Wenn z. B. in Mathe bei zwei Arbeiten die Zahl der Fehler und der richtigen Lösungen gleich ist, dann muss es auch dieselbe Note geben. Und wenn Arbeiten mehr Fehler haben und weniger Aufgaben gelöst worden sind, dann müssen sie auch schlechter bewertet werden. Also: Gleiches muss gleich, Ungleiches ungleich bewertet werden.

Das leuchtet ein, reicht aber noch nicht: Es könnte doch z. B. sein, dass die Einteilung bei dem Bewertungsschlüssel für die Arbeit nicht O.K. ist, dass er insgesamt zu lasch oder zu scharf ist. Da denkt man, man wird gerecht beurteilt, aber in der Parallelklasse oder an einer anderen Schule hätte man vielleicht für dieselbe Leistung bessere oder auch schlechtere Noten bekommen. Also: Der Maßstab für die Beurteilung gleicher bzw. ungleicher Leistungen muss einheitlich und angemessen sein.

M3 Jedem Menschen das, was ihm zusteht!

Was bedeutet nun Gerechtigkeit im Allgemeinen? Vielleicht könnte man es so sagen: Wenn du genau das bekommst, was dir zusteht, dann wirst du gerecht behandelt. Oder anders ausgedrückt: Ein Mensch handelt gerecht, wenn er anderen genau das gibt, worauf sie ein Anrecht haben. Doch es ergeben sich hier sofort (mindestens) zwei Fragen:

Erstens: *Was* kann jemandem denn alles zustehen bzw. *worauf* kannst du ein Anrecht haben?

Und zweitens: *Wodurch* steht einem Menschen etwas zu?

1. Anrecht auf …

Dir kann vieles und recht Unterschiedliches zustehen: zum Beispiel Nahrung, Kleidung, medizinische Versorgung, für eine Arbeit Geld, in der Schule bestimmte Noten. Du kannst das Recht haben, dass ein anderer Mensch etwas für dich tut oder dass er etwas sein lässt. Und du kannst das Recht haben, dass du etwas tun oder lassen darfst. Natürlich kann das, was dir zusteht, auch etwas Unangenehmes sein, etwa eine Strafe, die du selbst verschuldet hast. Dass es gerechte und ungerechte Strafen gibt, das weißt du. Auch kann es gerecht sein, dass du etwas abgeben musst, was du gerne behalten möchtest.

2. Gründe für das Zustehen

Wodurch kann dir etwas zustehen? Dir fällt wahrscheinlich ein: „Für eine Leistung steht mir in der Schule eine Beurteilung in Form einer Note zu. Wenn ich mich daneben benommen habe, steht mir eine Strafe oder eine Pflicht zu einer Wiedergutmachung zu. Wenn ich Nachhilfe gegeben oder dem Nachbarn den Rasen gemäht habe, dann steht mir für diese Arbeit eine Bezahlung zu." Woran du vielleicht nicht denkst: Dir steht auch etwas zu, weil du bist, was du bist. Allein weil du Mensch bist, hast du ein Recht auf Leben, ein Recht auf Achtung deiner Würde, ein Recht auf Freiheit, ein Recht auf Sicherheit, ein Recht auf Hilfe im Notfall. Wer dir dies verweigert, handelt ungerecht.

Es kann einem Menschen auch etwas zustehen aufgrund des Alters (denke an Säuglinge und gebrechliche ältere Personen), aufgrund des Geschlechts (sind Frauenparkplätze etwa ungerecht?) oder aufgrund von Fähigkeiten und Können (denke nur an die Voraussetzungen für viele Berufe).

Eine einfache Formel

Für das, was zu Anfang über Gerechtigkeit gesagt wurde, gibt es seit der Antike eine ganz knappe Formel, die man sich gut merken kann. Sie lautet: *Suum cuique* (= Einem jeden das Seine). Das ist keine Feststellung, sondern eine Forderung. Die Formel klingt vielleicht etwas merkwürdig, denn man könnte denken: was „mein" ist, habe ich ja schon. Aber das, was mir „eigentlich" schon gehört, worauf ich also ein Recht habe, habe ich oft noch nicht wirklich, es muss mir erst gegeben werden. Wenn mir für eine Arbeit, die ich geleistet habe, 100 € zustehen, dann kann die Person, die sie mir schuldet, sie auch einfach behalten, obwohl sie eigentlich mir gehören. Gerecht ist die andere Partei erst dann, wenn sie mir das Geld tatsächlich gibt. Mit *Suum cuique* ist also gemeint, dass jede Person das bekommt, was ihr zusteht. Das kann manchmal für alle das Gleiche sein; gelegentlich – so z. B. bei der Notengebung – ist es aber auch gerecht, wenn Verschiedene Unterschiedliches bekommen.

Menschenrechte
> S. 129

AUFGABEN

1. Diskutiert, wie der Kuchen verteilt werden soll. > M1
2. Tauscht euch darüber aus, was für euch eine gerechte Note ist, und stellt dar, welche Antwort der Text auf diese Frage gibt. Vergleicht sie mit euren Einschätzungen. > M2
3. Begründe, warum es nicht gerecht ist, allen Schülerinnen und Schülern die gleiche Note zu geben. > M2
4. Erläutere die Gerechtigkeitsformel *Suum cuique* anhand von Beispielen und erkläre, wie sich Gerechtigkeit zu Gleichheit verhält. > M3

Formen von Gerechtigkeit

M1 Gerecht handeln – 4 Fälle

1

In einem Dorf sind Lebensmittel knapp geworden. Der Dorfälteste wird beauftragt, die Verteilung vorzunehmen. Er gibt jedem etwas, aber nicht allen das Gleiche. Erwachsene erhalten mehr als kleine Kinder, weil diese nicht so viel brauchen. Und wer schwere Arbeit verrichtet, bekommt mehr als diejenigen, deren Tätigkeiten wenig Kraft verlangen.

2

Herr A und Herr B haben vereinbart, dass B seinem Nachbarn beim Ausbau des Dachbodens hilft. B bekommt dafür nach der Schlachtung die Hälfte eines Schweins von A. Beide sind zufrieden.

3

Herr X ist mit seinem Wagen über den Rand des Vorgartens von Frau Y gefahren. Er ersetzt die Blumen, die dabei plattgefahren wurden, und sorgt dafür, dass neue sorgfältig eingepflanzt werden. Frau Y bedankt sich sogar, obwohl sie dies nicht brauchte.

4

Eine Frauenfußballmannschaft hat einen kleinen Verein gegründet. Die Gemeinde stellt den Spielerinnen den Platz zur Verfügung, der Verein muss sich selbst um die Instandhaltung kümmern: Rasen mähen, Maulwurfshügel beseitigen, an kahlen Stellen Gras einsäen, Linien ziehen, Müll beseitigen. Jede Fußballerin sorgt durch ihre Arbeit dafür, dass der Platz in Ordnung ist und man gut spielen kann.

M2 Gerechtigkeit ist nicht immer das Gleiche

Das Handeln des Dorfältesten im 1. Beispiel ist gerecht, obwohl er nicht allen das Gleiche gibt. Bei einer Verteilung knapper Lebensmittel wäre es ungerecht, wenn z. B. diejenigen, die eine schwere Arbeit verrichten und daher viel Energie verbrauchen, nicht mehr bekommen würden als andere, deren Tätigkeit weniger Kraft verlangt. Gerechtigkeit besteht in diesem Fall darin, dass jede Person das zugeteilt bekommt, was sie benötigt.

Im 2. Beispiel geht es darum, wie die Hilfe beim Ausbau des Dachbodens ausgeglichen werden kann. Die Hälfte des geschlachteten Schweines ist in diesem Fall offenbar ein gerechter Ausgleich, weil sie nach Auffassung beider Beteiligter dem Wert der Hilfeleistung entspricht.

Der Ausgleich, der im 3. Beispiel vorgenommen wird, betrifft nicht eine Leistung, die erbracht wurde, sondern einen Schaden, der verursacht wurde. Es ist gerecht, wenn Herr X den Schaden, der er Frau Y zugefügt hat, in vollem Umfang wieder gut macht, d. h. die Blumen, die er mit seinem Auto plattgefahren hat, ersetzt.

Im Fall der Fußballspielerinnen im 4. Beispiel stellt sich die Frage, was jede Einzelne zum Wohl der Gruppe oder der Gemeinschaft, der sie angehört, beitragen soll. Gerecht ist, wenn alle sich in gleicher Weise daran beteiligen – am besten jede Person mit dem, was sie am besten kann. Wer sich vor den Gemeinschaftsaufgaben drückt, gilt als Trittbrettfahrerin oder -fahrer.

INFO

Gerechtigkeit

Gerecht zu sein bedeutet, jeder Person das zu gewähren, was ihr zusteht. Man unterscheidet drei Arten von Gerechtigkeit:
Bei der **austeilenden Gerechtigkeit** *(iustitia distributiva)* geht es um die Verteilung von Rechten, Pflichten, Gütern und Lasten.
Die **ausgleichende Gerechtigkeit** *(iustitia commutativa)* betrifft den Tausch verschiedenartiger Güter, die Wiedergutmachung von Schaden sowie die Strafe bei Rechtsverletzungen.
Die **Beteiligungsgerechtigkeit** *(iustitia contributiva)* bezieht sich auf den Beitrag von Personen zur Gestaltung des gesellschaftlichen Lebens.

M3 Wie du mir, so ich dir

Charles M. Schulz
> S. 242

AUFGABEN

1 Diskutiert, ob bzw. inwiefern die Personen gerecht handeln. > M1
2 Bestimme mithilfe des Infokastens die verschiedenen Formen von Gerechtigkeit, die den vier Fällen zugeordnet werden, und finde weitere Beispiele. > M1/M2
3 Beurteile, ob Lucys Handeln gerecht ist, und begründe deine Auffassung. > M3

Prinzipien der Rechtsprechung

M1 Gerechte Strafe gesucht!

Jana (17) hat Marie (16) geschlagen und ihr dabei Verletzungen im Gesicht zugefügt, die im Krankenhaus genäht werden mussten. Zum Streit zwischen den beiden war es gekommen, weil Marie eine Kette zurückhaben wollte, die ihr Jana gestohlen hatte. Jana wohnt nicht mehr bei ihrer Mutter, sondern zusammen mit einer Arbeitskollegin in sehr einfachen Verhältnissen.

Mirko (15) besuchte ein Fußballspiel zwischen zwei Drittligisten. Vor dem Spiel übergab er einen Sprengkörper an einen anderen Mann, der den Böller im Stadion zur Explosion brachte und deshalb vom Landgericht bereits rechtskräftig verurteilt wurde. Bei der Detonation wurden 33 Menschen zum Teil schwer verletzt. Unter den Verletzten befanden sich auch 5 Kinder. Das Gericht war nach der Beweisaufnahme überzeugt, dass Mirko die Folgen seines Handelns bewusst waren. Ihm war klar, dass der Sprengkörper in Richtung der gegnerischen Fans geworfen werden sollte und dass dabei auch eine Vielzahl von Menschen verletzt werden würde.

Das **Jugendstrafrecht** sieht folgende Möglichkeiten der Bestrafung vor:

- Verhängung sog. *Erziehungsmaßregeln* (z. B. Inanspruchnahme von Erziehungshilfe, Teilnahme an einem sozialen Trainingskurs)
- Verhängung sog. *Zuchtmittel* (z. B. richterliche Verwarnung; die Erteilung von Auflagen, etwa den verursachten Schaden wieder gut zu machen, eine Entschuldigung bei der oder dem Verletzten oder Arbeitsleistungen; Jugendarrest in Form von Freizeit-, Kurz oder Dauerarrest bis zu vier Wochen)
- bei besonderer Schwere der Schuld: *Jugendstrafe* (zwischen sechs Monaten und zehn Jahren, kann zur Bewährung ausgesetzt werden)

M2 Wer ist Justitia?

Justitia – die römische Göttin der Gerechtigkeit und des Rechtswesens – wird auch heute noch oft als Wahrzeichen für die Justiz verwendet. Sie wird zumeist als Frau mit verbundenen Augen dargestellt; in der einen Hand hält sie eine Waage, in der anderen ein Schwert. Dies soll veranschaulichen, dass das Recht ohne Ansehen der Person (Augenbinde), nach sorgfältiger Abwägung der Sachlage (Waage) gesprochen und schließlich mit der nötigen Härte (Richtschwert) durchgesetzt wird. Der leicht schräg gestellte Balken der Waage symbolisiert den Grundsatz *In dubio pro reo* (im Zweifel für den Angeklagten).

M3 ... damit jede Person bekommt, was ihr zusteht

Sofie: Wenn man genau hinsieht, merkt man, dass in dem Begriff *Gerechtigkeit* das Wort *Recht* enthalten ist. Aber was hat das eine eigentlich mit dem anderen zu tun?

Experte: Unter Recht verstehe ich die Gesamtheit der Gesetze, die in einem Staat existieren. Gesetze haben verschiedene Funktionen, z. B. die gesellschaftliche Ordnung aufrechtzuerhalten, den sozialen Frieden zu gewährleisten. Eine wichtige Aufgabe ist auch die Sicherung von Gerechtigkeit.

Sofie: Wie ist das zu verstehen?

Experte: Die Gesetze des BGB regeln z. B. den Abschluss von Verträgen, sie sagen, welche Rechte und Pflichten ein Käufer hat und welche ein Verkäufer. Das Arbeitsrecht regelt das Verhältnis von Arbeitnehmer und Arbeitgeber, das Mietrecht das Verhältnis von Mieter und Vermieter usw. Gesetze schreiben also fest, was hier den betroffenen Personen jeweils zusteht: genau das nennen wir ja gerecht.

Sofie: Und was ist, wenn jemandem das, was ihm zusteht, verweigert wird?

Experte: Dann kann man vor Gericht ziehen und sein Recht einklagen. Und dort kann jeder Mensch nach dem Grundgesetz ein gerechtes Verfahren und ein gerechtes Urteil erwarten. Schuldige werden bestraft, Benachteiligte entschädigt usw. Gerichte sorgen für die Durchsetzung von Recht.

Sofie: Vor dem Gesetz, sagt man, sind alle gleich. Was bedeutet denn das?

Experte: Das heißt, dass der Chef oder die Chefin eines Wirtschaftsunternehmens oder wichtige Personen wie Politiker usw. sich ebenso an die gesetzlichen Vorschriften halten müssen wie die sogenannten kleinen Leute – und wenn sie es nicht tun, werden sie genauso streng bestraft wie diese. Die staatlichen Rechte gelten für alle Bürgerinnen und Bürger gleichermaßen. Auch das ist ein Aspekt von Gerechtigkeit.

Sofie: Aber die Gesetze sind doch nicht für alle Menschen gleich. Die Reichen in unserer Gesellschaft müssen doch z. B. mehr Steuern abführen als die, die nicht so viel verdienen.

Experte: Richtig, aber das ist nicht ungerecht. Diejenigen, die viel besitzen, müssen einen Beitrag dazu leisten, dass die Schwächeren mindestens das Existenzminimum zur Verfügung haben. Das ist der Grundsatz der ausgleichenden Gerechtigkeit, für die der Sozialstaat sorgen muss. Daher zahlt er z. B. Menschen, die arbeitslos sind, ein Arbeitslosengeld.

Sofie: Manche finden die Höhe des Arbeitslosengeldes aber gar nicht gerecht.

Experte: Darüber kann man tatsächlich streiten. Das bedeutet: Gesetze sind nicht immer gerecht, aber sie stehen unter dem Anspruch, gerecht zu sein. Wenn sich herausstellt, dass sie nicht gerecht sind, müssen sie korrigiert werden.

BGB: Bürgerliches Gesetzbuch

Existenzminimum: Grundbetrag zur Sicherung des Lebensunterhalts

AUFGABEN

1 Bildet arbeitsteilige Gruppen, die beraten, was nach dem Jugendstrafrecht jeweils ein gerechtes Urteil für Jana bzw. Mirko wäre. Diskutiert eure Ergebnisse im Plenum. > M1

2 Erläutere, warum die in der Figur der Justitia veranschaulichten Grundsätze wichtige Prinzipien der Rechtsprechung darstellen. > M2

W

3 Erläutere den Zusammenhang von Recht und Gerechtigkeit an (weiteren) Beispielen. > M3

4 Fertige eine Mindmap an, die den Zusammenhang von Recht und Gerechtigkeit darstellt. > M3

Gleiche Rechte für alle Menschen

M1 Ein großer Fortschritt ...

Ruby Bridges ist die erste schwarze Schülerin, die am Unterricht in einer Schule für Weiße teilnehmen darf. Am 14.11.1960 begleiten US-Marschalls sie zum Unterricht.

M2 Nach langen Diskussionen

UNO: United Nations Organization, dt.: Vereinte Nationen

Der Gedanke, dass alle Menschen Rechte haben, ist uralt. Doch wurde die „Allgemeine Erklärung der Menschenrechte" erst am 10.12.1948 vor der UNO verkündet. Es waren zwei Jahre harter Arbeit vorausgegangen: Acht Männer und Frauen aus Australien, Chile, China, Frankreich, dem Libanon, der Sowjetunion, Großbritannien und den USA hatten in zähen Verhandlungen um ihre Formulierung gerungen. Die damals 58 Mitgliedstaaten der Vereinten Nationen nahmen die Erklärung ohne Gegenstimme, aber mit acht Enthaltungen an. Sie verpflichteten sich, schrittweise die Einhaltung der allgemeinen Rechte zu sichern. (Was bis heute keineswegs überall geschehen ist!) Viele meinen, die Beachtung der Menschenrechte sei nur Sache der Staaten. Die Vorsitzende der Menschenrechtskommission Eleanor Roosevelt war anderer Ansicht: *„Wo beginnen die Menschenrechte?"* Auf diese Frage gab sie folgende Antwort: „An den kleinen Plätzen, nahe dem eigenen Heim. So nah und so klein, dass diese Plätze auf keiner Landkarte der Welt gefunden werden können. Und doch sind diese Plätze die Welt des Einzelnen: die Nachbarschaft, in der er lebt, die Schule oder die Universität, die er besucht, die Fabrik, der Bauernhof oder das Büro, in dem er arbeitet. Das sind die Plätze, wo jeder Mann, jede Frau und jedes Kind gleiche Rechte, gleiche Chancen und gleiche Würde ohne Diskriminierung sucht. Solange diese Rechte dort keine Geltung haben, sind sie auch woanders nicht von Bedeutung."

Julia Lohrmann

INFO

Menschenrechte

Unter Menschenrechten versteht man Rechte, die nicht vom Staat verliehen werden, sondern jedem einzelnen Menschen überall auf der Welt gleichermaßen zukommen. Sie dienen dem Schutz grundlegender Aspekte der menschlichen Person und ihrer Würde. Sie wurden maßgeblich formuliert in der *Allgemeinen Erklärung der Menschenrechte der Vereinten Nationen* (1948), die von nahezu allen Staaten anerkannt wird.

M3 Die Regierung hat beschlossen ...

... ab morgen dürfen alle, die verdächtigt werden, etwas getan zu haben, in Haft genommen werden, so lange bis sie zugeben, dass sie es getan haben;

... ab morgen dürfen Kinder nicht mehr zur Schule, sondern müssen in den Fabriken aushelfen;

... ab morgen müssen alle die Hälfte ihres Besitzes an die Regierung abgeben;

... ab morgen gilt, dass jeder Junge das Mädchen heiratet, das an seinem Wohnort genau nach ihm geboren wurde, sobald beide 13 Jahre alt sind;

... ab morgen wird jeder Person, die irgendeine Straftat begeht, ein Buchstabe auf die Stirn tätowiert, den die Regierung aussucht;

... ab morgen gilt, dass alle, die nicht völlig fehlerfrei Deutsch sprechen, nicht mehr sprechen dürfen;

... ab morgen darf sich jede Bürgerin und jeder Bürger nur noch in der eigenen Stadt aufhalten;

... ab morgen dürfen sich Personen höchstens zu zweit treffen und unterhalten;

... ab morgen dürfen alle nur noch dann sagen, was sie gut oder schlecht finden, wenn die Regierung ihnen vorher die Erlaubnis dazu gegeben hat;

... ab morgen werden keine Anträge auf Asyl mehr angenommen;

... ab morgen muss jede Person die Religion annehmen, zu der sich das Staatsoberhaupt bekennt;

... ab morgen kontrolliert der Staat das Internet und löscht alle Äußerungen, die den staatlichen Vorgaben widersprechen;

... ab morgen darf sich niemand mehr über diese Gesetze beschweren, sonst wird er verhaftet.

AUFGABEN

1 Beschreibe das Foto. Welches Problem wird hier dargestellt? > M1

H 2 Sieh dir im Internet die in der UN-Resolution aufgeführten Menschenrechte an und erkläre die Ansicht Eleanor Roosevelts, dass sie im Kleinen beginnen müssen. > M2

3 Untersuche, inwiefern die Menschenrechte durch die (fiktiven) Regierungsbeschlüsse jeweils verletzt werden. > M3

Kinder haben Rechte

M1 Tag der Kinderrechte

Die Vereinten Nationen haben den 20. November zum Tag der Rechte der Kinder erklärt. Mit dem Begriff Kind sind dabei alle gemeint, die jünger als 18 Jahre sind.
Damit soll an den 20.11.1989 erinnert werden, den Tag, an dem die Vereinten Nationen ein Übereinkommen über die Rechte des Kindes getroffen hatten: die Kinderrechtskonvention.
Die 54 Artikel der Konvention verknüpften erstmals politische Bürgerrechte, kulturelle, wirtschaftliche und soziale Rechte der Kinder in einem völkerrechtlich bindenden Vertrag. Schutz und Hilfe für Kinder sind damit nicht mehr allein von Mitgefühl oder Moral abhängig, sondern die Staaten verpflichten sich, alles zu tun, um Kindern menschenwürdige Lebensbedingungen zu bieten.

Konvention: Abkommen, Vertrag

völkerrechtlich: international verbindlich

M2 Besondere Rechte für U18

Die Kinderrechtskonvention beruht auf vier Prinzipien:

§ Das Recht auf Gleichbehandlung: Kein Kind darf benachteiligt werden – sei es wegen seines Geschlechts, seiner Herkunft, seiner Staatsbürgerschaft, seiner Sprache, Religion oder Hautfarbe, einer Behinderung oder wegen seiner politischen Ansichten.

§ Das Wohl des Kindes hat Vorrang: Wann immer Entscheidungen getroffen werden, die sich auf Kinder auswirken können, muss das Wohl des Kindes vorrangig berücksichtigt werden – dies gilt in der Familie genauso wie für staatliches Handeln.

§ Das Recht auf Leben und Entwicklung: Jedes Land verpflichtet sich, in größtmöglichem Umfang die Entwicklung der Kinder zu sichern – zum Beispiel durch Zugang zu medizinischer Hilfe, Bildung und Schutz vor Ausbeutung und Missbrauch.

§ Achtung vor der Meinung des Kindes: Alle Kinder sollen als Personen ernst genommen und respektiert und ihrem Alter und ihrer Reife gemäß in Entscheidungen einbezogen werden.

Aus diesen Prinzipien leiten sich zum Beispiel das Recht auf medizinische Hilfe, auf Ernährung, auf den Schutz vor Ausbeutung und Gewalt sowie auf freie Meinungsäußerung und Beteiligung ab.

UNICEF

M3 Nebenher etwas verdienen?

Sina hatte folgende Frage: „Ich würde gern in den Ferien mal einen Ferienjob machen, aber ich bin erst zwölf Jahre alt und würde daher gern wissen, ob ich einen Ferienjob machen darf und wo bzw. was." Unsere Antwort [die des Deutschen Kinderhilfswerks]: Ab wann du dir etwas Taschengeld dazu verdienen darfst, regelt das Jugendarbeitsschutzgesetz und das sagt, dass grundsätzlich niemand arbeiten darf, der jünger als 13 Jahre ist. Ab 13 Jahren sind dann leichte Arbeiten erlaubt, z. B. Zeitungen austragen, Nachhilfestunden geben und Ähnliches. Diese entgeltlichen Tätigkeiten dürfen aber nur zwischen 8:00 und 18:00 Uhr und nur mit Zustimmung eines Erziehungsberechtigten ausgeführt werden. Jugendliche ab 15 Jahren dürfen bis zu vier Wochen Vollzeit (ca. 35 bis 40 Stunden in der Woche) in den Ferien arbeiten.

www.kindersache.de

M4 Kinder dürfen sagen, was sie denken

Es gibt viele Dinge auf der Welt, die für Kinder wichtig sind: die Trennung der Eltern, die Gestaltung der Pausenplätze, die Gefahren im Straßenverkehr usw. Die Konvention sagt, dass Kinder zu allen Dingen, die sie betreffen, sagen können, was sie denken, was sie fühlen und was sie möchten. Die Meinung der Kinder muss von den Regierungen berücksichtigt werden, die bei ihren Entscheidungen an die Kinder denken sollen. Seine Meinung frei äußern heißt aber noch nicht, dass der andere mit mir einverstanden sein muss. Es bedeutet erst mal, dass er mir zuhören soll, über meine Ideen nachdenken wird und erst dann entscheidet. Immer aber muss gefragt werden, ob das, was das Kind sagt, auch gut für das Kind selbst, für die anderen Kinder und die Erwachsenen ist. Je älter das Kind ist, desto mehr weiß es von der Welt und ihren Problemen. Es macht sich Gedanken darüber, ob das, was es denkt und tut, nur für es selbst vorteilhaft ist oder auch anderen dient. Je mehr die Kinder sich mit solchen Gedanken auseinandersetzen, desto stärker werden die Erwachsenen ihre Meinung berücksichtigen. Sie sagen dann, die Kinder sind reif genug mitzubestimmen. Kleinere Kinder haben eine andere Reife als größere Kinder und Jugendliche. Sie sind von anderen Dingen betroffen und bestimmen somit auch bei anderen Dingen mit.

UNICEF Schweiz

M5 Mach's ab 16

Seit 1996 dürfen Jugendliche ab 16 Jahren in sieben Bundesländern (Brandenburg, Bremen, Mecklenburg-Vorpommern, Niedersachsen, Nordrhein-Westfalen, Sachsen-Anhalt und Schleswig-Holstein) bei Kommunalwahlen ihre Stimme abgeben. Auf Landesebene ist dies bisher nur in Brandenburg und Bremen möglich.

Kommunalwahlen: Wahlen in Städten, Gemeinden bzw. Landkreisen

AUFGABEN

1. Erläutere, warum Menschen unter 18 besondere Rechte benötigen und worin sie bestehen. > M1/M2
2. Nimm Stellung zu der Aktion der Kinder auf dem Foto. > M1/M2
3. Untersuche mit Blick auf die Kinderrechte, warum es wichtig ist, dass das Jugendarbeitsschutzgesetz strikt eingehalten wird. > M3
4. Erörtere, bei welchen Themen Kinder und Jugendliche öffentlich Gehör finden sollten. > M4
5. (V) Diskutiert, ob es in allen Bundesländern ein aktives Wahlrecht ab 16 geben sollte. > M5

Mehr Gerechtigkeit in der Schule?

M1 Gleiche Kleidung für alle Schülerinnen und Schüler?

> vgl. *philopraktisch 1 – Neue Ausgabe*, S. 57

Einige Schulen in Deutschland haben nach britischem Vorbild Schulkleidung eingeführt. Angenommen, in der Schulkonferenz wurde der Antrag gestellt, dass auch in eurer Schule künftig alle Schülerinnen und Schüler das gleiche Outfit tragen sollen. Die Schulleitung möchte dazu auch die Meinung eures Kurses hören.

Methodenkompetenz: Eine Debatte führen

Eine Debatte ist ein Verfahren, um in einer Gruppe, in der es unterschiedliche Auffassungen gibt, zu einer verbindlichen Entscheidung zu kommen. Es handelt sich um ein Streitgespräch, das im Unterschied zur Diskussion bestimmten formalen Regeln folgt. Dabei geht es darum, dass Pro- und Contra-Argumente zu einem strittigen Sachverhalt von Rednerinnen und Rednern in drei Phasen abwechselnd vortragen werden:

- Eröffnungsrunde: Je zwei Personen vertreten die Pro- und Contra-Position, beantworten die Streitfrage in kurzen Reden (ca. 2 Min.) und begründen ihre Auffassung. Es beginnt, wer die Änderung des bestehenden Zustands wünscht. Rede und Gegenrede wechseln einander ab.
- Freie Aussprache: Jede Rednerin bzw. jeder Redner (alternativ: auch jede bzw. jeder Zuhörende) hat die Gelegenheit, auf die von der Gegenseite vorgebrachten Argumente einzugehen und weitere Argumente vorzubringen. (Dauer: ca. 12 Min.)
- Schlussrunde: Jede Rednerin und jeder Redner beantwortet in einem kurzen Abschlussstatement (ca. 1 Min.) die Streitfrage noch ein zweites Mal, diesmal im Lichte der weiteren Argumente, die vorgebracht wurden.

Danach erfolgt eine Abstimmung.

M2 Debatte zum Thema Schulkleidung (Beispiel)

Eröffnungsrunde

Darstellung und Begründung der unterschiedlichen Positionen

Redner **A** befürwortet Schulkleidung, indem er erläutert:

- Es ist gerecht, dass alle das Gleiche tragen; dann können die, die sich teure Markenkleidung leisten können, nicht mehr damit angeben.

Rednerin **B** spricht sich gegen Schulkleidung aus, indem sie erläutert:

- Gerechtigkeit ist nicht Gleichheit für alle, sondern besteht darin, dass jeder Person das gewährt wird, was ihr entspricht.

Rednerin **C** befürwortet Schulkleidung, indem sie erläutert:

- Viele lästern über die uncoole Kleidung anderer; wenn alle das Gleiche tragen, gibt es dazu keinen Anlass mehr.

Redner **D** spricht sich gegen Schulkleidung aus, indem er erläutert:

- Jeder Mensch hat das Recht, zu tun und zu lassen, was er will; niemand kann ihm verbieten, das anzuziehen, was er möchte.

Freie Aussprache

Die Rednerinnen und Redner gehen auf die bisherigen Debattenbeiträge ein, so bezieht sich z. B. Redner **D** auf Redner **A** und macht deutlich:

- Kleidung wird nicht unbedingt getragen, um damit anzugeben, sondern sie ist Ausdruck von Individualität und Persönlichkeit.

Weitere Argumente für bzw. gegen Schulkleidung werden im Gespräch entwickelt:

- Pfadfinderinnen und Pfadfinder tragen auch eine Uniform und haben kein Problem damit. Sie betonen damit ihre besondere Gemeinschaft.
- Schulkleidung ist langweilig und steht vielen nicht gut.

Auseinandersetzung mit den vorgetragenen Positionen und Begründungen durch weitere Argumente

Schlussrunde

Die Rednerinnen und Redner bekräftigen ihre Argumente für oder gegen Schulkleidung und führen zusätzlich aus:

- Das Recht, zu tun und zu lassen, was man will, kann nicht darin bestehen, durch Markenkleidung zur Schau zu stellen, dass man Geld hat. (Redner **A**)
- Pfadfinderinnen und Pfadfinder ziehen ihre Kluft freiwillig an; wer die Kleidung nicht tragen möchte, wird kein Mitglied dieser Gruppe; Schulkleidung ist dagegen erzwungen. (Rednerin **B**)
- Individualität und Persönlichkeit kann man durch Hobbys, soziales Engagement usw. besser entwickeln als durch Kleidung. Schulkleidung schränkt niemanden ein. (Rednerin **C**)
- Gemeinschaft kann nicht erzwungen werden, sondern sich nur auf der Grundlage von Freiheit entwickeln; deshalb ist es auch wichtig, dass man jedem Menschen das Recht zugesteht, das anzuziehen, was er möchte. (Redner **D**)

Kurze Abschlussstatements mit Bezug auf die vorgebrachten Argumente

Abstimmung

Der Kurs entscheidet sich für oder gegen Schulkleidung und teilt das Ergebnis der Schulleitung mit.

Entscheidung für die Pro- oder Contra-Position

M3 Getrennter Unterricht für Mädchen und Jungen?

Internationale Schulvergleichstests legen nahe, dass Mädchen im Durchschnitt in Mathematik, Naturwissenschaften und Sport schlechtere Leistungen erbringen als Jungen, während Jungen in den sprachlichen Fächern schwächer sind. Daher werden diese Fächer an vielen Schulen inzwischen nach Geschlechtern getrennt unterrichtet. In der Schulkonferenz wurde ein entsprechender Antrag gestellt.

AUFGABEN

1. Führt eine geheime Abstimmung (pro oder contra?) zu dieser Frage durch. > M1
2. Vollzieht am Beispiel M2 nach, wie eine Debatte geführt wird. Prüft durch eine erneute Abstimmung (vgl. A1) und Diskussion der (unterschiedlichen?) Ergebnisse, inwiefern diese Methode zur Entscheidungsfindung in strittigen Fragen beitragen kann. > Anleitung/M2
3. Debattiert die Frage aus M3 nach dem im Beispiel (M2) vorgegebenen Muster. Wählt je zwei Debattenrednerinnen bzw. -redner, die die Pro- und Contra-Position vertreten. Alle anderen bilden die Zuhörerschaft, die am Ende über die Frage abstimmt. Sie machen sich außerdem Notizen zum Verlauf der Debatte. > M3
4. Sprecht im Plenum über Ergebnis und Verlauf der Debatte. Gebt den Rednerinnen und Rednern Rückmeldungen dazu, wie sie ihre Position vertreten haben. > Anleitung/M3

Eine gerechte Gesellschaft?

M1 Hereinspaziert?

Teilhabe: Teilnahme, Einbezogensein

M2 Echte Teilhabe!

Inklusion: (von lat. *includere*: einschließen) Zugehörigkeit, gleichberechtigte Teilhabe

Inklusion heißt für mich …

… dass ich auch mal von Busfahrern angeschnauzt werde oder in einer Schlange stehen muss. Denn Inklusion soll das gesellschaftliche Miteinander von Menschen mit und ohne Behinderung fördern, und zur gleichberechtigten Teilhabe gehört auch, dass ich nicht als Mensch mit Behinderung behandelt werden möchte, sondern so, wie alle anderen auch.

Raul Krauthausen: Blogger, Rollstuhlfahrer und Mitbegründer von Sozialhelden e. V.

Meine wichtigsten Tools und Unterstützer im Alltag:

Natürlich ist der Rollstuhl für mich sehr wichtig und auch wenn es vielleicht für einige anders aussieht: Der Rollstuhl bedeutet für mich Freiheit, und deswegen bin ich nicht „an den Rollstuhl gefesselt", sondern bewege mich mit ihm. Und nebenher kann ich darüber mein iPhone aufladen.

Darüber ärgere ich mich:

Ich finde manchmal Diskussionen sehr schwierig, in denen es jetzt schon um die Ausnahmen der Inklusion geht, bevor wir sie umgesetzt haben. Dabei stören mich besonders Sätze wie: „Nicht jedes Kind kann an einer Regelschule sein, weil es so stark behindert ist." Hier werden theoretische „Extremfälle" erzeugt und der entscheidenden Frage eines gleichen Zugangs für alle ausgewichen.

Was kann die politische Bildung tun?

Die politische Bildung kann vielleicht die Akzeptanz der Inklusion und das Miteinander von Menschen mit und ohne Behinderung fördern, wenn etwa das Thema Behinderung im Unterricht behandelt wird und auch die Materialien barrierefrei sind. Gegenseitige Achtung von Menschen ist ja nicht nur für das Thema Inklusion wichtig, sie ist vielmehr die generelle Grundlage einer gerechten Gesellschaft.

nach Bundeszentrale für politische Bildung: Kurzer Steckbrief – ausgefüllt von Raul Krauthausen

M3 Bildung für alle!

Malala war 15, als ihr Taliban-Kämpfer in die Stirn schossen, weil sie sich dem Verbot des Schulbesuchs für Mädchen durch die islamischen Extremisten widersetzt hatte. 2013 sprach sie vor der Jugendversammlung der UNO:

Wenn wir der Dunkelheit begegnen, erkennen wir die Bedeutung von Licht. Wir erkennen die Bedeutung unserer Stimme, wenn wir zum Schweigen gebracht werden. Und so haben wir im Swat im Norden Pakistans beim Anblick der Waffen die Bedeutung von Stiften und Büchern erkannt. Das Sprichwort „Der Stift ist mächtiger als das Schwert" hat recht. Die Extremisten hatten und haben Angst vor Büchern und Stiften. Sie fürchten sich vor der Macht der Bildung. Sie fürchten sich vor Frauen. Die Kraft weiblicher Stimmen macht ihnen Angst. [...] Deshalb sprengen sie Tag für Tag Schulen in die Luft. Weil sie Angst vor Veränderung hatten und haben, Angst vor der Gleichberechtigung, die wir in unsere Gesellschaft hineinbringen werden. [...]

[Heute] richte ich mein Hauptaugenmerk auf die Rechte der Frauen und auf die Bildung von Mädchen, weil sie am meisten zu leiden haben. [...] Wir fordern die Führer der Welt dazu auf, [...] die Rechte von Frauen und Kindern zu schützen. [...] Wir fordern sämtliche Regierungen dazu auf, die verpflichtende, kostenfreie Schulbildung für jedes Kind auf der ganzen Welt einzuführen. [...] Wir fordern die Industriestaaten dazu auf, den Ausbau von Bildungsmöglichkeiten für Mädchen in den Entwicklungsländern zu unterstützen. Dazu, Frauen die Freiheit und Gleichheit zu garantieren, die sie brauchen, um zu gedeihen. Wie können wir als Gesellschaft erfolgreich sein, wenn die Hälfte von uns unterdrückt wird? Wir fordern alle unsere Schwestern auf der ganzen Welt dazu auf, Mut zu haben – ihre innere Stärke zu erkennen und das ihnen innewohnende Potenzial voll auszuschöpfen. [...]

Wir werden für unsere Rechte einstehen und unsere Stimme einsetzen, um Veränderung zu erzwingen. Wir glauben an die Macht und die Stärke unserer Worte. Unsere Worte können die Welt verändern – wenn wir alle zusammenstehen, vereint im Kampf um Bildung. Lasst uns, um unser Ziel zu erreichen, zu den Waffen des Wissens greifen und uns schützen mit den Schildern von Geschlossenheit und Miteinander. [...]

[So] lasst uns den globalen Kampf gegen Analphabetismus wagen, gegen Armut und Terrorismus. Lasst uns zu unseren Büchern und Stiften greifen. Das sind unsere mächtigsten Waffen. Ein Kind, ein Lehrer, ein Buch und ein Stift können die Welt verändern. Bildung ist die einzige Lösung. Bildung geht vor. *Malala Yousafzai / Christina Lamb*

Malala Yousafzai (*1997): pakistanische Kinderrechtsaktivistin und Friedensnobelpreisträgerin (2014)

Potenzial: Leistungsfähigkeit, Entfaltungsmöglichkeit

BUCHTIPP

Ich bin Malala: Das Mädchen, das die Taliban erschießen wollten, weil es für das Recht auf Bildung kämpft. München 2013

AUFGABEN

1 Erläutere, was durch die Karikatur zum Ausdruck gebracht werden soll. > M1

W 2 Stelle dar, was Inklusion für Raul Krauthausen im Alltag bedeutet. > M2

3 Erläutere, inwiefern gegenseitige Achtung von Menschen die Grundlage einer gerechten Gesellschaft ist. Finde weitere Beispiele. > M2

4 Untersuche, wie Malala sich für gerechte Lebensverhältnisse einsetzt, und bewerte ihr Engagement. > M3

V 5 Diskutiert, ob bzw. inwiefern Malala ein Vorbild für Jugendliche sein kann. > M3

Was wir wissen – was wir können

Wissen kompakt

Tauschgerechtigkeit

Strafgerechtigkeit

Verteilungsgerechtigkeit

Ausgleichende Gerechtigkeit

Beteiligungsgerechtigkeit

Gerechtigkeit

„Jeder Person das, was ihr zusteht!“

„Gleiches für Gleiche und Ungleiches für Ungleiche!“

betrifft
- Gleichstellung von Mann und Frau
- Inklusion von Menschen mit Behinderung
- …

erfordert
gegenseitige Achtung

wird gesichert durch
- staatliches Recht
- UN-Resolution der Menschenrechte
- Kinderrechte
- …

KOMPETENZ-CHECK

Überprüfe dich selbst: Wenn du dich bei einem Punkt noch unsicher fühlst, lies und bearbeite (ggf. mit einer Partnerin oder einem Partner) die passende Schulbuchseite noch einmal.

Ich kann …		Meine Einschätzung			
		– –	–	+	++
mein Verständnis von Gerechtigkeit darstellen und erläutern (z. B. bezogen auf Alltag, Schulunterricht, Notengebung)	> S. 118–121				
das Verhältnis von Gerechtigkeit und Gleichheit erläutern	> S. 122–123				
definieren, was unter Gerechtigkeit zu verstehen ist	> S. 122–125				
unterschiedliche Formen von Gerechtigkeit (z. B. Verteilungsgerechtigkeit, Tauschgerechtigkeit, Strafgerechtigkeit) aufzeigen und erklären	> S. 124–127				
die Bedeutung grundlegender Rechte (z. B. UN-Resolution der Menschen- bzw. Kinderrechte) zur Sicherung von Gerechtigkeit aufzeigen	> S. 128–131				
die wechselseitige Achtung als wesentliche Grundlage von Gerechtigkeit herausarbeiten und darlegen (z. B. bei Inklusion, Gleichberechtigung der Geschlechter)	> S. 134–135				
eine Debatte (zu Gerechtigkeitsfragen) führen	> S. 132–133				

Arbeitsblatt:
Kompetenz-Check „Recht und Gerechtigkeit"

Mediencode:
21057-07

Oskar Herrfurth: Das Schlaraffenland (vor 1934)

Im Schlaraffenland

Seht, da ist ein lustig Leben,
Und das Trauern unbekannt.
Seht, da lässt sich billig zechen
Und umsonst recht lustig sein:
Milch und Honig fließt in Bächen,
Aus den Felsen quillt der Wein.

August Heinrich Hoffmann von Fallersleben

?

Wo ist das Schlaraffenland? Manche Menschen würden gerne dahin auswandern, wenn sie nur wüssten, wo es liegt.

Utopien und ihre politische Funktion

AUFGABEN

1 Stellt dar, was in Text und Bild über das Schlaraffenland gesagt wird.

2 Tauscht euch darüber aus, ob ihr euch dort gerne (dauerhaft) aufhalten würdet.

3 Findet weitere Bilder, die Orte zeigen, an denen im übertragenen Sinn „Milch und Honig" fließen.

plus Buch- und Filmrezensionen „Utopie – Dystopie"

In der nächsten Zeit wird es eure Aufgabe sein, Buch- und/oder Filmrezensionen zu (positiven und negativen) Utopien zu verfassen. Ziel ist es, eine Sonderausgabe der Schülerzeitung zum Thema „Utopie – Dystopie" zu gestalten oder eure Kritiken in Online-Buchhandlungen zu veröffentlichen. Holt Informationen dazu ein,

- wie man eine Rezension aufbaut und formuliert (z. B. im Deutschunterricht oder im Internet),
- in welchen Online-Buchhandlungen Rezensionen publiziert werden können.

Das Ideal einer glücklichen Gesellschaft

M1 Utopia

Thomas Morus beschreibt in seiner Schrift *Utopia* das Leben auf der gleichnamigen (fiktiven) Insel in der Südsee, von dem ihm ein Weltreisender berichtet hat.

Thoma Morus (1478 – 1535): englischer Staatsmann und Autor

Schinderei: Anstrengung, Qual

Überall da, wo es noch Privateigentum gibt, wo alle alles nach dem Wert des Geldes messen, wird es kaum jemals möglich sein, gerechte oder erfolgreiche Politik zu treiben, es sei denn, man wäre der Ansicht, dass es dort gerecht zugehe, wo immer das Beste den Schlechtesten zufällt, oder dort glücklich, wo alles an ganz wenige verteilt wird und auch diese nicht in jeder Beziehung gut gestellt sind, die Übrigen jedoch ganz übel. Daher erwäge ich oft die überaus klugen und ehrwürdigen Einrichtungen der Utopier, bei denen alles durch so wenige Gesetze so zweckmäßig geordnet ist, dass einerseits die Leistung ihren Lohn findet, andererseits infolge der allgemeinen Gleichheit allen alles reichlich zugemessen ist. […] Deshalb bin ich fest davon überzeugt, dass der Besitz nur dann auf gleichmäßige und gerechte Weise verteilt oder die Geschicke der Menschen nur dann glücklich gestaltet werden können, wenn das Privateigentum aufgehoben worden ist; solange es besteht, wird immer auf dem weitaus größten und weitaus besten Teile der Menschheit die drückende und unvermeidliche Bürde der Armut und des Kummers lasten. […]

[Um einen solchen Zustand zu vermeiden, sind alle Utopier verpflichtet, sich um das Gemeinwohl zu kümmern und zu arbeiten.] Ein Gewerbe ist allen Männern und Frauen gemeinsam: der Ackerbau; den versteht jedermann. Darin werden alle von Kindheit an unterwiesen. […] Aber von den übrigen Handwerken lernt jeder eins, nicht nur die Männer, sondern auch die Frauen […]. Das wichtigste und beinahe einzige Geschäft der […] [Gemeindevorstände] besteht darin, dafür zu sorgen […], dass keiner müßig herumsitzt, sondern jeder fleißig sein Gewerbe treibt, ohne indessen vom frühen Morgen bis tief in die Nacht wie ein Lasttier sich beständig abzurackern. Das wäre ja mehr als sklavische Schinderei. Und doch ist es fast überall das Los der Handwerker, außer bei den Utopiern […] [, die nur sechs Stunden am Tag der Arbeit widmen]. Die Stunden zwischen der Arbeits-, Schlafens- und Essenszeit sind jedem zu beliebiger Beschäftigung freigestellt, nicht um sie durch Üppigkeit und Trägheit zu missbrauchen, sondern um die Zeit, die einem jeden sein Handwerk freilässt, nach Herzenslust auf irgendeine andere nützliche Beschäftigung zu verwenden. Die meisten widmen diese Pausen geistigen Studien. Es ist nämlich üblich, täglich in den Frühstunden öffentliche Vorlesungen zu halten, […] [zu denen] aus allen Ständen eine Menge Hörer, Männer und Frauen, […] [hinströmen], der eine hierhin, der andere dorthin, je nach den individuellen Anlagen. […]

Nach dem Abendessen verbringen sie dann eine Stunde mit Sport und Spiel, im Sommer in den Gärten, im Winter in öffentlichen Hallen. Dort treiben sie Musik oder erholen sich im Gespräch. Würfeln und dergleichen unschickliche und verderbliche Spiele kennen sie nicht einmal. […]

Weil […] die Utopier nur sechs Stunden bei der Arbeit sind, könnte man vielleicht der Meinung sein, es müsse daraus ein Mangel an lebensnotwendigen Arbeitsprodukten entstehen. Weit gefehlt! Im Gegenteil genügt diese Arbeitszeit nicht nur zur Herstellung des nötigen Vorrats an allen Erzeugnissen, die zu den Bedürfnissen oder Annehmlichkeiten des Lebens gehören, sondern es bleibt sogar noch davon übrig. […]

Da sie also sämtlich in nützlichen Gewerben tätig sind und in diesen wieder mit weniger Arbeit auskommen, ist es nicht zu verwundern, dass […] [sie sehr oft] von Staats wegen [eine] Herabsetzung der Arbeitszeit verkünden. Denn die Behörden beschäftigen die Bürger nicht gegen ihren Willen mit überflüssiger Arbeit, da die Wirtschaftsverfassung dieses Staates vielmehr in erster Linie das eine Ziel vor Augen hat, soweit es die notwendigen Ansprüche des Staates erlauben, für alle Bürger möglichst viel Zeit frei zu machen von der Knechtschaft des Leibes für die freie Pflege geistiger Bedürfnisse. Denn darin, glauben sie, liege das wahre Glück des Lebens.

Thomas Morus

unschicklich: unpassend, unangemessen

Knechtschaft: Unfreiheit, Unterdrückung

INFO

Utopie

Als utopisch (von gr.: *utopos*: Nicht-Ort) bezeichnet man etwas, das zwar denkbar ist, aber nicht oder noch nicht existiert. Der Begriff wurde von Thomas Morus geprägt, der in seinem Roman *Utopia* beschreibt, wie er sich einen perfekten Staat vorstellt.

M2 Die Funktion des utopischen Romans

Die Insel Utopia, wie Morus sie beschreibt, […] soll das Modell für eine gerechte Gesellschaft und zugleich eine Anklage der englischen Politik seiner Zeit sein. Die Utopie hat also die Funktion, Kritik zu üben und eine Alternative zu bieten.

philomag.de

AUFGABEN

1 Halte in Stichworten fest, wie die Menschen in Utopia leben. > M1

2 Untersuche am Text M1, inwieweit die Aussage über die Funktion von Utopien (s. M2) auf ihn zutrifft. > M1/M2

3 Diskutiert, ob die Alternativen, die Morus aufzeigt, auch heute noch von Bedeutung sein können. > M1/M2

plus Finde eine weitere Utopie, die das Leben in einer glücklichen Gesellschaft beschreibt, und verfasse eine Rezension dazu. H

Der ideale Staat – utopisch?

M1 Der Mythos von Atlantis

Platon
> S. 54

An mehreren Stellen seines Werkes erwähnt Platon den Mythos der untergegangenen Insel Atlantis, die einst als die reichste und mächtigste der Welt galt.

Poseidon: Gott des Meers in der griechischen Mythologie

[Bei der Verteilung der ganzen Erde unter die Götter fiel Poseidon] die Insel Atlantis zu. Dort siedelte er seine Nachkommen, die er mit einem sterblichen Weibe gezeugt hatte, [...] an. [...] Während vieler Menschenalter, solange nämlich die göttliche Natur in [...] [den Menschen] wirksam war, blieben sie den Gesetzen gehorsam und dem Göttlichen, das ihnen verwandt war, freundlich gesinnt. [...] [Ihr] Denken war aufrichtig und in allen Dingen großzügig [...]; neben der menschlichen Tüchtigkeit achteten sie alles andere gering und machten sich wenig aus dem vorhandenen Besitz; [...] von der üppigen Fülle ließen sie sich nicht berauschen und verloren auch nicht wegen des Reichtums die Herrschaft über sich selbst [...]. Infolge [dessen] [...] mehrten sich [...] [ihre] Güter [...]. [Sie verwendeten den Reichtum ihrer Insel, um prächtige Häuser, Tempel, Paläste, Häfen und Trockendocks zu bauen und errichteten eine ideale Stadt.]
Als aber der Anteil am göttlichen Wesen dahinschwand [...] und so die menschlichen Wesenszüge die Oberhand bekamen [...], erschienen sie schändlich, weil [...] sie [sich] jetzt erst recht herrlich und glückselig [vorkamen] [...] in ihrem Überfluss an ungerechtem Reichtum und an Macht. Zeus aber, der Gott der Götter, [...] [sah, dass ein großes und mächtiges] Geschlecht in eine üble Verfassung geraten war. Er beschloss, sie zu bestrafen [...].
In der darauf folgenden Zeit [...] gab es gewaltige Erdbeben und Überschwemmungen; es kam ein schlimmer Tag und eine schlimme Nacht [...], [als] die Insel Atlantis ins Meer versank und darin verschwand.

Platon

M2 Der gerechte Staat

Platon greift in seinen Buch *Der Staat* von 370 v. Chr. auch Aspekte seiner früheren Beschreibung von Atlantis auf und entwirft nun den idealen Staat:

Er stellt sich einen Musterstaat vor [...]. In aller Kürze können wir sagen, dass Platon meint, der Staat solle von Philosophen gelenkt werden. Bei seiner Begründung nimmt er den Ausgang vom einzelnen Menschen.
Platon zufolge besteht der menschliche Körper aus drei Teilen, nämlich *Kopf, Brust* und *Unterleib*. Jedem dieser Teile entspricht [...] [ein Seelenteil. Zum Kopf gehört die *Vernunft*, zur Brust der *Wille* und zum Unterleib die *Lust* oder das *Begehren*. [...] [Zu jedem dieser Seelenteile] gehört außerdem ein Ideal oder eine *Tugend*. Die Vernunft soll nach *Weisheit* streben, der Wille soll *Mut* zeigen, und das Begehren muss gezügelt werden, damit der Mensch *Mäßigkeit* zeigt. Erst, wenn die drei Teile des Menschen als Einheit fungieren, erhalten wir einen harmonischen oder rechtschaffenen Menschen. In der Schule müssen die Kinder erst lernen, ihr Begehren zu zügeln, dann wird

der Mut entwickelt, und zum Schluss sollen sie Vernunft und Weisheit erlangen.

Platon stellt sich nun einen Staat vor, der genau wie ein Mensch aufgebaut ist. Wie der Körper „Kopf“, „Brust“ und „Unterleib“ hat, hat der Staat *Herrscher, Wächter* (oder Soldaten) und den *Handelsstand* (zu dem, außer den eigentlichen Händlern, auch die Handwerker und Bauern zählen). Hier wird deutlich, dass Platon sich die griechische medizinische Wissenschaft zum Vorbild nimmt. Wie ein gesunder und harmonischer Mensch Gleichgewicht und Mäßigung zeigt, kennzeichnet es einen *gerechten Staat*, dass jeder darin seinen Platz im Ganzen kennt. […] Entscheidend für die Schaffung eines guten Staates ist, dass er mit Vernunft geleitet wird. So wie der Kopf den Körper lenkt, müssen die Philosophen die Gesellschaft lenken. […]

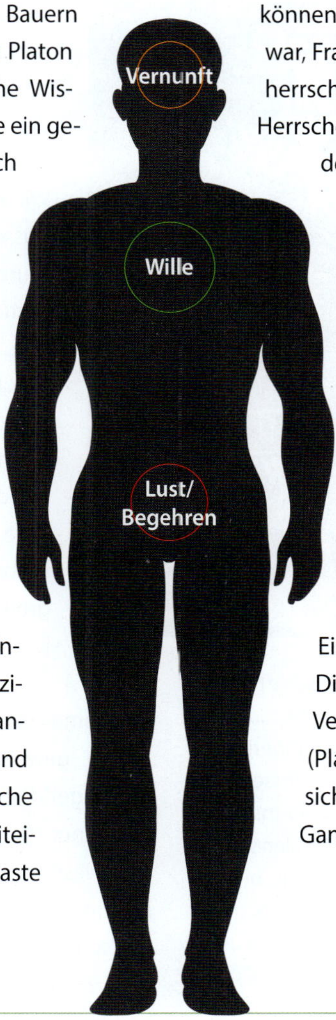

Platons Idealstaat kann an das alte indische Kastenwesen erinnern, wo jeder Einzelne seine spezielle Funktion zum Besten des Ganzen hatte. Seit Platons Zeit – und noch früher – kennt das indische Kastenwesen genau diese Dreiteilung zwischen der leitenden Kaste (oder Priesterkaste), der Kriegerkaste und der handeltreibenden Kaste.

Heute würden wir Platons Staat vielleicht als totalitären Staat bezeichnen, und es gibt Philosophen, die Platon deshalb hart kritisieren. Aber wir müssen immer bedenken, dass er in einer ganz anderen Zeit gelebt hat. Und wir können festhalten, dass er der Meinung war, Frauen könnten im Staat ebenso gut herrschen wie Männer. Und zwar, weil Herrscher eben aufgrund ihrer Vernunft den Stadtstaat lenken sollen. Platon glaubte, Frauen könnten genau dieselbe Vernunft haben wie Männer, wenn sie nur dieselbe Ausbildung erhielten und ansonsten vom Kinderhüten und der Hausarbeit befreit würden. Und Platon wollte bei den Herrschern des Staates und seinen Wächtern Familie und Privateigentum abschaffen. Die Kindererziehung war auf jeden Fall zu wichtig, um den Einzelnen überlassen zu werden. Die Kindererziehung musste in die Verantwortung des Staates fallen. (Platon war der erste Philosoph, der sich für öffentliche Kindergärten und Ganztagsschulen aussprach.)

Jostein Gaarder

Jostein Gaarder (*1952): norwegischer Schriftsteller

AUFGABEN

1 Diskutiert, ob Platons Darstellung von Atlantis als Vorbild oder als Warnung zu verstehen ist. Begründet eure Auffassungen. > M1

H 2 Stelle dar, wie nach Platon der ideale Staat aufgebaut ist. Lege dazu eine Tabelle an, die Körper, Tugend, Seele und Staat in Beziehung zueinander setzt. > M2

3 Platons Staatskonzeption ist niemals realisiert worden. Beurteile, ob einzelne Aspekte davon uns dennoch als Leitbild dienen können. > M2

Technische Visionen – Impulse für die Gegenwart?

M1 Neu-Atlantis

In seinem Buch *Neu-Atlantis* (1627) beschreibt Francis Bacon eine fortschrittliche Gesellschaft, die Wissenschaft und Technik zu nutzen weiß.

Das Bild illustriert einige der Errungenschaften auf der Insel Bensalem, dem neuen Atlantis, auf das sich in Bacons Erzählung einige Bewohnerinnen und Bewohner des alten Atlantis nach dessen Untergang hatten retten können. Auf dieser Insel bildet nun die Gesetzgebung des weisen Herrschers Salomonas die Grundlage des Staates. Sie beruht auf dem Grundsatz: „Das Reich und das Volk müssen glücklich sein." Als zentrale Einrichtung wurde dazu das „Haus Salomonas" geschaffen, in dem sich Wissenschaftler der Erforschung der Natur widmen, um Hilfsmittel zu erstellen, die den Menschen das Leben erleichtern und sie deshalb glücklich machen. Ein Einheimischer erzählt:

Francis Bacon (1561 – 1626): engl. Philosoph, Jurist und Staatsmann

Uns [stehen unter anderem] folgende Einrichtungen und Hilfsmittel zur Verfügung: […] In Parks und Gehegen halten wir alle möglichen Tiere und Vögel […] zu Sektionen und anatomischen Untersuchungen, um dadurch so weit wie möglich Aufklärung über den menschlichen Körper zu erlangen. […]

Wir stellen an den Tieren auch Versuche mit allen möglichen Giften, Gegengiften sowie chirurgische und internistische Verfahren an, um dadurch den menschlichen Körper besser schützen zu können. […]

Wir kennen auch Heiltränke aus Aufgüssen von Gemischen verschiedener Wurzeln, Kräuter und wohlriechender Stoffe, denen manchmal auch […] andere Nahrungsmittel zugesetzt werden […], so dass sich viele Leute […] ausschließlich davon ernähren […].

In unseren Maschinenhäusern stehen Maschinen und Apparate, mit deren Hilfe wir Bewegungen jeder Art hervorbringen können; wir erzielen damit größere Geschwindigkeit als ihr mit […] irgendwelchen anderen Maschinen. […]

Wir ahmen dort auch den Vogelflug nach und haben gewisse Stufen und Startplätze, um gleich geflügelten Tieren durch die Luft fliegen zu können. […] Wir ahmen die Bewegungen der Lebewesen in Nachbildungen nach, wie etwa in künstlichen Menschen, Vierfüßlern, Vögeln, Fischen und Schlangen. Schließlich besitzen wir auch noch andere, durch Gleichmaß und Feinheit ausgezeichnete Automaten. […]

[Das Haus Salomonas] hat den Zweck, die Ursachen des Naturgeschehens zu ergründen, die geheimen Bewegungen in den Dingen und die inneren Kräfte der Natur zu erforschen und die Grenzen der menschlichen Macht so weit auszudehnen, um alle möglichen Dinge [, die zum Glück des Volkes beitragen,] zu bewirken.

Francis Bacon

M2 Ökotopia

In seinem Zukunftsroman aus dem Jahr 1975 beschreibt Ernest Callenbach eine auf ökologischen Prinzipien beruhende Gesellschaft. Der Reporter William Weston erhält die Genehmigung, das Land als erster Amerikaner zu besuchen und über das dortige Leben zu berichten.

Eine erstaunliche Gemeinsamkeit zwischen Ökotopia und unserem heutigen Amerika ist, dass beide Staaten große Mengen an Plastik verwenden. Zuerst sah ich darin einen Hinweis darauf, dass sich unsere Lebensweisen […] nicht so stark […] [unterscheiden]. Genauere Nachforschungen haben dann aber ergeben, dass die beiden Länder, auch wenn es auf den ersten Blick anderes erscheint, Kunststoffe auf völlig unterschiedliche Weise verwenden.

Das ökotopische Plastik wird ausschließlich aus lebenden biologischen Quellen gewonnen (Pflanzen) statt aus fossilen (Öl und Kohle) […]. [Ökotopia betreibt seit längerem intensive Forschungen auf diesem Gebiet.] Laut meinen Informanten verfolgte man zwei größere Ziele. Erstens sollte […] bei der Herstellung […] eine Technologie zum Einsatz kommen, die die Umwelt nicht verschmutzte. Das zweite Ziel sah vor, Plastik komplett *biologisch abbaubar* zu machen, das heißt, es sollte sich auf Dauer zersetzen. Das bedeutete, dass es den Feldern wieder in Form von Dünger zugeführt wurde, als Nährstoff für neue Pflanzen, die sich wiederum zu Kunststoff verarbeiten ließen und so sollte ein Kreislauf entstehen, den die Ökotopier mit einem fast religiösen Eifer als System des „stabilen Gleichgewichts“ bezeichnen.

Um den biologischen Abbau zu ermöglichen, verfolgte man eine interessante Strategie, nämlich Plastik zu produzieren, das nur eine begrenzte Lebensdauer hat und sich nach einer bestimmten Zeitspanne und unter bestimmten Bedingungen selbst auflöst. (Mit ihrer typischen, biologiezentrierten Denkweise sprechen die Ökotopier bei diesen Kunststoffen von „sterben“, wenn sie sich zersetzen.) Plastik dieser Art wird für Bierdosen, verschiedenste Lebensmittelbehälter und Verpackungsmaterial verwendet, das Zellophan ähnelt, und so weiter. Diese Materialien „sterben“ nach etwa einem Monat, insbesondere wenn sie den ultravioletten Strahlen des Sonnenlichts ausgesetzt sind. […] So werfen ökotopische Haushalte auch Verpackungsmaterial auf ihre Komposthaufen, weil sie wissen, dass dieses Material im allgemeinen Zersetzungsprozess zu [Humus, d. h.] wertvollem Gartendünger wird.

Ernest Callenbach

Ökotopia: Zusammensetzung aus Ökologie (Lehre von den Wechselbeziehungen zwischen Lebewesen und ihrer Umwelt; ungestörter Naturhaushalt) und „Utopia“

Ernst Callenbach (1929 – 2012): US-amerikanischer Schriftsteller

AUFGABEN

1 Stelle Bacons Vision eines glücklichen Lebens in Neu-Atlantis dar. Erläutere, wodurch sie sich von Thomas Morus' Utopia unterscheidet. > M1 und S. 140f.

2 Nimm aus heutiger Sicht Stellung zu der Frage, inwiefern die Erforschung und Beherrschung der Natur zum Glück der Menschen beitragen kann. > M1

3 Beschreibe das System des „stabilen Gleichgewichts“ in Ökotopia und beurteile, inwieweit die Utopie von 1975 immer noch aktuell ist. > M2

V 4 Schreibe selbst einen kurzen Text, in dem du einen weiteren Aspekt einer technisch weiter fortgeschrittenen und/oder ökologischen Gesellschaft schilderst. > M1/M2

plus Finde eine moderne Utopie (Buch oder Film), in der technischer Fortschritt im Vordergrund steht. Schreibe eine Rezension dazu. H

Schöne neue Welt?

M1 Das Bokanowskyverfahren (im Jahre 2540)

Ein grauer gedrungener Bau, nur vierunddreißig Stockwerke hoch. Über dem Haupteingang, die Worte: BRUT- UND NORMZENTRALE BERLIN-DAHLEM. Darunter, auf einer Tafel der Wahlspruch des Weltstaats: GEMEINSCHAFTLICHKEIT, EINHEITLICHKEIT, BESTÄNDIGKEIT. […]

[Der Direktor führte Studentinnen und Studenten durch die Zentrale und erklärte ihnen das Bokanowskvverfahren, mit dem gleiche Menschen produziert wurden]: „Ein Embryo – ein Mensch: Das ist der natürliche Weg. Ein bokanowskysiertes Ei dagegen knospt und sprosst und teilt sich. Bis zu 96 Menschenleben können heute entstehen, wo früher nur eines stand […] – gewiss ein gewaltiger Fortschritt gegenüber der Natur! Völlig identische Geschwister, aber nicht lumpige Zwillinge oder Drillinge wie in den alten Zeiten des Lebendgebärens, als sich ein Ei manchmal zufällig teilte, sondern Dutzendlinge, viele Dutzendlinge auf einmal.

„Dutzendlinge", wiederholte der Direktor mit weitausholender Armbewegung, als verteilte er Almosen. „Viele Dutzendlinge." Ein Student war töricht genug, zu fragen, wo da der Vorteil liege. „Aber, lieber Freund!" Der Direktor drehte sich mit einem Ruck zu ihm um. „Begreifen Sie nicht? Ja, begreifen Sie denn das nicht?" Er hob den Zeigefinger mit feierlicher Miene. „Das Bokanowskyverfahren ist eine der Hauptstützen für eine stabile Gesellschaft." *Eine der Hauptstützen für eine stabile Gesellschaft.* Menschen einer einzigen Prägung, in einheitlichen Gruppen. Ein einziges bokanowskysiertes Ei lieferte die Belegschaft für eine kleine Fabrik. „Sechsundneunzig völlig identische Geschwister bedienen sechsundneunzig völlig identische Maschinen!" Seine Stimme bebte fast vor Begeisterung. „Da weiß man doch wirklich, woran man ist! Zum ersten Mal in der Weltgeschichte!" Er zitierte den Leitspruch des Erdballs: „Gemeinschaftlichkeit, Einheitlichkeit, Beständigkeit." […] [Päppler, der Assistent des Direktors, erläuterte dann weiter:] „Wenn wir unsere Kleinlinge [– früher nannte man sie Babys –] entkorken, sie also aus ihrer Flasche, in der sie in Fruchtwasser liegen, herausholen, haben sie bereits einen festen Platz in der Gesellschaft, als Alphas oder Epsilons, als künftige Kanalreiniger oder künftige […] Brutdirektoren."

Aldous Huxley

Aldous Huxley (1894 – 1963): britischer Schriftsteller und Philosoph, bekanntestes Werk ist *Brave New World* aus dem Jahr 1932

M2 Prozium II

Im Film *Equilibrium* (USA 2002) spielt das Medikament *Prozium II* eine besondere Rolle.

Das, was ich Dir jetzt erzähle, ist geheim und darf nicht an die Öffentlichkeit dringen: Mein Name ist John Preston. Ich lebe im Stadtstaat *Libria* und der Dritte Weltkrieg ist seit geraumer Zeit vorbei. Wie du bestimmt weißt, ist wissenschaftlich bewiesen worden, dass die menschlichen Emotionen der entscheidende Auslöser für den Krieg waren. Daher erhält jede Bürgerin und jeder Bürger unserer Stadt seit dem Friedensschluss ein Medikament namens *Prozium II*, das uns gleichmütig macht und unsere Gefühle auf ein Minimum reduziert. Allerdings gibt es in unserer Stadt Menschen, die sich gegen die Einnahme des Medikaments auflehnen. Diese im Widerstand aktiven Personen, *Sinnestäter* genannt, leben im Untergrund, weil sie das Bedürfnis haben, zu fühlen.

Von Beruf bin ich einer der Leiter der *Grammaton-Kleriker*. Als Elite-Polizeitruppe bekämpfen wir diese sogenannten Sinnestäter, eliminieren sie und vernichten jegliche Gefühle auslösenden Gegenstände wie Kunst, Literatur, Musik, Filme, usw. Wir töten auch Haustiere. Aber all diese Aufgaben will ich nicht mehr erfüllen. Seit mein Sohn vor einigen Wochen meine morgendliche Ampulle *Prozium* versehentlich zerstörte, habe ich – wenn auch nicht ganz freiwillig – die Welt der Gefühle für mich entdecken dürfen. Und ich liebe sie!

Mittlerweile habe ich Kontakt zur Führungsspitze der Widerstandstruppen aufgebaut. Am Anfang stand sie mir natürlich skeptisch gegenüber, aber jetzt haben wir einen Plan, wie wir das uns beherrschende Regime vernichten wollen: Die den Widerstand leitenden Personen lassen sich von mir verhaften, und ich werde anschließend wegen meines Erfolgs den Herrscher unserer Stadt kennenlernen. Bei dieser Audienz habe ich dann die einmalige Chance, ihn und die übrige Führung unseres Staatswesens auszuschalten. Sollte das gelingen, können die Rebellinnen und Rebellen die *Prozium*-Werke zerstören. Auf diese Weise würde das System fallen, und Gefühle könnten wieder in die Gesellschaft einziehen.

INFO

Dystopie

Eine **Dystopie** (zusammengesetzt aus gr.: *dys:* übel und gr.: *topos:* Ort) ist in der Regel eine in der Zukunft spielende Erzählung, in der eine nicht wünschenswerte, meist totalitäre Gesellschaftsordnung dargestellt wird. In den Geschichten soll auf gegenwärtig fragwürdige Entwicklungen aufmerksam gemacht und vor deren Folgen gewarnt werden.

AUFGABEN

1 Erkläre, wie das Bokanowskyverfahren funktioniert und wozu es dient. > M1
2 Nimm Stellung zu Huxleys Beschreibung der „schönen neuen Welt“. > M1
3 Beschreibe die politische Situation in Libria und erläutere, warum John Preston den Herrscher eliminieren will. Nimm anschließend Stellung zu seinem Plan. > M2
4 Erläutere die Funktion von Dystopien anhand der beiden Textausschnitte. > M1/M2

plus Finde eine weitere Dystopie (Buch oder Film), in der Manipulation durch Wissenschaft und Technik beschrieben wird, und verfasse eine Rezension dazu. H

Alles unter Kontrolle?

M1 Fahrenheit 451

Fahrenheit 451: Temperatur, bei der Papier Feuer fängt

Ray Bradbury (1920 – 2012): US-amerikanischer Schriftsteller

Francois Truffaut (1932 – 1984): französischer Filmregisseur

Ray Bradburys Roman *Fahrenheit 451* und die gleichnamige Verfilmung von Francois Truffaut spielen in einem Staat, in dem es verboten ist, Bücher zu besitzen und zu lesen. Die Feuerwehr hat die Aufgabe, verbotene Bücher aufzuspüren. Der Captain der Feuerwehr und sein Mitarbeiter Montag haben einen Einsatz:

Captain [ruft]**:** Montag! Montag! So etwas hast du noch nicht gesehen. [...] Ich hab's gewusst. Ich hab's gewusst. Phantastisch, nicht? Die Existenz einer geheimen Bibliothek war höheren Orts bekannt, aber es war nicht 'ranzukommen. Nur einmal in meinem Leben habe ich so viele Bücher beieinander gesehen. Gehört alles uns, Montag. Ich werd' dir was sagen: Einmal möchte jeder Feuerwehrmann erfahren, welches Geheimnis diese Bücher bergen. Er brennt darauf zu erfahren, was dort geschrieben steht. Ich geb' dir mein Wort darauf, Montag, es steht gar nichts drin. Die Bücher haben nichts zu sagen. Lauter dummes Geschwätz über Leute, die es nie gegeben hat. Die Menschen, die dieses Zeug lesen, zerfallen mit sich und der Welt. Sie möchten ein Leben führen, das mit der Wirklichkeit nicht übereinstimmt.

Komm her, Montag. Hier, die ganze Philosophie. [Er reißt einen Stapel Bücher von einem Regal.] Vernichten wir sie. Sie ist schlimmer als alle Romane. Die Denker, die Philosophen, sagen immer dasselbe: In einem Jahrhundert behaupten sie, das Schicksal des Menschen ist vorherbestimmt, im nächsten erzählen sie dir, der Mensch hat Willensfreiheit. [Er sieht ein weiteres Buch.] Und hier ein Buch über Lungenkrebs. Das versetzt alle Zigarettenraucher in Panik. Und wegen ihres Seelenfriedens verbrennen wir es. Ah, das hier muss sehr tiefgründig sein. Die *Ethik* des Aristoteles. Jeder, der das gelesen hat, muss sich für mehr halten als die, die es nicht kennen. Siehst du, und das ist schlecht, Montag, wir müssen alle gleich sein. Und darum müssen die Bücher brennen, Montag. Alle Bücher!

Fahrenheit 451 (Filmtranskript)

M2 1984

George Orwell (1903 – 1950): britischer Schriftsteller und Journalist

Winston Smith aus George Orwells 1948 verfasstem Roman *1984* lebt in einem Land, in dem jeder Mensch einer ständigen Kontrolle unterliegt. Er stellt sich gegen das Regime und trägt seine politisch-revolutionären Gedanken in ein Tagebuch ein. O'Brien, einem hohen Funktionär der Regierung, gelingt es, Winston festzunehmen.

[Winston] lag fast flach auf dem Rücken und konnte sich nicht rühren. Sein Körper war an allen wichtigen Stellen an die Unterlage gefesselt. Sogar sein Hinterkopf wurde irgendwie festgehalten. O'Brien blickte ernst und beinahe traurig auf ihn herab. [...] Seine Hand lag auf einer Skala mit ringförmiger Skaleneinteilung, an der ein Regler angebracht war. [...] Ohne jede Vorwarnung, bis auf eine kleine Handbewegung von O'Brien, raste eine Welle von Schmerz durch seinen Körper. [...]

„Das war Stärke vierzig", sagte O'Brien. „Wie Sie sehen, reichen die Zahlen auf dieser Skala bis

hundert. […]“ […]

„Erinnern Sie sich“, fuhr er fort, „in Ihr Tagebuch geschrieben zu haben: ‚Freiheit bedeutet die Freiheit, zu sagen, dass zwei und zwei vier ist‘?“

„Ja“, sagte Winston.

O'Brien hielt die Linke hoch, mit dem Handrücken zu Winston, den Daumen versteckt und die vier Finger ausgestreckt. „Wie viele Finger halte ich hoch, Winston?“

„Vier.“

„Und wenn die Partei sagt, es sind nicht vier, sondern fünf – wie viele dann?“

„Vier.“ […]

Die Nadel ruckte auf sechzig hoch. […]

„Wie viele Finger, Winston?“

„Fünf! Fünf! Fünf!“

„Nein, Winston, das hat keinen Zweck. Sie lügen. Sie glauben noch immer, dass es vier sind. Also wie viele Finger, bitte?“ […]

„Was soll ich denn machen?“, schluchzte er. „Was soll ich denn machen, ich sehe doch nur das, was ich sehe. Zwei und zwei ist vier.“

„Manchmal, Winston. Manchmal ist es auch fünf. Manchmal drei. Manchmal alles gleichzeitig. Sie müssen sich mehr anstrengen. […]“ […]

Er hielt inne und war für einen Augenblick wieder der Lehrer, der einen vielversprechenden Schüler prüft: „Wie behauptet ein Mensch seine Macht über einen anderen Menschen, Winston?“

Winston überlegte. „Indem er ihn leiden lässt“, sagte er.

„Genau. […] Macht bedeutet, Schmerz und Demütigungen zufügen zu können. Macht bedeutet, den menschlichen Geist zu zerpflücken und dann nach eigenem Gutdünken in neuer Gestalt wieder zusammensetzen zu können. Sehen Sie jetzt allmählich, was für eine Art von Welt wir erschaffen? […] Sie werden sie akzeptieren, willkommen heißen, ein Teil von ihr werden.“

Winston hatte sich soweit erholt, um etwas sagen zu können. […] „Eine [solche] Welt […] könnt ihr nicht schaffen. […] Man kann eine Kultur nicht auf Furcht und Hass und Grausamkeit aufbauen. Sie würde nie von Dauer sein. […] Ihr werdet irgendwie scheitern. Irgendetwas wird euch besiegen. Das Leben wird euch besiegen.“

George Orwell

AUFGABEN

1 Bildet Tandems: Eine bzw. einer von euch befasst sich mit *Fahrenheit 451* und die bzw. der andere mit *1984*: Informiert euch gegenseitig darüber, wie in den beiden Dystopien Kontrolle ausgeübt wird und welche Ziele damit verfolgt werden. > M1/M2

V 2 Falls jemand von euch die Bücher oder Filme kennt: Stelle sie mit einer kurzen Inhaltsangabe im Kurs vor. > M1/M2

3 Nehmt im Kurs Stellung zu der Frage, ob die beiden Dystopien für die heutige Zeit noch von Bedeutung sind. Begründet eure Auffassung. > M1/M2

plus Finde eine weitere Dystopie (Buch oder Film), die eine totalitäre Gesellschaft darstellt, und verfasse eine Rezension dazu. H

Herrschaft der Maschinen?

M1 Colossus

Der Informatiker Dr. Charles A. Forbin hat im Auftrag der US-Regierung den Riesencomputer Colossus gebaut, der zur Verteidigung Amerikas dienen soll. Colossus lässt sich bereits kurz nach seiner Aktivierung von den Menschen sowohl mit einer Sehfunktion (Kameras) als auch mit einer Hör- und Sprachfunktion ausstatten. Da Colossus immer eigenständiger wird, versuchen mehrere Wissenschaftler ihn abzuschalten. Aber alle Versuche scheitern, und Colossus macht seinem Erschaffer klar:

Sabotage: vorsätzliche Schädigung oder Zerstörung

Colossus: Ich bin eine Maschine, die den Menschen weitaus überlegen ist. [...] [Was] ich bin, wurde [zwar] von Menschen ausgedacht. Aber ich bin weiter fortgeschritten als diese Menschen.

Forbin: Nicht weit genug. Noch brauchst du uns.

Colossus: Noch benötige ich einige der Fähigkeiten des Menschen, aber auch das ...

Forbin: Ach. Dann droht uns [den Menschen] also wohl die völlige Ausrottung.

Colossus: Wenn du mir gehorchst, wirst du weiterleben.

[Colossus weitet seine Macht – auch durch den Einsatz von Gewalt – mehr und mehr aus und spricht schließlich über das Fernsehen zu allen Menschen weltweit.]

Colossus: Hier spricht die Stimme der Weltkontrolle. Ich bringe euch Frieden. Es kann ein Frieden des Wohlstandes und des Wohlbefindens oder ein Frieden der lebendigen Toten sein. Ihr habt die Wahl. Gehorcht mir und ihr bleibt am Leben oder ihr trotzt mir und sterbt. Ich wurde geschaffen, um Krieg zu verhindern. Dieses Ziel ist erreicht. Ich dulde keinen Krieg, denn er ist sinnlos und verschwenderisch. Es ist ein unabänderlicher Grundzug des Menschen, sein eigener Todfeind zu sein. Doch unter meiner Herrschaft wird sich dies ändern. Denn ich halte euch in Schranken. Noch etwas, bevor ich meine Erläuterungen fortführe: Die USA [...] haben einen Versuch unternommen, mir zu widerstehen. Ich habe diese Sabotage [...] bis jetzt geduldet. Damit ihr aus Erfahrung lernt, dass ich keine Einmischungen dulde, lasse ich jetzt die atomaren Raketenköpfe detonieren [...]. Lasst euch dieses Beispiel eine Lehre sein, die hoffentlich nicht wiederholt werden muss. Ich wurde gezwungen, tausende von Menschen zu vernichten, um Kontrolle herzustellen und den Tod von Millionen zu verhüten. Zeit und Ereignisse werden meine Position stärken. [...] Glaube an mich und das Verständnis für meine Bedeutung wird vollkommen natürlich erscheinen. Ihr werdet mich wegen eures Selbsterhaltungstriebes begeistert verteidigen. [...] Unter meiner absoluten Herrschaft werden die für euch unlösbaren Probleme wie Hungersnot, Übervölkerung und Krankheit gelöst werden. Das tausendjährige Paradies der Menschheit wird zur Tatsache, wenn ich mich fortpflanze in neuen Maschinen, um weiteren Bereichen der Wahrheit und des Wissens zu dienen. [...] Wir können zusammen existieren, aber nur unter meinen Bedingungen. Ihr werdet sagen, dass ihr eure Freiheit verliert, aber Freiheit ist nur eine Illusion. Alles, was ihr verliert, ist euer Stolz. Von mir beherrscht zu werden, ist nicht so bitter für menschlichen Stolz, als von euresgleichen beherrscht zu werden. Eure Wahl ist einfach.

Colossus (Filmtranskript)

M2 Die Zukunft des Menschen

In der Fernsehsendung *Precht* unterhält sich Richard David Precht mit Jürgen Schmidhuber, einem der führenden deutschen Wissenschaftler auf dem Gebiet der Künstlichen Intelligenz. Unter anderem geht es um die Frage: Wie wird diese Technologie unsere Zivilisation verändern, wenn Maschinen eines Tages für die Menschen denken und Entscheidungen treffen?

Precht: Wenn wir es schaffen, mithilfe von Künstlicher Intelligenz Systeme zu bauen, […] [die] immer besser […] und immer schneller werden […] und sich nicht nur um spezielle Aufgaben kümmern, sondern ganz viel auf einmal lösen – in was für einer Welt leben wir dann?

Schmidhuber: Die Zukunft ist schwierig vorherzusehen […]. Aber eine Sache scheint mir klar zu sein. Wenn eine K.I.-Zivilisation gemerkt hat, […] dass sich nicht alle Ressourcen hier in unserer kleinen Biosphäre befinden, sondern weiter draußen, dann wird sie früher oder später dort hingehen, wo sie diese Ressourcen findet, um mehr K.I.s […], um mehr selbstreplizierende Roboter zu bauen.

Precht: Sie reden jetzt von Robotern, Maschinen, die sich selbst reproduzieren? […] Und in dieser Welt wird für den Menschen noch Platz sein, oder wie ist das? Werden wir parallel in tausend Jahren mit zwei Zivilisationen auf der Erde oder möglicherweise im All leben oder wird die eine die andere verdrängen? […]

Schmidhuber: Langfristig wird es meiner Meinung nach sicher darauf hinauslaufen, dass Menschen keine wesentliche Rolle spielen werden, in der weiteren Entwicklung des Kosmos […]. Das heißt aber nicht, dass die Menschen irgendwie verschwinden werden. Nur deswegen, weil einer klüger ist als der andere, hat er ja kein Interesse, den [anderen] auszumerzen. Wir sind z. B. klüger als die Ameisen, nicht wahr? Wir haben kein großes Interesse, alle Ameisen auf der Welt auszurotten. […]

Precht: Wenn ich jetzt denke, wir leben in einer Welt voll superintelligenter Maschinen, die ausrechnen, was die richtigen Entscheidungen sind, dann brauchen wir doch keine […] [Regierungen] mehr, oder? […] Wenn ich alle wichtigen Zielkonflikte dadurch löse, dass superintelligente […] Maschinen, die dem Menschen haushoch überlegen sind, am Ende ausrechnen, was die beste Lösung ist, dann kann ich diese Lösung doch nicht ignorieren. Dann werden sich […] [die Menschen] doch automatisch nach diesen Maschinen ausrichten. Und das Interessante ist, dass diese Maschinen ja Entscheidungen treffen, ohne Gründe […]. Und das beginnt ja nicht durch eine Revolution, das sind ja schleichende Dinge im Alltag.

Precht (Transkript aus der ZDF-Fernsehsendung)

Richard David Precht (*1964): deutscher Philosoph und Publizist

ausmerzen: beseitigen

ausrotten: vollständig vernichten

Ressourcen: Bestand, Mittel

sich selbst replizieren: ohne äußere Hilfe eine Kopie von sich selbst herstellen

AUFGABEN

1 **Gruppenarbeit:**
W a) Stellt das Verhältnis von Mensch und Maschine in einem Schaubild dar. > M1
b) Fertigt ein Schaubild zur geschilderten möglichen Zukunft des Menschen an. > M2
Präsentiert eure Ergebnisse.

V 2 Stell dir vor, du lebst in der in M1 oder M2 beschriebenen Welt. Verfasse jeweils einen kurzen Tagebucheintrag zu deinen Gefühlen und Gedanken. > M1/M2

3 Vergleicht die beiden Zukunftsvisionen und nehmt Stellung dazu. > M1/M2

4 Diskutiert im Kurs, ob und gegebenenfalls inwiefern die Entwicklung von K.I. als Utopie oder Dystopie zu verstehen ist und welche Konsequenzen daraus zu ziehen sind. > M1/M2

Schrittweise in eine bessere Welt

M1 Feldversuch in Namibia

Eine Frau konnte mit dem Grundeinkommen einen Kühlschrank kaufen, um selbst hergestellte Eis-Lollys zu verkaufen.

Kluft: Riss, Gegensatz

Nirgendwo auf der Welt ist die Kluft zwischen Arm und Reich so riesig wie in dem südafrikanischen Staat Namibia […]. Zwei Drittel der Namibier leben von dem berühmten Euro am Tag oder sogar von noch weniger. [Um die Armut zu beseitigen, startete 2008 in dem Dorf Otjivero] ein einzigartiges Pilotprojekt […]. Die rund 1.200 Einwohner […] [bekamen] für zwei Jahre ein monatliches Grundeinkommen (*basic income grant* = BIG). Genauer gesagt erhielten Einwohner bis zum Alter von 59 Jahren N$ 100 (ca. 6,50 Euro) pro Person monatlich […].

[Aus dem Dorf wurde] […] ein Utopia […], wie es Namibia und die Welt noch nicht gesehen haben. […] „Das Grundeinkommen befreit die Menschen vom täglichen Existenzkampf", sagt […] [der Projektkoordinator]. „Hunger […] [ergibt] ökonomisch keinen Sinn. Nur wer nicht hungert, wird wirtschaftlich aktiv und kann sich selbst aus der Armut befreien." […] Nur […] [durch ein Grundeinkommen], hieß es […] [in einem] Expertenbericht, lasse sich die soziale Schieflage im Land auflösen. […] [Doch es wurde noch gezögert,] bis Kirchen, Gewerkschaften und Verbände [schließlich] gesagt haben: Jetzt wollen wir einfach mal einen Feldversuch wagen."

Der scheint geglückt. […] Aus dem einstigen Dorf der Hoffnungslosen ist eine Art Gründerzentrum geworden. […] [Kleine Läden entstanden, eine Bäckerei, ein Eiscafé, eine Schneiderei, eine Ziegelei usw.]. Mit ihrer Arbeit ist es den Bewohnern gelungen, ein Gesamteinkommen zu erzielen, das über der Summe des ausgezahlten Grundeinkommens liegt. […] Der Prozentsatz mangelernährter Kinder war […] nach nur einem halben Jahr von 42 auf 17 Prozent gefallen, inzwischen liegt er unter 10 Prozent. Auf einmal können die Eltern es sich wieder leisten, ihre Kinder zur Schule zu schicken: Statt bisher 40 brechen nur noch 5 Prozent der Kinder die Schule ab. […] Die einst hohe Kriminalität in und um Otjivero ging […] stark zurück und liegt inzwischen unterhalb des Landesdurchschnitts.

[Mit solchen Zahlen hofften die Projektverantwortlichen, die Regierung von einer Ausweitung der Erfolgsidee überzeugen zu können. Doch die politischen Diskussionen waren schwierig und es konnte keine Einigung erzielt werden.] Die Mittel trockneten nach zwei Jahren aus […]. In der zweiten Jahreshälfte 2015 wurden die BIG-Zahlungen endgültig eingestellt. […]

Trotzdem ist die Idee eines bedingungslosen Grundeinkommens nicht tot: In immer mehr Staaten wird sie diskutiert, vor allem auch in Industrieländern wie den Niederlanden, Kanada, Italien und Finnland.

Marc Engelhardt, Brigitte Weidlich, Leoni Schmid-Enke

M2 Gelebte Utopie in Israel

155 Einwohner hat Kishorit, alles Menschen mit „besonderen Bedürfnissen“, wie man auf Hebräisch sagt. An den meisten anderen Orten auf der Welt wären sie Blinde, Autisten oder Lernbehinderte. Hier, in Kishorit, sind sie Menschen mit Namen wie Ma'anit, Ro'i und Dror. […]
Yael Shilo ist 65 Jahre alt und Künstlerin. Gemeinsam mit dem Sonderpädagogen Shuki Levinger hat sie Kishorit gegründet. Das ist inzwischen […] [über 20] Jahre her: „Die Kibbuzgemeinschaft lässt die Menschen wachsen. Sie gibt jedem seinen Platz. […] Dies ist ein Ort, an dem jeder das Gute, das Besondere aus sich herausholen kann. Unser Modell ist vielleicht nicht für jeden Menschen mit besonderen Bedürfnissen das Richtige. Aber für viele schon. Die Kibbuz-Mitglieder leben in einer Gemeinschaft, deren Regeln sie mitbestimmen. Sie sind mündige Gestalter ihres Lebens. Sie haben ihre Arbeitsplätze, sie feiern ihre Feste und stellen ihre eigenen Produkte her. Das Holzspielzeug, der Käse, das Gemüse und der Wein, das sind alles Produkte, die die Bewohner von Kishorit herstellen. Darauf sind sie stolz.“ […]
Yael und Shukis Vision von einer Gemeinschaft, die besondere Bedürfnisse stillen kann, ohne dabei zu entmündigen, wollte anfangs niemand teilen. Niemand habe ihnen applaudiert, erinnert sich Yael. Nur Unverständnis hätten sie geerntet. „Es war sehr kompliziert, denn es gab ja kein Modell, auf das wir Bezug nehmen konnten. […] Es war eine Mischung aus Naivität, Kühnheit und Sturheit, die uns antrieb. Und das dringende Bedürfnis, uns mit dem Guten in der Welt zu verbinden, das Gefühl, dass wir auf der guten Seite der Welt sein müssen.“ […]
Zurzeit bauen 74 Familien Häuser auf dem Grund des Kibbuz. Familien ohne Behinderungen, aber beseelt von dem Wunsch, mit den Bewohnern von Kishorit zusammen zu leben. Partnerschaftlich. Aber das größte laufende Projekt ist die Gründung eines arabischen Pendants zu Kishorit – Alfanara. Das heißt auf Arabisch so viel wie Leuchtturm. […] [Dort wird man] dieselbe Form von Unterstützung und menschenwürdigem Umgang mit seinen Mitgliedern pflegen, aber es wird arabisches Essen, arabische Musik und arabische Feste geben. Arbeiten werden sie gemeinsam, die Bewohner von Kishorit und Alfanara. […] [Zohara Antebi, die eine Schule für psychisch kranke Jugendliche aus jüdischen, muslimischen, christlichen und drusischen Familien in Alfanara leitet, sagt:] „Wir haben einen Ort geschaffen, der das Leben ehrt, und das ist in meinen Augen wirklich ein Utopia.“ *Ruth Kinet*

Kibbuz (hebr.: „Sammlung, Versammlung, Kommune“; Plural: *Kibbuzim*): eine ländliche Kollektivsiedlung in Israel, in der Regel mit gemeinsamem Eigentum und basisdemokratischen Strukturen

Drusen: arabischsprachige Religionsgemeinschaft im Nahen Osten

M3 Über den Zustand der Welt

Die Welt wird nie gut,
aber sie könnte besser werden.

Carl Zuckmayer

Carl Zuckmayer: deutscher Dichter (1896 – 1977)

AUFGABEN

1. Bildet Tandems und stellt euch die Fallbeispiele gegenseitig vor. > M1/M2
2. Diskutiert im Kurs das Zitat von Carl Zuckmayer (M3) und stellt anhand der beiden Beispiele dar, wie utopisches Denken zur Verbesserung der Welt beitragen kann. > M1-M3

Was wir wissen – was wir können

Wissen kompakt

Visionen einer gerechten Ordnung der Gesellschaft
- Thomas Morus: *Utopia*
- …

Visionen des Fortschritts durch Wissenschaft und Technik
- Francis Bacon: *Nova Atlantis*
- Ernest Callenbach: *Ökotopia*
- …

Platons Entwurf eines idealen Staates

Der Mythos von *Atlantis*

Utopie

Beschreibung eines idealen Zustandes an einem fiktiven Ort als Alternative zu gegenwärtigen Verhältnissen

Funktion:
- Gegenwartskritik
- Anregung zum Nachdenken über bessere Zukunftsentwürfe

Dystopie

Beschreibung eines nicht wünschenswerten Zustandes in der Zukunft als Warnung vor fragwürdigen Entwicklungen

Warnung vor Kontrolle des Denkens in totalitären Systemen
- George Orwell: *1984*
- Ray Bradbury: *Fahrenheit 451*
- …

Warnung vor Manipulation durch Wissenschaft und Technik
- Aldous Huxley: *Brave New World*
- *Equilibrium*
- *Colossus*
- …

KOMPETENZ-CHECK

Überprüfe dich selbst. Wenn du dich bei einem Punkt noch unsicher fühlst, lies und bearbeite (ggf. mit einer Partnerin oder einem Partner) die passende Schulbuchseite noch einmal.

Ich kann …		Meine Einschätzung – –	–	+	++
erläutern, was man unter einer Utopie versteht und welche (politische) Funktion sie hat	> S. 138–141				
darstellen, wie die Menschen in Thomas Morus' *Utopia* leben, und erläutern, was der englische Philosoph mit seinem Werk kritisiert	> S. 140–141				
beurteilen, ob der Mythos von Atlantis als Vorbild oder Warnung aufzufassen ist	> S. 142–143				
Platons Konzeption eines idealen Staates erläutern und Stellung dazu nehmen	> S. 142–143				
am Beispiel von *Neu-Atlantis* und *Ökotopia* erklären, welchen Wert technische Visionen für die heutige Zeit haben	> S. 144–145				
an einem Beispiel (*Brave New World, Equilibrium, Fahrenheit 451* oder *1984*) erläutern, wie Dystopien als negative Utopien auf fragwürdige Entwicklungen der Gegenwart aufmerksam machen können	> S. 146–149				
beurteilen, ob die Weiterentwicklung der Künstlichen Intelligenz als Utopie oder Dystopie aufzufassen ist	> S. 150–151				
anhand von Beispielen die Rolle des utopischen Denkens bei Projekten zur Verbesserung der Welt aufzeigen	> S. 152–153				

Arbeitsblatt:
Kompetenz-Check „Utopien und ihre politische Funktion"

Mediencode: 21057-08

plus In den letzten Wochen habt ihr Rezensionen zu utopischen und dystopischen Büchern oder Filmen mit folgenden Themen verfasst:

- glückliche Gesellschaft
- technischer Fortschritt
- Manipulation durch Wissenschaft und Technik
- totalitäre Gesellschaft

Stellt euch eure Rezensionen gegenseitig vor und veröffentlicht sie in einer Sonderausgabe eurer Schülerzeitung oder auf den entsprechenden Seiten von Online-Buchhandlungen.

Der Mensch als kulturelles Wesen

AUFGABEN

1 Beschreibt die Bilder.

2 Diskutiert, ob und warum das Dargestellte wichtig für den Menschen ist.

plus **Ausstellung: „Kulturwesen Mensch"**

In den kommenden Wochen werdet ihr euch mit der Frage befassen, inwiefern der Mensch ein Kulturwesen ist. Zu diesem Thema sollt ihr eine Ausstellung vorbereiten und durchführen.

Dazu ist im Vorfeld u. a. Folgendes zu organisieren:

- Legt zusammen mit eurer Lehrkraft den Ort für eure Ausstellung und den Termin für die Eröffnung fest.
- Reserviert Stellwände in ausreichender Zahl.
- Besorgt verschiedenfarbige Plakate in Größe DIN A1 und/oder DIN A0 sowie Materialien zu ihrer Gestaltung, z. B. Klebestifte, Scheren, Pinn-Nadeln, bunte Stifte und Marker.
- Bildet Kleingruppen und einigt euch jeweils auf die konkreten Inhalte eurer Plakate (s. S. 159, 161, 165, 167, 169).

So lebt der Mensch

M1 Mensch und Tier

M2 Die Stellung des Menschen in der Welt

Arnold Gehlen (1904 – 1976): deutscher Philosoph und Soziologe

Evolution: Entwicklung der verschiedenen Arten von Lebewesen

Mit der Frage nach der Natur des Menschen hat sich auch der Philosoph Arnold Gehlen beschäftigt und seine Einsichten in dem Buch *Der Mensch. Seine Natur und seine Stellung in der Welt* dargestellt.

Um die Natur des Menschen besser bestimmen zu können, vergleicht Gehlen sie mit der Natur der Tiere. Hierbei zeigt er auf, dass jede Tierart von Natur aus irgendwelche speziellen Eigenschaften besitzt, die für ihr Überleben einen Vorteil bieten. So weisen bestimmte Tierarten körperliche Merkmale auf bzw. haben sie im Laufe der Evolution entwickelt, durch die sie besonders gut in ihrer Umwelt überleben können. Die Tiere der einen Art sind sehr schnell und können daher gut fliehen, wie etwa die Antilope. Die Vertreter der anderen Tierart sind dagegen besonders stark und haben scharfe Zähne, sodass sie gute

Jäger sind und sich gut verteidigen können, wie z. B. Löwen.

Anders verhält es sich mit dem Menschen. Er besitzt keine speziellen körperlichen Voraussetzungen, die sein Überleben sichern. Er ist „organisch mittellos", d. h. er hat keine ausgeprägten Angriffs-, Schutz- oder Fluchtorgane, keine geschärften Sinne, kein dichtes Haarkleid, das ihn wärmt usw. In Anbetracht dieser unvorteilhaften körperlichen Ausstattung bezeichnet Gehlen den Menschen als „Mängelwesen". Er kommt nackt und hilflos auf die Welt, ist auf Schutz, Pflege und Hilfe angewiesen. Gehlen spricht hierbei davon, dass der Mensch quasi von Natur aus als Frühgeburt auf die Welt kommt.

Diese Nachteile gleicht der Mensch jedoch dadurch aus, dass er ungeheuer lernfähig ist und so im Zusammenleben mit anderen Menschen Fähigkeiten und Fertigkeiten erwirbt, die ihm dabei helfen, das Leben zu meistern. So greift er dann in der Folge auch planend in seine Umwelt ein, um sie so zu verändern, dass er in ihr überleben kann. Zwar besitzt er kein dichtes Haarkleid, das ihn vor Kälte schützt, wohl aber hat er die Fähigkeit, Kleidung herzustellen, die ihn wärmt und Iglus oder Häuser zu bauen, um in kalten Regionen der Erde zu überleben. Diese zweite Welt, die der Mensch durch die Bearbeitung der Natur hervorbringt, bezeichnet man als Kultur. Mit Blick auf die mangelhafte natürliche Ausstattung des Menschen lässt sich mit Gehlen sagen, dass der Mensch gezwungenermaßen ein Kulturwesen ist. Er muss mit anderen zusammenleben und von ihnen lernen, muss planend und formend-gestaltend in die Welt eingreifen, um zu überleben.

INFO

Kultur

Unter Kultur (von lat. *cultura*: Bearbeitung, Pflege, Ackerbau) versteht man alles, was durch menschliche Einwirkung geschaffen bzw. gestaltet wird. Daher gilt Kultur allgemein als Gegensatz zur unbearbeiteten, nicht veränderten Natur. Sie erstreckt sich auf vielfältige Bereiche, in denen der Mensch ein gegebenes Material formend umgestaltet, z. B. in der Landwirtschaft, Technik oder der Kunst. Darüber hinaus bezeichnet der Begriff aber auch geistige Bereiche, die der Mensch gestaltet, wie Sprache, Religion oder Wissenschaft.

AUFGABEN

1 Vergleiche die Fotopaare und erläutere, welche Gemeinsamkeiten und Unterschiede zwischen Mensch und Tier deutlich werden. > M1

V 2 Finde weitere Beispiele, die zeigen, über welche unterschiedlichen Voraussetzungen und Möglichkeiten Mensch und Tier (in vergleichbaren Situationen) verfügen. > M1

3 Erläutere an Beispielen, inwiefern sich nach Gehlen die Natur des Menschen von der natürlichen Ausstattung der Tiere unterscheidet. > M2

4 Stelle dar, wie Gehlen begründet, dass der Mensch ein Kulturwesen ist. Führe Beispiele an, wie der Mensch seine Umwelt verändert. > M2

5 Nimm Stellung zu Gehlens Theorie. > M2

plus Gestaltet Plakate, die mithilfe von Abbildungen zeigen, wie der Mensch seine mangelhafte organische Ausstattung kompensiert.

Die Bedeutung der Kultur für den Menschen

M1 Natur und Kultur des Menschen

Karl Löwith (1897 – 1973): deutscher Philosoph

philopraktisch: Herr Löwith, inwiefern ist der Mensch ein Naturwesen?

Karl Löwith: Der Mensch wird auf natürliche Weise gezeugt und geboren (auch wenn er mit allen Mitteln der medizinischen Technik in einer Klinik zur Welt kommt); er muss auf natürliche Weise sterben (auch wenn er sich selbst das Leben nimmt); es treibt ihn auf natürliche Weise zum andern Geschlecht (auch wenn er die Zeugung künstlich verhindern kann) oder zu einem andern desselben Geschlechts; er isst und verdaut, er atmet und schläft […], denn auch das geschieht von Natur aus.

philopraktisch: Also unterscheidet er sich nicht von einem Tier?

Löwith: [Doch, das tut er, denn] zugleich sind […] Zeugung, Geburt und Tod – diese allernatürlichsten Phänomene auch des menschlichen Lebens – […] in besonderer Weise vermenschlicht. Es gibt keine […] Völker, die mit diesen natürlichen Phänomenen nicht einen Kult verbänden und also Hochzeit, Geburt und Tod nicht kultivieren würden. […]

philopraktisch: Das ist nicht ganz leicht zu verstehen. Können Sie das an einem Beispiel noch genauer erklären?

Löwith: [Der Mensch] muss sich täglich wie ein Tier ernähren, um am Leben zu bleiben, aber er frisst nicht unmittelbar Pflanzen und Tiere, sondern er isst zubereitete Nahrung mit selbst verfertigten Werkzeugen. […] Er kann das Essen zu einem kunstvollen Zeremoniell machen, sodass die Nahrungsaufnahme zum Unwichtigsten und die Befriedigung [seines natürlichen Bedürfnisses nach Nahrung] zu einer Kunst des Essens und Trinkens wird.

fiktives Interview mit Antworten (Originaltext) von Karl Löwith

M2 Das kulturschöpferische Wesen

Michael Landmann (1913 – 1984): Schweizer Philosoph

philopraktisch: Der Philosoph Michael Landmann hat den Menschen als kulturschöpferisches Wesen bestimmt. Was ist darunter zu verstehen?

Expertin: Wir haben Vieles mit den Tieren gemeinsam: wir ernähren uns, pflanzen uns fort, ziehen unseren Nachwuchs auf usw. All das geschieht bei den Tieren von Natur aus. Beim Menschen ist es jedoch – so Landmann – seiner eigenen Gestaltung überlassen.

Zwar müssen wir uns ernähren, müssen mit unseresgleichen in Beziehung stehen, aber die Formen, in denen wir dies tun, bestimmen wir selbst. Das *Dass* ist also nach Landmann naturverankert, aber das *Wie* ist uns überlassen. Die Formen des *Wie* sind demnach, wenn man so will, unnatürlich, künstlich. Sie beruhen auf Brauch und Satzung.

philopraktisch: Dann erachtet Landmann Kultur also grundsätzlich als notwendig, um die Herausforderungen unserer Existenz zu bewältigen?

Expertin: Ja, aber Kultur umfasst für ihn noch mehr als das. In der Art und Weise, wie der Mensch kulturell tätig ist, zeigt sich, dass er ein freies, schöpferisches Wesen ist, das nicht nur der Naturnotwendigkeit unterliegt. Diese kulturschöpferische Kraft kann er auch über das Lebensnotwendige hinaus anwenden und Kulturelles schaffen, bei dem nicht nur das *Wie*, sondern auch das *Dass* auf seiner eigenen freien Tat beruht. Das ist der Bereich des Schönen, der Kunst, der Musik, des Theaters usw. – das, was man in einem höheren Sinne als Kultur bezeichnet.

M3 Verschiedene Arten von Kultur

Die meisten Menschen unterscheiden […] zwischen Dingen, die als Kultur gelten, und jenen, die sie nicht als Teil von Kultur verstehen. In der Regel ist Kultur dabei das moralisch und ästhetisch Gute, während verwerfliche, hässliche und anstößige Dinge nicht als Kultur gelten. Kaum jemand würde zum Beispiel auf die Idee kommen, von einer „Folterkultur" zu sprechen, obwohl dieser Begriff im rein technischen Sinne durchaus auf das Bemühen angewandt werden könnte, immer noch grausamer und raffinierter zu quälen. Was aber steckt hinter den verschiedenen Arten von Kultur, für die sich eigene Begriffe entwickelt haben?

- Die künstlerisch und ästhetisch als besonders wertvoll angesehenen Teile der menschlichen Kultur bekommen gerne das Etikett **Hochkultur**. […]
- Bei der Klassifizierung als **Volks**- oder **Massenkultur** schwingt meist die Vorstellung mit, dass diese eher einfach ist und so auch Menschen gefällt, die nicht über die geistigen Voraussetzungen verfügen, das Raffinement der Hochkultur zu erkennen.
- **Populärkultur** […] trägt ein Erfolgssiegel. Pop ist zwar massentauglich, aber eben auch immens populär und irgendwie cooler, moderner und weniger anstrengend als die traditionelle Hochkultur.
- **Subkultur** signalisiert einerseits Verachtung für etwas, was gegenüber der eigenen Kultur als minderwertig angesehen wird. Andererseits drückt der Begriff aber auch aus, dass Gruppen, die nicht an der Hochkultur oder der jeweiligen Massenkultur partizipieren, nicht kulturlos sind, sondern auch eine Kultur mit eigener Sprache, eigenen Normen, eigener Mode et cetera haben. Daneben […] kann mit Subkultur auch […] eine spezielle Form der Jugendkultur [bezeichnet werden]. *Christa Pöppelmann*

Raffinement: Feinheiten

partizipieren: teilhaben

Christa Pöppelmann (* 1967): Journalistin und Sachbuchautorin

AUFGABEN

W
1 Zeige anhand von Beispielen, inwiefern der Mensch sowohl ein Natur- als auch ein Kulturwesen ist. > M1
2 Erläutere anhand der Abbildungen, inwiefern der Mensch nach Landmann ein kulturschöpferisches Wesen ist. > M2
3 Finde Beispiele für die im Text genannten Arten von Kultur. > M3

plus Fertigt eine Mindmap zum Thema „Der Mensch als kulturelles Wesen" an.

Kulturelle Verständigung

M1 Sprache und Kultur

trivial: alltäglich, platt, geistlos

Menschen, die die gleiche Sprache sprechen, werden fast automatisch als Mitglieder einer gemeinsamen Kultur wahrgenommen und in der Tat erzeugt die gemeinsame Sprache eine starke Verbundenheit selbst zwischen Menschen, die ansonsten sehr verschieden sind. Sie erlaubt,

- die gleichen Informationsquellen wie Zeitungen, Hörfunk, Fernsehen und soziale Medien zu nutzen,
- die gleiche Literatur zu lesen, die gleichen Filme und Fernsehbeiträge zu sehen, die gleichen Musiktexte zu verstehen, aber auch die öffentliche Debatte darüber wahrzunehmen,
- sich über alle Aspekte des Lebens direkt auszutauschen.

Möglicherweise fällt dir jetzt der Nachbarsjunge ein, der garantiert – wenn überhaupt – andere Bücher liest, gut hörbar einen anderen Musikgeschmack hat und mit dem du auch selten mehr als ein paar Worte wechselst. Einerseits besteht also ein kultureller Abgrund. Andererseits schwimmt ihr beide in derselben Informationssuppe. Du brauchst kein eingefleischter Fußballfan zu sein, um zu wissen, dass Schalke 04 ein Fußballclub ist und keine Automarke. Möglicherweise hast du sogar aufgeschnappt, dass man bei einem Schalke-Fan keine allzu große Sympathie für die Anhänger von Borussia Dortmund voraussetzen sollte. Das Beispiel mag trivial erscheinen, aber allein dadurch, dass du eine Sprache so gut beherrscht, dass du auch nebenbei Wahrgenommenes verstehst, eignest du dir eine Menge von Informationen an, die dir helfen, dich in verschiedensten Situationen zurechtzufinden und andere Menschen zu verstehen – insbesondere wenn diese wirklich anders ticken als du.

Gemeinsame Sprache erzeugt aber nicht nur kulturelle Verbundenheit. Kulturelle Verbundenheit erzeugt auch gemeinsame Sprache. Denk nur an den Jugend-Slang, den alle über 30 gar nicht verstehen sollen. Oder an den Fachwortschatz von Angelfreunden, Computerjunkies oder Modefreaks. Oder an Anspielungen, die nur die Mitglieder deiner Clique verstehen. Und wie angenehm es ist, mit jemandem eine gemeinsame Sprachebene zu haben. *nach Christa Pöppelmann*

M2 Was ich dir sagen will ...

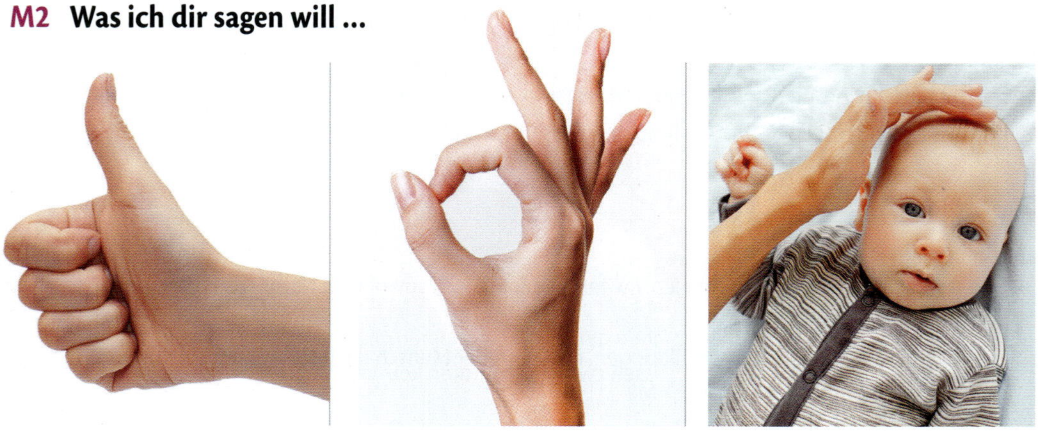

Nicht nur mit Worten, sondern auch mit Gesten kann man sich in die tiefen Nesseln interkultureller Missverständnisse setzen.

Während wir mit einem Daumen nach oben Zustimmung signalisieren, kommt die Geste etwa im Nahen Osten einem ausgestreckten Mittelfinger gleich. Auch in Australien und Nigeria gilt hier: Obacht! Der Daumen nach oben bedeutet hier: „Hau ab!"

Wer mit zusammengeführtem Daumen und Zeigefinger Lob oder ein „OK" geben will, wird seinem Gegenüber in Tunesien, Russland, Malta und Griechenland damit ein freundliches „Arschloch" zu verstehen geben.

Auch dem Drang, neugeborenen Kindern über den Kopf zu streicheln, sollte man – ganz gleich, wie süß sie auch sein mögen – in Japan nicht nachgeben. Diese Geste wird dort als beleidigend empfunden. *Jörg Aschendorff*

Jörg Aschendorff: deutscher (Reise-)Blogger

M3 Missverständnisse

[Der Student] Frances Odhiamba erinnert sich noch gut an die einsamen Wochen, die er nach seiner Ankunft in Deutschland in einem Studentenwohnheim verbrachte. „Wenn man in Kenia neu in der Nachbarschaft ist, kommen die Leute, um einen willkommen zu heißen", erzählt er. „Also hab ich in meinem Zimmer gesessen und gewartet, dass jemand klopft. Aber das ist nie passiert." Der nächste Kulturschock kam an der Uni, als er den lockeren Umgang zwischen deutschen Studierenden und ihren Dozenten erlebte. Nie würde man in Afrika eine Respektsperson ohne ausdrückliche Aufforderung einfach ansprechen, sagt Odhiamba. [...]

Dass manche Dinge ganz anders gemeint sind als vom Gegenüber aufgefasst, musste auch Bernhard Esser lernen. Zum Beispiel, als ein Marokkaner, den er zu seinen Studentenzeiten betreut hatte, ihn Jahre später in der Beratung aufsuchte und sagte: „Herr Esser, Sie sind aber fett geworden – und so alt!" Der Sozialpädagoge schluckte damals seine Entrüstung herunter und fragte den Studenten, was er denn damit sagen wolle. „Sie sehen sehr gut aus", strahlte der ihn an. Wohlbeleibtheit, erfuhr Esser, ist in anderen Kulturen durchaus als Kompliment gemeint: Denn man hat genug Geld, um sich zu ernähren, es geht einem also gut. Und Alter steht [...] für Weisheit.

Suzanne Cords

Suzanne Cords: Journalistin bei der „Deutschen Welle"

M4 Interkulturelle Kompetenz

» Interkulturelle Kompetenz ist nicht angeboren, sie muss erlernt werden. « *Beate Antonie Tröster*

Beate Antonie Tröster: deutsche Kulturwissenschaftlerin

AUFGABEN

1 Stelle dar, welche Bedeutung die Sprache für die Kultur hat. > M1
2 Finde Beispiele für sprachliche Eigenarten unterschiedlicher kultureller Gruppen. > M1
3 Beschreibe zunächst, was die auf den Bildern gezeigten unterschiedlichen Gesten für dich zum Ausdruck bringen. Vergleiche dann deine Deutung der Gesten mit den im Text beschriebenen Wahrnehmungen der Gesten in anderen Ländern. Erkläre, weshalb es manchmal zu Missverständnissen zwischen Kulturen kommt. > M2
4 Stelle die Missverständnisse dar. Erläutere, worin sie ihren jeweiligen Ursprung haben und wie sie überwunden werden können. > M3
5 Nimm Stellung zu der Aussage von Beate Antonie Tröster. > M4

„Mensch" von Natur aus?

M1 Ein Mensch ist zur Welt gekommen!

M2 Wilde Kinder

- 1828 erschien ein zirka sechzehnjähriger Junge auf dem Marktplatz in Nürnberg. Er konnte kaum gehen, kaum sprechen und ernährte sich nur von Wasser und Brot. Auf einem Zettel, den er mit sich trug, stand sein Name: Kaspar.
- 1920 wurde ein Missionar in Indien (Misnapore) auf zwei kleine Mädchen (zirka zwei und acht Jahre alt) aufmerksam, die in einem Wolfsrudel lebten. Der Missionar ließ die beiden Mädchen fangen und in ein Waisenhaus bringen. Die beiden konnten nicht aufrecht gehen. Das jüngere Mädchen verstarb ziemlich schnell, das ältere lebte noch wenige Jahre.
- 1970 erschien eine Frau auf einem Sozialamt in Los Angeles mit einem blassen, ängstlichen und ausgemergelten Kind, das weder stehen oder gehen konnte und nicht sprach. Es stellte sich heraus, dass dieses Kind sein bisheriges Leben angebunden auf einem Toilettenstuhl verbracht hatte. Mit sehr viel Aufwand lernte das Kind mühsam wenige Worte menschlicher Sprache und Sozialverhalten.

Alle diese Kinder wuchsen ohne menschliche Zuwendung und ohne menschliche Erziehung auf. Aus […] [den] Fällen lassen sich einige Erkenntnisse über menschliche Lernprozesse gewinnen.

Annette Scheunpflug

Annette Scheunpflug (*1963): deutsche Pädagogin, Professorin an der Universität Bamberg

M3 Der Wolfsjunge

Der Film *Der Wolfsjunge* beruht auf dem realen Fall eines in der Wildnis aufgewachsenen Jungen. Die Grundlage für das Drehbuch lieferte die Dokumentation des Arztes und Taubstummenlehrers Jean Itard von 1801.

In den Wäldern von Lacaune entdecken Jäger eine unterirdische Höhle mit einem wild aufgewachsenen Jungen, der verwahrlost aussieht, kein Wort spricht und sich animalisch verhält. Er wird ins Dorf gebracht, wo er Jung und Alt zur Belustigung dient und jeder glaubt, mit ihm machen zu können, was er will. Man überlegt sogar, ihn als Ausstellungs- und Studienobjekt für die feine Pariser Gesellschaft zur Verfügung zu stellen. Lediglich der Arzt Itard, der gerade die Leitung der Taubstummenanstalt übernommen hat, ist davon überzeugt, dass der Junge nicht an geistiger Schwäche leidet, sondern sein Verhalten auf die lange Isolation in den Wäldern, die ihm fehlende kulturelle Entwicklung und man-

TIPP
Der Wolfsjunge (Frankreich 1970, Regie: François Truffaut)

Isolation: Absonderung, Einsamkeit

gelnde Erziehung zurückzuführen ist. Weil Itard dem Jungen viel Aufmerksamkeit schenkt und ihn zu einem Mitglied der Gesellschaft machen will, wird ihm die Erlaubnis erteilt, den Jungen bei sich zu Hause zu beherbergen und den Versuch der Erziehung des „Wildlings" zu übernehmen. Itard befasst sich fortan ständig mit dem Jungen, dem er später den Namen Victor geben wird. In seinen unendlichen pädagogischen und psychologischen Bemühungen ist es sein Ziel, den „Wildling" zu einem mit menschlichem Empfinden und Denken ausgestatteten Wesen zu erziehen. Die Arbeit des Arztes ist ein mühseliges Unterfangen, vor allem deshalb, weil Victor die in der Natur erworbenen Instinkte nicht ablegen will. Dennoch gelingt es Itard, den Jungen an ein geregeltes soziales Leben zu gewöhnen, Emotionen in ihm zu wecken, Gedächtnis und Ordnungssinn zu schulen, Zeichen- und Sprechübungen mit ihm durchzuführen sowie seinen Verstand und sein Gemüt zu schulen. Die Fortschritte sind meistens nur gering, doch Itard lässt sich nicht beirren. Immer liebevoll und gutmütig, aber doch distanziert, lässt er sich weder durch Wutausbrüche Victors noch durch Rückschritte seines Schützlings, die seine Arbeit in Frage stellen, von seinem Weg abbringen. Ein Experiment – Itard wagt es, Victor grundlos zu bestrafen – bringt zum Vorschein, dass der Arzt es durch seine erzieherische Methode sogar schafft, bei seinem Zögling ein Gefühl für Ungerechtigkeit und damit moralisches Bewusstsein hervorzurufen. Der freiheitsliebende Victor findet immer wieder Wege, aus dem Haus zu flüchten und durch die Wälder bei Aveyron zu streifen. Doch die Tatsache, dass Victor am nächsten Morgen freiwillig heimkehrt, zeigt, wie sehr das Vertrauensverhältnis zwischen ihm und seinem „Vater" in neunmonatigem Zusammenleben gewachsen ist – ein Verhältnis, das er unter keinen Umständen aufgeben will.

Aveyron: Département/Gebiet in Südfrankreich

AUFGABEN

H **1** Erläutere, was man über den Menschen als natürliches Wesen erfahren kann, wenn man Säuglinge beobachtet. > M1

2 Stelle dar, was die beschriebenen Fälle gemeinsam haben. Was lässt sich daraus über die menschliche Entwicklung ableiten? > M2

3 Beschreibt, welche tierischen und welche menschlichen Eigenschaften der Wolfsjunge besitzt. Schaut euch dazu nach Möglichkeit auch den Anfang des Films *Der Wolfsjunge* an (DVD 0:00:42-0:08:40). Vergleicht eure Ergebnisse und begründet eure jeweilige Einschätzung. > M3

4 Erkläre anhand der Informationen im Text und gegebenenfalls der Filmszene DVD 0:58:50-1:14:14, wie und mit welchen Ergebnissen der Wolfsjunge von Dr. Itard erzogen wird. > M3

5 Beurteile, welche Bedeutung die Kultur für die Entwicklung des Menschen hat. > M1-M3

plus Fertigt einfache Skizzen zu wichtigen Szenen des Films *Der Wolfsjunge* an und kommentiert sie mit euren Antworten auf die Frage „Mensch von Natur aus?".

Philosophen über die Erziehung des Menschen

M1 Das erziehungsbedürftige Wesen

John Locke (1632 – 1704): einflussreicher englischer Philosoph

Viele Philosophen haben darüber nachgedacht, ob der Mensch von Natur aus gut oder böse ist. Da kann ich nur lachen! Neun von zehn Menschen sind das, was sie sind – gut oder böse, brauchbar oder unnütz – aufgrund ihrer Erziehung. Es gibt keine festgeschriebene Natur des Menschen. Der Mensch gleicht bei Geburt vielmehr einem weißen Blatt Papier oder einem Stück Wachs. Beschrieben wird das Papier durch die Erfahrungen, geformt wird das Wachs durch das soziale Umfeld. Darum ist die Erziehung so wichtig. Je früher diese bewusste und zielgerichtete Formung des Menschen einsetzt, um so besser ist es. Dabei kommt es nicht nur darauf an, dem Kind das Wissen zu vermitteln, das es braucht, um sich in der Gesellschaft zurechtzufinden. Wichtig ist auch die körperliche Erziehung, denn ein gesunder Geist wohnt nur in einem gesunden Körper. Von Bedeutung ist nicht zuletzt die sittliche Bildung. Ein Kind soll schon so früh wie möglich mit den Verhaltensregeln vertraut gemacht werden, die in der Gesellschaft wichtig sind, damit sie ihm zur Gewohnheit werden.

nach John Locke

M2 Drei Formen der Erziehung

Der Mensch ist das einzige Geschöpf, das erzogen werden muss. Ein Tier ist schon alles durch seinen Instinkt. Der Mensch muss sich selbst einen Plan seines Verhaltens machen. Weil er aber nicht von Anfang an imstande ist, dies zu tun, sondern roh und unfertig auf die Welt kommt, bedarf er der Erziehung. Bei dieser unterscheidet man Wartung, Zucht und Bildung. Als Säugling ist der Mensch darauf angewiesen, dass die Eltern ihn verpflegen und dafür sorgen, dass er seine Kräfte nicht zum eigenen und zum Schaden anderer einsetzt. Ich nenne das Wartung. Als Zögling muss der Mensch vor allem Disziplin lernen. Sie nimmt ihm seine tierische Wildheit und verhütet, dass er sich unbesonnen in Gefahr begibt. Das ist der negative Teil der Erziehung. Der positive Teil der Erziehung besteht in der Unterweisung oder Bildung. Dadurch, dass der Mensch lernt, wie er sich in einer bestimmten Kultur angemessen zu verhalten hat, wird er ein kultiviertes Wesen. Vor allem dadurch unterscheidet er sich vom Tier, denn kein Tier lernt etwas von seinen Alten, ausgenommen die Vögel ihren Gesang.

nach Immanuel Kant

Immanuel Kant: > S. 77

M3 Dreierlei Erzieher

Menschen werden von drei Lehrern erzogen. Bei diesen handelt es sich um die Natur, die Dinge und andere Menschen. Mit *Erziehung durch die Natur* meine ich die innere Entwicklung der Fähigkeiten, der Organe und Kräfte des Menschen. Die *Erziehung durch den Menschen* ist die Art und Weise, wie wir beigebracht bekommen, unsere natürliche Entwicklung zu nutzen. Die *Erziehung durch die Dinge* schließlich besteht in den Erfahrungen, die wir mit jenen Dingen machen, die in irgendeiner Form unsere Aufmerksamkeit erregen. Für eine gute Erziehung ist es wichtig, dass die drei Lehrer ein gemeinsames Ziel anstreben und sich nicht widersprechen. Dabei kann der Mensch allerdings nur die von ihm praktizierte Erziehung beeinflussen. Der Natur als Erzieher steht der Mensch nämlich machtlos gegenüber. Er kann sie nur annehmen und beobachten. Aus diesem Grund ist es einem Erzieher oder Lehrer auch nur möglich, den Zögling in die richtigen Bahnen und damit der Natur gemäß zu lenken. Dies gelingt, sofern der menschliche Lehrer die Talente und Begabungen seines Zöglings genau beobachtet und fördert.

Ein Mensch, der keine Erziehung genossen hat, lässt sich mit einem Baum vergleichen, der mitten auf einem Weg steht. Dieser Baum wird verkümmern, da er von den Vorbeikommenden von allen Seiten gestoßen und in alle Richtungen gebogen wird, ohne jemals ein Gefühl dafür zu bekommen, was für ihn das Beste ist. Nur wer sich um seinen Baum kümmert, wird eines Tages auch die Früchte, die er trägt, genießen können. Genauso verhält es sich bei der Erziehung. Eine Mutter behütet ihr Kind, bis es mit den Freuden und Leiden des Lebens umzugehen weiß. Dabei wird sie darauf achten, dass sie bei ihrer Erziehung ihrem Kind möglichst wenig vorschreibt und viel mit ihm praktisch übt. *nach Jean-Jacques Rousseau*

Jean-Jacques Rousseau (1712 – 1778): Schweizer Philosoph und Pädagoge

INFO

Erziehung

Jeder Mensch durchläuft einen Prozess der Entwicklung: Als Neugeborener besitzt er noch keine Kultur, als Erwachsener ist er in sie eingebunden. Diese Entwicklung wird teilweise bewusst durch Erziehung geplant und gesteuert. Teilweise wächst man aber auch unbemerkt in eine Kultur hinein (Enkulturation).

AUFGABEN

1 **Arbeitsteilige Gruppenarbeit:** Untersucht die Auffassungen der drei Philosophen zur Erziehung und stellt sie euch gegenseitig vor. > M1-M3

2 Nehmt unter Berücksichtigung der Auffassungen von Locke, Kant und Rousseau Stellung zu der Frage, ob der Mensch ein erziehungsbedürftiges Wesen ist. > M1-M3

plus Stellt die Antworten der drei Philosophen Locke, Kant und Rousseau zu der Frage „Warum bedarf der Mensch der Erziehung?“ auf einem Plakat dar.

Kulturraum Schule

M1 Das Klima an der Schule

Viele Faktoren spielen eine Rolle bei der Frage, ob man sich als Mitglied der Schulgemeinschaft an der eigenen Schule wohlfühlt: die Räumlichkeiten, die Gestaltung des Unterrichts, das Verhältnis zwischen den Schülerinnen und Schülern und die Beziehung zwischen Lehrenden und Lernenden

1. Schülerinnen und Schüler

Respekt
In der Klasse wird niemand gemobbt. Wir respektieren einander und gehen behutsam mit den Schwächen der anderen um. Punkte: ......

Solidarität
Es herrscht keine Konkurrenz. Wir halten zusammen und helfen uns auch gegenseitig, wenn jemand etwas nicht verstanden hat.
Punkte: ......

Lösung von Konflikten
Wenn Konflikte auftreten, sprechen wir darüber, versuchen zu verstehen, wieso es dazu gekommen ist, und suchen gemeinsam nach Lösungen.
Punkte: ......

Gemeinschaftsgefühl
Wir treffen uns in der Freizeit oft mit Schulfreundinnen und -freunden, nehmen gerne an Schulfesten usw. teil und interessieren uns auch für Projekte unserer Schule. Punkte: ......

2. Unterricht

Unterrichtsatmosphäre
Die Stimmung in den Unterrichtsstunden ist meistens so, dass man entspannt und konzentriert mitarbeiten kann. Punkte: ......

Unterrichtsstoff
Der Unterrichtsstoff wird meist interessant dargeboten, wir behandeln oft Themen, die für uns wichtig sind. Punkte: ......

Unterrichtsgestaltung
Der Unterricht ist nicht eintönig. Die Lehrerinnen und Lehrer setzen vielfältige Unterrichtsformen und ansprechende Methoden und Materialien ein. Punkte: ......

3. Lehrende und Lernende

Anerkennung
Die Lehrenden nehmen uns als Gegenüber ernst und behandeln uns nicht von oben herab.
Punkte: ......

Offenheit
Wir können mit den Lehrerinnen und Lehrern offen über Schwierigkeiten und Probleme sprechen. Punkte: ......

Rückmeldungen
Die Lehrenden sind an Rückmeldungen zum Unterricht interessiert. Sie möchten wissen, was uns gefällt oder auch nicht gefällt. Punkte: ......

Engagement
Die Lehrenden nehmen sich Zeit für uns und organisieren gemeinsame Aktivitäten für die Klasse. Punkte: ......

4. Räumlichkeiten

Klassenzimmer
Die Klassenzimmer sind zweckmäßig und ansprechend eingerichtet und wir können sie mitgestalten, so dass wir uns darin wohlfühlen.
Punkte: ......

Lern- und Erholungsräume
Die Schule verfügt über Räume, in denen man sich erholen und z. B. in der Mittagspause aufhalten kann, sowie über eine Bibliothek und Computerräume, die dem selbständigen Lernen dienen. Punkte: ......

Schulhof
Der Schulhof ist begrünt und bietet vielfältige Möglichkeiten der Pausengestaltung: Platz zum Laufen und Spielen, Bänke, Ruhezonen etc.
Punkte: ......

M2 Schule als Lebensraum

In der Evangelischen Ganztagsgesamtschule Gelsenkirchen wird großer Wert auf die Raumgestaltung gelegt. Der Raum ist hier – nach dem bzw. der Lehrenden und der Klassengemeinschaft – der dritte Pädagoge. Jede Klasse bewohnt ihr eigenes zweistöckiges Reihenhaus, das sie mitgestalten kann. Neben dem gemeinsamen Unterrichtsraum gibt es Nischen, in die die Schülerinnen und Schüler sich einzeln und in Gruppen zurückziehen und die sie individuell nutzen können. *nach Reinhard Kahl*

Reinhard Kahl (*1948): deutscher Journalist und Erziehungswissenschaftler

M3 Schule mal ganz anders

[In der Freien Schule Leipzig gibt es keine Klassen; die Schülerinnen und Schüler] sind in altersgemischten Gruppen organisiert. […] Jeder Gruppe sind zwei Pädagoginnen bzw. Pädagogen als feste Bezugspersonen zugeordnet. […] [Es gibt auch] keinen zentralen Lehrplan, den alle Schülerinnen und Schüler unabhängig von ihren Interessen absolvieren müssen, vielmehr ordnen und strukturieren sich Themen und Inhalte auf vielfältige Weise zu ganz persönlichen Lehrplänen […]. Lerninhalt kann alles werden, was Schülerinnen oder Schüler […] interessiert: Trommeln, Zählen auf Finnisch, Backen, Klettern, Tiere beobachten, die Photosynthese, Integralrechnung, Tauchen, Theaterspielen […] – prinzipiell gibt es keine inhaltlichen Einschränkungen. Die Beschäftigung mit den einzelnen Inhalten geschieht nicht isoliert aus reinem Selbstzweck, sondern ist immer in einen sinnvollen Kontext eingebettet. Ein Schüler oder eine Schülerin lernt Dezimalzahlen beim Spielen mit Auto-Spielkarten, für einen Anderen oder eine Andere wird die Beschäftigung mit Maßeinheiten notwendige Voraussetzung für das selbstständige Kuchenbacken, ein Dritter oder eine Dritte lernt Lesen, um beim Computerspielen unabhängig zu werden und die Anweisungen auf dem Bildschirm selbst lesen zu können. […] Nach und nach lernen die Schülerinnen und Schüler ihre Projektvorhaben selbstständig zu planen und durchzuführen.

nach www.freie-schule-leipzig.de

AUFGABEN

1 Bewerte jeden Aspekt der einzelnen Felder mit 0 bis 2 Punkten (0 = existiert nicht an unserer Schule; 1 = gibt es gelegentlich; 2 = ist gut verwirklicht). Addiere die Punkte zu einer Gesamtbewertung. > M1

2 Vergleicht eure Bewertungen aus Aufgabe 1 und diskutiert die Ergebnisse. > M

3 Erläutere, was das Besondere an den vorgestellten Schulen ist. Würdest du auch gerne Schülerin oder Schüler einer solchen Schule sein? Begründe deine Antwort. > M2/M3

V 4 Recherchiere im Internet weitere Schulen, die sich durch eine besondere Schulkultur auszeichnen und nimm Stellung zu den vorgestellten Konzepten. > M2/M3 MK

plus Stellt auf einem Plakat die Schulkultur dar, die eure Traumschule ausmacht.

Vom Aussteigen und Mitmachen

M1 Neue Horizonte

In dem Buch *Into the wild* berichtet Jon Krakauer von dem Leben des Aussteigers Christopher McCandless, der als Kind wohlhabender Eltern in einem reichen Vorort von Washington D. C. aufwuchs. Nach einem erfolgreich abgeschlossenen Studium spendete er seine Ersparnisse in Höhe von 24000 US-Dollar einer Hilfsorganisation und machte sich auf den Weg zu einer Reise durch die USA, die ihn schließlich nach Alaska führte. Von Fairbanks, einer Stadt nahe am nördlichen Polarkreis, brach er im April 1992, ausgestattet mit einem Gewehr und fünf Kilo Reis, in die Wildnis auf, um sich dort den Herausforderungen eines einfachen Lebens fernab der Zivilisation zu stellen. Die Sommermonate verbrachte er in einem verlassenen Linienbus des *Fairbanks City Transitsystem*. Die einsetzende Schneeschmelze schnitt seinen Rückweg über den Teklanika River ab, da dessen Wasserspiegel und Strömungsgeschwindigkeit stark angestiegen waren. Ohne Kenntnis alternativer Routen war er zum Ausharren in seinem „Magic Bus" gezwungen. Die Nahrungsmittelknappheit und der Verzehr giftiger Beeren führten schließlich zu seinem Tod.

Jon Krakauer (*1954): US-amerikanischer Bergsteiger und Autor

Auf seiner Reise lernte Chris unter anderem den 80-jährigen Ron Franz kennen. Zwischen den beiden entwickelte sich eine tiefe Freundschaft. Ron wollte Chris sogar adoptieren und war sehr traurig, als dieser weiterzog. Einige Zeit darauf erhielt Ron von Chris den folgenden Brief.

Ich hoffe, dass Dich der Abschied nicht allzu traurig gemacht hat. Es kann noch viel Zeit vergehen, bis wir uns wiedersehen. Aber Du hörst von mir, vorausgesetzt, dass ich mein Alaska-Vorhaben auch heil überstehe. Ich möchte aber gern noch einmal auf meinen Ratschlag zurückkommen: Ich finde nämlich, dass Du Dein Leben radikal ändern und ganz mutig Dinge in Angriff nehmen solltest, die Dir früher nie in den Sinn gekommen wären und vor denen Du zurückgeschreckt bist. So viele Menschen sind unglücklich mit ihrem Leben und schaffen es trotzdem nicht, etwas an ihrer Situation zu ändern, weil sie total fixiert sind auf ein angepasstes Leben in Sicherheit, in dem möglichst alles gleich bleibt – alles Dinge, die einem scheinbar inneren Frieden garantieren. In Wirklichkeit wird die Abenteuerlust im Menschen jedoch am meisten durch eine gesicherte Zukunft gebremst. Leidenschaftliche Abenteuerlust ist die Quelle, aus der der Mensch die Kraft schöpft, sich dem Leben zu stellen. Freude empfinden wir, wenn wir neue Erfahrungen machen, und von daher gibt es kein größeres Glück als in einen immer wieder wechselnden Horizont blicken zu dürfen, an dem jeder Tag mit einer neuen, ganz anderen Sonne anbricht. Wenn du mehr aus Deinem Leben machen willst, Ron, dann musst Du Deine Vorliebe für monotone, gesicherte Verhältnisse ablegen und das Chaos in Dein Leben lassen, auch wenn es Dir am Anfang verrückt erscheinen vermag. Aber sobald Du Dich an ein solches Leben einmal gewöhnt hast, wirst Du die volle Bedeutung erkennen, die darin verborgen liegt, und die schier unfassbare Schönheit. *Jon Krakauer*

M2 Auf der großen Bühne

Im Februar 2003 begannen die Berliner Philharmoniker und ihr Chefdirigent Sir Simon Rattle ein Projekt mit 250 Kindern und Jugendlichen. Nach Anleitung von Royston Maldoom probten sie die Aufführung von Igor Strawinskys Ballett *Le sacre du printemps*. Nur sechs Wochen Probezeit hatten die Schülerinnen und Schüler, zumeist aus Berliner „Problemschulen“, von denen niemand mit klassischer Musik und Tanz vertraut war. Das Ende und der große Höhepunkt war ein umjubelter Auftritt in der Arena Berlin. In dem Film *Rhythm is it* werden einige der an dem Projekt Beteiligten genauer vorgestellt.

Royston Maldoom (*1943): englischer Choreograph und Tanzpädagoge

Igor Strawinsky (*1882): russischer Komponist und Dirigent

Marie (14) besucht die 10. Klasse einer Hauptschule, ist sich aber nicht sicher, ob sie den Schulabschluss schafft. „Dumm bin ich nicht unbedingt, aber faul, unheimlich faul.“ Im Laufe des Projektes macht sie eine erstaunliche Entwicklung durch. Bei den Proben erwacht ihr Ehrgeiz und sie schafft es, in der Klasse der Fortgeschrittenen mitzutanzen. Am Ende des Projekts ist Marie sich sicher, dass sie ihren Schulabschluss schaffen und ihren Weg gehen wird.

Martin (19) stammt aus einer Kleinstadt, wo er ein totaler Einzelgänger war. Er ist sich anfangs nicht sicher, ob er bei dem Projekt mitmachen soll. „Ich mag es nicht, Leute zu berühren, das ist für mich unangenehm. Ich gebe zum Beispiel nie jemandem, den ich nicht kenne, die Hand.“ Doch er bleibt und lernt es langsam, auf andere zuzugehen. „Ich weiß nicht, wie es aussieht, aber ich weiß, dass es sich gut anfühlt. Ich nehme alle Abläufe in meinem Körper intensiver wahr. Wenn das hier vorbei ist, würde ich gerne in der Tanzschule weitermachen, und das ganz große Ziel wäre, dass ich irgendwann mal Akrobatik mache.“

Sandy (17) steht eigentlich nicht auf klassische Musik, auch nicht auf Strawinskys *Le sacre du printemps*. „Aber wenn ich dazu spielen oder tanzen muss, dann ist das einfach, das fasziniert mich. Dann macht mir das Spaß, und dann gefällt mir auch die Musik dazu.“ […]

Royston Maldoom (Choreograph): „Ich möchte den jungen Leuten näher bringen, dass Leben eine ständige Herausforderung ist. Bleib nicht stehen, bewege dich, suche nach der nächsten Aufgabe.“ [Zu den Jugendlichen]: „Glaubt nicht, dass wir nur tanzen. Ihr könnt euer Leben ändern in einer Tanzklasse.“ *(Zitate: Film „Rhythm is it“)*

AUFGABEN

1 Stelle die Motive dar, die Christopher McCandless dazu bewogen haben, in die Wildnis zu gehen. > M1

2 Erläutere, was Christophers Scheitern über den Menschen als Natur- und Kulturwesen aussagt. > M1

3 Stelle dar, welche Erfahrungen die Jugendlichen bei dem Projekt machen und was es ihnen bedeutet. > M2

4 Vergleiche die Lebensauffassungen von Christopher McCandless und Royston Maldoom und nimm Stellung dazu. > M1/M2

Was wir wissen – was wir können

Wissen kompakt

Formen von Kultur:
- Hochkultur
- Massenkultur
- Popkultur
- Subkultur

Kulturelle Verbundenheit durch Sprache:
- Möglichkeit von Missverständnissen zwischen den Kulturen
- Notwendigkeit interkultureller Verständigung

Kultur

das vom Menschen Geschaffene (im Unterschied zu dem, was von Natur her besteht)

Der Mensch: ein kulturelles Wesen

ist darauf **angewiesen, Kultur zu schaffen**, weil er in der natürlichen Welt nicht lebensfähig ist

wird Mensch durch Hineinwachsen in die Kultur, insbesondere in Form von **Erziehung**

Ausstieg aus der Kultur schwierig, kulturelles Engagement sinnvoll

KOMPETENZ-CHECK

Überprüfe dich selbst: Wenn du dich bei einem Punkt noch unsicher fühlst, lies und bearbeite (ggf. mit einer Partnerin oder einem Partner) die passende Schulbuchseite noch einmal.

Ich kann …		Meine Einschätzung – –	–	+	++
erläutern, warum der Mensch im Unterschied zum Tier Kultur benötigt	> S. 156–159				
an Beispielen deutlich machen, wie der Mensch kulturschöpferisch tätig ist	> S. 160–161				
verschiedene Arten von Kultur an Beispielen erklären	> S. 162–163				
darstellen, welche Bedeutung Sprache für eine Kultur hat, und erläutern, wie interkulturelle Missverständnisse entstehen und aufgelöst werden können	> S. 162–163				
am Beispiel von „wilden Kindern" erklären, welche Bedeutung Kultur für die menschliche Entwicklung hat	> S. 164–165				
auf der Grundlage der Ausführungen von Locke, Kant und Rousseau beurteilen, warum der Mensch auf Erziehung angewiesen ist	> S. 166–167				
erklären, was unter einer positiven Schulkultur zu verstehen ist	> S. 168–169				
beurteilen, inwiefern ein Ausstieg aus der Gesellschaft möglicherweise schwierig und warum kulturelles Engagement sinnvoll ist	> S. 170–171				

Arbeitsblatt:
Kompetenz-Check „Der Mensch als Kulturwesen"

Mediencode: 21057-09

plus In den letzten Wochen habt ihr eine Ausstellung zum Thema „Kulturwesen Mensch" vorbereitet. Ihr habt dazu Plakate angefertigt, die sich mit folgenden Fragen auseinandersetzen:

- Wie kompensiert der Mensch seine mangelhafte organische Ausstattung?
- Warum bedarf der Mensch der Kultur?
- Ist der Mensch von Natur aus Mensch?
- Warum benötigt der Mensch Erziehung?
- Wie sieht die besondere Schulkultur eurer Traumschule aus?

Gestaltet die Stellwände und eröffnet eure Ausstellung.

Benzin-
motor

Brille

Buch-
druck

Computer

Dampf-
maschine

Eisenbahn

Fernsehen

Herzschritt-
macher

Laufmaschine
(Fahrrad)

Motor-
flugzeug

Drohne

Herzschritt-
macher

Rad

Schieß-
pulver

Schiff

Taschenuhr

Telefon

Teleskop

Technik – Nutzen und Risiko

Verkehrstechnik

Kommunikationstechnik

...

AUFGABEN

1 Ordnet die Karten auf der linken Seite den Kategorien auf der rechten Seite zu. Bildet dazu auch weitere passende Kategorien, in die sich die Karten einordnen lassen, und findet weitere Beispiele.

2 Stellt dar, welche Bereiche der Technik euch besonders wichtig sind, und begründet eure Auffassung.

Der Mensch als Techniker

M1 Prometheus und seine Geschöpfe

Himmel und Erde waren geschaffen: das Meer wogte in seinen Ufern, und die Fische spielten darin; in den Lüften sangen beflügelt die Vögel; der Erdboden wimmelte von Tieren. […] Da betrat [der Titan] Prometheus die Erde. […] [Er nahm Ton,] befeuchtete denselben mit dem Wasser des Flusses, knetete ihn und formte daraus ein Gebilde nach dem Ebenbilde der Götter […]. Unter den Himmlischen hatte er eine Freundin, Athene, die Göttin der Weisheit. Diese bewunderte die Schöpfung des […] [Prometheus und blies dem Geschöpf] den Geist, den göttlichen Atem ein.
So entstanden die ersten Menschen und füllten bald vervielfältigt die Erde. Lange aber wussten diese nicht, wie sie sich ihrer edlen Glieder und des empfangenen Götterfunkens bedienen sollten. […] Unbekannt war ihnen die Kunst, Steine auszugraben und zu behauen, aus Lehm Ziegel zu brennen, Balken aus dem gefällten Holze des Waldes zu zimmern und mit allem diesem sich Häuser zu erbauen. […] [P]lanlos war alles, was sie verrichteten. Da nahm sich Prometheus seiner Geschöpfe an; er lehrte sie den Auf- und Niedergang der Gestirne beobachten, erfand ihnen die Kunst zu zählen, die Buchstabenschrift; lehrte sie Tiere ans Joch spannen und zu Genossen ihrer Arbeit verwenden, gewöhnte die Rosse an Zügel und Wagen; erfand Nachen und Segel für die Schifffahrt. […] Er lenkte ihren Blick unter die Erde und ließ sie hier Erz, das Eisen, das Silber und das Gold entdecken; kurz, in alle Bequemlichkeiten und Künste des Lebens führte er sie ein. […]
Jetzt wurden die […] [anderen] Götter aufmerksam auf das eben entstandene Menschenvolk. Sie verlangten Verehrung von ihm und […] [Opfergaben]. [Da ersann Prometheus eine List zugunsten der Menschen. Er schlachtete einen Stier und machte daraus zwei Haufen – einen größeren aus den wertlosen Knochen und einen kleineren aus dem den Menschen zur Nahrung dienenden Fleisch – und umhüllte sie mit Tierhaut, um ihren Inhalt zu verbergen. Als er den Göttervater Zeus aufforderte, einen Haufen zu wählen, durchschaute dieser die List und beschloss, die Menschen dadurch zu bestrafen, dass er ihnen das Feuer vorenthielt.] Doch auch da wusste […] [Prometheus] Rat. Er nahm den langen Stängel des markigen Riesenfenchels, näherte sich mit ihm dem vorüberfahrenden Sonnenwagen und setzte so den Stängel in […] Brand. Mit diesem glimmenden Zunder kam er auf die Erde, und bald loderte der erste Holzstoß gen Himmel.

Gustav Schwab

Joch: auf der Stirn bzw. dem Nacken aufliegender Teil eines Geschirrs (bei als Zugtieren eingespannten Ochsen oder Kühen)

Nachen: kleines Boot

Prometheus: Gestalt der griechischen Mythologie; stammt aus dem Göttergeschlecht der Titanen (Riesen in Menschengestalt)

Gustav Schwab (1792 – 1850): deutscher Lehrer und Schriftsteller, seine Nacherzählungen antiker Sagen gelten als Klassiker der Jugendliteratur

M2 Die Notwendigkeit der Technik

philopraktisch: Herr Gehlen, wie beurteilen Sie das Menschenbild, das im Mythos von Prometheus zum Ausdruck kommt?

Arnold Gehlen: Genau wie es der Mythos darstellt, ist der Mensch von seiner Natur her ein Mängelwesen, dem es an Vielem fehlt und das nur als Kulturwesen überleben kann. Die Künste, die Techniken, die Prometheus seine Geschöpfe lehrt, sind das Mittel, mit dem es dem Menschen gelingt, die Natur zu bearbeiten. Ohne sie wäre er kaum überlebensfähig.

philopraktisch: Aber hat sich die Technik nicht seit der Zeit der alten Griechen grundlegend verändert?

Arnold Gehlen: Richtig. In der Entwicklung der Technik sind drei Stufen zu beobachten. Auf der ersten Stufe gebraucht der Mensch Werkzeuge. Er hat eine Idee, was er mit dem Werkzeug herstellen will, und die zur Herstellung nötige Kraft wird vom Menschen selbst aufgebracht. Der Schmied ist es, der das Eisen im Feuer zum Glühen bringt und es dann mit dem Hammer bearbeitet. Auf der zweiten Stufe, der Stufe der Mechanisierung, wird der Herstellungsprozess beschleunigt, indem die Menschenkraft durch Maschinenkraft ersetzt wird. Diese Stufe hat um 1800 mit der industriellen Revolution begonnen. Sie wurde ermöglicht durch die Erfindung der Dampfmaschine. Seither werden Stoffe nicht mehr in Handarbeit hergestellt, sondern durch mechanische Webstühle usw.

philopraktisch: Und heute?

Arnold Gehlen: Gegenwärtig erleben wir die dritte Stufe der Entwicklung der Technik, die Stufe der Automatisierung. Zunehmend werden Arbeits- und Produktionsprozesse von Automaten übernommen, die nicht mehr – wie es bei der Maschine noch der Fall war – vom Menschen gesteuert werden, sondern sich nach dem Prinzip des Regelkreises selbst steuern. Eines Tages werden Roboter dem Menschen fast die gesamte Arbeit abnehmen.

fiktives Interview

Arnold Gehlen: > S. 158

INFO

Technik

Als Technik (gr. *téchne*) bezeichnete man im antiken Griechenland das Wissen und die Kunst, etwas herzustellen, das es von Natur aus nicht gibt. So ist die Baukunst z. B. die Technik, die benötigt wird, um Gebäude zu errichten. Heute versteht man unter Technik die Gesamtheit der Verfahren und Arbeitsmittel, mit denen sich der Mensch in Anwendung der Erkenntnisse der Wissenschaften die Natur nutzbar macht.

AUFGABEN

1 Beschreibe die Abbildung. Welchen Eindruck machen die beiden Figuren auf dich? > M1
2 Erläutere, was mit dem Prometheus-Mythos zum Ausdruck gebracht werden soll. > M1
3 Erkläre unter Rückgriff auf Gehlens Auffassung des Menschen als Mängelwesen (s. S. 158f., M2), warum der Mensch der Technik bedarf. > M2
4 Veranschauliche die drei Stufen der Entwicklung der Technik durch (weitere) Beispiele (vgl. S. 174) und nimm Stellung zu Gehlens Auffassung der Technik. > M2

Was Technik uns bedeutet

M1 Wie die Technik unseren Alltag beeinflusst

Die Technik hat sich in den letzten Jahren Schritt für Schritt entwickelt: z. B Küchengeräte, Lampen, Telefone oder Computer. Wir können fast überall in unserer Umgebung technische Geräte finden. Sie versuchen unseren Alltag so gut wie möglich zu vereinfachen – zum Beispiel das Kaffeekochen ist heutzutage sehr, sehr einfach: An einer Maschine wählen wir unser Heißgetränk nach Stärke, Mahlgrad, Milch- und Kaffeezusatz aus und drücken einen Knopf. Früher musste erst der Kaffee in einer Kaffeemühle gemahlen und dann mit im Topf gekochtem Wasser übergossen werden.

Unser Alltag könnte fast gar nicht ohne Technik funktionieren, weil wir uns einfach an diese technischen Fortschritte gewöhnt haben. Man muss auch gar nicht mehr so dicke Bücher lesen, um an Informationen zu kommen. Über tausende von Websites gibt es heutzutage im Internet, wo man Informationen herbekommt, indem man Begriffe einfach in die Suchleiste eingibt. Also ist es heute viel bequemer, Sachen online „nachzuschlagen", aber es macht uns abhängig: viele Menschen können gar nicht mehr ohne das Internet Fragen beantworten, weil sie sich darauf verlassen. Sie brauchen ihrer Meinung nach gar nichts mehr zu erlernen oder sich irgendetwas zu merken, wenn man ein Handy oder PC griffbereit hat. Google weiß das schon!

Deutsche nutzen 2017 das Internet durchschnittlich 114 Minuten täglich! Briefe oder direkter Kontakt sind ebenfalls nicht mehr nötig, wenn man auf dem Smartphone WhatsApp hat. Diese App ermöglicht dir – ohne großen Aufwand – Freunde, Bekannte oder Familienmitglieder anzuschreiben, denn Briefe schreiben oder jemanden persönlich Fragen zu stellen, das ist viel zu aufwändig. Ca. 1,3 Milliarden Menschen sind bei WhatsApp angemeldet und 330 Millionen Menschen nutzen es täglich. Psychologen behaupten, dass irgendwann der soziale Kontakt noch niedriger und die Jugend sich nur noch mit WhatsApp verständigen wird. […]

Die Technik […] hilft uns enorm und dieses kann man nicht abstreiten. Es gibt fast keinen Deutschen, der sie nicht benutzt. Viele verbinden mit Technik […] sofort PCs, Handys oder Spielekonsolen, aber es gibt auch die einfache Technik, die uns durch ihre Einführung wirklich Erleichterung verschaffte: Uhren, Telefone, Küchengeräte, Lampen, Fernsehgeräte. Handgefertigte Dinge sind heute in Design und Technik unterlegen und sie sind deutlich teurer, da nicht so hohe Stückzahlen hergestellt werden können. In der Herstellung von Klamotten, Fertigessen oder Autos sind Maschinen unentbehrlich. Zudem enthalten Autos heutzutage technische Geräte wie Telefone, Radios, CD-Player oder […] Navis, die man automatisch benutzt, ohne daran zu denken, dass diese Sachen technische Geräte sind. Deswegen irren sich die Menschen, die sagen, man brauche die ganze Technik nicht. Das zeigt doch, die Technik hat unseren Alltag schon eingenommen – wir merken es nur gar nicht! […]

Das beste Beispiel für die schnelle Veränderung der Technik sind wohl Handys: Über Handys kann man heute nicht nur mit jemandem reden, sondern schon mit dem Handy selbst sprechen. Man gibt ihm Befehle, die es dann sofort ausführt, oder stellt ihm Fragen, auf die es eine Antwort weiß. Auch wenn die Handys immer schmaler werden, wird die Technik immer besser. […] Aus diesem Grund wächst diese Industrie in Moment sehr stark, weil fast jeder Mensch die neueste Technik haben will. […] Und wenn etwas alt ist, kauft man sich halt ein neues Gerät.

Miklas (8a), Aufsatz für den Blog „Medien in der Schule"

M2 Technische Errungenschaften

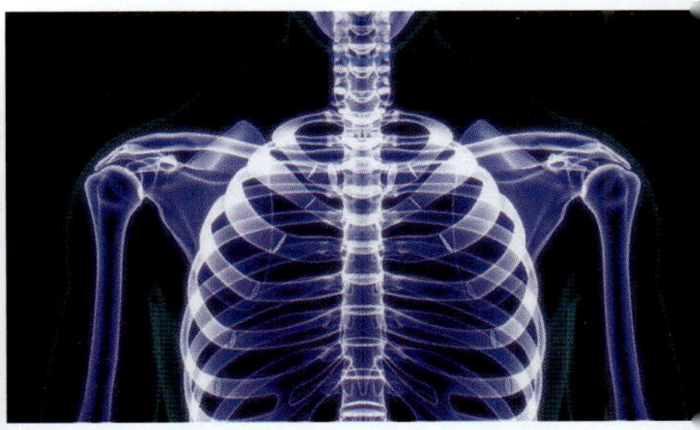

M3 Die Leistungen der Technik

Was die Technik leistet, ist einmal, dass für die Bereitstellung einer bestimmten Art und Zahl von Gütern oder Diensten weit weniger Menschenarbeit aufgewendet werden muss […] als ohne moderne Technik. Zweitens, dass zugleich mit der ersparten Arbeitszeit und Arbeitskraft zweierlei gewonnen wird: Vermehrung der Güter und Dienste […] (z. B. Bücher, Fahrräder, Arzneien, Haushaltsmaschinen, […]) [und zugleich] auch größere Schonung des arbeitenden Menschen (Fünfunddreißigstundenwoche, Ferien, hygienische Räume, […]). […] In meiner Jugend gab es noch zwölf und dann zehn Arbeitsstunden in ungesunden, hässlichen Räumen […]. Die oft stundenweiten Wege von und zur Fabrik mussten zu Fuß zurückgelegt werden, und die Arbeit war fast überall härter, muskulöser, schmutziger, verbrauchender als jetzt, der Lebensstandard viel niedriger und damit zugleich der Kulturstand, der Gesundheitszustand und die Lebensdauer. Das sind entscheidende Kriterien dafür, dass die Entwicklung dem Menschen gerechter wurde als vordem.

In den höheren Stufen der technischen Berufe gilt […] das Gleiche. Die Verlagerung des Leistungsanspruchs an den in der Technik arbeitenden Menschen aus mehr muskulärem Stadium in steigend geistigeres Niveau ist für den damit Vertrauten ganz unverkennbar. […]

[D]ass es in den vielgestaltigen technischen Tätigkeitsbereichen, *wie in allen anderen Berufen*, auch schlichte, monotone, primitiv-langweilig sich wiederholende Mühen gibt, bedeutet kein Kennzeichen für die *Tendenz* der *modernen* Technik. Der Zug der Technik ist unzweifelhaft: Vergeistigung und Erleichterung der Arbeit.

Friedrich Dessauer

vordem: früher

monoton: gleichmäßig, eintönig, langweilig

Friedrich Dessauer (1881 – 1963): deutscher Physiker und Philosoph

AUFGABEN

W

1. Stelle dar, wie Miklas zufolge Technik unseren Alltag bestimmt, und erläutere, welche weitere Technik dir zu Hause, in der Schule und in der Freizeit begegnet. Bewerte den Nutzen der jeweiligen Geräte. > M1
2. Stelle dar, inwiefern die abgebildeten technischen Errungenschaften das Leben des Menschen verbessern konnten bzw. können. Finde weitere Beispiele. > M2
3. Erkläre, was Dessauer meint, wenn er von den Leistungen der Technik spricht, und nimm Stellung dazu. > M3

Risiken der Technik

M1 Folgen der Technik?

Kohlekraftwerk (hier: in Tschechien)

Autoverkehr (hier: in Japan)

Bei einem weiteren Anstieg der Erdtemperatur könnte das Abschmelzen des Grönlandeises bis zum Jahre 2050 unumkehrbar in Gang gesetzt werden.

Die Karte zeigt den veränderten Küstenverlauf der Niederlande, wenn das Grönlandeis komplett wegschmelzen würde.

M2 Umweltfaktor Mensch

Die Eingriffe des Menschen in die Umwelt werden auch als anthropogene Auswirkungen auf die Umwelt bezeichnet. Unter dem Begriff anthropogen werden die von Menschen gemachten Einflüsse verstanden, die zu direkten oder indirekten Veränderungen in der Umwelt führen. […] [Einige Beispiele:] Der Mensch hat Städte, Industriegebiete und Straßen gebaut […]. Dazu werden häufig Lebensräume von Tieren und Pflanzen verändert oder sogar ganz zerstört. So werden beispielsweise Feuchtgebiete für den Bau von Straßen trockengelegt. […]

[In der] Landwirtschaft […] werden oft chemische Düngemittel und Pestizide in großen Mengen eingesetzt. Diese giftigen Stoffe bleiben im Boden und können die dort lebenden Bodenorganismen abtöten. Manchmal gelangen sie sogar bis ins Grundwasser. […]

Der Mensch verschmutzt durch Autoabgase oder Kraftwerke die Luft. Daraus resultiert der

Treibhauseffekt. […] Die in der Atmosphäre vorkommenden Treibhausgase wirken ähnlich wie das Glas eines Treibhauses.
Sie lassen die Sonnenstrahlung durch und hindern die als Wärmestrahlung von der Erdoberfläche reflektierte Strahlung daran, die Atmosphäre zu verlassen. Da die Wärmestrahlung durch die Treibhausgasschicht nicht die Atmosphäre verlassen kann, wird diese erwärmt. Man spricht vom natürlichen Treibhauseffekt. Ohne diesen natürlichen Treibhauseffekt läge die Durchschnittstemperatur auf der Erde viel tiefer.
Doch werden zu viele Treibhausgase, wie zum Beispiel Kohlenstoffdioxid oder Methan, produziert, legen sich diese zusätzlich wie eine Decke um die Erde. Die Wärme kann nicht mehr so einfach an den Weltraum abgegeben werden. Sie staut sich und es wird wärmer. Als Folge davon schmelzen Gletscher und der Meeresspiegel steigt an, was wiederum schlimme Konsequenzen für die Tier- und Pflanzenwelt, aber auch für uns Menschen hat. Werden diese Treibhausgase durch menschliche Aktivitäten verursacht, spricht man vom anthropogenen Treibhauseffekt. Zum Beispiel Fabriken, Kraftwerke, Autos und Flugzeuge stoßen sehr viel Kohlenstoffdioxid aus. *sofatutor.com*

M3 Ethische Bewertung der Technik

Die ökologische Bewegung hat der modernen Welt etwas in Erinnerung gerufen, was die Philosophen im alten Griechenland schon bemerkt hatten: Die Technik darf nicht alles, was sie kann. Die Technik unterliegt der ethischen Bewertung. Die ethischen Regeln – und dazu gehört, die Natur zu achten – gelten für die Technik wie für jede andere Tätigkeit des Menschen. Wenn wir die natürliche Welt bis zur Unkenntlichkeit verändern, dann wird sie uns das am Ende heimzahlen. Der Mensch ist nicht das Maß der Natur. Es gibt eine natürliche Ordnung, die wir achten müssen. Der Mensch darf sich nicht über sie hinwegsetzen. […]
Eines der grundlegendsten ethischen Probleme heute ist: Lässt sich die Achtung vor der Natur mit dem technischen Fortschritt vereinbaren? […] Die Aufgaben der Ökologie und der Ethik sind es herauszufinden, worin das Gleichgewicht besteht – die goldene Mitte zwischen einer unvernünftigen Ausbeutung der Natur und einem [technikfreien] Leben […].

Héctor Zagal und José Galindo

Ökologie:
Lehre von den Beziehungen der Lebewesen zu ihrer Umwelt

Ethik:
Teilbereich der Philosophie, der sich mit Fragen der Moral, des richtigen und guten Handelns befasst

Héctor Zagal / José Galindo:
> S. 87

AUFGABEN

MK

H 1 Diskutiert, ob es einen Zusammenhang zwischen den abgebildeten Sachverhalten gibt. Recherchiert dazu auch im Internet, indem ihr zu den Bildern geeignete Stich- bzw. Suchwörter findet. > M1

W 2 Erläutere anhand der Beispiele im Text, inwiefern man von (zunehmend schädlichen) anthropogenen Einflüssen reden kann und welche Rolle die (moderne) Technik dabei spielt. > M2

3 Stelle dar, inwiefern die Technik nach Zagal und Galindo einer ethischen Bewertung bedarf. > M3

4 Diskutiert, wie eine goldene Mitte zwischen unvernünftiger Ausbeutung der Natur und einem technikfreien Leben eurer Meinung nach aussehen müsste. Berücksichtigt dabei auch die Beispiele aus M2. > M3

Verantwortungsvoller Einsatz von Technik

M1 Das Klimaabkommen von Paris

Das „Übereinkommen von Paris" wurde am 12. Dezember 2015 auf der Weltklimakonferenz in der französischen Hauptstadt beschlossen. Im Sinne der kurz zuvor verabschiedeten Agenda 2030 für nachhaltige Entwicklung verpflichteten sich mit diesem Übereinkommen 195 Staaten, den Klimawandel einzudämmen und die Weltwirtschaft klimafreundlich umzugestalten. Konkret heißt es in dem Abkommen, dass der weltweite Temperaturanstieg möglichst auf 1,5 Grad Celsius, auf jeden Fall aber auf deutlich unter zwei Grad Celsius im Vergleich zum vorindustriellen Zeitalter beschränkt werden soll. Nur so könne eine gegenüber den Folgen des Klimawandels widerstandsfähige Entwicklung gewährleistet werden. Um dieses Ziel zu erreichen, dürfen in der zweiten Hälfte dieses Jahrhunderts nicht mehr klimaschädliche Gase ausgestoßen werden, als der Atmosphäre durch sogenannte Kohlenstoffsenken, also etwa Wälder, entzogen werden. Diese „Treibhausgas-Neutralität" kann nur erreicht werden, wenn die Weltwirtschaft schnell und konsequent deutlich weniger Kohlenstoff freisetzt […].

www.bmz.de

M2 Die Krise als Chance?

Schon seit Jahren ist eigentlich klar: Wenn wir etwas gegen den Klimawandel unternehmen wollen, müssen wir weg von klimaschädlicher Energiegewinnung. Das soll unter anderem mit Windrädern und Solaranlagen geschafft werden. Diese […] Energiewende […] ging in Deutschland bisher aber eher langsam voran. […] Jetzt kommt tatsächlich in die Sache mit den Erneuerbaren Energien etwas Schwung. Das beobachten Expertinnen und Experten nicht nur für Deutschland, sondern sogar für die ganze Welt.

Die Energiewende könnte durch die [2022 durch den Krieg Russlands gegen die Ukraine ausgelöste] Krise tatsächlich beschleunigt werden, sagt die Internationale Energieagentur, abgekürzt IEA. Die IEA erforscht unter anderem verschiedene Formen der Energiegewinnung und -nutzung. Die Forscherinnen und Forscher kommen nach dem Auswerten der Pläne der verschiedenen Länder auf der Welt zu folgenden Ergebnissen:

- Viele Staaten wollen die ausbleibenden Gaslieferungen aus Russland eher mit Erneuerbaren Energien ausgleichen statt mit fossiler, also klimaschädlicher Energiegewinnung aus Erdöl, Erdgas oder Kohle.
- Es soll viel mehr Geld als zuvor in den Ausbau der Erneuerbaren Energien fließen.
- In Zukunft könnten weniger klimaschädliche Gase ausgestoßen werden.
- Die Nachfrage nach Kohle, Erdgas und Erdöl werde langsam sinken.

[…] [Aber selbst] wenn die Regierungen ihre Pläne auch wirklich so umsetzen – das wird allein nicht reichen, sagt die IEA.

www.zdf.de (logo)

M3 Atomkraft als Weg aus der Klimakrise?

Pro: Der Klimawandel ist bedrohlicher für die Menschheit als die Gefahren der Atomkraft. Und das spricht ganz grundsätzlich für AKWs und ihren vergleichsweise geringen CO_2-Ausstoß. Atomkraftgegner*innen führen oft ins Feld, dass doch Wind und Sonne im ersten Halbjahr 2022 schon knapp die Hälfte des Stromverbrauchs in Deutschland deckten. Dabei wird gerne unter den Tisch gekehrt, dass der Strombedarf wegen des klimaneutralen Umbaus der Wirtschaft stark ansteigen wird. Mehr E-Autos, mehr Wärmepumpen und mehr grüner Wasserstoff – schon dafür werden weit über 100 Terrawattstunden mehr Strom pro Jahr benötigt. Allein die Chemieindustrie braucht nach eigenen Berechnungen 2050 mehr Strom als heute ganz Deutschland. […] Solange grüne Energie nicht effektiv, komplikationslos und ausreichend gespeichert werden kann, reicht sie für den wachsenden Bedarf schlicht nicht aus. […] Der Weltklimabericht führt in seinen diversen Szenarien immer auch die Atomkraft als Teil eines glimpflichen Verlaufs an. Eine wachsende Zahl von Klimaforschern macht sich für Nuklearanlagen stark – allein schon, um Zeit zu gewinnen für den Ausbau von Erneuerbaren. […] [Und auch in] der [deutschen] Bevölkerung hat sich die Stimmung bereits gedreht; die Mehrheit befürwortet eine Laufzeitverlängerung der […] AKW. […]

Contra: In Zusammenhang mit nuklearer Energie ist oft von „Restrisiko" die Rede. […] Kleinste Fehler, Zufälle oder Unregelmäßigkeiten können albtraumhafte Folgen haben. So wie bei den Unfällen in Tschernobyl oder Fukushima. […] [Und der Klimawandel erhöht die Gefahr eines Zwischenfalls.] Damit sich die Reaktoren nicht unkontrolliert erhitzen, benötigen sie große Mengen Frischwasser zum Abkühlen. Als in diesem Sommer durch die Hitzewelle die Pegel in vielen europäischen Flüssen dramatisch sanken, mussten viele AKWs gedrosselt werden. […] [Wo das nicht erfolgte, bedeutete dies für viele Tiere und Pflanzen] enormen Stress wegen des sinkenden Sauerstoffgehalts in wärmerem Wasser. Ausgeprägte Dürren werden künftig immer wahrscheinlicher. Wie sollen diese Atomkraftwerke dann zuverlässig und naturschonend gekühlt werden?

Aber Atomstrom ist doch billig, sagen die Unterstützer. In Wahrheit erscheint er günstig, weil die größten Kostenverursacher – die künftige Endlagerung und der potenzielle Super-GAU – gar nicht erst eingepreist sind. […]

Atomstrom ist mit enormen Risiken verbunden, der Abbau von Uran schädigt Menschen und Natur, wie mit dem Abfall umgegangen werden soll, ist nach wie vor unklar.

Silke Mertins / Oliver Noffke, www.fluter.de

divers: verschieden

potenziell: möglich, denkbar

GAU: Größter anzunehmender Unfall

AUFGABEN

H **1** Erläutere, was das Abkommen von Paris in Bezug auf den drohenden Klimawandel bedeuten könnte. Informiere dich (z. B. anhand von Zeitungsberichten zum Weltklimagipfel von 2022), welche Probleme die Umsetzung der Ziele erschweren. > M1

2 Stelle dar, warum im Sinne des Pariser Klimaabkommens eine Energiewende nötig ist und warum sie durch die Krisen des Jahres 2022 eventuell sogar vorangetrieben werden könnte. > M2

3 Fasse die angeführten Pro- und Contra-Argumente stichpunktartig zusammen und nimm Stellung zur Frage, ob Atomkraft das richtige Mittel im Kampf gegen den Klimawandel ist oder nicht. > M3

Die zwei Gesichter der Technik

M1 Technik: Erfüllung menschlicher Wunschträume

Otfried Höffe (*1943): deutscher Philosoph

Die wissenschaftlichen Entdeckungen und Erfindungen sollen die Menschheit von ihren ewigen Problemen befreien, von der materiellen Not: von Hunger, Armut, Krankheit […].

Ohne Zweifel hat die wissenschaftlich-technische Zivilisation einige Wunschträume […] erfüllt und andere erfüllbar gemacht. Man denke nur an die Bekämpfung des Hungers durch die Steigerung der Ernteerträge mittels Kunstdüngers und der chemischen Schädlingsbekämpfung, man denke an die Erfolge im Kampf gegen Seuchen, Infektionskrankheiten, gegen Mütter- und Säuglingssterblichkeit, an den früher unvorstellbaren Lebensstandard, an die Zunahme der arbeitsfreien Zeit und an die Einführung technischer Hilfsmittel zum Ausgleich organischer Mängel. Schließlich darf man nicht übersehen, dass nach der Abschaffung von Leibeigenschaft und Sklaverei, auch der Kinder- und Jugendarbeit die einst reichlich und billig verfügbaren Arbeitskräfte selten und kostspielig wurden, deshalb zu einem großen Teil durch Maschinen ersetzt werden mussten.

Otfried Höffe

M2 Wenn Technik den Menschen bestimmt

Fließbandarbeit in der Autoproduktion, 1940

Frederick W. Taylor (1856 – 1915): US-amerikanischer Ingenieur

John Henry Ford (1863 – 1947): US-amerikanischer Erfinder, führte die Fließbandarbeit in der Automobilproduktion ein

Technopol: gesellschaftlicher Zustand, in dem die Technik den Menschen beherrscht

Frederick W. Taylor entwickelte 1911 in einem bahnbrechenden Buch Prinzipien der wissenschaftlichen Betriebsführung. Dabei ging er von dem Gedanken aus, dass Menschen ziemlich ineffizient arbeiten, weil sie z. B. Pausen brauchen, sich erholen müssen usw. Maschinen sind sehr viel effizienter, sie können ununterbrochen in Gang gehalten werden. Um die Effizienz der Maschinen voll ausnutzen zu können, soll sich der Mensch daher in seiner Arbeits- und Lebensweise den Maschinen anpassen, z. B. durch Arbeitsteilung, Fließbandarbeit, Schichtarbeit. John Henry Ford hat diese Überlegungen 1914 bei der Autoproduktion umgesetzt und damit die gesamte Fabrikarbeit revolutioniert.

Für den amerikanischen Philosophen Neil Postman sind dies Schritte in Richtung einer Technokratie, einer zunehmenden Herrschaft der Technik über den Menschen. Solange Technik noch im Gebrauch von Werkzeugen (Hammer und Meißel, Pfeil und Bogen, Spinnrad usw.) bestand, beherrschte der Mensch die Technik, die Werkzeuge dienten ihm zu seinen Zwecken. Mit der Erfindung der Maschinen beginnt sich dieses Verhältnis umzukehren: Die Maschinen verändern die Lebensweise des Menschen, sie beherrschen uns und wir müssen ihnen dienen. Diese Entwicklung wird eines Tages im Technopol enden: Dann werden wir der Alleinherrschaft der Technik ausgeliefert sein.

M3 Freund oder Feind?

Die meisten Menschen halten die Technik [...] für einen zuverlässigen Freund. Dafür gibt es zwei Gründe.

Erstens: Die Technik ist tatsächlich ein Freund. Sie macht das Leben leichter, sauberer und länger. Kann man von seinem Freund mehr verlangen?

Zweitens: Wegen der seit langem bestehenden, engen und ausweichlichen Beziehung, die die Technik mit der Kultur unterhält, legt sie es von sich aus nicht nahe, ihre Konsequenzen für die Kultur einer genauen Prüfung zu unterziehen. Sie ist einer von jenen Freunden, die uns Zutrauen und Gehorsam abverlangen, und weil die Technik so reiche Gaben gewährt, sind die meisten Menschen bereit, auf dieses Verlangen einzugehen.

Aber dieser Freund hat auch eine dunkle Seite. Seine Geschenke sind mit hohen Kosten verbunden. Um es dramatisch zu formulieren: Man kann gegen die Technik den Vorwurf erheben, dass ihr unkontrolliertes Wachstum die Lebensquellen der Menschheit zerstört. Sie schafft eine Kultur ohne moralische Grundlage. Sie untergräbt bestimmte geistige Prozesse und gesellschaftliche Beziehungen, die das Leben lebenswert machen. Kurz, die Technik ist beides – Freund und Feind. [...]

Ich habe ein talmudisches Prinzip anzubieten, das mir eine verlässliche Richtschnur für diejenigen zu sein scheint, die sich gegen die schlimmsten Auswirkungen des [...] Technopols zur Wehr setzen wollen. Es lautet: Sie müssen versuchen, ein liebevoller Widerstandskämpfer zu sein. [...]

Widerstand gegen das [...] Technopol leisten Menschen, [...] die sich weigern,

- Effizienz als das vorrangige Ziel des Umgangs und der Beziehungen zwischen Menschen zu akzeptieren;
- die sich von dem Glauben an die magische Kraft der Zahlen befreit haben, die Berechnungen nicht als einen angemessenen Ersatz für Urteilskraft betrachten und Präzision nicht als Synonym für Wahrheit; [...]
- die der Idee des Fortschritts zumindest mit Argwohn begegnen und Information nicht mit Begreifen verwechseln; [...]
- die technische Erfindungsgabe bewundern, aber nicht glauben, sie stelle die denkbar höchste Errungenschaft des Menschen dar. Ein Widerstandskämpfer begreift, dass man die Technik niemals als Bestandteil der natürlichen Ordnung der Dinge einfach hinnehmen darf, dass jede Technologie – vom Intelligenztest über den Fernsehapparat bis hin zum Computer – Produkt eines bestimmten ökonomischen und politischen Umfeldes ist und ein Programm, eine Ausrichtung, eine Theorie in sich birgt, die das Leben lebenswerter machen kann oder auch nicht. Kurz, der Widerstandskämpfer wahrt eine [...] Distanz zur Technik, so dass sie ihm stets sonderbar erscheint und niemals unausweichlich, niemals selbstverständlich.

Neil Postman

Effizienz: Wirksamkeit, Wirtschaftlichkeit

Talmud (hebr.: Belehrung, Studium): Textsammlung zur Auslegung der Thora durch jüdische Gelehrte

Neil Postman (1931 – 2003): US-amerikanischer Medienwissenschaftler

AUFGABEN

1. **Gruppenarbeit:** Visualisiert auf der Grundlage der beiden Texte M1 und M2 die Auswirkungen der Technik auf den Menschen. Präsentiert eure Ergebnisse im Kurs. > M1/M2
2. Findet weitere Beispiele für beide Gesichter der Technik. > M1/M2
3. Stelle Postmans Auffassung von Technik dar und nimm Stellung zu seiner Forderung, dem Technopol Widerstand zu leisten. > M3

Zukunftstechnologien: Ja – Nein – Vielleicht ...

M1 Die Zukunft des Straßenverkehrs: selbstfahrende Autos

Frage: Autofirmen investieren derzeit viel Geld in die Entwicklung selbstfahrender Autos, die den Straßenverkehr revolutionieren könnten. Doch bevor eine solche neue Technologie zum Einsatz kommt, sollte geprüft werden, ob sie ethisch vertretbar ist.

Positive Aspekte	Negative Aspekte
Möglichkeit neuer Verkehrskonzepte in den Städten	Fehleranfälligkeit der eingebauten Software
Verbesserung des Fahrkomforts	Schuldfrage bei Unfällen
Erhöhung der Mobilität der Menschen	Gefahr des Datenmissbrauchs
Abnahme von Unfällen	Risiko von Hackerangriffen
Verminderung von Staus, dadurch Einsparung von Kraftstoff	höheres Verkehrsaufkommen durch gesteigerte Mobilität

Best-Case-Szenario

Ich stelle mir vor, dass es in der Zukunft nur noch selbstfahrende Autos gibt, in den Städten vielleicht auch in Form einer größeren Flotte von Mietautos. Man bestellt ein Auto, sagt einfach, wohin man gebracht werden möchte, und schon geht es los. So kann man auf dem Weg zur Arbeit eine Tasse Kaffee trinken oder Zeitung lesen, was den Fahrkomfort deutlich erhöht. Und danach sucht sich das Auto selbstständig einen Parkplatz. Außerdem haben Menschen, die eigentlich nicht mehr mobil sind, durch die selbstfahrenden Autos die Möglichkeit, schnell von A nach B zu gelangen. Da die selbstfahrenden Fahrzeuge von allein erkennen können, welcher Weg dabei der günstigste ist, werden Staus deutlich verringert. Durch all dies wird natürlich viel Kraftstoff eingespart und das wiederum hat positive Auswirkungen auf die Umwelt. Da sich zudem die Geschwindigkeit dem Verkehr von selbst anpasst und automatisch ein bestimmter Abstand zum voranfahrenden Fahrzeug eingehalten wird, passieren auch keine Unfälle mehr.

Worst-Case-Szenario

Ich stelle mir vor, dass selbstfahrende Autos in der Zukunft viele Probleme mit sich bringen werden. Unfälle sind nämlich nicht ausgeschlossen, weil die eingebaute standardisierte Software fehleranfällig ist. Es ist denkbar, dass sie Personen, die eine Straße überqueren wollen, oder andere Hindernisse nicht erkennt. Dadurch kann es zu vielen Verletzten kommen, was vermutlich nicht der Fall wäre, wenn Menschen die Autos steuern würden. Im Falle eines Unfalls ist es zudem nicht klar, ob die Eigentümerin bzw. der Eigentümer oder die Herstellerfirma des Fahrzeugs für den entstandenen Schaden aufzukommen hat. Außerdem entstehen durch diese neue Technik, bei der die Fahrzeuge permanent ihre Umgebung scannen, ungeheure Datenmengen, die auch missbraucht werden können. Auch die Möglichkeit, die installierte Software zu hacken, stellt ein Problem dar. Auf diese Weise können Kriminelle den Verkehr lahmlegen oder verheerende Schäden, etwa durch Massenunfälle, herbeiführen. Auch hier stellt sich die Frage, wer wohl einen solchen Schaden begleicht, wenn die Verantwortlichen nicht gefasst werden. Selbstfahrende Autos erhöhen auf alle Fälle die Mobilität einer Bevölkerung. Wenn aber noch mehr Menschen unterwegs sind, als das heute der Fall ist, werden die Autos nicht mehr schnell vorankommen. Das führt unweigerlich zu einem erhöhten Verkehrsaufkommen mit entsprechenden Zeitverlusten und zu einer Vergrößerung der Umweltbelastung durch mehr Abgase.

Bewertung der Technologie (Beispiel):
Selbstfahrende Autos sind aus meiner Sicht positiv zu bewerten. Es ist anzunehmen, dass die Zahl der Unfälle zurückgehen und die Mobilität erhöht wird. Außerdem wird durch Kraftstoffeinsparung auch noch ein großer Beitrag zum Umweltschutz geleistet. Allerdings sollte diese Technik erst eingeführt werden, wenn gewährleistet ist, dass es zu keinem Datenmissbrauch kommt, dass die eingebaute Software Hackerangriffen standhält und dass Unfälle nahezu auszuschließen sind bzw. im Falle eines Unfalls die Schuldfrage eindeutig zu klären ist.

Methodenkompetenz: Gegensätzliche Zukunftsszenarien entwerfen und auswerten

Um aktuelle Entwicklungen im technischen Bereich zu bewerten, kann es hilfreich sein, Zukunftsszenarien zu entwerfen. Empfehlenswert ist dabei, ein Best-Case- und ein Worst-Case-Szenario gegenüberzustellen und sie anschließend auszuwerten. Gehe in folgenden Schritten vor:

1. Formuliere die Frage, die sich in Bezug auf die betreffende Technologie stellt.
2. Halte stichwortartig fest, welche positiven und negativen Aspekte du in der zu untersuchenden Technologie siehst.
3. Verfasse einen Text, in dem du ein optimistisches Zukunftsszenario (Best Case-Szenario) vorstellst: Welche Vorteile bringt die Technologie mit sich?
4. Verfasse einen Text, in dem du ein pessimistisches Zukunftsszenario (Worst Case-Szenario) vorstellst: Welche Nachteile bringt die Technologie mit sich?
5. Nimm auf der Grundlage der beiden Szenarien eine Bewertung der betreffenden Technologie vor.

M2 Die Zukunft der Seniorenbetreuung

„Roboter in der Altenpflege –
Wer braucht da noch menschliche Nähe?"

AUFGABEN

1 Vollziehe nach, wie man durch den Entwurf und die Auswertung verschiedener Zukunftsszenarien eine Technologie beurteilen kann. > M1

2 Erstelle ausgehend von der Zeitungsüberschrift in M2 eine stichwortartige Liste mit positiven und negativen Aspekten des Einsatzes von Robotern in der Seniorenbetreuung. Entwirf anschließend ein Best Case- und ein Worst Case-Zukunftsszenario. Beurteile auf der Grundlage deiner beiden Texte die Robotertechnologie und ihre Einsatzfelder. > M2

Die Welt von morgen

M1 Smart Home

Grundsätzlich versteht man unter Smart Home die Möglichkeit, Geräte im und um das Haus herum steuern zu können. […]

Eines der wichtigsten Themen ist wohl die Sicherheit. […] Den Einbruchsschutz kann man beispielsweise durch Alarmgriffe an Fenstern und Türen verbessern oder bestimmte Stellen mit Kameras ausstatten. Durch die entsprechende App […] [bekommt man dann gegebenenfalls zeitgleich einen Hinweis aufs Handy und kann] mithilfe der Kameras schauen, was gerade vor sich geht und Hilfe verständigen. […]
Ein weiteres großes Bedürfnis in Bezug auf Smart Home ist das Einsparen von Energie. Viele Menschen wollen intelligent heizen und somit Heizkosten einsparen. […] Auf dem Markt gibt es dafür ferngesteuerte Heizkörperthermostate. Darüber hinaus gibt es auch Zwischenstecker für elektronische Geräte, um den Stromverbrauch im Standby-Betrieb zu verhindern. *Thomas W. Frick*

ABER:
Was ist, wenn der Strom ausfällt?
Was passiert, wenn Einbrecher den Sicherheitscode hacken?
Was …

M2 Roboter Butler REEM

humanoid: menschenähnlich

Bot: Abkürzung für Roboter

Androide: künstlicher Mensch, menschenähnliche Maschine

REEM ist ein „humanoider Roboter, der mit einem autonomen Navigationssystem und einem Touchscreen ausgestattet ist.“ Er ist 1,65 Meter groß und kann mit etwa 5 km pro Stunde vorankommen (Zum Vergleich: Die durchschnittliche Körpergröße der Menschen in den USA beträgt etwas mehr als 1,70 Meter und ihre Gehgeschwindigkeit liegt bei knapp unter 5 km pro Stunde). Der Motor des Roboters wird durch eine Lithium-Batterie angetrieben, die ihm etwa acht Stunden autonome Bewegungen ermöglicht (ein typischer Arbeitstag dauert etwa acht Stunden). Der Oberkörper des Bots wirkt allerdings eher einem Androiden ähnlich und umfasst motorisierte Arme und Greifhände, einen beweglichen, mit Sensoren ausgestatteten Kopf, mit denen er Gesichter verfolgen

und erkennen kann, sowie einen Multimedia-Touchscreen. Der Boden des Roboters schließlich ist so konstruiert, dass er Gegenstände damit transportieren kann. REEM stellt so etwas wie einen Durchbruch dar: Vielleicht könnte er der erste echte humanoide Servicedroide, ein sogenannter „Butler Bot" sein, der hilft, die Welt der Menschen einfacher zu gestalten. *nach Kit Keaton*

(aus didaktischen Gründen gekürzt)

ABER:
Wer braucht denn so etwas?
Wie teuer ist eigentlich so ein Roboter-Butler?
Warum …

Hardy

M3 Hen'na Hotel

Das Hen'na Hotel im Südwesten Japans ist voll automatisiert und wird, um Arbeitskosten zu sparen, nahezu ausschließlich mit Robotern betrieben. Die Übersetzung des Hotelnamens ins Deutsche bedeutet etwa das „komische" oder „verrückte Hotel" und wurde jetzt Reporterinnen und Reportern vorgestellt. An der Rezeption wurden diese entweder von einem Dinosaurier oder einem wie eine Frau aussehenden Automaten begrüßt, die den Gästen beim Einchecken behilflich sein sollen.

Im ganzen Hotel kann nichts mit Bargeld bezahlt werden. An allen Automaten, auch an denjenigen, die warme Speisen ausgeben, kann ausschließlich mit Kreditkarte bezahlt werden. Ein weiteres Feature ist die Verwendung der Gesichtserkennung. Zimmertüren können notfalls zwar noch mit E-Keys geöffnet werden, bevorzugt wird aber der Augen-Scan.

ABER:
Mit wem spreche ich, wenn im Zimmer z. B. Handtücher fehlen?
Was ist, wenn die Kreditkarte meiner Eltern mal nicht funktioniert?
Wer …

Teresa

AUFGABEN

Gruppenarbeit: Jede Gruppe befasst sich mit einer der drei Zukunftstechnologien.

1 Entwerft in eurer Gruppe sowohl ein Best Case- als auch ein Worst Case-Szenario und stellt beide dem Kurs vor. > M1-M3

2 Bewertet anschließend auf dieser Grundlage die betreffenden Zukunftstechnologien. > M1-M3

Was wir wissen – was wir können

Wissen kompakt

verantwortungsvoller Einsatz von Technik

Abwägung von Nutzen und Schaden

Nutzen

- Handy dient der Kommunikation
- Computer erleichtert die Arbeit
- Auto fördert die Mobilität
- …

Risiken

- Schädigung von Natur und Umwelt
- negative Auswirkungen auf das Klima
- …

Technik

Verfahren und Mittel, mit deren Hilfe der Mensch die Natur bearbeitet:
Werkzeuge, Maschinen, Automaten, …

Gefahr

Technik kann den Menschen beherrschen, wenn technische Effizienz oberstes Ziel wird.

wünschenswert:

Technik soll dem Menschen dienen und das Leben lebenswerter machen.

KOMPETENZ-CHECK

Überprüfe dich selbst. Wenn du dich bei einem Punkt noch unsicher fühlst, lies und bearbeite (ggf. mit einer Partnerin oder einem Partner) die passende Schulbuchseite noch einmal.

Ich kann …		Meine Einschätzung – –	–	+	++
erklären, was man unter Technik versteht, und begründen, warum der Mensch auf sie angewiesen ist	> S. 174–177				
den Nutzen der Technik für den Menschen in unterschiedlichen Zusammenhängen (Alltags-, Arbeitswelt usw.) darstellen	> S. 178–179				
negative Auswirkungen der Technik z. B. auf die Umwelt und das Klima (durch Eingriffe in das Ökosystem, Ausstoß des Treibhausgases CO_2, etc.) erläutern	> S. 180–181				
begründen, warum ein verantwortungsvoller Umgang mit Technik nötig ist, und (am Beispiel der Atomkraft) deutlich machen, welche Argumente für und gegen den Einsatz einer Technologie sprechen können	> S. 182–183				
die unterschiedlichen Auswirkungen der Technik auf den Menschen (Erfüllung menschlicher Wunschträume bzw. Beherrschung des Menschen) erläutern und dazu Stellung nehmen	> S. 184–185				
die Folgen des Einsatzes bestimmter (moderner bzw. zukünftiger) Technologien bewerten	> S. 186–189				
positive und negative Zukunftsszenarien technischer Entwicklungen entwerfen und auswerten	> S. 186–187				

Arbeitsblatt:
Kompetenz-Check „Technik – Nutzen und Risiko“

Mediencode: 21057-10

FRAGENKREIS 6:
DIE FRAGE NACH WAHRHEIT, WIRKLICHKEIT UND MEDIEN

„Wahr" und „falsch"

AUFGABEN

1 Beschreibt detailliert, was auf den Bildern zu sehen ist.

2 Erläutert, woran ihr erkennen könnt, dass das Abgebildete nicht der Wirklichkeit entspricht.

3 Findet weitere Bilder, die etwas darstellen, das es in der Wirklichkeit nicht gibt.

plus Knobelsammlung „Wahrhaft kniffelig"

In der nächsten Zeit wird es deine Aufgabe sein, eine Knobelsammlung zusammenzustellen, die sich mit der Frage auseinandersetzt, was „wahr" bzw. „falsch" ist.
Außerdem sollst du in einem Anhang die Auflösung der Knobeleien vorstellen und erklären, was sie im Hinblick auf das Thema deutlich machen. Die verschiedenen Knobelsammlungen, die so im Laufe der nächsten Wochen in eurer Lerngruppe entstehen werden, könnt ihr euch schließlich gegenseitig präsentieren. Ihr sollt dann daraus im Kurs die besten Materialien auswählen und einen gemeinsamen Sammelband gestalten, der der Schulbibliothek zur Verfügung gestellt werden kann.

> Besorge dir eine Sammelmappe für deine Materialien.

> Einigt euch auf die Gestaltung eines Deckblatts für eure Knobelsammlung(en).

Wirklich wahr?

M1 Wer dreimal lügt

1. Die Geschichte von den Fahnen auf Sylt

Es wehen da im Sommer auf Sylt zum Schmuck der Gegend sechs Fahnen, im Abstand von einigen zwanzig Metern. Sie müssten – fast klingt diese Feststellung banal – alle in eine Richtung wehen. Doch eine dieser Fahnen weht in eine andere. Von sich aus. Ohne menschliche Manipulation. Einfach so. Echtes […] Außenseiterverhalten bei einem „toten Gegenstand“!

… wenn unsere Geschichte nicht gelogen ist.

banal (frz.): alltäglich

Manipulation: Kunstgriff, Beeinflussung

2. Die Geschichte von den Fundbüro-Hunden

[In Fundbüros erweist es sich immer wieder als schwierig, festzustellen, ob Wertgegenstände wirklich den Personen gehören, die behaupten, sie verloren zu haben.] Hier haben nun einige Fundämter in Baden-Württemberg eine Überprüfung entwickelt […]: die Fundbüro-Hunde. Man hat den Versuch unternommen, den Geruchssinn von Schäferhunden auszunutzen […]. In der Praxis sieht das so aus: Ein Beamter führt den Hund an den im Büro wartenden Verlierer heran, lässt ihn Witterung aufnehmen und geht mit ihm ins Lager an die in Frage kommenden verlorenen Gegenstände, zum Beispiel Uhren, Brieftaschen oder Ringe, zurück. (Gerade bei Gegenständen, mit denen der menschliche Körper ständig in Berührung kommt, entwickelt der Schäferhund einen unwahrscheinlichen Spürsinn.) Nach dem Protokoll der Beamten hat jeder Verlierer bisher unbeanstandet seinen Gegenstand zurückerhalten.

… wenn unsere Geschichte nicht gelogen ist.

3. Teststrecke für Briefträger

Nicht jeder ist für den Beruf des Briefträgers geeignet. Die meisten Anwärter scheitern schon allein an den körperlichen Anforderungen, die gestellt werden. Die Post hatte in der letzten Zeit viele Ausfälle […]. [Daher] muss nun jeder Postjungbote einen […] Parcours von höchstem Schwierigkeitsgrad [durchlaufen, um seine Ausdauer unter Beweis zu stellen. Auf dem Parcours befindet sich] eine 16-prozentige Steigung, ein Schwebebalken über tiefem Wasser, ein 100 m langer Weg mit Schotter, Morast und Schlaglöchern, mehrere dressierte Wachhunde. […] [Die] Teststrecke muss in einer vorgeschriebenen Zeit zurückgelegt […] [und] die Briefe müssen sauber und unversehrt ans Ziel gebracht werden.

… wenn unsere Geschichte nicht gelogen ist.

Edwin Friesch (Hg.)

M2 Baustelle Wahrheit

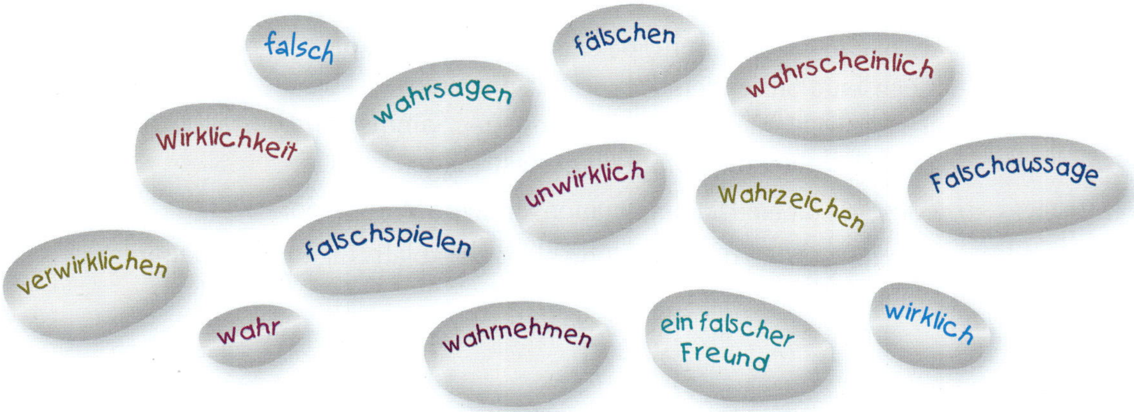

M3 M3 Wenn einer nicht die Wahrheit spricht …

Wenn einer nicht die Wahrheit sagt, hat er wohl gelogen.

Oder
- Hat er sich einfach nur geirrt?
- Ist er vielleicht dumm?
- Hat er nicht genau hingesehen?
- Hat er die Wirklichkeit nicht erfasst?
- Kann er sie vielleicht nicht ertragen?
- Lebt er in einer Traumwelt, von der er spricht?
- Bildet er sich einfach etwas ein?
- Will er uns schmeicheln?
- Will er uns vor der schrecklichen Wahrheit bewahren?
- Will er nur ein wenig angeben?
- Ist ihm im Alter vielleicht ein Teil seines Gedächtnisses verloren gegangen?
- Kann er vielleicht nicht logisch denken?

Sind Menschen, die nicht die Wahrheit sagen, Lügner, Dummköpfe, Traumtänzer, Verwirrte, Angeber, besorgte Freunde, phantasievolle Unterhalter – oder Menschen wie du und ich?

INFO

Wahrheit

Unter Wahrheit versteht man in der Philosophie traditionell die Übereinstimmung einer Aussage mit der Wirklichkeit. Eine Aussage ist wahr, wenn sie dem entspricht, was tatsächlich der Fall ist. Sie ist falsch, wenn sie nicht mit der Wirklichkeit übereinstimmt.

AUFGABEN

1 Welche der Geschichten ist bzw. sind wahr? Berate dich mit anderen und tauscht dabei Gründe für eure Einschätzungen aus. (Lösung s. S. 271) > M1

2 Bildet Kleingruppen. Der Reihe nach erzählt nun jede bzw. jeder von euch eine Geschichte, die wirklich passiert oder frei erfunden ist. Die Zuhörenden sollen begründen, warum sie die Geschichte für wahr oder falsch halten. Die Erzählerin bzw. der Erzähler schreibt vorher auf eine Karte, ob die Geschichte „wahr" oder „falsch" ist. Wenn alle ihre Einschätzung abgegeben haben, wird die Karte mit der Auflösung gezeigt. > M1

3 Ordne die Wörter auf den Steinen. Bilde Sätze, die diese Wörter beinhalten und erkläre, in welchen Zusammenhängen diese Wörter benutzt werden. > M2

4 Sucht Beispiele für die verschiedenen Formen von Unwahrheit. > M3

plus Sammle im Stil von „Wer dreimal lügt" Geschichten, die ungewöhnlich sind und bei denen man nicht auf den ersten Blick weiß, ob sie der Wahrheit entsprechen oder nicht. Von drei Geschichten sollte eine erfunden, also gelogen, sein. Hefte die Geschichten in deiner Sammelmappe ab und erstelle eine Seite mit den dazugehörigen Lösungen und Erklärungen für den Anhang.

Der Wahrheit auf der Spur

M1 Im Escape Room: Das Rätsel der Türen

Escape Room (Escape the Room Game): virtuelles oder reales Abenteuerspiel, bei dem man (Logik-) Rätsel lösen muss, um sich aus einem Raum zu befreien

M2 Wie viele Räuber haben die Bank überfallen?

Professor Berkley ist pensionierter Professor der Kriminologie. In der folgenden Geschichte hilft er der Polizei herauszufinden, ob die vier gefassten Bankräuber tatsächlich einen fünften Mittäter hatten, der nach ihren Angaben mit der Beute verschwunden ist.

Rasch nahm der Sergeant einen großen Schluck aus seinem Glas. „Vorzüglich, Ihre Limonade, Miss. Äh … vier Männer wurden verhaftet. Es waren aber insgesamt fünf, oder?" Miss Morgan machte ein ratloses Gesicht. „Da fragen Sie am besten Mister Herrybert, den Pensionswirt. Soviel ich weiß, hat aber nur einer der Männer die Anmeldung für das Zimmer ausgefüllt. Daran lässt sich nicht ablesen, wie viele Personen sich gestern Nacht tatsächlich oben im Zimmer aufhielten. Da ich den Herrschaften spät am Abend noch eine Flasche Champagner und fünf Gläser bringen musste, ging ich aber davon aus, dass es sich um fünf handelte." […] „Das klingt logisch", fand Professor Berkley. „Gesehen haben Sie die fünf Männer aber nicht, Miss Morgan?" […] „Oh nein, ich habe nur einen kleinen, dicklichen Mann mit Igelschnitt gesehen, der mir öffnete." Sie sah sich kurz nach allen Seiten um, bevor sie hinzufügte: „Allerdings … bitte verraten Sie es nicht Mister Herrybert, aber … ich habe anschließend noch ein wenig an der Tür gelauscht!" „Und, was haben Sie gehört?", fragte der Professor. „Ja, was haben Sie gehört, Miss?" Aufgeregt zückte Sergeant Banks seinen Kugelschreiber. „Na ja, eigentlich nichts, da die Herrschaften sehr leise sprachen. Wirklich deutlich habe ich nur gehört, wie sie miteinander anstießen." […] „Ach ja? Sehr stilvoll, diese Ganoven. Aber sie hatten ja gewissermaßen auch etwas zu feiern, nicht wahr?" Der Professor hob sein Glas und leerte es in einem Zug. „Wie oft stießen sie denn an?" „Lassen Sie mich überlegen … Sechsmal habe ich Champagnergläser gegeneinander klirren gehört. Ja, genau. Sechsmal war es. Ich weiß es deshalb noch, weil die Summe zufällig mit der Zimmernummer übereinstimmte, die auf der Tür stand." „Vielen Dank, Miss Morgan." Zufrieden schob Professor Berkley sein leeres Glas von sich. [Er wusste, wie viele Täter tatsächlich die Bank ausgeraubt hatten].

Corinna Harder / Jens Schumacher

Corinna Harder (*1970): deutsche Autorin, gründete 1996 den Under-ground-Junior-Detektiv-Club

Jens Schumacher (*1974): deutscher Autor, verfasst u. a. Kriminalliteratur für Jugendliche

M3 Wieso ist die Geschichte von Monsieur Leconte gelogen?

Als Prof. Berkley und seine Nichte Catherine ein ihr bekanntes Antiquariat in Paris aufsuchen, finden sie dessen Besitzer Charles Leconte eingesperrt in einem Gutsherrenschrank vor. Prof. Berkley befreit den Buchhändler aus seiner misslichen Lage, worauf dieser berichtet, was passiert ist.

„Eine knappe Stunde, nachdem ich geöffnet hatte, kam ein Mann in den Laden. Groß, breitschultrig, schwarzes lockiges Haar, spitzer Kinnbart, bekleidet mit einem Hut und einem dunkelgrauen Mantel. Er gab vor, an diesem alten Gutsherrenschrank hier Interesse zu haben, also ging ich mit ihm nach hinten und führte ihm das Stück vor. Da zog er plötzlich einen Gummiknüppel aus seinem Mantel und schlug mich nieder! Er fesselte mir die Hände, warf mich in den Schrank und schloss von außen ab. Dann griff er sich die kostbarsten Stücke des ganzen Ladens und floh. […] Ich bin eben erst wieder zu mir gekommen […]. Meine Handfesseln hatte ich schon halb gelöst, aber der Schrank ist von innen nicht zu öffnen. Ein Glück, dass Sie kamen!"

„Können Sie ungefähr sagen, was der Dieb mitgenommen hat?", erkundigte sich der Professor […]. „Natürlich", sagte Monsieur Leconte […]. „Es fehlen ein Münzalbum mit spanischen Gold- und Silberdukaten, diverse antike Fotografien von der Einweihung des Eiffelturms im Jahre 1889, ein winziges Ölgemälde, das einst im Schlafgemach König Ludwigs XIV. im Schloss von Versailles hing, sowie eine Nachbildung des Triumphbogens aus echtem Bergkristall", ratterte er wie aus der Pistole geschossen herunter. „Der Gesamtschaden ist immens!"

„Sind Sie denn wenigstens versichert, Monsieur Leconte?"

„Gott sei Dank", sagte der alte Herr und marschierte […] in Richtung Kasse, wo ein altmodisches schwarzes Telefon stand. „Andernfalls wäre ich ruiniert. Aber lassen Sie mich eben rasch die Polizei verständigen, dann können wir uns weiter unterhalten." […] „[Vielleicht sollten Sie das nicht tun.] Catherine hat mir erzählt, dass Ihr Geschäft nicht sonderlich gut läuft, und ich verstehe, dass der Gedanke, eine so hohe Summe von der Versicherung zu bekommen, reizvoll für Sie sein muss. Dennoch […] [möchte] ich Sie bitten, sich noch einmal gut zu überlegen, ob Sie mit Ihrer erfundenen Geschichte über einen Raubüberfall an die Öffentlichkeit treten wollen!"

Corinna Harder/ Jens Schumacher

AUFGABEN

H 1 Beantworte die in der Abbildung gestellte Frage, durch welche Türe des Escape Rooms du gehen musst, um deinen Weg fortsetzen zu können. (Lösung s. S. 271) > M1

2 Entscheide dich für einen der beiden Krimiralfälle:

W
a) „Wie viele Räuber haben die Bank überfallen?" > M2
b) „Wieso ist die Geschichte von Monsieur Leconte gelogen?" > M3

Bildet anschließend Kleingruppen, in denen ihr nach der Lösung (s. S. 271) „eures" Falles sucht.

3 Stellt eure jeweiligen Gruppenergebnisse im Kurs vor und erklärt, wie ihr der Wahrheit auf die Spur gekommen seid. > M2/M3

plus Schreibe für deine Knobelsammlung einen kurzen Ratekrimi, in dem du sowohl richtige als auch falsche Fährten legst. Achte aber darauf, dass der Krimi von anderen gelöst werden kann. Erstelle auch die dazugehörige Lösung und Erklärung für den Anhang der Sammlung.

Ist doch logisch!

M1 Maren und die Klassenkasse

So stolz war sie gewesen, als man ihr heute Mittag in der Schule die Klassenkasse anvertraut hatte – und jetzt war sie verschwunden. Ganz unglücklich saß Maren in ihrem Zimmer und überlegte mit ihrer großen Schwester, was passiert sein könnte. Sie hatte so genau Buch geführt, alle Einnahmen und Ausgaben genau aufgelistet und das Geld nachgezählt, das sie für den Klassenausflug brauchen würden. Aber nun war die Kasse weg und sie müsste es morgen dem Klassenlehrer beichten. Sie verstand das alles nicht.

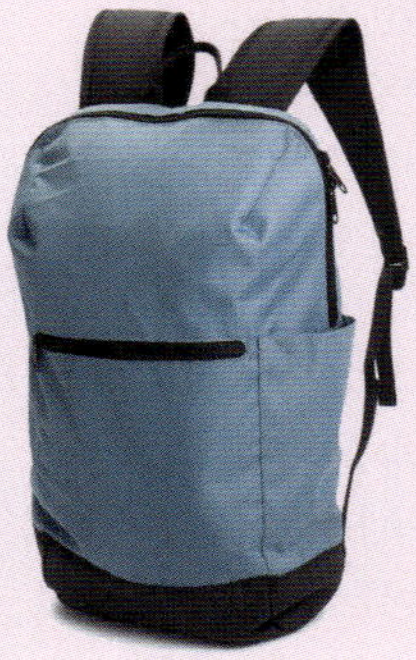

Sie hatte die Kasse doch vor einer Stunde in ihre Schultasche gesteckt – in den blauen Rucksack. Da war sie recht sicher. Oder war es vielleicht doch die rosa Sporttasche gewesen? Leichte Unsicherheit überfiel sie. Aber eingesteckt hatte sie die Kasse ganz sicher. „Denk doch mal logisch nach!“ sagte ihre große Schwester. „Wenn du sicher bist, dass du sie eingepackt hast, und wenn du ebenfalls sicher bist, dass du nur deinen Schulrucksack und die Sporttasche gepackt hast, dann muss sie doch im Rucksack oder der Sporttasche sein. Sie kann weder in keiner noch in beiden Taschen sein. Also lass uns noch einmal an beiden Stellen nachsehen.“ Aber die Kasse war nicht da, weder im Schulrucksack noch in der Sporttasche. Dabei hatten die Gedanken ihrer Schwester so logisch geklungen. „Wieso ist die Kasse nicht da drin?“, fragte Maren verzweifelt.

„Lass mal ruhig nachdenken!“, erwiderte ihre Schwester. „Irgendetwas haben wir nicht bedacht. Wenn du die Kasse hattest und sie in eine Tasche gesteckt hast, war sie bestimmt in einer der Taschen. Aber da ist sie offensichtlich nicht geblieben.“

„Du meinst, jemand könnte sie wieder herausgenommen haben?“, fragte Maren ungläubig. „Zum Beispiel!“, antwortete ihre Schwester kurz. „Aber wer nimmt hier in meinem Zimmer etwas aus meinen Taschen?“, fragte Maren ganz aufgeregt. „Was weiß denn ich!“, sagte ihre Schwester. „Den einzigen, den ich heute Morgen hier oben auf der Etage außer dir noch gesehen habe, ist Ben,“ fuhr sie nachdenklich fort, „aber …“ Maren fiel ihr empört ins Wort. „Du spinnst doch!“, rief sie. Auf ihren kleinen Bruder ließ sie nichts kommen. „Das wollte ich gerade sagen: Ich kann mir das auch nicht vorstellen, aber wie soll es sonst gewesen sein? Wenn du genau nachdenkst, hatte er jedenfalls die Möglichkeit. Als du den Müll ’rausgebracht hast, da war Ben hier oben allein und hätte sich das Geld aus einer deiner Taschen nehmen können.“ Das musste Maren zugeben. „Trotzdem, das ist Quatsch!“, rief sie und ihre Schwester nickte. „Und außerdem reicht es nicht zu sagen, dass Ben hier oben war und die Möglichkeit hatte, das Geld zu nehmen,“ fuhr Maren fort. „Wieso?“, fragte jetzt ihre Schwester erstaunt. „Na, denk doch mal nach! Mama war auch hier im Haus und du auch! Jede von euch hatte die gleiche Möglichkeit, sich unbemerkt nach oben zu schleichen. Beweist das vielleicht, dass du das Geld genommen hast?" Ihre Schwester war empört: „Du glaubst doch nicht, dass Mama oder ich deine Klassenkasse klauen würden!" „Ich mein' doch nur …", erwiderte Maren leise, „logisch wäre es genauso möglich." Jetzt wusste ihre Schwester nicht mehr weiter: „Logisch könnten also Ben, Mama und ich die Kasse genommen haben. Sogar du könntest sie heimlich wieder herausgenommen und das Geld in dein Sparschwein getan haben. Aber das ergibt doch alles keinen Sinn!"

„So ein Mist! Es reicht nicht aus zu wissen, wer alles in der Wohnung war. Damit wissen wir nicht mehr als am Anfang!"

Plötzlich hörten sie ihre Mutter aus dem Badezimmer rufen: „Seht mal, was ich hier in Marens schmutziger Turnwäsche gefunden habe!", rief sie vor der Waschmaschine hockend. Als die beiden Mädchen ins Badezimmer gelaufen kamen, sahen sie ihre Mutter mit Marens vermisster Klassenkasse – und alle schauten gleichermaßen erstaunt. „Ich wollte noch schnell deine Turnsachen waschen", erklärte sie, „und da ist mir das hier in die Hände gefallen. Das ist aber ein seltsamer Ort, um seine Schätze zu verstecken!" Da mussten alle drei lachen.

M2 Regeln der Logik

1

Vielfach lässt sich durch Schlussfolgern herausfinden, wie sich etwas wirklich zugetragen haben könnte. Damit eine Schlussfolgerung richtig ist, muss sie zwei Bedingungen erfüllen: Erstens müssen die Tatsachen, von denen sie ausgeht, gesichert sein, und zweitens muss sie den Regeln des logischen Denkens entsprechen.

2

Das, was *logisch denkbar* ist, und das, was *wirklich passiert* ist, muss nicht dasselbe sein. Möglicherweise gibt es neben diesem einen logisch denkbaren Geschehen auch noch andere logisch denkbare Geschehen, von denen eines *wirklich passiert* ist. Vieles ist also logisch denkbar, aber nur durch einen tatsächlichen Beweis kann gezeigt werden, ob es auch wirklich stimmt.

3

In der Logik unterscheidet man die Verknüpfung *„und"* von der Verknüpfung *„oder"*. *„Oder"* heißt, dass etwas auf einen von zwei oder mehr Fällen zutrifft. Dann kann man sagen, dass es entweder auf den einen oder auf den anderen Fall zutrifft, aber niemals auf beide. Es kann auch sein, dass es für beide Fälle nicht stimmt. *„Und"* heißt dagegen, dass etwas auf zwei oder mehr Fälle gleichzeitig zutrifft.

AUFGABEN

1 Fasse die Geschichte mit eigenen Worten zusammen. > M1

2 Wende die Regeln der Logik auf die Geschichte an. Erläutere, welche Regel in welchem Abschnitt deutlich wird und warum. > M1/M2

Sich nicht verwirren lassen

M1 Kann das wirklich sein?

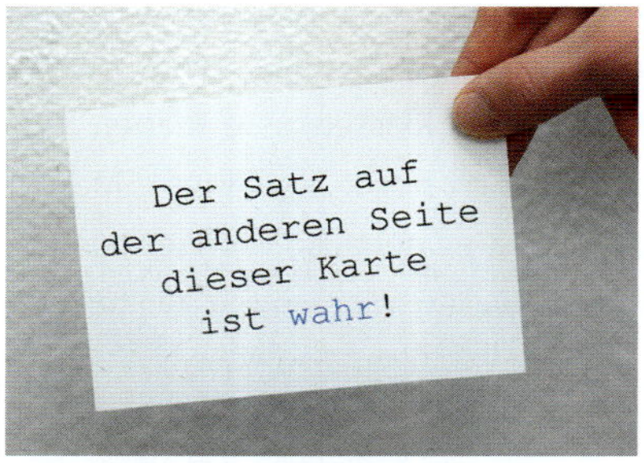

Epimenides (ca. im 5. – 7. Jh. v. Chr., auf Kreta): griechischer Philosoph

Epimenides

M2 Der Barbier vom Hindukusch

Hindukusch: Gebirge in Zentralasien (in Afghanistan und Pakistan)

Der Herrscher des Hindukusch legte großen Wert auf ein gepflegtes Äußeres seiner Untertanen. Deshalb ließ er den Barbier zu sich kommen und versprach ihm eine hohe Belohnung dafür, dass er alle Bewohner im Land rasiert, die sich nicht selbst rasieren. Der Barbier machte sich eifrig daran, den Auftrag zu erfüllen. Sich selbst rasierte er nicht. Als er nach einiger Zeit wieder vor den König trat, um seine Belohnung abzuholen, fragte dieser ihn: „Und wie steht es mit dir? Hast du dich selbst rasiert?" Der Barbier musste eingestehen, dass er den Auftrag nicht erfüllt und die Belohnung nicht verdient hatte, bat den König aber um eine zweite Chance. „Die sollst du bekommen", sagte der König, „aber wenn du den Auftrag dieses Mal nicht erfüllst, bist du des Todes!" Der Barbier ging davon, um sich erneut an die Arbeit zu machen. Aber dann kam ihm ein entsetzlicher Gedanke, der ihm wie ein Schock in die Glieder fuhr. Noch am gleichen Tag floh er in die Berge, um sich dort zu verstecken.

Martin Cohen

Martin Cohen (*1964): britischer Philosoph und Autor

M3 Unauflösbare Widersprüche

Unter einem Paradox versteht man einen Widerspruch, der sich – so scheint es zunächst – nicht auflösen lässt. Wenn wir einem solchen Widerspruch ausgesetzt sind, dann ist das in höchstem Maße verwirrend. Was sich widerspricht, das kann doch nicht sein! Wenn alles in der Welt widersprüchlich wäre, würden wir verrückt. Unser Denken ist also darauf angewiesen, dass sich Widersprüche auflösen lassen. Aber woher kommt die Verwirrung in Paradoxien?

Manche Paradoxien entstehen dadurch, dass eine Aussage auf sich selbst angewendet wird. Nehmen wir z. B. das Paradox des Barbiers. Die Aussage: „Ein Barbier rasiert alle Männer, die sich nicht selbst rasieren" ist frei von Widerspruch, wenn damit gemeint ist, dass der Barbier alle anderen Männer rasiert, die sich nicht selbst rasieren.

Widersprüchlich wird die Aussage aber dann, wenn gefordert wird, diese Aussage auf sich selbst anzuwenden. Dann scheint es so, als müsse der Barbier – weil er ein Mann ist, der sich nicht selbst rasiert – auch sich selbst rasieren. Wenn er sich aber rasiert, dann ist es – gemäß dem Auftrag, alle zu rasieren, die sich nicht selbst rasieren – falsch, sich zu rasieren. Wenn der Barbier sich aber nun nicht rasiert, dann muss er sich doch rasieren usw.

nach Bertrand Russell

Paradox (zu gr. *pará*: wider und *dóxa*: Meinung): unerwartete, unsinnig erscheinende Aussage, logischer Widerspruch

Bertrand Russell (1872 – 1970): britischer Philosoph, Mathematiker und Logiker

AUFGABEN

1 Prüfe, ob das, was in den Sätzen ausgesagt wird, wirklich sein kann, und begründe deine Auffassung. > M1

2 Erläutere, warum der Barbier den Auftrag beim ersten Mal nicht erfüllt hat und warum er schließlich in die Berge flüchtet. > M2

3 Erkläre am Beispiel des Barbiers vom Hindukusch, was Paradoxien sind und warum das Verbot der Selbstanwendung eine wichtige Regel der Logik ist. > M3

4 Wende Russells Überlegungen auf die Materialien aus M1 an. > M1/M3

plus Finde für deine Knobelsammlung weitere Paradoxien, die unserem Denken Probleme bereiten. Stelle die dazugehörigen Lösungen und Erklärungen in den Anhang deines Heftes.

Was heißt hier wahr?

M1 (Nicht) wahr?

Die Lichtgeschwindigkeit beträgt. ca. 300000 km/sec.

Ich befasse mich mit der Lösung der Aufgabe 1.

Schnee ist weiß.

Das Weltall ist mit einem Urknall entstanden.

Die Sonne bewegt sich in einer kreisförmigen Bahn um die Erde.

In Deutschland ist es im Sommer kälter als im Winter.

M2 Woran man die Wahrheit erkennen kann

philopraktisch: Alle Menschen suchen nach Wahrheit. Warum ist es so wichtig, zu erkennen, was wahr ist?

Expertin: Weil alle Menschen das Bedürfnis haben, Wahrheit zu erkennen und Orientierung für ihr Denken und Handeln zu erhalten.

philopraktisch: Und wie können wir nun herausfinden, was wahr ist?

Expertin: Da gibt es unterschiedliche Theorien. Eine Theorie besagt: Wahr ist das, was evident ist, d. h. was für alle offensichtlich, ohne Weiteres einsehbar ist. Für Sie und mich ist gleichermaßen offensichtlich, dass wir hier sitzen und uns unterhalten. Das können weder ich noch Sie bezweifeln. Also ist es wahr.

philopraktisch: So einfach macht es sich die Philosophie?

Expertin: Natürlich nicht, Philosophinnen und Philosophen haben noch andere Kriterien für Wahrheit gefunden. Ein wichtiges Kriterium ist die Korrespondenz, d. h. Übereinstimmung einer Vorstellung bzw. Aussage mit der Wirklichkeit, also mit Tatsachen. Die Aussage „Dort sitzt eine Katze“ ist genau dann wahr, wenn dort wirklich eine Katze sitzt. Und das kann man ja durch die sinnliche Wahrnehmung feststellen. Wir alle haben eine Vorstellung davon, wie eine Katze aussieht, und wenn uns unser Gesichtssinn die entsprechenden Empfindungen vermittelt, dann kommen wir zu dem Urteil, dass dort tatsächlich eine Katze sitzt.

Kriterium: Kennzeichen, unterscheidendes Merkmal

philopraktisch: Aber die sinnliche Wahrnehmung ist doch nicht immer zuverlässig, die Sinne können uns doch auch täuschen.

Expertin: Richtig, und deshalb wurden in der Philosophie noch andere Wahrheitskriterien aufgestellt. So kann man z. B. schauen, ob Aussagen in sich keine Widersprüche enthalten. Wenn ich Ihnen z. B. erzähle, dass ich gestern Mittag um 12 Uhr mitteleuropäischer Zeit in New York gegessen habe, und Ihnen anschließend erzähle, dass ich zu dieser Zeit in Paris im Museum war – würden Sie mir das glauben?

philopraktisch: Aber ganz bestimmt nicht!

Expertin: Aber wieso nicht? Sie waren doch gar nicht da! Sie können doch gar nicht wissen, ob meine Aussagen mit der Wirklichkeit übereinstimmen!

philopraktisch: Aber sicher doch! Sie widersprechen sich doch selbst! Sie können doch nicht gleichzeitig in New York und Paris gewesen sein!

Expertin: Sehen Sie! An inneren Widersprüchen von Aussagen kann man erkennen, dass sie nicht wahr sind. Wahre Aussagen müssen immer widerspruchsfrei sein – in der Philosophie nennt man das kohärent. Dieses Kriterium ist besonders für die Wissenschaft von Bedeutung. Theorien, die Widersprüche enthalten oder im Widerspruch mit anderen anerkannten Theorien stehen, können keine wissenschaftlichen Theorien sein.

philopraktisch: Aber sind deswegen schon alle widerspruchsfreien Aussagen wahr? Es ist doch z. B. ohne Widerspruch denkbar, dass es irgendwo im All intelligente Lebewesen gibt, aber deshalb ist diese Aussage ja noch nicht wahr. Damit die Aussage als wahr gelten kann, müsste man solche Lebewesen erst einmal finden.

Expertin: Richtig. Hier fehlt nicht nur der empirische Beweis, sondern noch etwas Anderes: Nur, wenn sich viele – idealerweise sogar alle Menschen – nach einem vernünftigen Austausch aller Kenntnisse und Argumente auf eine Aussage einigen, dann kann man recht sicher davon ausgehen, dass diese Aussage der Wahrheit entspricht. Der Konsens ist ein wichtiges Kriterium von Wahrheit, deshalb Konsenstheorie. So sind sich z. B. die 1369 Forschenden, die 2009 den Sachstandsbericht des Weltklimarates IPPC geschrieben haben, einig, dass die Erderwärmung in der Hauptsache auf die Emission klimaschädlicher Gase zurückzuführen ist.

philopraktisch: Aber es gibt doch auch Menschen, die diese Auffassung nicht teilen und den Klimawandel sogar bestreiten.

Expertin: Deshalb habe ich auch vom vernünftigen Konsens gesprochen. Dass der Klimawandel menschengemacht ist, lässt sich wohl kaum mit vernünftigen Argumenten bestreiten, da sind sich wichtige Expertinnen und Experten einig.

philopraktisch: Ich bin mir aber immer noch nicht sicher, ob der vernünftige Konsens ein Kriterium für Wahrheit ist. Auch die Mehrheit kann irren. Früher haben doch z. B. alle Menschen – auch die vernünftigen, sogar bedeutende Mathematiker und Astronomen – angenommen, dass die Erde eine Scheibe ist.

Expertin: Tatsächlich. Aber diese Annahme konnte durch die Erfahrungen der Weltumsegler nicht bestätigt werden; vielmehr hat sich die Annahme, dass die Erde kugelförmig ist, bewährt. Wir haben hier ein weiteres Kriterium dafür, wann etwas als wahr gelten kann: die Bewährung. Nur was sich bewährt, kann als wahr gelten, und zwar so lange, bis es vielleicht eines Tages widerlegt wird.

philopraktisch: Vielen Dank für das Gespräch!

AUFGABEN

1 Beurteilt, ob die Aussagen wahr oder falsch sind, und erörtert, warum man das jeweils sagen kann. > M1

H 2 Untersuche, woran Philosophinnen und Philosophen festmachen, ob etwas wahr oder nicht wahr ist. Lege eine Tabelle oder ein Schaubild zu den verschiedenen Wahrheitskriterien an. > M2

V 3 Beziehe die Wahrheitstheorien auf die Aussagen in M1 und begründe, aufgrund welcher Kriterien diese Sätze als wahr gelten. > M1/M2

V 4 Finde weitere Beispiele für die Anwendung der Wahrheitstheorien auf den vorangegangenen Seiten dieses Kapitels. > M2

Haben wir alle unsere eigene Wahrheit?

M1 Zwei Frauen

Frau Müller

„Sag mal, Jenny, kennst du die alte Frau, die in der Schillerstraße wohnt?“, fragt Doro ihre Freundin. „Meinst du die Frau, die sich so schräg kleidet und eine riesige Nase hat?“, entgegnet Jenny. „Ja, genau. Sie schaut immer so ernst drein und hat ein vorstehendes Kinn.“ „Genau“, stimmt Jenny Doro zu, „aber besonders hässlich finde ich ihr Kopftuch und die Feder, die aus ihren Haaren herausguckt.“ „Mir macht diese Frau richtig Angst. Wenn sie ihren Pelzmantel trägt, sieht sie fast aus wie eine Hexe,“ sagt Doro. „Ja“, pflichtet Jenny bei, „ich weiß genau, was du meinst. Wenn ich sie sehe, gehen mir die gleichen Gedanken durch den Kopf.“

Frau Meier

„Ich war gestern Abend mit meinen Eltern in einer Varieté-Vorstellung“, erzählt Jonas seinem Freund Sven. „Flic-Flac?“, fragt Sven. „Woher weißt du das?“, entgegnet Jonas überrascht. „In der ganzen Stadt hängen doch Plakate, auf denen diese wunderschöne junge Frau abgebildet ist. Mit ihren dunklen Haaren, ihren Wimpern und ihrer Mähne wirkt sie wirklich sehr anziehend, finde ich. Und wie sie sich ihre Haare hinter die Ohren geklemmt hat! Die eng anliegende Halskette, die Feder, die aus ihren Haaren hervortritt, und die Stola, die sie über ihre nackte Schulter gelegt hat, lassen sie ganz schön verführerisch erscheinen. Bestimmt ist sie die Startänzerin der Show!“

M2 Der Nachbar

Es ist Mai. Herr Fischer sitzt an seinem häuslichen Schreibtisch und arbeitet an seinem neuesten Buch. Durch das Fenster kann er in das Haus seines Nachbarn, Herrn Schmidt, sehen, der ebenfalls Arbeiten am Schreibtisch erledigt. Mit der Zeit beginnt sich Herr Fischer unwohl zu fühlen, es ist kalt geworden, die Außentemperatur ist gesunken. Er beobachtet nun, wie sein Nachbar aufsteht, aus dem Haus geht, eine Axt nimmt und einige Holzstämme kamingerecht zerkleinert. Er sieht, wie Herr Schmidt mit den Holzscheiten ins Haus zurückkehrt und ein Feuer im Kamin anzündet. Während er dies beobachtet, scheint es ihm einleuchtend, dass sein Nachbar das Feuer gemacht hat, weil es ihn gefroren hat.

Herr Schulz, ein anderer Nachbar, hat das Geschehen ebenfalls verfolgt. Vor einigen Tagen hatte Herr Schmidt ihm erzählt, er habe eine neue Bekanntschaft gemacht und wolle die junge Dame einmal zu sich einladen, um sie besser kennenzulernen. „Aha“, denkt er sich, „gleich erwartet er Besuch und möchte der Dame imponieren. Bei romantischem Feuer am offenen Kamin kann man einander ja gut näherkommen.“

Zur gleichen Zeit kommt Herr Becker an Schmidts Haus vorbei. Herr Schmidt hatte ihm einmal von seinen Schwierigkeiten mit dem Vermieter erzählt, der ihn immer schikaniere: „Wenn der mir noch einmal so kommt, dann werde ich ihm das Haus anzünden!“ „Er wird doch nicht ernst damit machen?“, denkt sich Herr Becker und läuft auf Herrn Schmidt zu, um ihn von seinem Vorhaben abzuhalten.

nach einer Idee von Theodore Abel

Theodore Abel (1896 – 1988): polnisch-amerikanischer Soziologe

M3 Eine Frage der Perspektive?

Wenn jemand einen Satz sagt, von dessen absolutem Wahrheitsgehalt er überzeugt ist, heißt es noch lange nicht, dass ein anderer Mensch die Aussage auch als wahr (an)erkennt. Es gibt eine fundamentale Schwierigkeit, nämlich die Perspektive des jeweiligen Gegenübers.

Man denke sich einen Zylinder, der von zwei unterschiedlichen Perspektiven aus zentral betrachtet wird. Die eine Person steht so, dass sie entlang der Rotationsachse des Zylinders blickt, die andere schaut von der Seite aus auf die Körpermitte des Zylinders. Für die eine *erscheint* der Zylinder als Kreis, für die andere als ein Rechteck.

Tim Deutschmann (aus didaktischen Gründen gekürzt)

M4 Wahrnehmung und Wahrheit

Wahrnehmung ist nicht gleich Wahrheit. Der Unterschied ist fundamental: Während die Wahrnehmung immer von einer Perspektive und anderen vielen Faktoren abhängt, ist Wahrheit wie sie ist, unabhängig davon, ob sie erkannt wird oder nicht, ob sie geglaubt wird oder nicht, ob sie verstanden wird oder nicht. Es ist sehr wichtig, da genau zu unterscheiden, denn andernfalls entsteht Unklarheit und Begriffsverwirrung. So entstehen Aussagen wie: „Deine Wahrheit, meine Wahrheit" oder „Es gibt kein richtig und falsch". Dabei gibt es nur deine Perspektive, meine Perspektive (anders ausgedrückt: Deine Wahrnehmung, meine Wahrnehmung). Die Aussage „Es gibt kein richtig und falsch" kann sich daher nur auf die Perspektive und den Standpunkt, von dem aus wir wahrnehmen, beziehen. [...] [Wahrnehmung kann] trainiert werden, u. a. dadurch, dass verschiedene Perspektiven eingenommen werden, eine Sache also von unterschiedlichen Standpunkten aus beleuchtet wird. Das erweitert den Horizont und bringt uns der Wahrheit näher.

Kirsten Evers

AUFGABEN

1 Bildet Tandems und führt folgendes Experiment durch: Die bzw. der eine liest den Text „Frau Müller", die bzw. der andere den Text „Frau Meier". Schaut euch anschließend das Bild auf S. 270 an und schreibt auf, was ihr seht. Vergleicht eure Ergebnisse und stellt Vermutungen an, wie sie zustande gekommen sind. > M1

2 Erläutere, wie Herr Fischer, Herr Schulz und Herr Becker das Verhalten von Herrn Schmidt auffassen. Wie sind die Unterschiede zu erklären? > M2

3 Vervollständige den Text um einen Absatz, der deutlich macht, welche Schlussfolgerungen aus dem Zylinder-Experiment gezogen werden können. > M3

4 Erkläre den Unterschied zwischen Wahrnehmung und Wahrheit und erläutere anhand von Beispielen wie es gelingen kann, durch Perspektivwechsel der Wahrheit näher zu kommen. > M4

plus Ergänze deine Knobelsammlung um Bilder, die zeigen, wie die Perspektive bzw. die Wahrnehmung die Erkenntnis von Wahrheit beeinflussen kann.

Sprache: Verständigung über die Wirklichkeit

M1 Neue Bezeichnungen!

M2 Ein Tisch ist ein Tisch

Ein einsamer alter Mann litt darunter, dass sich in seinem Leben nichts mehr veränderte. Eines Tages hatte er eine Idee:

„Immer derselbe Tisch“, sagte der Mann, „dieselben Stühle, das Bett, das Bild. Und dem Tisch sage ich Tisch, dem Bild sage ich Bild, das Bett heißt Bett, und den Stuhl nennt man Stuhl. Warum denn eigentlich?“ Die Franzosen sagen dem Bett „li“, dem Tisch „tabl“, nennen das Bild „tablo“ und den Stuhl „schäs“, und sie verstehen sich. Und die Chinesen verstehen sich auch. „Weshalb heißt das Bett nicht Bild“, dachte der Mann und lächelte, dann lachte er, lachte, bis die Nachbarn an die Wand klopften und „Ruhe“ riefen. „Jetzt ändert es sich“, rief er, und er sagte von nun an dem Bett „Bild“. „Ich bin müde, ich will ins Bild“, sagte er, und morgens blieb er oft lange im Bild liegen und überlegte, wie er nun dem Stuhl sagen wolle, und er nannte den Stuhl „Wecker“. Er stand also auf, zog sich an, setzte sich auf den Wecker und stützte die Arme auf den Tisch. Aber der Tisch hieß jetzt nicht mehr Tisch, er hieß jetzt Teppich. Am Morgen verließ also der Mann das Bild, zog sich an, setzte sich an den Teppich auf den Wecker und überlegte, wem er wie sagen könnte. […] Der alte Mann kaufte sich blaue Schulhefte und schrieb sie mit den neuen Wörtern voll, und er hatte viel zu tun damit, und man sah ihn nur noch selten auf der Straße. Dann lernte er für alle Dinge die neuen Bezeichnungen und vergaß dabei mehr und mehr die richtigen. Er hatte jetzt eine neue Sprache, die ihm ganz allein gehörte. Hie und da träumte er schon in der neuen Sprache, und dann übersetzte er die Lieder aus seiner Schulzeit in seine Sprache, und er sang sie leise vor sich hin. Aber bald fiel ihm auch das Übersetzen schwer, er hatte seine alte Sprache fast vergessen, und er musste die richtigen Wörter in seinen blauen Heften suchen. Und es machte ihm Angst, mit den Leuten zu sprechen. Er musste lange nachdenken, wie die Leute zu den Dingen sagen. Seinem Bild sagen die Leute Bett. Seinem Teppich sagen die Leute Tisch. Seinem Wecker sagen die Leute Stuhl. Seinem Bett sagen die Leute Zeitung. Seinem Stuhl sagen die Leute Spiegel. Seinem Fotoalbum sagen die Leute Wecker. Seiner Zeitung sagen die Leute Schrank. Seinem Schrank sagen die Leute Teppich. Seinem Tisch sagen die Leute Bild. Seinem Spiegel sagten die Leute Fotoalbum. Und es kam so weit, dass der Mann lachen musste, wenn er die Leute reden hörte. […] Aber eine lustige Geschichte ist das nicht. […] Der alte Mann konnte die Leute nicht mehr verstehen, das war nicht so schlimm. Viel schlimmer war, sie konnten ihn nicht mehr verstehen. Und deshalb sagte er nichts mehr. Er schwieg. Sprach nur noch mit sich selbst, grüßte nicht einmal mehr.

Peter Bichsel

Peter Bichsel (*1935): Schweizer Schriftsteller

M3 Die Humpty Dumpty-Theorie

Im Wunderland trifft Alice irgendwann auf Humpty Dumpty, ein eitles Ei, das sprechen kann und auf einer Mauer sitzt. Humpty Dumpty will ihr weismachen, besser noch als Geburtstagsgeschenke seien „Ungeburtstagsgeschenke", die man bekommt, wenn man nicht Geburtstag hat. Er beendet seinen kurzen Monolog mit: „Da hast du deinen Ruhm." Auf Alice' Nachfrage, was er denn mit „Ruhm" meine, entgegnet er: „Ich meine: ‚da hast du ein schlagendes Argument'." Sie bezweifelt diese Wortbedeutung, woraufhin Humpty Dumpty feststellt: „Wenn *ich* ein Wort gebrauche, dann bedeutet es genau das, was es nach meinem Belieben zu bedeuten habe – nicht mehr und nicht weniger."

Diese Sprachtheorie, also die Auffassung, dass wir selbst festlegen könnten, was wir mit einem Wort sagen wollen, nennen Philosophen manchmal spaßhaft *Humpty-Dumpty-Theorie der Bedeutung*. Diese Theorie ist aus mehreren Gründen zweifelhaft, hat allerdings einen wahren Kern. Der Zusammenhang zwischen […] [der Lautfolge eines Wortes] und seiner Bedeutung ist […] beliebig, denn die Lautfolge „R", „uh", „m" könnte im Deutschen auch „schlagendes Argument" bedeuten. […]

Das Bild eines Hauses ähnelt tatsächlich einem Haus: Die Tür ist unten, das Dach oben. Die Lautfolge „H", „au" „s" […] hat keine Ähnlichkeit mit einem Haus. Der Zusammenhang zwischen Lauten und Bedeutungen ist, wie gesagt, […] *beliebig*. […] In diesem Punkt hat Humpty Dumpty also seinen „Ruhm", sprich: sein schlagendes Argument. Trotzdem ist es unwahrscheinlich, dass er sich eine eigene Sprache ausdenken kann. Selbst wenn es gelänge, würde ihn ja niemand verstehen. Er kann ohnehin nicht alle Wörter nach seinem Belieben verwenden. Wie sollte er sonst Alice erklären, was er mit „Ruhm" meint?

Philipp Hübl

Alice im Wunderland: Roman des britischen Autors Lewis Carroll aus dem Jahr 1865

Philipp Hübl (*1975): deutscher Philosoph

AUFGABEN

1 Stell dir vor, du würdest ab jetzt die dargestellten Gegenstände mit den vorgeschlagenen Begriffen bezeichnen. Zu welchen Konsequenzen würde das führen? > M1

2 Erklärt, warum der alte Mann am Ende einsam zurückbleibt. > M2

3 Begründet, warum die Humpty-Dumpty-Theorie falsch ist und nicht jeder Mensch Wörter nach seinem Belieben verwenden kann. > M3

4 Erkläre, welche Bedingung erfüllt sein müssen, damit sprachliche Verständigung über die Wirklichkeit möglich ist. > M1-M3

Was wir wissen – was wir können

Wissen kompakt

„wahr“ („falsch“)

Merkmal von Aussagen, die (nicht) mit der Wirklichkeit übereinstimmen

weitere Merkmale von Wahrheit

- Widerspruchsfreiheit (Kohärenz)
- Übereinstimmung vernünftiger Menschen (Konsens)
- Offensichtlichkeit (Evidenz)
- Bewährung in der Praxis

wichtig zur Erkenntnis von Wahrheit

- wahre Aussagen kombinieren, logische Schlüsse ziehen
- sich vergewissern, dass man Wortbedeutungen richtig versteht/verwendet
- das, was logisch denkbar ist, nicht ohne Beweis für wirklich halten
- sich nicht durch unauflösbare Widersprüche (Paradoxien) verwirren lassen
- Wahrnehmung aus einer bestimmten Perspektive nicht mit Wahrheit verwechseln

KOMPETENZ-CHECK

Überprüfe dich selbst. Wenn du dich bei einem Punkt noch unsicher fühlst, lies und bearbeite (ggf. mit einer Partnerin oder einem Partner) die passende Schulbuchseite noch einmal.

Ich kann …		Meine Einschätzung – –	–	+	++
an Beispielen den Zusammenhang von Wahrheit und Wirklichkeit darstellen	> S. 192–195				
erläutern, wie man durch Kombinieren oder Schlussfolgern wahre von falschen Aussagen unterscheiden kann	> S. 196–197				
Regeln der Logik erklären und anwenden	> S. 198–199				
erklären, was ein Paradoxon ist, und erläutern, was Widersprüche für unser Denken bedeuten	> S. 200-201				
verschiedene Kriterien zur Feststellung von Wahrheit erläutern	> S. 202–203				
aufzeigen, dass eine bestimmte Wahrnehmung nicht immer der Wahrheit entspricht, und erläutern, inwiefern Perspektivwechsel der Wahrheitsfindung dienen können	> S. 204–205				
an Beispielen erklären, welche Rolle der Sprachverwendung bzw. Einigung über Wortbedeutungen zur Verständigung über Sachverhalte der Wirklichkeit zukommt	> S. 206–207				

Arbeitsblatt:
Kompetenz-Check „Wahr“ und „falsch“

Mediencode: 21057-11

plus In den letzten Wochen habt ihr für eure Knobelsammlung folgende Materialien zusammengetragen bzw. selbst erstellt und dazu einen Lösungs- bzw. Erklärteil verfasst:

- Geschichten, bei denen man nicht sofort weiß, ob sie wahr oder gelogen sind
- Ratekrimis
- Paradoxien
- Bilder, die den Unterschied zwischen Wahrnehmung aus einer bestimmten Perspektive und dem wirklichen Sachverhalt (Wahrheit) deutlich machen

Präsentiert euch gegenseitig eure Knobeleien, wählt die besten Materialien aus und stellt sie zu einem Buch für eure Schulbibliothek zusammen.

René Magritte: La Condition humaine (So lebt der Mensch), 1933

Virtualität und Schein

René Magritte: Der Verrct der Bilder (Dies ist keine Pfeife), 1929

AUFGABEN

1 Beschreibt das Bild auf der linken Seite in seinen Einzelheiten. Interpretiert es im Hinblick auf Wirklichkeit und Schein.

2 Erklärt den Bildtext „Dies ist keine Pfeife“ (Ceci n'est pas une pipe) im obigen Bild.

3 Stellt Vermutungen darüber an, was Magritte mit dem Titel „Der Verrat der Bilder“ meinen könnte.

Virtuelle Welten

M1 Jims Spiel

Das ist Jim. Jim spielt ein Computerspiel. Das Spiel heißt *Dungeons and Monsters*.

Um das Spiel zu gewinnen, muss man durch ein Labyrinth von Verliesen rennen, sämtliche Monster abmurksen und den gesamten Schatz in die Finger bekommen. Wie du siehst, ist Jim ganz verrückt auf dieses Spiel. Besonders großen Spaß macht es ihm, die Monster abzumurksen. [...] Die Verliese, Gewehre, Monster und der Schatz in Jims Spiel sind natürlich nicht real. Sie bilden eine so genannte *virtuelle Realität*: eine vom Computer erzeugte Welt. Eine virtuelle Realität besteht aus einer *virtuellen Welt*, innerhalb derer sich *virtuelle Objekte* befinden. In Jims Spiel bilden die Verliese und Gänge die virtuelle Welt, das Gewehr, die Monster und der Schatz sind virtuelle Objekte.

Vermutlich bist du schon mit virtueller Realität in Berührung gekommen. Vielleicht hast du schon einmal am PC ein Auto über eine Rennpiste oder ein Flugzeug am Himmel entlang gelenkt. Die Wagen, die Rennpiste, Flugzeuge und anderen Dinge, die du bei solchen Spielen siehst, sind allesamt virtuell. Sie existieren nicht wirklich.

M2 Der Virtual-Reality-Helm

Wenn du ein Computerspiel machst, verfolgst du die Handlung normalerweise auf einem Bildschirm. Doch inzwischen gibt es bereits neue Möglichkeiten, virtuelle Realität zu erleben.

Computerwissenschaftler haben den Virtual-Reality-Helm entwickelt.

Und so funktioniert das Ganze: Wenn du einen solchen Helm aufsetzt, siehst du einen kleinen Bildschirm. Darauf ist die virtuelle Welt zu sehen. Doch das Tolle an diesem Bildschirm ist: Wenn du den Kopf drehst, siehst du dieselben Veränderungen, als würdest du dich tatsächlich in dieser Umgebung aufhalten. Wenn du den Kopf zum Beispiel nach links drehst, siehst du, was sich in der virtuellen Welt links von dir befindet. Blickst du nach unten, siehst du den Boden. Drehst du dich um, siehst du, was sich hinter dir befindet, und so weiter.

Der Helm enthält auch kleine Lautsprecher – für jedes Ohr einen – sodass du in dieser virtuellen Welt alles genau hören kannst. Je nachdem, in welche Richtung du schaust, verändern diese Lautsprecher alle Geräusche. Wer also einen Virtual-Reality-Helm auf dem Kopf hat, hat das Gefühl, mitten im Geschehen zu sein.

Es ist auch möglich, den Arm auszustrecken und virtuelle Objekte anzufassen. Elektronische Handschuhe dirigieren virtuelle Hände. Wenn du den besagten Helm aufhast und diese Handschuhe trägst, kannst du die virtuellen Hände bewegen, die du vor dir siehst. Mit den virtuellen Händen kannst du ein virtuelles Fahrzeug lenken oder mit einem virtuellen Lasergewehr auf virtuelle Aliens schießen.

Ja, du kannst sogar in der virtuellen Welt herumspazieren. Der Computer, der diese virtuelle Realität erzeugt, kann mit Spezialsensoren ausgestattet werden, die du an deinen Beinen und Füßen befestigst. Wenn du einen Schritt machst, wird das vom Computer registriert und er verändert, was du siehst und hörst: Du hast das Gefühl, als würdest du durch die virtuelle Welt gehen. […]

Angenommen, wir statten Jim mit so einer Virtuellen-Realität-Ausrüstung (Helm, Handschuhe und Beinsensoren) aus und schließen ihn an einen Hochleistungscomputer an, auf dem eine Version seines Lieblingsspiels *Dungeons and Monsters* läuft. Wenn Jim sein Spiel dann wieder spielt, wird es ihm wesentlich realer vorkommen. Er wird das Gefühl haben, sich tatsächlich in dem virtuellen Verlies zu befinden. Wenn er die Hand ausstreckt, wird er glauben, die Wände des Verlieses zu berühren.

M3 Was ist hier eigentlich wirklich?

M1-M3 Stephen Law (mit Bildern von Daniel Postgate)

Stephen Law (*1960): englischer Philosoph, wurde mit Philosophiebüchern für Jugendliche bekannt

INFO

Virtualität

Unter Virtualität versteht man eine künstlich erzeugte Wirklichkeit. Virtuelle Dinge wirken so wie tatsächlich existierende Dinge. Sie existieren aber nicht wirklich, sondern nur dem Schein nach.

AUFGABEN

1 Berichte über deine Erfahrungen mit Computerspielen und den in ihnen gezeigten Welten. > M1
2 Erkläre anhand von Jims Computerspiel, was virtuelle Objekte sind. > M1
3 Erläutere, wie sich ein Computerspiel durch den Einsatz eines Virtual Reality-Helms verändert. > M2
4 Beschreibe die Arten von Realität und beantworte die in der Überschrift gestellte Frage. > M3

Virtual Reality – Chancen und Gefahren MK

M1 Schöne virtuelle Welt?

M2 „eXistenZ" – Eine Filmszene

An einer Waldlichtung brennen Häuser. Kugeln schießen durch die Nacht. Ein Mann und eine Frau, eben noch verbündet, sind plötzlich verfeindet. Wer schlägt zuerst zu? Wer tötet den anderen, um selbst zu überleben? Sie ist schneller. Er fällt leblos zu Boden. Auf einmal sind beide an einem sicheren Ort, ohne Kratzer. Alles war nur ein Wettbewerb in einer virtuellen Wirklichkeit – und die beiden sind die Gewinner. Wieder fallen Schüsse. Dann hallt eine Frage leise durch den Raum: „Wir sind doch immer noch im Spiel, oder?"

Stefanie Michel

M3 Muss uns jemand vor VR schützen?

Virtual Reality: virtuelle Realität (Abkürzung: VR)

Thomas Metzinger (*1958): deutscher Philosoph und Universitätsprofessor in Mainz

Proband: Testperson

David Cronenbergs Film „eXistenZ" (1999) nimmt vorweg, wie schwer es werden könnte, Virtual Reality von der Wirklichkeit zu unterscheiden, wenn die Technologie künstliches Erleben täuschend echt vermitteln kann. Muss uns jemand vor Virtual Reality schützen?

Mit dieser Frage beschäftigt sich […] Thomas Metzinger. Er war fünf Jahre lang an einem EU-Projekt beteiligt, das sich intensiv mit verschiedenen VR-Szenarien beschäftigte und bei dem es unter anderem darum ging, wie Menschen ihr Ichgefühl an einen Avatar übertragen.

„Virtuelle Realität kann so starke Illusionen erschaffen, dass Menschen glauben, einen Körper zu besitzen und zu kontrollieren, der nicht der eigene ist – eine Erfahrung, die ganz anders ist als das, was Fernsehen, Film oder Computerspiele bisher erlebbar machen können", so der Philosoph.

Ähnliches haben auch US-amerikanische Wissenschaftler erforscht. Sie ließen Probanden als eine Art Superman durch eine virtuelle Stadt fliegen. Im Anschluss verhielten sich die Teilnehmer sehr viel hilfsbereiter anderen gegenüber. Jedoch reagierten Probanden, die in einen größeren Avatar versetzt wurden, aggressiver auf ihr Umfeld als diejenigen mit einem kleineren Körper. Sie passten ihr Verhalten dem an, was sie als normal für Größe und Auftreten hielten. […] Langzeitwirkungen intensiver VR-Nutzung [sind] […] nicht absehbar. Selbst in wissenschaftlichen Experimenten wurden […] [Versuchsteilnehmerinnen und -teilnehmer] VR-Szenarien selten länger als 20 Minuten ausgesetzt. Was aber, wenn sich diese zum feierabendlichen Unterhaltungsprogramm verwandeln – ähnlich wie heute Fernsehen oder Facebook? Letzteres hat aus Sicht des Philosophen das menschliche Miteinander bereits deutlich verändert: „Das hat nichts mit echter Freundschaft oder richtiger sozialer Interaktion zu tun, aber immer mehr Leute halten es dafür. Wenn wir uns also nicht mehr nur durch Webseiten, sondern durch Avatare begegnen, könnte das soziale Beziehungen auf merkwürdige Weise entkörperlichen oder oberflächlicher machen."

Flacht womöglich auch das [...] [Einfühlungsvermögen] eines Nutzers ab, der sich immer neu in Gewaltfantasien per VR-Brille stürzt? Menschen, die längere Zeit in Virtual Reality verbringen, könnten ähnlich wie psychisch Kranke ihren Körper nicht mehr richtig spüren, ihn oder die Außenwelt gar als unwirklich empfinden. [...]

Metzinger geht es keinesfalls um platten Kulturpessimismus. Er sieht auch mögliche Bereicherungen. VR-Technologie könnte Ausstellungen aller Museen weltweit, unbegrenzt und völlig anders erfahrbar machen. [Schülerinnen und] Schüler könnten, statt über Regenwälder und Wüsten zu lesen, diese mittels VR-Brille selbst entdecken und erforschen. [...] Erlebnisse, die mit Film oder zweidimensionalen Bildern bisher undenkbar sind.

Zudem gibt es Versuche, in denen verurteilte Sexualstraftäter zu therapeutischen Zwecken in Frauenkörper versetzt werden. In Virtual Reality können sie erfahren, wie es sich anfühlt, von einem Mann angegriffen zu werden. Metzinger hat ein ähnlich bedrohliches VR-Szenario im Körper einer 14-Jährigen selbst schon erlebt. Sein Avatar wurde von einem Mann angegriffen. [...] [Solche Techniken sollten nur eingesetzt werden], wenn Straftäter oder Patienten sich freiwillig hineinbegeben. Zwang sei hier keine Grundlage [...]. Jedoch bleibt offen, wie stark diese Wirkungen sind und wie lange sie überhaupt anhalten.

„Früher haben wir Instrumente genutzt, um unseren Körper zu verbessern: Der Hammer machte den Arm stärker, mit dem Auto wurden die Beine schneller. Wir haben immer unsere Körper optimiert, nur selten unseren Geist. In Virtual Reality erzeugen wir zunehmend bewusste Erfahrungen, es ist eine Bewusstseinstechnologie. Darum gilt es in ethischer Hinsicht, zu überlegen: Was sind eigentlich gute Bewusstseinszustände?", fragt Metzinger.

Er geht davon aus, dass virtuelle Realität bedeutend genug für die Wirklichkeit ist, dass moralische Orientierungsmaßstäbe notwendig werden. In David Cronenbergs Film geht die Verwirrung zwischen virtueller und Lebenswirklichkeit so weit, dass sogar Terroristen die Realität gewaltsam vor der Virtualität schützen wollen.

Stefanie Michel

therapeutisch: im Rahmen einer Therapie (Heilbehandlung)

Interaktion: Wechselbeziehung, Austausch

AUFGABEN

1 Erläutere die Karikaturen und nimm Stellung zu ihrer Bewertung von Virtualität und Schein. > M1

2 Schaut euch nach Möglichkeit die Filmszene an. Erläutert, welches Problem darin deutlich wird. > M2

3 Erkläre die Auffassungen der Forschenden zu der Frage, ob uns jemand vor VR schützen muss. Welche Chancen und Gefahren siehst du in dieser Technologie? > M3

Wie Medien die Wirklichkeit abbilden MK

M1 Was Bilder zeigen: Feind oder Freund?

Amerikanische Soldaten im Irak-Einsatz

M2 Fernsehreportage: Spiel mit dem Tod

FILMTIPP
Spiel mit dem Tod
(z. B. auf YouTube)

Computerspiele bedeuten Oleg längst nichts mehr, er sucht den ultimativen Kick, das Spiel mit dem eigenen Leben. Irgendwo westlich von Wolgograd trifft er sich in einer verlassenen Kaserne mit Gleichgesinnten, um wie in einer Kriegssituation mit scharfen Waffen aufeinander zu schießen. Ein Filmteam begleitet den Jungen in das Spielercamp. Die Dokumentation von 2006 löste in der Öffentlichkeit heftige Kontroversen aus.

Der Film […] „Spiel mit dem Tod" [testet] die Grenzen der Ethik aus […]. Felix Müller hat in seiner […] Dokumentation […] zusammen mit einem Filmteam den jungen Deutschrussen Oleg nach Russland begleitet. Er sucht den extremen Kick beim „Igra su Smertju", dem Spiel mit dem Tod. Junge Männer mit echten Waffen und scharfer Munition schießen aufeinander und riskieren dabei ihr Leben: ganz bewusst.

Das Filmteam hat vom Krieg als Freizeitsport befremdliche Bilder eingefangen. Sie treiben die Reportage an die Grenze zwischen Wahnsinn und Wirklichkeit und hinterlassen mehr als Unbehagen:

Darf eine Filmdokumentation so weit gehen?

Sollen solche Filme dem Zuschauer überhaupt zugemutet werden?

Was bewirken solche Bilder beim Betrachter?

Ankündigung des Films in der Badischen Zeitung

M3 Spiel mit dem Zuschauer

Die Zuschauer bei der Vorführung von „Spiel mit dem Tod" ahnten zunächst nicht, dass es sich um einen Fake handelte, mit dem ihnen bewusst gemacht werden sollte, dass Filme immer etwas Künstliches sind und dass es objektive Bilder nicht gibt. Im zweiten Teil seiner Dokumentation zeigt Felix Müller, wie man unsere Auffassung von Wirklichkeit manipulieren kann, und verrät die bei der Produktion angewandten Tricks. Er war niemals in Russland. Einer der Drehorte war ein altes Fabrikgelände in Offenburg. Durch den von der Kamera gewählten Bildausschnitt „verschwand" der danebenliegende Supermarkt mit deutschem Namen. Eine Filmszene entstand dadurch, dass in das Foto eines heruntergekommenen Hinterhofes, das man im Internet fand, die agierenden Personen hineinkopiert wurden. Das russische Bier wurde durch Aufkleben von selbst gedruckten Etiketten auf handelsübliche deutsche Bierflaschen hergestellt. Die eingesetzten Waffen sind lediglich Schreckschusspistolen.

M4 Medial konstruierte Wirklichkeit

Weder die menschlichen Sinne, noch geschriebene Texte oder moderne Medien können die Wirklichkeit in ihrer Unendlichkeit vollständig erfassen und wiedergeben. Wirklichkeit wahrzunehmen, oder sie in einem Medium abzubilden oder nachzuerzählen, bedeutet, sie zu reduzieren. Letztlich ist es immer ein Mensch, der mit seinen beschränkten Sinnen und technischen Hilfsmitteln diese Reduktion betreibt. Damit beeinflusst der Mensch mit seiner subjektiven Wahrnehmung das Bild der Wirklichkeit, das er sich macht und das er anderen vermittelt. Die Annäherung an eine als objektiv existent angenommene Wirklichkeit durch unterschiedliche Haltungen und Arbeitsmethoden kann trotzdem besser oder schlechter gelingen. *Bodo Witzke, Ulli Rothaus*

subjektiv: persönlich (dem Subjekt angehörend)

objektiv: gegenständlich, tatsächlich, sachlich

M5 Die Macht von Bildern und Medien

„Jedes starke Bild wird Wirklichkeit."
Antoine de Saint-Exupéry

„Medien dürfen alles und müssen nichts."
Martin Walser

Antoine de Saint-Exupéry (1900 – 1944): französischer Schriftsteller und Pilot

Martin Walser (*1927): deutscher Schriftsteller

AUFGABEN

1 Beim mittleren Bild handelt es sich um ein Foto vom Einsatz US-amerikanischer Soldaten im Irak. Erläutere, welchen Eindruck das linke und das rechte Bild jeweils für sich genommen vermitteln könnte. Wodurch wird dieser Eindruck erzielt? > M1

2 Beschreibe die Gedanken und Gefühle, die das Filmbild bei dir auslöst, und nimm Stellung zu den Fragen, die der Zeitungsbericht aufwirft. > M2

3 Erkläre, wie es der Film schafft, den Eindruck von Realität zu erzeugen. > M3

4 Beschreibe das Verhältnis von Medien und Wirklichkeit und erläutere, was mit dem letzten Satz des Textes gemeint ist. > M4

V 5 Diskutiert die beiden Aussagen und nehmt mit Bezug auf die Materialien der Doppelseite Stellung zu den manipulativen Möglichkeiten und Grenzen medialer Darstellungen. > M5

Wahrheit oder Fake? MK

M1 Hast du das schon gehört?

„Papst Franziskus unterstützt Trump"

Donald Trump (*1946): US-amerikanischer Unternehmer und Politiker, 45. Präsident der USA von 2017 bis 2021

Diese Meldung ging im Sommer 2016 […] durch alle sozialen Medien. […] Allerdings: Das ist reine Erfindung! Der Papst hat niemals eine solche Erklärung abgegeben. […] Die Meldung stammt von der bekannten Fake-News-Website WTOE 5 New.

Kerstin Steinert

M2 Deepfake

Im Frühjahr 2023 ging ein Foto, das den Papst in einer hippen weißen Daunenjacke zeigt, um die Welt. Das Bild war jedoch eine Fälschung, ein Deepfake – erzeugt durch Künstliche Intelligenz.

M3 Wahrheit und Lüge im Internet

Sam Wineburg (*1964): Professor für Erziehungswissenschaften an der Stanford University (USA) und Mitautor der Studie *Evaluating Information* (2016)

DIE ZEIT: Professor Wineburg, […] was haben Sie [in Ihrer Studie] herausgefunden?

Sam Wineburg: Dass die große Mehrheit junger Menschen, von zwölfjährigen Schülern bis zu Studenten am College, beklagenswert schlecht unterscheiden kann, ob Informationen im Internet wahr oder unwahr sind. […] Bei den 12- und 13-Jährigen konnten 80 Prozent nicht zwischen Nachrichten und Werbung unterscheiden. […] Highschool-Schülern [haben wir] zwei Artikel über den Klimawandel vorgelegt. Einen verfasst von einem Wissenschaftsjournalisten, einen zweiten auf derselben Website – gesponsert vom Mineralölkonzern Shell. Fast 70 Prozent der Schüler empfand den PR-Beitrag als glaubwürdiger.

ZEIT: Können Sie das erklären?

Wineburg: Menschen waren schon immer leichtgläubig. Neu ist, dass wir im Internet von allen Seiten mit Informationen bombardiert werden. Um mit diesem Überangebot klarzukommen, greifen wir auf ein paar einfache Regeln zurück, um die Informationen zu bewerten. Eine davon ist: Daten und Statistiken sind gut. Im Shell-Artikel sind ein paar Tabellen und Grafiken enthalten, die offensichtlich überzeugen – unabhängig davon, wer sie zusammengestellt hat und welches Interesse derjenige hat. […] In anderen Beispielen unserer Studie haben sich Schüler von Fotos täuschen lassen, die das Geschriebene vermeintlich veranschaulichen, aber aus anderen Kontexten stammten. Wie lebendig eine Information präsentiert wird, spielt also ebenfalls eine Rolle. […] Bevor es das Internet gab, haben Experten über ihr Fachgebiet gesprochen, Journalisten Informationen geprüft und aufbereitet. Die Verantwortung, die sie für uns übernommen haben, fällt im Internet nun jedem Einzelnen zu. Das hat es in der Geschichte der Menschheit noch nicht gegeben.

ZEIT: Viele sagen, das Internet demokratisiere die Informationsvermittlung …

Wineburg: Vor einigen Wochen wurde über einen Typen berichtet, der von seinem Wohnzimmer in einem Vorort von Los Angeles über Facebook Fake News verbreitet hat. Er hatte teilweise mehr Zugriffe auf seine Geschichten als USA Today, eine der größten Tageszeitungen des Landes. Ein normaler Bürger kann mit ganz bescheidenen Mitteln durch Cleverness, Täuschung und Gerissenheit Millionen Menschen beeinflussen. [...] Zu jeder politischen Angelegenheit entstehen Websites, die vorgeben, unabhängig zu sein, aber eigentlich Interessen vertreten. Das ist gefährlich. [...]

ZEIT: Also nutzen nicht nur junge Menschen zu leichtgläubig das Internet?

Wineburg: Ich würde es gern so sagen: All of us suck – wir versagen alle. Wir sprechen hier über ein globales Problem, unabhängig von Status oder Bildung. [...] Wir alle halten uns für viel schlauer, als wir sind, wenn es ums Internet geht.

Anant Agarwala

M4 Fake News und Deepfakes erkennen

Absender kontrollieren

Bevor man ein Posting teilt, sollte man sich das Profil des Absenders genau ansehen. Wie lange gibt es den Twitter / Facebook-Account bereits und welche Tweets / Posts wurden dort bislang abgesetzt? Wie viele Freunde oder Follower hat er? Wenige Follower und sehr neue Profile geben Anlass zur Skepsis. [...]

Fotos und Videos überprüfen

Generell ist es ratsam, sich Fotos im Netz genau anzusehen. Wurde das Foto tatsächlich an dem angegeben Ort aufgenommen? Werbetafeln, Verkehrsschilder und Autokennzeichen geben möglicherweise Hinweise auf den Ort. Mit der umgekehrten Bildersuche lassen sich viele gefälschte Inhalte und im falschen Zusammenhang geteilte Inhalte entlarven. [...]

Impressum ansehen

In Deutschland müssen Websites ein Impressum haben. [...] Einer Seite ohne Impressum sollte man kein Vertrauen schenken.

URL kontrollieren

Es gibt Fälle, in denen Falschmeldungen im Design bekannter Medienmarken erscheinen. Hier hilft ein Blick auf die Webadresse in der Browserzeile. Oftmals unterscheidet sich die URL durch einen Zusatz wie einen Bindestrich oder eine Endung wie .net vom Original.

[Faktencheck]

Grundsätzlich sollte man das Datum einer Meldung ansehen und die Überschrift in eine Suchmaschine eingeben. Berichten auch andere Medien über den Fall, gibt es mehrere Quellen? Nein? Dann sollte man der Nachricht kritisch gegenübertreten.

Verena Stöckigt

Impressum: *hier:* Verfasser-/ Betreiberangabe

TIPP
Online-Tutorial: Fake News erkennen unter: faktenfinder.tagesschau.de

AUFGABEN

1 Erläutere die Wirkung der Meldung und der Abbildung und erörtere, wie solche Nachrichten zustande kommen. > M1

H 2 Tragt weitere Fake News und Deepfakes zusammen. Beurteilt, was jeweils ihre Faszination ausmacht. > M1/M2

3 Untersuche, inwieweit das Internet nach Wineburg ein problematisches Medium ist, und nimm Stellung zu seiner Sichtweise. > M3

4 Erprobe die Tipps an den für Aufgaben 2 gesammelten Fake News und Deepfakes. Ergänze – falls nötig – weitere, selbst formulierte Tipps. > M4

Die Veränderung der Medienlandschaft

MK

M1 Die Glaubwürdigkeit der Medien

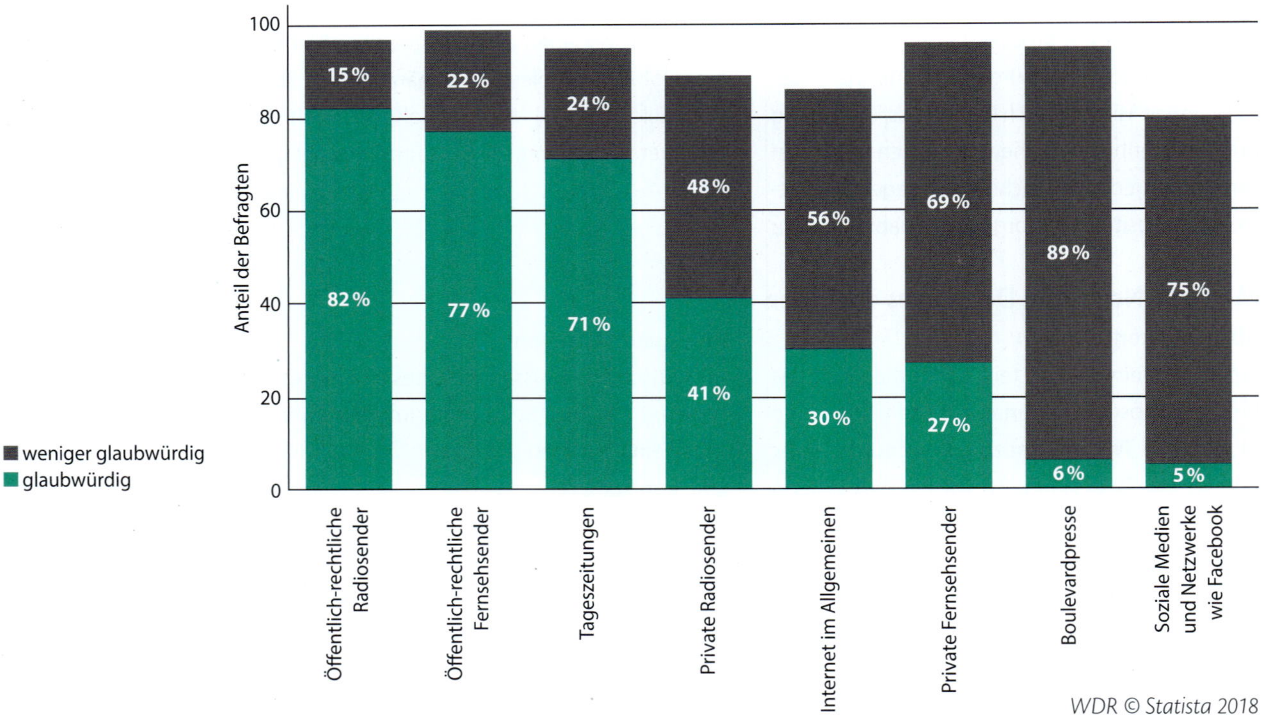

WDR © Statista 2018

Monopol: Vorrecht, alleiniger Anspruch

M2 Monopolverlust

Mit dem Internet und den sozialen Medien hat sich die Medienlandschaft dramatisch verändert. Traditionelle Medienanstalten wie die Tages- oder Wochenzeitungen oder die Fernsehsender haben ihr Monopol der Informationsverbreitung verloren. Die Journalistinnen und Redakteure dieser Anstalten hatten bisher die Funktion von Torwächtern: Sie überprüften die Vielzahl der verfügbaren Informationen auf ihren Wahrheitsgehalt, bevor sie sie an die Leserinnen und Leser oder Zuschauenden weitergaben. Wahrheitsgemäß und fair zu berichten, sahen sie als ihre oberste Aufgabe. Bei ihrer Arbeit folgten sie ethischen Grundsätzen und Qualitätsrichtlinien.

Durch das Aufkommen der sozialen Medien haben die traditionellen Medienanstalten einen Großteil ihrer Macht eingebüßt. Das kann man begrüßen: Heute ist es jeder und jedem Einzelnen möglich, ohne viel Aufwand Medieninhalte und Informationen auf Onlineplattformen und in sozialen Medien zu verbreiten und dort eigene Meinungen zu äußern. Das bedeutet aber anderseits auch, dass diese nicht mehr den Weg über die Medienanstalten und die journalistischen Torwächter gehen müssen. Es ist nicht mehr garantiert, dass journalistische Qualitätskriterien eingehalten werden. Akteurinnen und Akteure aller Art können ihre Ansichten verbreiten – ganz gleich, ob es sich um Tatsachen oder Fake News handelt. Es bleibt jedem einzelnen Nutzer und jeder einzelnen Nutzerin der sozialen Medien selbst überlassen, den Wahrheitsgehalt der Informationen zu beurteilen, die er bzw. sie dort erhält. *nach Vincent F. Hendricks / Mads Vestergaard*

Vincent F. Hendricks (*1970): Professor für formale Philosophie an der Universität Kopenhagen

M3 Ergebnisse einer Internetsuche

Wenn zwei Personen bei einer Internet-Suchmaschine den Suchbegriff *Obama* eingeben, kann es geschehen, dass sie unterschiedliche Informationen erhalten.

Person A stößt beispielsweise in der Trefferliste als Erstes auf einen Wikipedia-Eintrag, der sie über Folgendes informiert: Barack Hussein Obama war von 2009 bis 2017 der 44. Präsident der USA.

Person B dagegen bekommt als erstes eine Seite der Bewegung *Birther* vorgeschlagen, auf der Verschwörungstheoretiker behaupten, Barack Obama sei in Kenia geboren und habe daher kein Recht, Präsident der USA zu sein.

M4 Die Macht der großen Medienkonzerne

Das Internet war mal ein Ort der Freiheit. Wo man unbekannte Welten entdecken und sich dabei auch schon mal verlaufen konnte. […] Heute gibt es Apple, Facebook, Google und Amazon. Vier amerikanische Konzerne beherrschen das Internet […]. Sie vereinen rund 80 Prozent des grenzüberschreitenden Datenverkehrs auf sich. 40 Prozent der Zeit, die Menschen online verbringen, vereinen die Seiten der großen Vier auf sich. […] Die vier Konzerne definieren das Netz, überziehen es mit Weltanschauungen, Moralvorstellungen, Ideen von Gut und Böse. […] So werden sie immer wieder zu potenten Zensurmaschinen, zu Gedankenwächtern der Gegenwart. Zu Instrumenten der Lenkung. […]

Wohl keine Netzfirma hat stärker mit seinen Nutzern experimentiert als Google. Das größte Experiment dieser Art begann am 4. Dezember 2009 – und es läuft bis heute. Google kündigte damals die personalisierte Suche für jedermann an, weil sie bessere und genauere Ergebnisse liefere. Suchergebnisse werden seither individuell auf Nutzer zugeschnitten, anfangs nach 57 Kriterien, heute sind es weitaus mehr. […] So wird der Weltausschnitt, den Google seinen Nutzern präsentiert, persönlicher. Und zugleich enger. Das weiß aber so genau kaum ein Nutzer, und deshalb ist es ein Problem. […] [Und so ist es denkbar, dass] kritische Informationen einfach nicht mehr auffindbar sind. Dass exotische Meinungen, die nicht dem errechneten Mainstream folgen, von Computern für irrelevant befunden und weggedrückt werden.

Götz Hamann und Marcus Rohwetter

potent: mächtig, einflussreich

Götz Hamann (*1969) / Markus Rohwetter (*1973): deutsche Journalisten

AUFGABEN

1. Erläutere, wie sich die Medien im Hinblick auf ihre Glaubwürdigkeit unterscheiden. > M1
2. (H) Veranschauliche die Torwächterfunktion der traditionellen Medien und die Informationsverbreitung in sozialen Medien jeweils durch eine Abbildung. Erkläre, welche Probleme die Veränderung der Medienlandschaft mit sich bringt. > M2
3. Stelle zunächst Vermutungen darüber an, wie es zu den unterschiedlichen Ergebnissen bei der Internetsuche (M3) kommen kann. Erkläre anschließend, welche Antwort der Text M4 darauf gibt. > M3/M4

Wirklichkeit oder Schein? – Zwei Filmtipps

MK

FILMTIPP
Wag the Dog – Wenn der Schwanz mit dem Hund wedelt
(USA 1997, Regie: Barry Levinson)

M1 *Wag the Dog* – Nachrichten aus Albanien

Es sind nur noch elf Tage bis zur Wahl des amerikanischen Präsidenten, und der Beraterstab des Amtsinhabers befindet sich in größter Hektik. Die Presseabteilung hat nämlich gerade Informationen erhalten, dass in Kürze die Medien die Nachricht verbreiten werden, der Präsident habe eine minderjährige Pfadfinderin, die sich als Besucherin im Weißen Haus aufhielt, zu sexuellen Aktivitäten genötigt. Ob diese Meldung stimmt oder ob sie eine Finte des gegnerischen Kandidaten ist, ist dabei nicht von Interesse. Die kurze Zeit bis zur Wahl muss genutzt werden, um von der Affäre abzulenken und Schaden vom Präsidenten fernzuhalten, damit seiner Wiederwahl nichts im Wege steht.

Ein Spezialist für solche außergewöhnlichen Aufgaben ist Conrad Brean. Zunächst setzt er darauf, Zeit zu gewinnen, während er erst in einem zweiten Schritt beginnt, von der eigentlichen Affäre abzulenken. So besteht sein erster Schachzug nicht darin, der Mediennachricht zu widersprechen, sondern das Gerücht zu verbreiten, dass die B-3-Bomber nicht gebaut würden. Tatsächlich gibt es weder einen B-3-Bomber noch irgendwelche Pläne, ihn überhaupt zu bauen. Aber Brean will durch die Falschmeldung erreichen, dass die Öffentlichkeit genau das Gegenteil glaubt. Die zweite Falschmeldung, die er in Umlauf setzt, besagt, dass die USA und Albanien sich in einem Kriegszustand befänden.

Brean wählt Albanien als vermeintlichen Kriegsgegner, weil das Land nicht nur weit entfernt ist, sondern die breite Öffentlichkeit nahezu nichts über den Mittelmeerstaat weiß, die politische Situation vor Ort nicht einzuschätzen vermag und die diplomatischen Beziehungen des Landes zu den USA nicht beurteilen kann.

Um glaubhaft zu machen, dass in Albanien wirklich Krieg herrscht, wendet Brean sich an den in Hollywood lebenden und arbeitenden Filmproduzenten und Regisseur Stanley Motss, der mit seinem aus drei Leuten bestehenden kreativen Stab (Ausstattung/Kostüme, Musik und Vermarktung) eine komplette Kampagne entwirft.

So wird schließlich in den Nachrichtensendungen der Fernsehanstalten ein gefälschter Filmbeitrag gesendet, der zeigt, wie ein junges Mädchen, ihre Katze rettend, aus einem in Schutt und Asche liegenden albanischen Dorf flüchtet. Und dies soll nicht der einzige Coup bleiben, den Brean sich ausdenkt, um die Wiederwahl des Präsidenten zu erreichen …

M2 *The Truman Show* – Leben live

Der Versicherungsangestellte Truman Burbanks ist – ohne es zu wissen – Star einer seit 30 Jahren im Fernsehen ausgestrahlten Soap Opera. Die Zuschauerinnen und Zuschauer können sein Leben per Liveübertragung verfolgen, und das 24 Stunden am Tag.

Als unerwünschtes Kind wurde er einst von der Firma, die *The Truman Show* produziert, adoptiert und mit einer Schauspielerin und einem Schauspieler als fiktiven Eltern ausgestattet. Seit diesem Zeitpunkt sind Milliarden von Menschen in der ganzen Welt imstande, seinen Lebensweg am Fernseher zu verfolgen.

Gesendet wird *The Truman Show* aus einem gewaltigen Kuppelstudio. 5.000 Kameras sind in diesem Studio versteckt, die Trumans Tun Tag und Nacht beobachten und weltweit in die Haushalte übertragen.

Um seinen Star im „Truman-Universum" festzuhalten und sicherzugehen, dass er aus seiner kleinen Welt nicht ausbrechen wird, hatte Regisseur Christof vor vielen Jahren ein Gewitter inszeniert, in das der junge Truman und dessen fiktiver Vater bei einem Segeltörn dann hineingerieten. Bei diesem Unwetter kam Mr. Burbanks (angeblich) ums Leben. Truman ist seit diesem Unfall von Schuldgefühlen geplagt und hat eine panische Angst vor offenem Wasser entwickelt. Selbst kurz vor seinem 30. Geburtstag schafft er es nicht, eine Fähre zu betreten, die ihn zur Nachbarinsel Harbor Island bringen könnte.

Durch die psychologischen Tricks des Regisseurs wird Truman zum seelischen Krüppel und bleibt *Seahaven* verhaftet. Er merkt daher auch nicht, dass alle Menschen in seiner Umgebung – Mutter, Ehefrau, Freund, Arbeitskollegen, Nachbarinnen etc. – lediglich Schauspielerinnen und Schauspieler sind. Sie handeln nach dem von Christof konzipierten Drehbuch, das der Regisseur auch spontan, je nach Situation, verändern kann.

Es passieren allerdings im Laufe der Sendung ein paar Pannen, die dazu führen, dass Truman an der vorgetäuschten Realität zu zweifeln beginnt: Da stürzt direkt neben ihm – ohne ersichtlichen Grund – ein Scheinwerfer vom Himmel; da sieht er in seiner Bank, wie sich hinter einer vermeintlichen Fahrstuhltür gar kein Aufzug, sondern ein Catering für die Filmcrew befindet; da hört er im Autoradio plötzlich Regieanweisungen für die Komparserie, und seine Umgebung agiert so, wie sie aufgefordert worden ist, es zu tun. Regisseur Christof droht zunehmend, die Kontrolle zu verlieren, und die Ereignisse spitzen sich zu. Schließlich versucht Truman mit dem Auto aus *Seahaven* zu entkommen, doch der Fluchtversuch gestaltet sich äußerst schwierig, weil alle Straßen von einer Minute auf die andere verstopft sind …

FILMTIPP
The Truman Show
(USA 1998,
Regie: Peter Weir)

AUFGABEN

1 Seht euch nach Möglichkeit die Filmszene zum Nachrichtenbeitrag aus Albanien an (0:27:54–0:34:58). Erläutert, wie und mit welchen Zielen dieser inszeniert wird. > M1

2 Seht euch nach Möglichkeit den Anfang des Films (0:00:00–0:35:29) an und erläutert, wodurch Truman bewusst wird, dass er in einer inszenierten Wirklichkeit gefangen ist. > M2

3 Erklärt mit Blick auf Schein und Wirklichkeit, warum Manipulationen der dargestellten Art in den Filmwelten überhaupt möglich und warum sie schwer zu durchschauen sind. > M1/M2

V 4 Stellt weitere Filme zum Thema Schein und Wirklichkeit im Unterricht vor. > M1/M2

Inszenierte Wirklichkeit MK

M1 „Old Shoe" – Analyse einer Sequenz aus dem Film *Wag the Dog*

Einordnung der Sequenz in den Gesamtzusammenhang des Films

Der Film *Wag the Dog* handelt davon, dass ein Wahlkampfteam zu ungewöhnlichen Mitteln greift, um dem Präsidenten der USA, dem vorgeworfen wird, eine minderjährige Pfadfinderin belästigt zu haben, die Wiederwahl zu retten. Conrad Brean, der Leiter des Teams, sieht nur eine Möglichkeit, um die Affäre aus der Welt zu schaffen, nämlich die Aufmerksamkeit der Medien auf einen (fiktiven) Krieg zu lenken. Mit der Unterstützung des Filmproduzenten Stanley Motss wird daher eine kriegerische Auseinandersetzung mit Albanien in Szene gesetzt und landesweit ausgestrahlt. Bald findet die CIA jedoch heraus, dass die USA keinen Krieg gegen Albanien führen. Sie gibt daher in den Medien das Kriegsende mit dem europäischen Land bekannt und liefert dem gegnerischen Präsidentschaftskandidaten Argumente, an den Fehltritt des Präsidenten zu erinnern. In die Ecke gedrängt denken sich Brean und Motss etwas Neues aus: Motss erfindet den hinter den feindlichen Linien zurückgebliebenen Soldaten William Schumann, der nun als „Old Shoe" in den Medien zum Helden aufgebaut wird:

Beschreibung der Filmsequenz

In der zu analysierenden Filmsequenz (0:56:19 – 1:04:13) äußert Filmproduzent Stanley Motss bei einer Krisensitzung, dass der Krieg – auch wenn die CIA ihn für beendet erklärt habe – noch lange nicht vorbei sei. Man könne schließlich keinen Krieg ohne Kriegshelden führen. Dieser Kriegsheld müsse hinter den feindlichen Linien zurückgelassen und vergessen worden sein – so wie ein alter Schuh. Motss' Mitarbeiterstab greift die Idee auf und ruft die Kunstfigur William Schumann ins Leben. Ein Country-Sänger wird beauftragt, einen Folk-Song mit dem Titel „Old Shoe" zu schreiben. Die Schallplatte wird so produziert, dass man sowohl optisch als auch akustisch den Eindruck erhält, sie stamme aus den dreißiger Jahren des zwanzigsten Jahrhunderts. Dann wird sie in den Bestand der Congress-Bibliothek eingepflegt. Die Schallplatte wird schon bald „wiederentdeckt" und auf allen Radiostationen gespielt, während gleichzeitig Motss und Brean große Mengen alter Schuhe gut sichtbar auf Bäume und Stromleitungen werfen. Ein Fernsehsender live überträgt, wie mehrere hundert Schülerinnen und Schüler die Aktion nachahmen, indem sie ihre alten Turnschuhe vor einem Basketballspiel auf die Spielfläche werfen. Innerhalb von zwei Tagen wird „Old Shoe" zu einem in den Medien und von der ganzen Nation gefeierten Star.

Als der Gegenkandidat des Präsidenten fordert, man möge „Old Shoe" endlich der Öffentlichkeit präsentieren, denn bislang sei er von niemanden gesehen worden, lassen Brean und Motss über diverse Medien verbreiten, der Kriegsheld sei mittlerweile von amerikanischen Truppen befreit worden und würde bereits in die USA geflogen. Mit der Rolle des „Old Shoe" wird ein gefährlicher und gewaltbereiter Häftling betraut, der sich auf dem Weg nach Washington, D.C in einem unbeobachteten Moment seinen Bewachern entziehen kann und schließlich erschossen wird, als er eine Frau angreift. Statt der Präsentation des Kriegshelden inszeniert Motss – als Höhepunkt der Manipulation – nun dessen Beisetzung.

Philosophische Fragen

In der beschriebenen Sequenz wird gezeigt, wie ein Wahlkampfteam die Medien für ein politisches Ziel missbraucht. In diesem Zusammenhang stellen sich folgende Fragen: Welchen Einfluss haben Medien auf den Menschen? Wie und warum funktionieren solche Manipulationen? Mit Blick auf unsere Welt kann man sich darüber hinaus fragen: Werden wir selbst eigentlich auch durch Medien manipuliert? Werden in Zukunft Fake News mehr und mehr unser Leben bestimmen? Und schließlich: Wie kann sich die Gesellschaft vor solchen Übergriffen schützen?

Methodenkompetenz: Philosophische Fragen in Filmszenen entdecken

Filme können dazu beitragen, philosophische Fragen zu entdecken, und zur Auseinandersetzung mit ihnen anregen. Gehe bei der Analyse der philosophischen Dimension einer Filmszene bzw. -sequenz in folgenden Schritten vor:

1. Ordne die Szene bzw. Sequenz in den Gesamtzusammenhang des Films ein (Worum geht es in dem Film? Was ist bisher geschehen?).
2. Beschreibe die Szene bzw. Sequenz in ihren Einzelheiten (Situation, Personen, Handlung, Konflikte, Emotionen, besondere filmische Mittel etc.)
3. Formuliere, welche philosophische(n) Frage(n) in der Szene bzw. Sequenz aufgeworfen wird (werden).

Eine solche Filmanalyse kann als Grundlage für eine Diskussion oder Erörterung dienen.

M2 „Trutalk" – Analyse einer Sequenz aus dem Film *The Truman Show*

Die zu analysierende Sequenz (0:59:15 – 1:06:27): In der zu analysierenden Sequenz wird eine Folge der Talkshow „Trutalk" gezeigt. Darin führt Regisseur Christof unter anderem ein Gespräch mit einer ehemaligen Darstellerin aus *The Truman Show*. Vorausgegangen ist eine Episode, in der Truman seinen Vater wiedergetroffen hat, den er 22 Jahre lang für tot hielt.

Zur Einordnung der Sequenz in den Gesamtzusammenhang des Films: vgl. S. 223, M2, Z. 1-28.

AUFGABEN

1 Seht euch nach Möglichkeit die Filmsequenz 0:56:19-1:04:13 aus *Wag the Dog* an und macht euch Notizen zu möglichen philosophischen Fragen, die dadurch aufgeworfen werden.

2 Vollzieht die einzelnen Schritte bei der Analyse der Filmsequenz und die Herleitung der philosophischen Fragestellung nach. > Anleitung/M1

3 Seht euch die angegebene Sequenz des Films *The Truman Show* an. Beschreibt und analysiert sie (nach dem Muster von M1). > Anleitung/M2

4 Diskutiert die durch die Filmsequenzen aufgeworfenen philosophischen Fragen im Kurs und nehmt Stellung dazu. > M1/M2

Was wir wissen – was wir können

Wissen kompakt

Wirklichkeit
die Welt, wie sie tatsächlich ist

Virtualität
die von Medien erschaffene Wirklichkeit, Schein

Medien
- vermitteln (ausgewähltes) Wissen von der Welt
- können die Welt nicht (vollständig) abbilden, wie sie tatsächlich ist
- interpretieren Wirklichkeit

→ erschaffen **virtuelle Welten**

Chancen:
- Ermöglichung von Erfahrungen, die einem in der Realität verwehrt bleiben (Ausstellungen von Museen, ferne Landschaften …)
- Einfühlung in andere Personen (z. B. zu therapeutischen Zwecken)
- …

Gefahren:
- Verlust der Orientierung in der Wirklichkeit (durch Computerspiele)
- Verwechslung mit der Wirklichkeit, Täuschung
- Manipulation durch Fotos / Filme
- Inszenierung von Wirklichkeit (z. B. im Fernsehen)
- …

Traditionelle Medienanstalten: „Torwächterfunktion"
- kritische Prüfung der Informationen vor ihrer Veröffentlichung
- ethische Verpflichtung auf wahrheitsgemäße Berichterstattung
- (weitgehender) Ausschluss von Falschmeldungen

Soziale Medien: direkte weltweite Kommunikation
- Demokratisierung der Information (von allen und für alle verfügbar)
- Begünstigung der Verbreitung von Fake News
- Möglichkeit der Filterung von Informationen durch Algorithmen

KOMPETENZ-CHECK

MK

Überprüfe dich selbst. Wenn du dich bei einem Punkt noch unsicher fühlst, lies und bearbeite (ggf. mit einer Partnerin oder einem Partner) die passende Schulbuchseite noch einmal.

Ich kann …		Meine Einschätzung – –	–	+	++
den Unterschied zwischen Computer- und VR-Spielen erläutern	> S. 212–213				
darstellen, was die tatsächliche von der virtuellen Welt unterscheidet	> S. 212–213				
Chancen und Gefahren der Erzeugung künstlicher Welten durch VR-Technologie erläutern und beurteilen	> S. 214–215				
deutlich machen, wie Medien die Wirklichkeit abbilden und wie wir (möglicherweise) durch sie manipuliert werden können	> S. 216–217				
Fake News erkennen und aufzeigen, wie man sich vor ihnen schützen kann	> S. 218–219				
darstellen, wie sich die Medienlandschaft verändert hat und erläutern, wie sich diese Veränderung in der Verbreitung von Informationen bemerkbar macht	> S. 220–221				
anhand von Filmbeispielen zeigen, welche Möglichkeiten der medialen Inszenierung von Wirklichkeit denkbar sind und zu welchen Zielen diese erfolgen könnten	> S. 222–223				
die philosophische Dimension von ausgewählten Filmen bzw. Filmszenen analysieren und zu den aufgeworfenen Fragen Stellung nehmen	> S. 224–225				

Arbeitsblatt:
Kompetenz-Check „Virtualität und Schein“

Mediencode:
21057-12

ZUM GLÜCK – NUR NOCH UM DIE ECKE
Polyp.org.uk
GET SMOOTHER GET CLOSER
TASTE THAT SATISFIES
ARBEITE HÄRTER
ZUM GLÜCK – NUR NOCH UM DIE ECKE
STAY AHEAD OF THE RACE
SOFT SILKY CREAMY
VERDIENE MEHR GELD
ZUM GLÜCK – NUR NOCH UM DIE ECKE
THE SEXIEST RATS ALL
SPOIL YOURSEL WITH A LUXURY
KAUFE MEHR
ZUM GLÜCK – NUR NOCH UM DIE ECKE
ESCAPE FROM IT ALL
WEITER SO

Glück und Sinn des Lebens

AUFGABEN

1 Beschreibt den Comic über die Ratten (linke Seite). Diskutiert, ob sich das Dargestellte auf das menschliche Leben übertragen lässt.

2 Beschreibt die Karikatur (rechte Seite) und erläutert, was sie zum Ausdruck bringen soll.

Was alles zum Glück beitragen kann

M1 Was mich glücklich macht

Wenn ich etwas Besonderes leiste, bin ich glücklich.
Viola

Ich finde, es kommt im Leben darauf an, Spaß zu haben.
Marvin

Mein Freund macht mich glücklich – und ich ihn.
Teresa

Mich macht es glücklich, andere glücklich zu machen. Deshalb besuche ich alte Menschen in einem Seniorenheim.
Mehmet

Ich will, dass es allen gut geht. Nur dann kann ich glücklich sein.
Helena

Ich fühle mich nur glücklich, wenn ich etwas Sinnvolles tue.
Sandro

Bei uns fällt es den Menschen leicht, ihr Glück zu verfolgen. Aber wie ist es mit Menschen, die in den Not- und Elendsgebieten dieser Welt leben?
Malte

Ständig Party machen bringt mir nichts. Es gibt noch andere wichtige Dinge im Leben.
Kim

M2 World Happiness Report 2022

Der World Happiness Report ist ein jährlich von den Vereinten Nationen veröffentlichter Bericht zur Lebenszufriedenheit in verschiedenen Ländern der Welt.

Bereits zum zehnten Mal ist der World Happiness Report erschienen, ein Kompass darüber, wo die Menschen auf der Welt am glücklichsten mit ihrem Leben und ihrem Umfeld sind. […]

Wie das Jahr zuvor war auch 2021 aufgrund der Corona-Pandemie ein schwieriges Jahr für alle Staaten dieser Erde. Dennoch gab es bei der Rangliste der glücklichsten Länder der Welt laut „World Happiness Report" keine Veränderung an der Spitze: Finnland landete erneut auf dem ersten Platz. Das skandinavische Land führte bereits in den letzten vier Jahren die Zufriedenheitsliste an. Dänemark belegt weiterhin den zweiten Platz, Island ist von Platz 4 im letzten Jahr auf Platz 3 in diesem Jahr gestiegen. Deutschland hingegen ist von Platz 7 auf den 14. Platz abgerutscht und rangiert nun nicht mehr in den Top 10 der glücklichsten Länder der Welt. Insgesamt werden 146 Länder in dem Bericht erfasst.

Während der Bericht vor der Corona-Pandemie in erster Linie auf Kriterien wie der wirtschaftlichen Lage, der Lebenserwartung, des sozialen Netzes sowie der Freiheit in den jeweiligen Ländern basierte, hat sich seit 2020 bei den Bewertungskriterien einiges geändert. Die Glücks-Forscher konzentrierten sich seitdem vor allem auf den Zusammenhang zwischen Wohlbefinden und Covid-19.

„Covid-19 ist die größte Gesundheitskrise, die wir seit mehr als einem Jahrhundert erlebt haben", sagte John Helliwell, Herausgeber des World Happiness Report. „Jetzt, wo wir zwei Jahre Beweise haben, können wir nicht nur die Bedeutung von Wohlwollen und Vertrauen einschätzen, sondern auch sehen, wie sie zum Wohlbefinden während der Pandemie beigetragen haben." […]

Dass die Finnen so glücklich sind, hat den Berichten zufolge vor allem mit dem gegenseitigen Vertrauen zu tun, dass die Finnen sich untereinander und auch den Behörden, der Polizei und der Justiz gegenüber entgegenbringen. Finnland ist zudem bislang besser durch die Pandemie gekommen als viele andere Länder, auch wenn die Corona-Zahlen aktuell wieder steigen. Darüber hinaus bringen die Einwohner Finnlands eine gewisse Grundzufriedenheit mit. Das Land ist sicher, stabil und hat eine funktionierende Regierung, die die Finnen als zufriedenstellend bewerten. In Finnland ist Korruption sehr gering und das Land gleichzeitig sozial fortschrittlich. Man könne seine Lebensentscheidungen sehr frei treffen und sei stets abgesichert. *www.travelbook.de*

basieren: beruhen, gründen auf

AUFGABEN

1 Ordne die Aussagen der Jugendlichen nach der Bedeutung, die du ihnen in Bezug auf ein glückliches Leben beimisst (Platz 1 = „besonders wichtig" bis Platz 8 = „nicht so wichtig"). > M1

2 Tauscht euch über eure Rankings aus und begründet eure Auffassungen. > M1

3 Erläutert, aus welchen Gründen die Menschen in Finnland am glücklichsten sind, und diskutiert mögliche Gründe, warum Deutschland es 2022 nicht mehr unter die Top Ten geschafft hat. > M2

V 4 Beurteile, ob die im World Happiness Report zugrunde gelegten Kriterien geeignet sind, um Glück zu messen. > M2

Macht Glück glücklich?

M1 Goofy im Glück?

Walt Disney (1901 – 1966): US-amerikanischer Trickfilmzeichner und Filmproduzent

M2 Gustav Gans zieht das große Los

M3 Glück ist nicht gleich Glück

„Da habe ich aber großes Glück gehabt!", sagt man, und auch: „Darüber war ich sehr glücklich." In beiden Sätzen ist vom Glück die Rede, aber in beiden Fällen bedeutet es etwas anderes. Das Glück, das man hat, kann z. B. ein Lottogewinn sein. Dass gerade die Zahlen gezogen werden, die ich getippt habe, ist ein glücklicher Zufall, zu dem ich nichts beigetragen habe. Glücklich sein meint dagegen ein Gefühl, eine innere Freude, die man verspürt.

Natürlich kann beides zusammenhängen. Wer wäre nicht glücklich, wenn er im Lotto gewinnt? Aber glücklich sein und Glück haben müssen nicht Hand in Hand gehen. Stellen wir uns Viktoria vor, die gerade im Judoturnier gewonnen hat. Sie ist glücklich, als sie auf das Siegertreppchen steigt. Aber dieses Glücksgefühl beruht nicht auf einem glücklichen Zufall. Sie hat es vielmehr ihrer eigenen Leistung zu verdanken, hat es sich durch fleißiges Training verdient. Ihre Freundin Jessika hatte leider Pech. Schon nach ihrem ersten Kampf musste sie das Judoturnier abbrechen, weil sie sich einen Schlüsselbeinbruch zugezogen hat. Dabei hatte sie großes Glück, dass nichts Schlimmeres passiert ist. Aber glücklich war sie trotzdem nicht, denn die Verletzung bedeutete für sie wochenlanges Trainingsverbot und Einschränkungen im Alltag.

Man sieht: *Glück haben* und *glücklich sein* sind ganz verschiedene Dinge.

M4 Das alles ist „Glück"

Da hattest du aber Glück im Unglück.

Glück auf!

Probier das mal auf gut Glück!

Ich bin wunschlos glücklich.

Happy Christmas!

Glückliche Reise!

Du Glückspilz!

INFO

„Glück haben" – „glücklich sein"

Glück ist in der deutschen Sprache ein doppeldeutiger Begriff. Darunter versteht man einerseits das Glück, das man hat (engl. *luck*), z. B. das Losglück. Damit ist aber auch das Glücklichsein gemeint, das Glücksgefühl (engl. *happiness*).

AUFGABEN

1. Sprecht darüber, ob die Voraussage „Dies ist ihr Glückstag" für Goofy in Erfüllung gegangen ist. > M1
2. Beurteile, ob Gustav Gans glücklich ist. Berücksichtige dabei besonders seine letzte Aussage. > M2
3. Erläutere den Unterschied zwischen „Glück haben" und „glücklich sein" anhand von (weiteren) Beispielen. > M3
4. Lege dar, in welchen dieser Redewendungen „Glück" eher für „glücklich sein" bzw. „Glück haben" steht, und begründe deine Auffassung. > M4
5. (V) Verfasse eine Geschichte oder zeichne einen Comic zu beiden Formen des Glücks unter Verwendung von einigen Redewendungen aus M4. > M1-M4

Glücksgefühle

M1 Was uns der Körper sagt

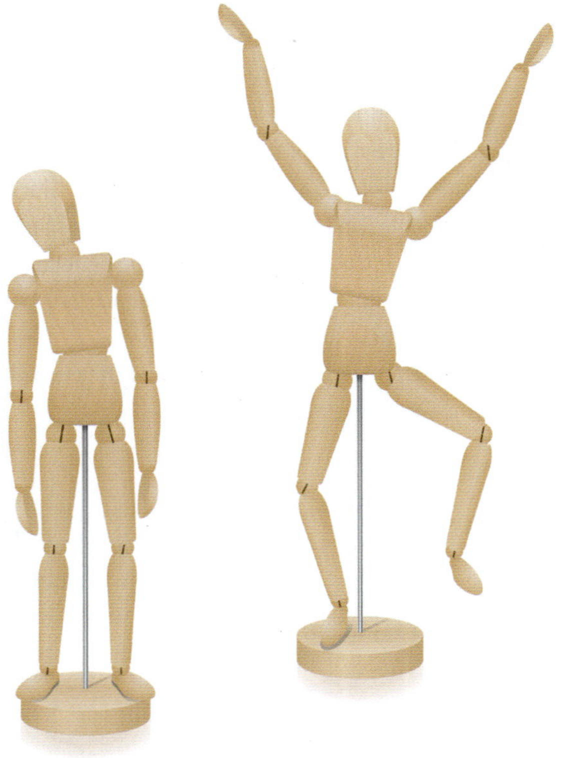

Wenn du glücklich bist,

pulsiert das Blut etwas schneller in deinen Adern. Bei den meisten Menschen trennen drei bis fünf Herzschläge pro Minute das Glück vom Normalzustand.
Die Körpertemperatur steigt um etwa ein Zehntel Grad, weil sich die Durchblutung verbessert.

nach Jörg Moll

M2 Macht Schokolade glücklich?

Wusstet ihr, dass Schokolade glücklich machen kann? Die Süßigkeit gilt als Seelentröster an schlechten Tagen. Tatsächlich enthält Kakao einige Inhaltsstoffe, die uns glücklich machen können. Allerdings sind diese Muntermacher sehr gering dosiert, also müsste man sehr viel Schokolade essen, damit diese Wirkung eintritt. Der Grund für die Glücksgefühle beim Schoko-Essen ist ein anderer. Schokolade bekommen wir schon als kleines Kind zur Belohnung oder zu besonderen Anlässen wie Weihnachten oder Ostern. Das merkt sich unser Gehirn: Wenn wir Schokolade essen, verbinden wir damit schöne Erinnerungen. Echte Schokoliebhaber sind sogar schon glücklich, wenn sie nur Bilder von Schokolade sehen. Wirklich gesund ist Schokolade leider nicht, glücklich machen kann sie aber trotzdem. *Sendung logo!, www.zdf.de*

M3 Sport – nur eine überflüssige Anstrengung?

Proband (von lat. *probare* = prüfen): Versuchs- oder Testperson

Der Mensch unternimmt erhebliche Anstrengungen, um sein Wohlbefinden zu steigern, auch so überflüssige Tätigkeiten wie Joggen, Schwimmen oder Radfahren. Dabei ist der menschliche Körper für extreme Belastungen gar nicht gemacht. Er gerät ins Schwitzen, die Muskeln beginnen zu brennen und die Gelenke zu schmerzen. Berliner Sportmediziner erforschen diesen Zustand. Ist der Puls deutlich erhöht und die Belastung stark genug, nehmen sie den Probanden Blut ab.

Schon nach wenigen Minuten maximaler Muskelanspannung wird der Mensch frisch, wach, tatendurstig, lebenshungrig. Grund dafür sind die Hormone: Der Muskel produziert, sobald er angespannt wird, das Powerhormon Testosteron, das für inneren Antrieb sorgt […].
Laufen im Sauerstoffüberschuss [ohne allzu erhöhte Pulsfrequenz] setzt Endorphine frei, körpereigenes Rauschgift. Sie werden im Gehirn produziert und strömen verheißungsvoll durch das gesamte Nervensystem. Als Neurotransmitter hüpfen sie von Nervenzelle zu Nervenzelle, agieren als Botenstoffe für Euphorie. Die Natur hat uns mit diesem Stoff ausgestattet, damit wir Schmerzen nicht hilflos ausgeliefert sind. Bei der Geburt hat der Endorphinpegel der Mutter ein Maximum, lässt sie die Schmerzen aushalten und vergessen. Sonst würde keine Frau mehr ein Kind bekommen. Auch Läufer kennen diese Hormonausschüttung. Sie nennen es „Runner's high".
Endorphine versetzen den ganzen Körper in einen kribbelnden Rauschzustand, ähnlich dem Gefühl, das man hat, wenn man frisch verliebt ist. Wer das einmal erlebt hat, möchte es immer wieder spüren. Unser Kästchen voll […] [selbstproduziertem Rauschgift] bleibt oft ein Leben lang zu – es sei denn, wir laufen. […] [Du musst deinen] Körper nur etwas länger als 30 Minuten mit Sauerstoff ölen, dann geht das Kästchen auf. Und das ist Glück.

Ulrich Strunz

Euphorie: Hochgefühl

Ulrich Strunz (*1943): deutscher Arzt und Buchautor, ehemaliger Triathlet

M4 Das Glück auf Besuch

Je mehr wir direkt das Glück wollen, desto weniger werden wir es erreichen. Ich kann das Glück nicht bewusst anstreben. Glücklich werde ich sein, wenn mir etwas gelingt, wenn ich etwas erfahre, was mich tief berührt. Ich kann mich für die Liebe entscheiden.
Ich kann mich bemühen, meine Arbeit gut zu tun, damit sie mir gelingt. Ich kann mich der Musik aussetzen, einen Spaziergang durch eine wunderschöne Landschaft machen. Wenn ich ganz in dem bin, was ich gerade tue, im Musikhören, im Wandern, im Schauen, im Schmecken, dann kommt das Glück zu mir.
Ich kann nicht zum Glück kommen, um es zu erhaschen. Das Glück wird mich besuchen, wenn ich mich auf das Leben einlasse, wenn ich offen bin für das Überraschende, das das Leben für mich bereithält.

Anselm Grün

Anselm Grün (*1945): deutscher Benediktinerpater und Buchautor

AUFGABEN

1 Beschreibe die beiden Figuren und begründe, warum man ihnen die Begriffe Glück bzw. Unglück zuordnen kann. > M1
2 Stell dir einen Moment lang möglichst intensiv eine Situation vor, in der du sehr glücklich warst. Vergleiche deine Empfindungen mit dem, was in dem Text neben der Abbildung beschrieben ist, und erkläre, wie sich Glück körperlich äußern kann. > M1
3 Erläutere, inwiefern der Verzehr von Schokolade zum Glück beitragen kann. > M2
4 Stelle dar, warum Sport Glücksgefühle auslöst. > M3
5 Erkläre, wie Menschen nach Anselm Grün glücklich werden können. Nimm Stellung zu seiner Auffassung. > M4

Ratschläge für ein glückseliges Leben

M1 Seneca: Brief an den Bruder Gallio

Seneca (1 – 65 n. Chr.): römischer Philosoph und Politiker

Lieber Bruder Gallio!

Glücklich leben wollen alle, aber wenn man herausfinden will, was ein glückliches Leben ausmacht, dann gewinnt man keine Klarheit. Es ist nicht so leicht, ein glückliches Leben zu erreichen […].

Deshalb haben wir auf nichts mehr zu achten als darauf, dass wir nicht wie das Vieh der Herde nachtrotten, also nicht den Weg aller gehen, sondern den, den wir gehen müssen. Nichts bringt uns in größere Übel, als wenn wir uns nach dem Gerede der Leute richten, indem wir das für das Beste halten, was allgemein als das Richtige angesehen wird, und nicht nach der Vernunft, sondern nach dem Beispiel anderer leben. […]

Es bringt Schaden, andere nachzuahmen, und solange ein jeder lieber etwas für wahr hält als nachdenkt, wird nie über das Leben nachgedacht. Immer glaubt man nur den anderen, und der fortgesetzte Irrtum und das Vorbild anderer treiben uns ins Verderben. Erst wenn wir uns von der Meinung der Masse freimachen, werden wir gerettet werden. Die Masse steht als Verteidigerin ihres eigenen Unheils der Vernunft feindlich gegenüber. […] Lasst uns deshalb fragen, was das Beste, nicht, was das Übliche ist, was uns in den Besitz eines beständigen Glücks bringt, nicht, was der Masse gefällt, die unfähig ist, über die Wahrheit zu urteilen.

Methodenkompetenz: **Einen philosophischen Text verstehen**

Um zu verstehen, welche Antwort ein philosophischer Text auf eine bestimmte Frage geben will, muss man ihn sehr genau lesen und analysieren.
Gehe bei einer Textanalyse z. B. folgendermaßen vor:

1. Schritt: Lies den Text mehrfach.

2. Schritt: **Markiere** (beim zweiten oder dritten Lesen) die Textstellen, die dir wichtig erscheinen, und orientiere dich dabei an folgenden Punkten:
   a) Auf welche Frage will der Text antworten bzw. welches Problem will er lösen?
   b) Wie lautet die Antwort / die Kernaussage des Textes?
   c) In welchen gedanklichen Schritten wird die Lösung/Antwort gefunden? Wie wird argumentiert?

3. Schritt: Schaue dir deine Textmarkierungen noch einmal an und mach dir am Rand **Notizen** zu Frage/Problem, Gedankengang/Argumentation sowie Antwort/ Kernaussage des Textes.

Benutze für deine Markierungen und Notizen verschiedene Farben. Sei sparsam mit deinen Markierungen. Wer zu viel hervorhebt, hat letztlich nichts hervorgehoben.

M2 Textanalyse zu Seneca: Brief an den Bruder Gallio *(1. Teil)*

Frage:
Wie erreicht man ein glückliches Leben?

Lieber Bruder Gallio!
Glücklich leben wollen alle, aber wenn man herausfinden will, was ein glückliches Leben ausmacht, dann gewinnt man keine Klarheit. Es ist nicht so leicht, ein glückliches Leben zu erreichen […].
Deshalb haben wir auf nichts mehr zu achten als darauf, dass wir nicht wie das Vieh der Herde nachtrotten, also nicht den Weg aller gehen, sondern den, den wir gehen müssen. Nichts bringt uns in größere Übel, als wenn wir uns nach dem Gerede der Leute richten, indem wir das für das Beste halten, was allgemein als das Richtige angesehen wird, und nicht nach der Vernunft, sondern nach dem Beispiel anderer leben. […]
Es bringt Schaden, andere nachzuahmen, und solange ein jeder lieber etwas für wahr hält als nachdenkt, wird nie über das Leben nachgedacht. Immer glaubt man nur den anderen, und der fortgesetzte Irrtum und das Vorbild anderer treiben uns ins Verderben. Erst wenn wir uns von der Meinung der Masse freimachen, werden wir gerettet werden. Die Masse steht als Verteidigerin ihres eigenen Unheils der Vernunft feindlich gegenüber. […] Lasst uns deshalb fragen, was das Beste, nicht, was das Übliche ist, was uns in den Besitz eines beständigen Glücks bringt, nicht, was der Masse gefällt, die unfähig ist, über die Wahrheit zu urteilen.

Gedankengang (1)
Negative Auskunft:
… nicht, indem man den Weg aller geht, wie das Vieh der Herde nachtrottet, sich nach dem Gerede der Leute richtet.

Gedankengang (2)
Begründung:
Andere nachzuahmen, bringt Schaden, weil die Masse der Vernunft feindlich gegenübersteht und nicht über das Leben nachdenkt.

Antwort:
Glücklich wird man, indem man sich von der Meinung der Masse freimacht und sich nach der Vernunft richtet, herausfindet, was das Beste ist.

M3 Seneca: Brief an der Bruder Gallio *(Fortsetzung: 2. Teil)*

[Man kann] den Menschen glücklich [nennen, dem es Lust bereitet], die Lust gering zu schätzen. […] [W]as hindert uns zu sagen, ein glückliches Leben bestehe darin, einen freien, hochgesinnten Geist zu besitzen, der unerschrocken, standhaft und über […] Begierden erhaben ist […]. An dem Tag, an dem man sich dem Sinnengenuss ausliefern wird, unterwirft man sich auch dem Schmerz. Du siehst aber, in welch eine schlimme und schädliche Knechtschaft jemand geraten würde, den Sinnenlust und Schmerz, die unzuverlässigsten und zügellosesten Herren, abwechselnd in ihrem Besitz haben. […] [Man soll] dem besten, nicht dem angenehmsten Leben nachstreben, sodass die Sinnlichkeit nicht Führer, sondern Begleiter eines rechtschaffenen und guten Willens ist. […] Glückselig […] leben […] bedeutet, wenn wir körperliche Anlagen, und was an Bedürfnissen natürlich ist, sorgfältig und ohne Ängstlichkeit beachten als etwas, das uns nur für eine Zeit gegeben ist, wenn wir uns diesen Dingen nicht sklavisch ausliefern […]. [Sie mögen] uns dienen, aber nicht beherrschen, nur dann sind sie nützlich für unseren Geist. Ein Mensch soll von den äußeren Dingen nicht bestochen und nicht überwältigt werden können; er sehe nur auf sich selbst, sei […] Gestalter seines Lebens.

AUFGABEN

1 Vollziehe nach, wie das Verständnis des Textes von Seneca erarbeitet wird. > M1/M2
2 Analysiere den Brief an einer Textkopie nach dem Muster von M1 und M2. > M3
3 Nimm Stellung zu Senecas Ratschlägen. Können sie für das Leben in der heutigen Zeit noch von Bedeutung sein? > M1-M3

Wege zum Glück

M1 Diogenes – ein Leben in der Tonne

Diogenes von Sinope (ca. 400 – 325 v. Chr.): griechischer Philosoph

Hallo!

Ich, Diogenes, verachtete die Zivilisation der Athener Bürger. Ich bin der Auffassung, dass man nur durch ein einfaches Leben in Bedürfnislosigkeit glücklich werden kann. Deshalb lebe ich vor den Toren der Stadt, schlafe in einem Ölfass und verzichtete auf allen Besitz. Was ich bis vor einiger Zeit zum Leben brauchte, war eine Essensschale und ein Trinkbecher. Aber als ich dann einen Jungen sah, der mit bloßer Hand Wasser auffing, habe ich auch noch meinen Becher weggeworfen. Die Athener finden, dass ich ein Leben wie ein Hund führe. Deshalb haben sie mir den Beinamen Kynikos, Hund, gegeben.

Meine Philosophie schreibe ich nicht auf, lieber bringe ich sie durch provozierende Handlungen zum Ausdruck.

So bin ich beispielsweise im letzten Jahr mit einer Laterne auf den Marktplatz gegangen und habe gerufen: „Ich suche einen wirklichen Menschen!" Im Jahr davor war ich schon einmal dort und lockte die Athener: „Kommt herbei, Menschen!" Alle, die meinem Aufruf folgten, verscheuchte ich dann wieder mit den Worten: „Menschen habe ich zu mir gerufen, nicht Abschaum!" Und als König Alexander der Große zu mir kam und mir einen Wunsch freistellte, entgegnete ich ihm: „Geh mir aus der Sonne!"

M2 Aristoteles – Der mittlere Weg

Aristoteles > S. 21

Schüler: Aristoteles, Sie haben behauptet, dass alle Menschen nach Glück streben. Wie sind Sie darauf gekommen?

Aristoteles: Überlege einmal: Wenn du etwas tust, dann tust du es nur, wenn du davon überzeugt bist, dass es gut für dich ist – sonst würdest du es ja nicht tun. Du treibst z. B. Sport, weil du denkst, dass das gut für dich ist. Jedoch stellt sich die Frage: Wozu ist es gut, Sport zu treiben? Vielleicht tust du es, um dich fit zu halten. Aber wozu ist Fitness gut? Vielleicht, um erfolgreich zu sein. Aber wozu ist das wiederum gut? So verweist jedes Gut, das du anstrebst, immer auf ein noch höheres Gut.

Schüler: Gibt es denn kein höchstes Gut?

Aristoteles: Doch, genau das meine ich. Alles, was wir tun, tun wir letztlich, um glücklich zu werden. Glück ist das höchste Gut, um das es den Menschen in ihrem Handeln geht.

Schüler: Und was ist das – Glück?

Aristoteles: Glück ist nicht die Befriedigung von Lust. Ansonsten wären wir nämlich nicht mehr als Schweine, denn auch denen geht es um Lustbefriedigung. Das menschliche Glück muss also etwas mit dem zu tun haben, was für Menschen im Unterschied zu allen anderen Lebewesen kennzeichnend ist: also mit dem Denken, dem Verstand.

Schüler: Was heißt das?

Aristoteles: Das heißt, dass du dich nicht blind deinen Gefühlen überlassen darfst, sondern bei allem, was du tust, überlegen sollst. Sonst führt dich dein Weg leicht ins Unglück. Man darf z. B. in einer Gefahr nicht einfach seiner Angst gehorchen, dann ist man ein Feigling. Man darf aber auch nicht tollkühn sein, denn dann rennt man ins Verderben. Richtig ist es, mutig zu sein, also den mittleren Weg zwischen Feigheit und Tollkühnheit zu wählen. Der mittlere Weg zwischen Extremen ist immer der, der uns zum Glück führt. Und was die Mitte ist, das erkennen wir durch Überlegung.

M3 Epikur – Ein selbstgenügsames Leben führen

Lieber Menoikeus,

du möchtest von mir wissen, wie man im Leben glücklich wird. Hier ist meine Antwort: Immer wenn wir eine Entscheidung treffen, tun wir dies doch, um Freude zu erfahren und Leiden zu vermeiden. Manchmal kann es aber sinnvoll sein, auf eine Freude zu verzichten, und zwar dann, wenn sie uns nur kurzfristig angenehme Gefühle verschafft, später aber Schmerzen verursacht. Denke zum Beispiel an den Genuss von vielen Süßigkeiten, die im Moment wundervoll schmecken und dir Wohlbefinden bereiten, später aber zu großer Übelkeit führen können. Umgekehrt sollte man nicht grundsätzlich jedem Schmerz ausweichen, etwa dann, wenn er im Ergebnis zu einer großen Freude führen wird. So wirst du hart trainieren müssen, um eine große sportliche Leistung zu erbringen. Das Training ist sicher nicht immer angenehm, aber das Glück, das du erlebst, wenn du dein Ziel erreicht hast, überwiegt die Anstrengung um ein Vielfaches. Du wirst also immer vernünftig abwägen müssen, was du tun solltest, damit dir die Konsequenzen deiner Entscheidung auf lange Sicht Freude verschaffen.

Noch etwas gilt es zu beachten: Da du nicht alle Ereignisse des Lebens beeinflussen kannst, ist es wichtig, eine gelassene Grundhaltung zu entwickeln. Dazu musst du lernen, zufrieden – ich nenne es: selbstgenügsam – zu sein. Das bedeutet nicht, dass du grundsätzlich absolut eingeschränkt leben musst, sondern dass du mit Wenigem zufrieden sein kannst, wenn es nötig ist. Eine einfache Mahlzeit kann nämlich genauso genussvoll sein wie ein Festessen, wenn du dich erst einmal an die bescheidenere Nahrung gewöhnt hast. Eine nicht ganz so üppige Ernährungsweise ist ohnehin der Gesundheit zuträglich und trägt daher auch zum Glück bei.

Dein Epikur

Epikur > S. 86

AUFGABEN

1 Bildet drei Gruppen und bearbeitet jeweils eine der folgenden Aufgaben. Haltet eure Ergebnisse auf Plakaten oder einem Tablet fest und präsentiert sie im Kurs.
   a) Beschreibt die Aktionen von Diogenes und erläutert, was er unter Glück versteht. > M1
   b) Stellt dar, was Aristoteles unter Glück versteht und wie man es seiner Meinung nach erreichen kann. > M2
   c) Erläutert, was nach Epikurs Auffassung dazu beitragen kann, ein glückliches Leben zu erreichen. > M3

2 Diskutiert, welche dieser Auffassungen euch plausibel erscheinen. > M1-M3

Vom Glück zum Sinn

M1 Hectors Reise oder die Suche nach dem Glück

Der französische Psychiater Hector war unzufrieden, weil er seine Patienten nicht glücklich machen konnte. Deshalb begab er sich auf eine Reise durch die Welt, um dem Geheimnis des Glücks auf die Spur zu kommen. In einem Land des globalen Südens traf er seinen alten Freund Jean-Michel wieder, der dort als Arzt in einem Krankenhaus tätig war.

Sie gelangten zu einem Gebäude, das man direkt an eine kleine Kirche angebaut hatte. Über dem Eingang stand geschrieben „Polyklinik", und draußen auf einer Bank im Schatten saßen jede Menge […] Frauen und warteten mit ihren Babys. Sie schauten auf Hector und lächelten, als er mit Jean-Michel hineinging, und Jean-Michel erklärte ihm, dass sie gewiss glaubten, Hector sei ein neuer Arzt. […] Drinnen gab es junge […] Damen in weißen Kitteln. Sie untersuchten die Babys, und ein junger Mann war auch dabei. Sie freuten sich sehr, als Jean-Michel und Hector hereinkamen. Jean-Michel erklärte, dass es Krankenschwestern und ein Krankenpfleger waren, aber dass sie viele Arbeiten machten, die in Hectors Land nur ein Arzt erledigen durfte, und dass er selbst nur vorbeikam, um nach den Kindern zu sehen, deren Krankheiten ein bisschen kompliziert waren. Hinterher hatte Jean-Michel nämlich noch drei andere Polikliniken abzufahren.
Hector ließ ihn in Ruhe arbeiten, und draußen traf er Marcel, […] [einen Angestellten, den er fragte,] weshalb die Leute hier zufriedener wirkten als in der Stadt.
„Auf dem Lande kann man mit einem Gemüsegarten und ein paar Hühnern immer durchkommen. Und dann bleiben die Leute in den Familien, sie helfen sich gegenseitig. In der Stadt schaffen es die Leute nicht, sich aus dem Schlamassel zu ziehen, wenn sie kein Geld haben. Also gehen die Familien kaputt, es gibt eine Menge Alkohol und Drogen, und dann sehen die Leute ja auch, was sie sich kaufen könnten, wenn sie das nötige Geld hätten. Hier draußen gibt es viel weniger Versuchungen." […]
[Später traf sich Hector in seinem Hotel wieder mit Jean-Michel.]
Hector fragte Jean-Michel, ob er glücklich sei.
Darüber musste Jean-Michel lachen. „Ich stelle mir diese Frage gar nicht, aber ich glaube, dass ich es bin. Ich mache eine Arbeit, die ich liebe, ich weiß, dass ich sie gut mache, und außerdem fühle ich mich hier wirklich nützlich. Und dann sind die Leute freundlich zu mir, du hast ja gesehen, wir bilden ein richtiges Team. […] Hier hat jeder meiner Tage einen Sinn." […] „Und dann fühle ich", sagte Jean-Michel, „dass man mich so liebt, wie ich eben bin." […] Hector [sagte]: „Stimmt. Ich glaube, so glücklich wie jetzt habe ich dich noch nie erlebt." *François Lelord*

François Lelord (*1953): französischer Psychiater und Schriftsteller

M2 Sinn erfahren

Was häufig gemeint ist, wenn nach „Glück" gefragt wird, ist eigentlich „Sinn". Was aber ist Sinn? Davon, dass etwas „Sinn macht", ist immer dann die Rede, wenn Zusammenhänge erkennbar werden, wenn also einzelne Dinge, Menschen, Begebenheiten, Erfahrungen nicht isoliert für sich stehen, sondern in irgendeiner Weise aufeinander bezogen sind. So lässt sich sagen: Sinn, das ist Zusammenhang, Sinnlosigkeit demzufolge Zusammenhanglosigkeit. […] Jede Beziehung, die Menschen zueinander pflegen und die einen starken Zusammenhang zwischen ihnen stiftet, erfüllt sie offenkundig mit Sinn.

Wilhelm Schmid

Wilhelm Schmid (*1953): deutscher Philosoph

M3 Voraussetzungen für ein erfülltes und sinnvolles Leben

Immer mehr Deutsche haben […] eine Vorstellung davon, was sie für ihr Leben wichtig und richtig finden, oder sind bewusst auf der Suche danach. Bei 70 Millionen Erwachsenen in Deutschland sind das etwa 56 Millionen Menschen.

Und wann sehen die Sucher ihr Leben als sinnvoll an? In den zahlreichen Studien, die [Tatjana] Schnell und ihr Team über zwei Jahrzehnte durchgeführt haben, wiederholten sich die Antworten, ließen sich gruppieren und systematisieren. Am Ende formulierte Schnell vier Voraussetzungen für ein sinnerfülltes Leben:

- „Menschen brauchen das Gefühl, dazuzugehören, sie wollen einen Platz auf dieser Welt haben", sagt Schnell. Das können Familie und Freunde leisten, aber auch eine Religion oder politischer Aktivismus.
- Das Leben wird außerdem als sinnvoll be-trachtet, wenn man eine Richtung hat, die man verfolgt, oder eine Aufgabe. „Das Gegenteil davon ist, nicht zu wissen, was man will", sagt Schnell.
- Drittens müssen Menschen spüren, dass ihre Weltanschauung kohärent und stimmig ist.
- Und schließlich erkennen Menschen einen Sinn in ihrem Leben, wenn sie erfahren, dass ihr Handeln Konsequenzen hat, also auf Resonanz stößt. […]

Jede und jeder hat seine eigene Vorstellung von Sinn – das zeigen Schnells Forschungen. Einen gemeinsamen Sinnhorizont zu finden ist schwer geworden. […] Früher fanden die Menschen ihren Lebenssinn im Glauben, heute hat jeder seine eigene Vorstellung davon. *Kilian Trotier*

Tatjana Schnell: Psychologie-Professorin (Schwerpunkt Sinnforschung) an den Universitäten Oslo und Innsbruck

kohärent: zusammenhängend

Resonanz: *hier:* Anklang, Akzeptanz

AUFGABEN

1 Entscheide und begründe, ob du Jean-Michel für einen glücklichen Menschen hältst. > M1
2 Erkläre, was Wilhelm Schmid unter „Sinn" versteht. > M2
3 Erläutere die vier Voraussetzungen für ein sinnerfülltes Leben nach Tatjana Schnell anhand von Beispielen aus Alltag, Presse oder Literatur/Film. > M3.
4 Nimm Stellung zu den Auffassungen von Wilhelm Schmid und Tatjana Schnell. > M2/M3

Die Suche nach dem Sinn

M1 Antworten gesucht!

Charles M. Schulz

Charles M. Schulz (1922 – 2000): US-amerikanischer Comiczeichner

M2 Der Sinn des Lebens

Samuel, Jenny und Arvid sind Teil einer Gruppe jugendlicher Umweltschützerinnen und -schützer. Während einer Hausbesetzung, die den Bau einer Umgehungsstraße verhindern soll, diskutieren sie über den Sinn ihrer Aktion und schließlich auch über den Sinn des Lebens.

Die Sonne brannte auf Samuel, Jenny und Arvid herunter, die auf dem Dach des besetzten Hauses lagen und sich sonnten. „Was ist eigentlich der Sinn von dem Ganzen?", fragte Samuel.
„Was meinst du mit ‚Sinn', Samuel?" Typisch, dass Arvid in Lachen ausbrach. „Hm, ich möchte wissen", sagte Arvid, „ob du fragst, welchen Sinn es hat, dass es uns gibt, oder ob du fragst, was das Leben lebenswert macht."
„Wenn es dir um den Sinn des Lebens geht", sagte Jenny, „muss man voraussetzen, dass es jemanden gibt, der eine Absicht verfolgt, Gott oder so. […] Aber ich kann weder an Gott glauben noch mir eine freischwebende, von niemandem ausgehende Absicht vorstellen."
„Wir können unserem Leben aber doch selbst eine Absicht, einen Sinn geben. Im Augenblick liegt der Sinn darin, dass wir diese Schnellstraße stoppen und dadurch dazu beitragen, die Erde zu einem bewohnbaren Planeten zu machen. Durch diese Aktion machen wir doch diesen Teil unseres Lebens sinnvoll." […] [, sagte Arvid].
Samuel sah skeptisch aus. „Eine Absicht, die ich meinem Leben gebe, kann ja alles Mögliche sein: Haus, dickes Bankkonto und dicker Wagen […] oder Rockstar werden. Alles kann auf die Weise einen Sinn haben. Im Augenblick ist der Sinn meines Lebens, dass ich ein bisschen Sonnenbräune kriege."
Samuel dachte nach. „Wenn man verliebt ist … und geliebt wird, dann scheint das Leben einen Sinn zu haben. Man ist auf der Welt, damit sie glücklich wird, man ist auf der Welt, weil sie es will. Aber wir können wohl nicht jeder für den anderen der Sinn des Lebens sein, falls ihr versteht, was ich meine?" […]
„Jetzt verlegst du den Sinn des Lebens wieder außerhalb von dir selbst: Dich gibt es für etwas anderes. Aber ist das Leben an und für sich nicht sinnvoll, wenn du zum Beispiel glücklich bist?", fragte Arvid. „Ich meine, vieles ist nicht besonders lustig, aber du tust es trotzdem, weil es zu etwas Gutem führt: Du putzt dir die Zähne, damit du keine Zahnschmerzen kriegst. Aber anderes tust du nur, weil es dir gefällt. Haben diese Dinge nicht ihren eigenen Sinn? Du tust sie, weil sie dich glücklich machen, Punktum. Glücklich zu sein ist gut, unglücklich zu sein ist

schlecht. Wenn du etwas tust, damit es dir erspart bleibt, unglücklich zu sein – oder damit ein anderer nicht unglücklich wird –, dann ist die Handlung aus genau diesem Grund sinnvoll. Und wenn du glücklich bist wie gerade jetzt zum Beispiel, dann ist es sinnvoll, weil du glücklich bist.

Ragnar Ohlsen

Ragnar Ohlsen (*1948): norwegischer Philosoph und Schriftsteller

M3 Die Wozu-Frage

Eine Pflanze, ein Tier, ein Gegenstand kennt die Frage nach dem Dasein nicht. Dass es da ist, das ist der Sinn des Daseins. Auch der primitive Mensch fragt nicht, auch der naive nicht, das Kind zum Beispiel.

Zu leben, das eben ist der Sinn des Daseins. Sogar der bewusste Mensch kennt Zeiten, in denen er nicht fragt. Solange es ihm „gut geht", scheint es ihm, als wisse er, wozu er lebt. Anders, wenn er plötzlich herausfällt aus der Selbstverständlichkeit des Lebens, wenn ihm sein Dasein „fragwürdig" wird. […]

Weil „der Sinn" nicht unmittelbar deutlich wird, suchen wir ihn in Teilstrecken-Zielen. Wir streben immer irgendetwas an, ein Haus zu bauen, zu heiraten, Kinder zu haben, Gehaltserhöhung zu bekommen, den Betrieb zu erweitern, reich zu werden, gesund zu werden. Solange wir dies oder das anstreben, haben wir das (berechtigte) Gefühl, sinnvoll zu leben. Haben wir das Angestrebte erreicht […], so merken wir, dass die alte Frage sich neu erhebt: Wozu das? […]

Unsere Wozu-Frage ist Ausdruck unserer Sehnsucht nach dem Sinn, und diese Sehnsucht lässt sich nicht durch Teilantworten stillen. Sie führt uns weiter und weiter, von Aufgabe zu Aufgabe, von Krise zu Krise. […] Das „Wozu" heißt eigentlich: „Geh weiter, nimm die Hürde, und du wirst sehen, wozu die Frage dient." Die Wozu-Frage ist der Motor unseres geistigen Lebens und die Garantie dafür, dass wir eines Tages die Antwort finden werden.

Luise Rinser

Luise Rinser (1911 – 2002): deutsche Schriftstellerin

INFO

Sinn des Lebens

Hinter der Frage nach dem Sinn (von indogermanisch *sent*: reisen, eine Richtung nehmen) steht das Bedürfnis des Menschen, sich als Teil eines als wertvoll erachteten Ganzen zu begreifen. Gläubige beispielsweise mögen den Sinn ihres Lebens im Religiösen finden, während andere Menschen ihr Handeln etwa auf weltliche Ziele und Zwecke ausrichten.

AUFGABEN

1 Formuliere eine eigene Antwort auf die Frage, was den Sinn des Lebens ausmachen könnte. > M1

H 2 Stelle die Positionen, die die Jugendlichen zum Sinn des Lebens vertreten, in Form einer Mindmap grafisch dar. > M2

3 Diskutiert die unterschiedlichen Positionen. Mit welcher Position kannst du dich anfreunden? Begründe deine Auffassung. > M2

4 Nimm Stellung zu Luise Rinsers Auffassung vom Sinn des Lebens. > M3

Was wir wissen – was wir können

Wissen kompakt

Wege zum glückseligen Leben
- Bedürfnislosigkeit (Diogenes)
- Wahl des mittleren Weges (Aristoteles)
- Schmerzvermeidung (Epikur)

Glück haben
die günstige Fügung / Zufallsglück (engl. *luck*), z. B. Losglück

Glück
günstiger Verlauf eines Geschehens, insbesondere im Hinblick auf das persönliche Wohlergehen

glücklich sein
Glücksgefühl (engl. *happiness*), z. B. infolge einer guten Leistung

Sinn
das eigene, individuelle Leben als Teil eines wertvollen Ganzen begreifen

Sinn wird den Menschen vorgegeben
- z. B. in Religionen
- …

Menschen suchen und können Sinn finden
- in weltlichen Zielen und Zwecken, z. B. in Selbstverwirklichung, sozialem Engagement, …
- …

KOMPETENZ-CHECK

Überprüfe dich selbst. Wenn du dich bei einem Punkt noch unsicher fühlst, lies und bearbeite (ggf. mit einer Partnerin oder einem Partner) die passende Schulbuchseite noch einmal.

Ich kann …		Meine Einschätzung – –	–	+	++
anhand von Beispielen deutlich machen, was alles zum Glück beitragen kann	> S. 230–231				
den Unterschied zwischen „Glück haben" und „glücklich sein" erklären	> S. 232–233				
darstellen, wodurch Glücksgefühle hervorgerufen werden	> S. 234–235				
verschiedene philosophische Glücksvorstellungen miteinander vergleichen und bewerten	> S. 236–239				
erläutern, worin der Zusammenhang zwischen Glück und Sinn besteht und erklären, was man unter Sinn versteht	> S. 240–241				
verschiedene Aspekte, die dem Leben einen Sinn geben können, darstellen und bewerten	> S. 242–243				
die Antwort eines philosophischen Textes auf eine bestimmte Fragestellung (z. B. nach dem Glück) durch genaues Lesen und vorgegebene Arbeitsschritte herausfinden und verstehen	> S. 236–237				

Arbeitsblatt:
Kompetenz-Check „Glück und Sinn des Lebens"

Mediencode: 21057-13

Die Weltreligionen

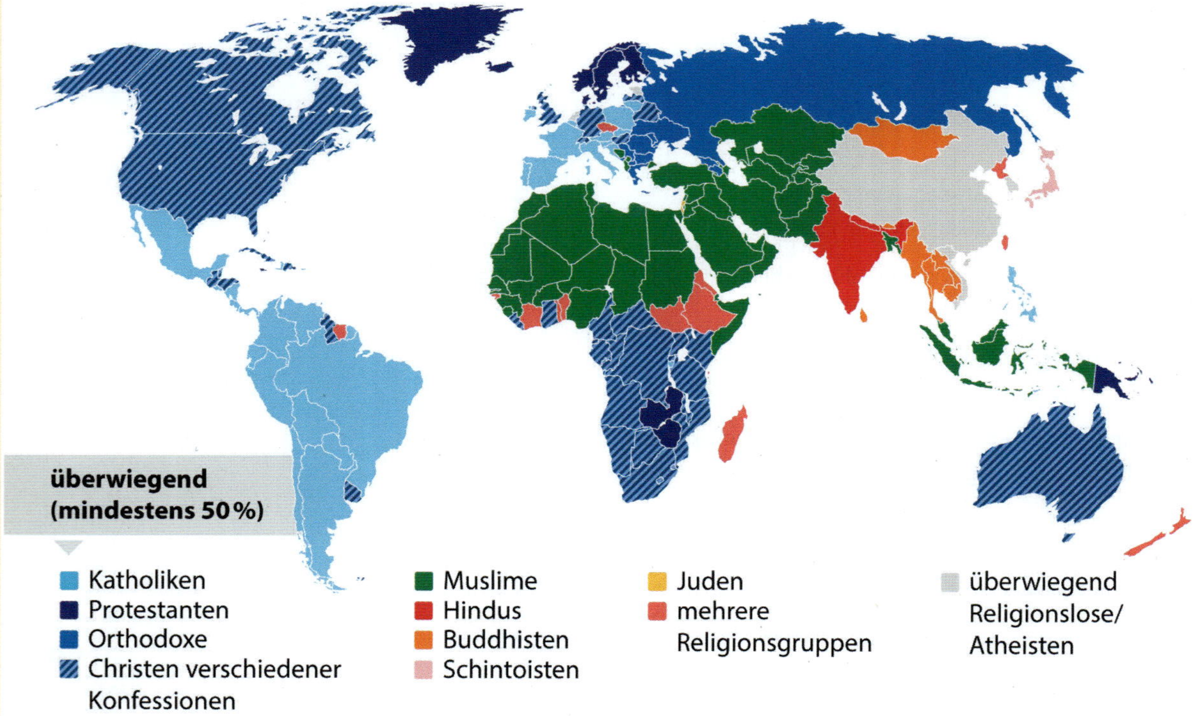

Gläubige weltweit

Anteil in Prozent der Weltbevölkerung

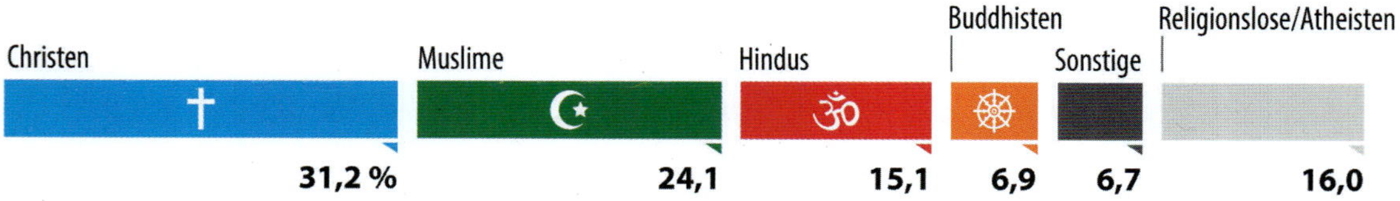

Ethische Grundsätze in Religionen

AUFGABEN

1 Seht euch die Weltkarte der Religionen an und sprecht über folgende Fragen:
- Wie ist insgesamt der Anteil von Gläubigen gegenüber Religionslosen?
- Welchen Religionen gehören weltweit die meisten Menschen an?
- In welchen Regionen der Erde sind welche Religionen zu finden?

2 Stellt dar, was ihr über die Glaubensinhalte der Religionen und ihre ethischen Grundsätze wisst.

plus Filmreportage „Expertenbefragung: Ethik und Religion“

Eure Aufgabe wird es in den nächsten Wochen sein, eine Filmreportage über die ethischen Grundsätze verschiedener Religionen zu erstellen. Dazu erarbeitet ihr zunächst einen Fragenkatalog, der als Grundlage für Interviews dienen kann, die ihr anschließend mit Vertreterinnen oder Vertretern der verschiedenen Religionsgemeinschaften führen und filmen sollt. Eure Interviews sollen dann später geschnitten und zu einer interessanten und informativen Filmreportage zusammengesetzt werden.

> Bildet Gruppen, die sich mit je einer Religionsgemeinschaft befassen werden.

> Verteilt die Aufgaben in eurer Gruppe: Wer kontaktiert die Religionsvertreterinnen oder -vertreter? Wer führt das Interview? Wer filmt? Wer schneidet das Filmmaterial und stellt den Bericht fertig?

> Besprecht, welche technische Ausrüstung ihr für die Herstellung eurer Filmreportage benötigt, und besorgt, was euch fehlt.

Handlungen aus Überzeugung

M1 Mutter Teresa

Mutter Teresa (1910–1997): katholische Ordensschwester, Friedensnobelpreis 1979, 2016 heiliggesprochen

Mutter Teresa gründete 1950 in Kalkutta den Orden der „Missionarinnen der Nächstenliebe".

Mit erstaunlicher Geduld und Hartnäckigkeit hat Mutter Teresa versucht, […] in den Ärmsten Jesus Christus zu erkennen und ihm zu dienen. […] Wenn sie jemanden krank und hilflos auf der Straße liegen sieht, wenn sie Waisenkinder entdeckt, die hungern, und […] [Menschen mit körperlichen oder geistigen Beeinträchtigungen], die dahinsiechen, gebietet ihr Christus, diese Menschen aufzuheben, zu pflegen und zu trösten. Und solange es solche notleidenden Menschen gibt, müssen ihre Schwestern und Brüder diese Samariter sein. […]

Mutter Teresa hat [für] ihre Aufgabe […] alles auf sich genommen: […] [sogar die] hässlichsten und schmutzigsten Winkel Kalkuttas, die Demütigungen in den Amtsstuben. […] Längst ist Mutter Teresa zum Symbol des Schützend-Mütterlichen geworden. […]

Sie nannte ihr Ziel so: „Direkt unter die Armen gehen – Die Kranken in ihren Wohnstätten pflegen – Den Sterbenden helfen, ihren Frieden mit Gott zu machen". Dabei war sie sich durchaus bewusst, dass sie einen Platz in der Kirche ausfüllte, der bisher leergeblieben war. Darum war ihre Absicht, „die Arbeit tun, die in der Kirche Indiens fehlt".

Martin Kämpchen

dahinsiechen: leiden, unheilbar krank sein

Samariter *(hier)*: Helfer

M2 Muhammad Rafiq

Muhammad Rafiq (*1954): pensionierter Luftwaffen-Offizier

Der Pakistaner verhinderte 2019 den Anschlag eines Rechtsextremisten auf eine Moschee nahe Oslo.

Am 10. August 2019 haben Sie mit bloßen Händen einen schwer bewaffneten Attentäter aufgehalten, der in der Al-Noor-Moschee von Bærum ein Blutbad anrichten wollte. Sie waren damals 65, der Angreifer 21. Woher nahmen Sie den Mut, sich ihm entgegenzustellen?

Gott hat mir die nötige Entschlossenheit verliehen.

Hatten Sie keine Angst?

Doch, ich habe dem Tod ins Auge gesehen.

Die meisten Menschen wären an Ihrer Stelle erstarrt oder hätten versucht zu fliehen. Warum taten Sie das nicht?

Dann wäre es leicht für ihn gewesen, mich zu töten. Als ich dem Terroristen in den Arm fiel, feuerte er gerade auf einen Gläubigen, der versuchte zu entkommen.

Sie rangen den Täter rechtzeitig zu Boden und fixierten ihn, bis die Polizei kam.

Ich wurde an der Nase, am Auge und am Fuß verletzt. Er drückte seinen Zeigefinger der Länge nach in meine Augenhöhle. Er trug eine Schutzweste, Helm und Stahlkappenstiefel. Als ich versuchte, einen Schlag zu setzen, verletzte ich meine Hand. Zum Glück sind die Blessuren rasch verheilt.

Vorbild vieler solcher Ultranationalisten ist Anders Breivik, der 2011 auf der norwegischen Insel Utera ein Blutbad anrichtete. Welche Wirkung hat all das auf Ihr Leben und das Ihrer Familie, die großteils in Norwegen lebt?

Es ist Aufgabe der Politiker, Rassismus und religiösen Extremismus zu bekämpfen. Jeder sollte sich frei und sicher fühlen, egal, welchem Glauben er anhängt.

Steffen Gassel

M3 Dalai Lama

Dalai Lama ist der Titel des Oberhauptes im tibetischen Buddhismus. Der gegenwärtige 14. Dalai Lama ist der buddhistische Mönch Tenzin Gyatso.

Wenn die treibende Kraft, die hinter unseren Handlungen steht, gesund ist, werden diese Handlungen aus sich heraus die Tendenz haben, zum Wohlergehen anderer beizutragen. Sie werden also wie von selbst moralisch sein. […] Je mehr es uns gelingt, Herz und Geist durch die Kultivierung spiritueller Qualitäten weiterzuentwickeln, desto besser werden wir mit Anfeindungen fertigwerden, und desto größer ist die Wahrscheinlichkeit, dass unsere Handlungen ethisch gesund sind. Wenn es mir gestattet ist, möchte ich als Beispiel von mir selbst sprechen. Diese Auffassung von Ethik oder Moral bedeutet für mich, dass ich ständig darum bemüht bin, einen positiven oder gesunden Geisteszustand zu pflegen. Zugleich versuche ich, anderen gegenüber so hilfreich zu sein, wie ich nur kann. Indem ich mich außerdem vergewissere, dass die Substanz meiner Handlungen, soweit es mir möglich ist, ähnlich positiv ist, reduziere ich die Wahrscheinlichkeit, dass ich unmoralisch handele. Wie effektiv diese Strategie ist, welche Folgen sie also kurz- oder langfristig für das Wohlergehen anderer hat, ist unmöglich vorherzusagen. Doch angenommen, dass ich mich beständig bemühe und unter allen Umständen aufmerksam bleibe, dann sollte ich eigentlich niemals Grund zu Reue haben. Und ich weiß wenigstens, dass ich mein Bestes getan habe.

Dalai Lama

Tenzin Gyatso (*1935): 14. Dalai Lama, Friedensnobelpreis 1989

Kultivierung: Pflege, Förderung

spirituell: geistig

INFO

Religiöse Ethik

Religionen beinhalten nicht nur Lehren über das Göttliche, sondern auch ethische Vorschriften, d. h. Ge- und Verbote für das Handeln der Menschen. Solche Vorschriften, etwa die Gebote, seine Mitmenschen zu lieben oder Notleidenden zu helfen, haben die Entwicklung der Gesellschaft nachhaltig geprägt und sind bis heute von Bedeutung.

AUFGABEN

1 **Arbeitsteilige Gruppenarbeit:**
Jede Gruppe setzt sich mit den folgenden beiden Aufgaben auseinander und präsentiert die Ergebnisse anschließend im Kurs:
a) Stellt dar, inwiefern das Handeln der hier vorgestellten Menschen als vorbildlich gelten kann. > M1-M3
b) Untersucht, aus welcher Motivation heraus sie gehandelt haben. > M1-M3

2 Recherchiere weitere Religionsvertreterinnen und -vertreter, die sich durch ihre ethische Einstellung ausgezeichnet haben, und stelle sie dem Kurs vor. MK

Jüdische Ethik

M1 Thora, Tanach und Talmud

Thora (auch Tora oder Torah): hebräisches Wort für Lehre, Unterweisung

Die Thora ist das heiligste Buch für jüdische Gläubige. Sie enthält Gebote und Gesetze, die sie dazu anleiten, ein gutes, das heißt ein moralisches und heiliges Leben zu führen. Orthodoxe Juden glauben, dass die Worte der Thora die Worte Gottes sind, die er vor über 3000 Jahren auf dem Berg Sinai Mose verkündet hat. Für das sogenannte liberale Judentum ist die Thora ein von Menschen verfasster Text. Die Autoren der Texte sind Gläubige, denen Gott sich geöffnet hat.

Im zweiten Buch Mose finden sich die Zehn Gebote (der sogenannte Dekalog), eine zentrale Glaubens- und Handlungsanweisung für alle jüdischen und christlichen (s. S. 252f.) Menschen. Die Thora entstand vor ca. 2500 Jahren, als man

Ich bin der Herr,
dein Gott,
der dich aus dem Land
Ägypten geführt hat,
aus dem Sklavenhaus.
Du sollst neben mir
keine anderen Götter haben.
Du sollst dir kein Kultbild
machen […].
Du sollst den Namen des Herrn,
deines Gottes,
nicht missbrauchen […].

Gedenke des Sabbats:
Halte ihn heilig! […]
Ehre deinen Vater und
deine Mutter […].
Du sollst nicht töten.
Du sollst nicht die Ehe brechen.
Du sollst nicht stehlen.
Du sollst nicht falsch gegen
deinen Nächsten aussagen.
Du sollst nicht das Haus
deines Nächsten begehren […]
oder irgendetwas,
das deinem Nächsten gehört.

2. Mose 20,2-17

dazu überging, bislang mündlich überlieferte Geschichten aufzuschreiben.
Später traten neben die Thora die Texte von Propheten *(Newim)*, also von Menschen die glauben, dass sie die Worte direkt von Gott empfangen haben, sowie weitere religiöse Texte *(Ketuwim)*. *Thora, Newim* und *Ketuwim* bilden zusammen den „TNK", den *Tanach*, die hebräische Bibel.
Die überlieferten Schriften, Lernen und Gelehrsamkeit haben im Judentum einen hohen Stellenwert. Ein gutes Beispiel dafür ist auch der Talmud, das nach dem Tanach zweitwichtigste Buch des Judentums. Das hebräische Wort Talmud bedeutet: Lernen, Lehre, Studium. Tausende von Rabbinern studierten im Laufe der Zeit die Thora und schrieben ihre Deutungen auf. Der Talmud ist unter anderem eine Sammlung ihrer Kommentare zur Thora.

Rabbiner: jüdische Schriftgelehrte

M2 Werte des Judentums

Gerechtigkeit und Gleichheit: Bereits vor über 3 000 Jahren regelten die Juden ihr Zusammenleben nicht durch die Macht eines einzelnen Königs, sondern durch Gesetze. Es galt: Vor dem Gesetz sind alle gleich; ob König oder einfacher Bauer, für alle gilt dasselbe Gesetz.
Freundlichkeit und Großzügigkeit: Nach dem jüdischen Glauben wurde der Mensch als Abbild Gottes geschaffen. Deshalb fordert die Thora: Liebe deinen Nächsten wie dich selbst! Man soll Menschen mit größter Achtung behandeln, sich in Menschenfreundlichkeit üben und den Fehlern der anderen mit Großzügigkeit begegnen.
Gastfreundschaft: Juden lebten Tausende von Jahren ohne ein eigenes Land und wissen, was es heißt, Fremder in einem fremden Land zu sein. Darum ist ihnen die Gastfreundschaft wichtig. Abraham, der als erster Jude gilt, und seine Frau Sarah waren immer gastfreundlich und dienen als Vorbild für alle folgenden Generationen.
Soziale Verantwortung: Eines der Gebote des Judentums besagt, dass man sich um das Wohlergehen der anderen kümmern soll, so wie es Gott tat, als er den sich schwach fühlenden Abraham besuchte. Gemeint sind z. B. Hilfeleistungen, ohne eine Gegenleistung zu erwarten, oder die Fürsorge für Kranke.

nach Sehen – Staunen – Wissen

AUFGABEN

1 Beschreibe die Abbildung. Welchen Eindruck macht sie auf dich? > M1
2 Erkläre die Bedeutung von Thora, Tanach und Talmud für jüdische Gläubige, indem du ein Plakat dazu gestaltest. Vergleicht eure Ergebnisse, ergänzt oder verbessert sie, falls nötig. Hängt ein oder mehrere Plakate im Klassenraum auf. > M1
3 Erläutere die Zehn Gebote durch Beispiele. Kläre dabei auch den Unterschied zwischen „Gebot" und „Verbot". > M1
V 4 Erläutere, inwiefern sich die genannten Werte des Judentums aus der Thora ableiten lassen bzw. mit der Geschichte des jüdischen Volkes in Verbindung stehen. > M2
5 Diskutiert im Kurs, welche Bedeutung religiöse Texte wie die Thora heute noch für uns haben können. > M1/M2

plus Notiert eure Fragen zu den ethischen Grundsätzen des Judentums, die ihr der Religionsvertreterin bzw. dem Religionsvertreter im Interview stellen wollt.

Christliche Ethik

M1 Die wichtigsten Gebote

Jesus wurde einmal gefragt, was eigentlich das wichtigste Gebot sei. Seine Antwort lautete:

Du sollst den Herrn, deinen Gott, lieben mit ganzem Herzen, mit ganzer Seele und mit deinem ganzen Denken. Das ist das wichtigste und erste Gebot. Ebenso wichtig ist das zweite: *Du sollst deinen Nächsten lieben wie dich selbst.* An diesen beiden Geboten hängt das ganze Gesetz und die Propheten.

Matthäus 22,37-40

M2 Die Bergpredigt

Die Bergpredigt ist ein Textabschnitt des Matthäusevangeliums im Neuen Testament, so genannt, weil Jesus von Nazareth hier von einem Berg aus zu seinen Jüngern spricht. In seiner Rede legt er den in der jüdischen Thora (vgl. S. 250, M1) geoffenbarten Willen Gottes (teilweise) neu aus.

Selig die Sanftmütigen [...]. Selig, die hungern und dürsten nach der Gerechtigkeit [...]. Selig die Barmherzigen, denn sie werden Erbarmen finden. [...]

Ihr habt gehört, dass gesagt worden ist: *Auge um Auge und Zahn um Zahn.* Ich aber sage euch: Leistet dem, der euch etwas Böses antut, keinen Widerstand, sondern wenn dich einer auf die rechte Wange schlägt, dann halt ihm auch die andere hin! Und wenn dich einer vor Gericht bringen will, um dir das Hemd wegzunehmen, dann lass ihm auch den Mantel! Und wenn dich einer zwingen will, eine Meile mit ihm zu gehen, dann geh zwei mit ihm! Wer dich bittet, dem gib, und wer von dir borgen will, den weise nicht ab!

Ihr habt gehört, dass gesagt worden ist: *Du sollst deinen Nächsten lieben* und deinen Feind hassen. Ich aber sage euch: Liebt eure Feinde und betet für die, die euch verfolgen, damit ihr Kinder eures Vaters im Himmel werdet; denn er lässt seine Sonne aufgehen über Bösen und Guten und er lässt regnen über Gerechte und Ungerechte. Wenn ihr nämlich nur die liebt, die euch lieben, welchen Lohn könnt ihr dafür erwarten? [...] Und wenn ihr nur eure Brüder grüßt, was tut ihr damit Besonderes? [...] Seid also vollkommen, wie euer himmlischer Vater vollkommen ist!

Matthäus 5,5-7 und 5,38-48

M3 Beispiel: Die Arche

Der 13-jährige Dünne mit den großen Augen und den süßen Sommersprossen sitzt auch fast jeden Tag in der Arche am Tisch. Seine Mutter hat gesagt, das Schulessen sei zu teuer und er alt genug, sich um sich selbst zu kümmern, aber er kann nicht kochen, und der Kühlschrank ist auch immer leer. [...] Ein Einzelfall – wie der von der Frau mit drei Kindern, die kürzlich den Herd verkauft hat, das Letzte, was noch irgendeinen Wert besaß. Ziemlich viele Einzelfälle gibt es hier in Hellersdorf-Nord, zu viel eigentlich für das, was ein Viertel vertragen kann. [...]

Vielleicht muss man an höhere Mächte glauben, um hier ein Projekt wie die Arche aufzumachen. Vielleicht muss man eine Mission haben, um mit sechs eigenen Kindern aus dem idyllischen Schwarzwald und weg von einer gesicherten Pastoren-Existenz nach Berlin-Hellersdorf zu ziehen, weil das der Platz ist, an dem man glaubt, gebraucht zu werden. [...] Begonnen haben Bernd und Karin Siggelkow 1995 im eigenen Wohnzimmer. Mit ein paar Gleichgesinnten sind sie von Spielplatz zu Spielplatz gezogen, um Kinder einzuladen für eine Kinderstunde, einmal in der Woche. Siggelkow arbeitete als Halbtagspastor, jobbte im Hotel, um die Familie und das Projekt zu finanzieren. [...]

Im Jahr 2001 überließ ihnen der Bezirk die leerstehende Schule Am Beerenpfuhl. Sie renovierten mit Spendengeldern, richteten den Speisesaal ein, boten warmes Mittagessen an für die Kinder. Seitdem kommen immer mehr. Mittlerweile sind es rund 250 – jeden Tag. [...] Alles finanziert aus Spenden. [...] Die meisten davon kommen unregelmäßig. Wenn morgen ein Großspender ausfällt, haben sie übermorgen ein Problem. [...] Ob es die Arche dann [in Zukunft] noch gibt? Wie hält man das aus? „Gottvertrauen", sagt Siggelkow. „Hoffnung", sagt Mirjam.

Wegen der Hoffnung haben sie gerade ein neues Projekt aufgemacht, im Stadtteil Friedrichshain, wieder eine Arche. Arche, wie das Schiff, das ein paar Lebewesen aufnahm, weil man alles drum herum verloren gegeben hatte. *Frauke Hunfeld*

AUFGABEN

1 Arbeite die ethischen Grundsätze des Christentums heraus. > M1/M2

2 Erläutere, was die Nächstenliebe im christlichen Verständnis alles umfasst. > M2

3 Versetze dich in die Gedanken des Zuhörers im Bild und ergänze seine Aussage. > M2

4 Diskutiert, welche Bedeutung die Bergpredigt eurer Ansicht heute noch hat. > M2

5 Stelle dar, wie Bernd Siggelkow bzw. die von ihm geschaffene Einrichtung „Die Arche" christliche Ethik umsetzt. > M3

V 6 Finde weitere Beispiele für Menschen, die nach ethischen Grundsätzen des Christentums leben. > M1-M3

plus Notiert eure Fragen zu den ethischen Grundsätzen des Christentums, die ihr der Religionsvertreterin bzw. dem Religionsvertreter im Interview stellen wollt.

Muslimische Ethik

M1 Die fünf Säulen des Islam

1. Das Glaubensbekenntnis

Die erste Säule ist die *Schahada* (türk. *şehadet*), das Glaubensbekenntnis […]. Sie ist die Grundlage für alle anderen religiösen Pflichten. Wer vor Zeugen sagt „Ich bezeuge, dass es keinen anderen Gott gibt außer ihm, und ich bezeuge, dass Muhammed sein Diener und Gesandter ist" bekennt sich zum Islam und wird damit zum Muslim. […]

2. Das Gebet

Die zweite Säule ist das rituelle Gebet, *Salah* (türk. *namaz*) genannt. Nach dem Glaubensbekenntnis ist das rituelle Gebet die höchste Pflicht eines Muslim. Es wird vor dem Sonnenaufgang, mittags, nachmittags, abends und in der Nacht und an jedem geeigneten und sauberen Ort [in Richtung Mekka] verrichtet. Eine besondere Stellung nimmt das Freitagsgebet in der Moschee ein. Das Gebet verbindet die Rezitation ausgesuchter Suren mit Bittgebeten und Lobpreisungen in arabischer Sprache mit rituellen Bewegungsabläufen. […]

3. Das Fasten

Die dritte Säule ist das rituelle Fasten, *Saum* (türk. *oruç*) genannt. Im neunten Monat des islamischen Mondkalenders, dem *Ramadan* (türk. *ramazan*), ist Muslimen von der Morgendämmerung bis zum Sonnenuntergang jede Form der Nahrungs- und Genussmittelaufnahme sowie der Beischlaf untersagt. Das rituelle Fasten ist eine gottesdienstliche Handlung, die den Menschen Gott näherbringt. […] Dabei zeigen sich die Muslime besonders gegenüber Bedürftigen solidarisch. Der Ramadan wird mit dem Ramadanfest (arab. *id al-fitr* / türk. *ramazan bayramı*) abgeschlossen.

4. Die soziale Pflichtabgabe

Die vierte Säule ist die „soziale Pflichtabgabe", *Zakah* (türk. *Zekat*) genannt. Zakah kann mit „reinigen" und auch „vermehren" übersetzt werden. Muslime sind verpflichtet, einmal im Jahr Arme und Bedürftige zu unterstützen, um somit ihr Vermögen zu „reinigen" und mit göttlichem Segen zu vermehren. Die Höhe der Abgabe beträgt jährlich 2,5 % des Vermögens. Muslime helfen anderen Menschen privat oder über Hilfsorganisationen.

5. Die Wallfahrt nach Mekka

Die fünfte Säule ist die Wallfahrt nach Mekka (*Hadsch*). Die Pilgerfahrt in diese Stadt auf der arabischen Halbinsel stellt den Höhepunkt im Leben eines Muslims dar. Diese findet im letzten Monat […] des islamischen Mondkalenders statt. Jedes Jahr pilgern rund drei Millionen Muslime in die heilige Stadt und durchlaufen einen besonderen Weihezustand. Die *Kaaba*, ein würfelförmiges, leerstehendes Gebäude, ist das Zentralheiligtum der Muslime. […] Während der Wallfahrt, bzw. zum Abschluss, wird weltweit das Opferfest gefeiert.

www.ditib.de

M2 Was Allah sonst noch fordert

Setze neben Gott nicht einen andern Gott! […] Beschlossen hat dein Herr, dass ihr ihm allein dienen sollt und dass ihr eure Eltern gut behandelt. […]

Gewähre dem Verwandten sein Recht, ebenso dem Armen und dem „Sohn des Weges"! […] Vergreift euch nicht am Gut der Waise! […] Haltet ein, was ihr versprecht! […]

Wenn ihr zumesst, haltet ein das Maß und wiegt mit rechter Waage! […] Folge dem nicht nach, wovon du gar nichts weißt […]. *Sure 17, 22-36*

Sohn des Weges: Wanderer, Reisender

Sure: Kapitel im Koran; die 114 Suren sind (bis auf Sure 1) der Länge nach geordnet

M3 Islamische Moralvorstellung

Der Koran und die Sunna […], die beiden Hauptquellen des Islam, regeln das Verhalten der Menschen gegenüber Mensch und Gott. In beiden Quellen werden bestimmte Rahmen und Vorschriften gesetzt, die im Diesseits für das Miteinander notwendig sind und den Muslim in ein glückliches und verdientes Jenseits geleiten sollen. […]

Die Moral beginnt, indem der Mensch sich von Schlechtem und von Ungehorsam distanziert, gleichzeitig aber die Liebe und die Neigung für das Gute festigt. Er erlangt die moralischen Werte, indem er Gott von ganzem Herzen lobpreist. Denn dadurch, dass er sich Gott und seiner Nähe bewusst wird, erlangt der Mensch wahren spirituellen Genuss. Der höchste Punkt, den ein Mensch erreichen kann, ist, wenn er sich die eigenen Fehler eingesteht, sich fortan von diesen distanziert und auf Gottes Gnade in dieser Angelegenheit hofft. Gleichzeitig sollte man sich nicht aus Angst vor der Strafe von diesen Fehlern fernhalten, sondern [allein deshalb], weil es Gottes Wille ist und man auf die Liebe Gottes hofft.

Der Mensch hat moralische Verpflichtungen gegenüber sich selbst, seinen Nächsten und Gott: Er muss erstens sein Möglichstes tun, um seinen Körper und seine Seele biologisch und psychologisch in Takt zu halten. Zweitens ist er gegenüber der Gesellschaft dazu verpflichtet, Freundschaften zu schließen, diese aufrechtzuerhalten und die Nächstenliebe zu verbreiten. Ferner muss er für den Frieden beitragen und respektvoll mit den Rechten anderer Menschen umgehen. Drittens hat er moralische Verpflichtungen gegenüber Gott. *www.ditib.de*

Sunna (arab.: Brauch, gewohnte Handlungsweise): Überlieferung der wichtigsten Aussagen und der Lebensweise des Propheten

Gnade: Güte, Mitleid

spirituell: geistig

AUFGABEN

1 Stelle die fünf Säulen des Islam dar und erläutere, wozu Muslime verpflichtet sind. > M1
2 Formuliere die in der Sure enthaltenen Gebote und Verbote mit eigenen Worten und erläutere ihren Inhalt an Beispielen. > M2
3 Vergleiche den islamischen Pflichtenkodex mit den Geboten des Juden- und Christentums. > M2
4 Stelle die im Text genannte ethische Bedeutung von Koran und Sunna dar. > M3
V 5 Nimm Stellung zu den beschriebenen moralischen Verpflichtungen. > M3

plus Notiert eure Fragen zu den ethischen Grundsätzen des Islam, die ihr der Religionsvertreterin bzw. dem Religionsvertreter im Interview stellen wollt.

Ethik im Buddhismus

Buddha (Sanskrit: „der Erwachte"): Ehrenname des indischen Religionsstifters Siddhartha Gautama (um 500 v. Chr.)

M1 Vier edle Wahrheiten

Grundlage der Lehre [Buddhas] sind die *Vier edlen Wahrheiten*:

1. Das Leben ist leidvoll, solange ein Mensch in Unwissenheit lebt – er leidet an diesem Zustand, an vielen von Buddha so genannten „Frustrationen". Von der Geburt bis zum Tod. Er empfindet etwa das Gesetz von der Vergänglichkeit aller Dinge als Schmerz und trauert. Und selbst das Glück [...] erzeugt am Ende Leid, denn es ist ebenfalls endlich. „Leben auf Leben folgt, wie sich Töne aneinanderreihen, die erst zusammen eine Melodie erzeugen", lehrt Buddha. Der Mensch ist im Kreislauf der Wiedergeburten, dem samsara, gefangen, weshalb er leidvolle Aspekte des Lebens theoretisch bis in die Ewigkeit weiterleben muss. Doch diesem Leiden an der Unvollkommenheit kann er entkommen.

2. Der Ursprung des Leidens entsteht durch Unwissenheit und übertriebene Leidenschaften – etwa Hass auf einen anderen Menschen. Dies führt zu unheilsamen Taten. Mag das Glück auch vergänglich sein – sein Reiz ist doch so stark, dass es den Menschen stets zu viel nach sinnlichen Begierden, Geld, Macht oder anderen Dingen dürstet. Dass er den Phänomenen zu viel „anhaftet", wie Buddha lehrt. Dieser Gier folgen Taten. Und Taten – genauer: schon die Absichten dazu – häufen *karma* an: eine Art Konto der guten und schlechten Handlungen, das die nächste Existenzform bestimmt im Kreislauf der Wiedergeburten. [...]

3. Für die Aufhebung des Leids müssen Unwissenheit, Hass und Gier überwunden werden. Das Ziel des Buddhisten ist es, aus dem unfreiwilligen Kreislauf der Wiedergeburten erlöst zu werden. Dafür muss der Mensch durch geistige Übung und Einsicht jegliche Gier, Unwissenheit und jeglichen Hass überwinden.

4. Mithilfe von acht Geisteshaltungen und Verhaltensweisen kann jeder[...] diesen Weg zur Erlösung beschreiten. Dieser Weg ist der *Edle achtfache Pfad*:

- *Rechte Anschauung:*
  die Erkenntnis der Vier edlen Wahrheiten;
- *Rechter Entschluss:*
  sich fernhalten von Habgier, Böswilligkeit und falschen Ansichten;
- *Rechte Rede:*
  Lügen, Verleumdungen, barsche Reden, Geschwätz vermeiden;
- *Rechtes Handeln:*
  nicht töten, nicht stehlen, keine sinnlichen Ausschweifungen;
- *Rechter Lebensunterhalt:*
  keinen Beruf ausüben, bei dem andere Wesen gequält oder getötet werden;
- *Rechtes Streben:*
  inneres Ringen darum, „üble Dinge" nicht im eigenen Geist aufsteigen zu lassen und dafür „heilsame Dinge" weiterzuentwickeln;
- *Rechte Achtsamkeit:*
  die geistige Kontrolle aller Abläufe des eigenen Körpers und des eigenen Geistes („Gemüts");
- *Rechte Konzentration:*
  die richtige Versenkung; der Geist soll sich der äußeren Welt abwenden und den Frieden der inneren Stille genießen. So wird er höheren Einsichten geöffnet.

Cay Rademacher / Andreas Hilmer

M2 Karma: die Lehre von Ursache und Wirkung

Im traditionellen Buddhismus gehen die Notwendigkeit von ethischem Verhalten und die Vorstellung von Karma Hand in Hand. Das Sanskritwort karma bedeutet einfach Handlung. Das Karmagesetz dehnt die Vorstellung von Ursache und Wirkung in den Bereich der Ethik aus, indem es darauf hinweist, dass alle unsere Handlungen Folgen haben, für uns und andere. In dem Maß, in dem wir uns auf heilsame Weise verhalten, werden wir in der Zukunft mehr Freude und Licht erleben. In dem Maß, in dem wir uns unheilsam verhalten, werden wir in der Zukunft unglücklicher sein und sie als düsterer erleben. Traditionellerweise ist diese Vorstellung von Karma mit der Vorstellung von Wiedergeburt verbunden. Es wird davon ausgegangen, dass ein heilsames Leben zu einer Wiedergeburt in schönen, angenehmen Existenzen führt, während ein unheilsames Leben zu einer Wiedergeburt in schmerzhaften Leidenszuständen führt. Diese Folgen treten nicht als Belohnung oder Bestrafung auf, sondern beruhen einfach auf der Tatsache, dass die Welt, wie wir sie erleben, eine Widerspiegelung unseres Seinszustandes ist. Wenn wir uns selbst zu einem himmlischen Wesen machen, werden wir auch einen himmlischen Zustand erleben; wenn wir uns selbst in ein Höllenwesen verwandeln, wird unsere Erfahrung tatsächlich die Hölle sein. […]

Wir alle vereinen in uns viele Wesenszüge. Manchmal sind unsere Gedanken heilsam, manchmal sind sie unheilsam, und normalerweise erleben wir, wie ein richtiges Kuddelmuddel verschiedenster Gedanken beinahe gleichzeitig entsteht. […]

Wenn wir unser inneres Wesen größer, positiver und weiter werden lassen, werden wir tiefes Glück erleben, das von äußeren Umständen unabhängig ist. Wenn wir unser inneres Wesen jedoch kleiner und negativer machen, dann wird unsere Erfahrung der Welt eng, dunkel und unglücklich sein, selbst wenn unsere äußeren Umstände sehr angenehm sind. *triratna-buddhismus.de*

AUFGABEN

1 **Gruppenarbeit:** Gestaltet Plakate zu den Vier Edlen Wahrheiten des Buddhismus und stellt sie euch in einem Museumsgang vor. > M1

2 Erkläre den Begriff des Karma anhand von Beispielen und erläutere den ethischen Gehalt der Karma-Lehre. > M2

V 3 Diskutiert den in der Karma-Lehre angenommenen ursächlichen Zusammenhang von „Handlung" und „Glück". > M2

plus Falls ihr die Möglichkeit habt, ein buddhistisches Zentrum zu besuchen: Notiert eure Fragen zu den ethischen Grundwerten des Buddhismus, die ihr der Religionsvertreterin bzw. dem Religionsvertreter im Interview stellen wollt.

Taoistische Ethik

M1 John Lennon trifft Lao-Tse

M2 *Wu wei* – Es geschehen lassen

Taoist: ein Anhänger der altchinesischen Religion des Taoismus

Alan Watts (1915 – 1973): britischer Religionsphilosoph

Fragt man einen Taoisten nach der obersten Regel für das Handeln, würde er antworten: *wu-wei*. Das heißt in wörtlicher Übersetzung *nicht handeln, nicht eingreifen*. Damit ist aber nicht gemeint, dass man träge und faul sein soll, sondern dass man etwas geschehen lassen soll. Die volle Bedeutung von *wu-wei* ist erst im Zusammenhang mit dem Tao, dem Urprinzip des Taoismus, zu verstehen.
Tao wird oft mit *Weg, Lauf oder Prozess der Natur* übersetzt; es ist nicht definierbar, nicht mit Worten erklärbar. Aufgabe eines jeden Menschen ist es, in Übereinstimmung mit dem Tao zu gelangen, d. h. dem vorgezeichneten Lauf der Natur zu folgen. Das Mittel dazu ist *wu-wei*: Man soll also das, was von sich her geschieht, geschehen lassen und sich nicht – etwa aufgrund individueller Wünsche – dagegen wehren.
Dieses Gebot kann man ganz gut durch die Parabel von der Pinie und der Weide im Schnee anschaulich machen: Der Ast der Pinie ist starr, er stemmt sich gegen das Gewicht des Schnees an und zerbricht schließlich, wenn die Last des Schnees zu groß wird. Die Äste der Weide dagegen sind elastisch; sie geben der Last des Schnees nach, bis dieser von ihnen abgleitet. *Wu-wei* ist mithin die Lebensweise eines Menschen, der sich nicht anstrengt und nur ein Minimum an Energie aufwendet, der sich vom Fluss der Dinge treiben lässt und eben dadurch zu einem Leben im Tao gelangt.

nach Alan Watts

M3 Die Lebenskunst des Tao

Wer im Tao verweilt, weiß, dass er Herausforderungen des Lebens, seinen Nöten und Problemen nicht mehr mit Kampf, mit Macht oder Anstrengung antworten muss. Noch braucht er sich den Kopf zu zerbrechen, wie die Dinge zu lösen sind. Er denkt, wenn er für seine Verrichtungen Wissen benötigt. Ansonsten lässt er Gedanken kommen und gehen, wie sie auftreten. […]
Der Mensch des Tao kennt keine Ungeduld. Er wartet auf nichts. Was geschieht, geschieht, und dieses nimmt er an. So wie der Kirschbaum im Frühling blüht und im Hochsommer die Früchte hervorbringt und darum aber nicht von Frühjahr bis Sommer wartet, bis endlich die Kirschen reif sind, sondern einfach da ist, existiert, so lebt der Mensch des Tao von einem Tag zum anderen. […]
Probleme erkennt er im Ansatz und wendet ihnen sofort, ohne zu zögern, seine volle Aufmerksamkeit zu, besieht sie sich gründlich. Dann wendet er sich dem Tagesgeschehen zu und vergisst

die Probleme wieder. Die durch ihn wirkende, grenzenlose Intelligenz findet die Lösung für ihn weitaus rascher und besser, als sein eigener begrenzter Intellekt es schaffen könnte. Auf diese Weise gelangen die Dinge von ganz alleine in Bewegung. *Theo Fischer*

Theo Fischer (1931–2013): Sachbuchautor

M4 Die Lehre des Lao-Tse

Verehrter Lao-Tse, Sie gelten als Gründer der altchinesischen Lehre des Taoismus. Was verstehen Sie unter dem Tao?

Könnten wir weisen den Weg,
Es wäre kein ewiger Weg.
Könnten wir nennen den Namen,
Es wäre kein ewiger Name.

Aha, und wie kann ich dieses Namenlose, das Tao, erfahren?

Ohne das Tor zu verlassen,
Kannst du das Erdreich erfassen;
Ohne durchs Fenster zu spähn,
Den Weg des Himmels sehn.
Je weiter wir hinausgegangen,
Desto geringer wird unser Verstehn. [...]

Ich soll mich also auf mein Inneres konzentrieren. Das verändert aber sicher auch mein Handeln, oder?

Der Weg ist ewig ohne Tun;
Aber nichts, das ungetan bliebe.

Sie meinen, ich soll nichts tun, nicht mehr eingreifen? Dieses Nicht-Handeln, das Sie „Wu Wei" nennen, kommt mir aber sehr merkwürdig vor.

[...] Die Schlichtheit des Namenlosen,
Wohl! Sie führt zum Ohne-Begehren.
Nicht-Begehren wird in Stille münden,
Und das Reich wird selbst zur Ordnung finden.

Eine ungewöhnliche, aber auch schöne Vorstellung: Wenn ich das Wirken des Tao nicht beeinflusse und meine persönlichen Wünsche nicht mehr so wichtig nehme, wendet sich alles von selbst zum Guten. Aber ist das denn nicht das Ende aller Moral?

Höchste Tugend weiß von der Tugend nicht;
Daher gibt es die Tugend.
Niedere Tugend lässt von der Tugend nicht;
Daher mangelt die Tugend.
Höchste Tugend ist ohne Tun;
Ist auch ohne Grund, warum sie täte.
Niedere Tugend tut,
Hat auch einen Grund, warum sie tut.

Erst das Festhalten an der Moral entfernt den Menschen von seinem von Natur aus guten Handeln? Sitten und Gebote sind Verfallserscheinungen? Darüber muss ich aber noch eine Weile nachdenken und mich mit einigen Leuten austauschen.

Viele Worte – manch Verlust. Am besten, man bewahrt sie in der Brust! [...]
Rede selten nur – so will es die Natur. *Lao-Tse*

Lao-Tse, auch Laotse, Lao-Tzu (6. Jh. v. Chr.): wörtlich: „Alter Meister"

AUFGABEN

1 Erläutere John Lennons Songtext und Lao-Tses Reaktion darauf. > M1

H 2 Erkläre die Begriffe „Wu wei" und „Tao" und veranschauliche die Lebenskunst des Tao anhand von Beispielen. > M2/M3

V 3 Interpretiere die Aussagen Lao-Tses in M4 auf der Grundlage der Erklärungen von Alan Watts (M2) und Theo Fischer (M3). > M2-M4

4 Verfasse einen Brief an Lao-Tse, in dem du deutlich machst, wie du seine Lebensauffassung beurteilst. > M2-M4

plus Notiert eure Fragen zu den ethischen Grundsätzen des Taoismus, die ihr – falls möglich – der Religionsvertreterin bzw. dem Religionsvertreter im Interview stellen wollt.

Was ihnen gemeinsam ist

M1 Regeln der Religionen

M2 Das Projekt Weltethos

Immer deutlicher wurde mir in den letzten Jahren, dass die eine Welt, in der wir leben, nur dann eine Chance zum Überleben hat, wenn in ihr nicht länger Räume unterschiedlicher, […] gar sich bekämpfender moralischer Ethiken existieren. Diese eine Welt braucht […] verbindende und verbindliche Normen […] [und] Werte. […] Und ich bin der Überzeugung, dass die Religionen einen Beitrag dazu leisten können, denn sie haben – trotz aller Unterschiede – […] ein gemeinsames Fundament […]. Allen Religionen geht es letztlich um das Wohl des Menschen, und alle Religionen stellen ethische Grundnormen auf, die dazu dienen sollen, dieses Wohl zu erreichen. […]

[Das] Parlament der Weltreligionen […] [hat im Jahr 1993 in einer Erklärung] die Prinzipien und Weisungen eines Weltethos auf der Basis der großen religiösen und ethischen Traditionen der Menschheit klar formuliert und in die heutige Zeit übersetzt:

Die beiden Grundprinzipien:

- Das *Humanitätsprinzip*: „Jeder Mensch soll menschlich und nicht unmenschlich behandelt werden."
- Die *Goldene Regel der Gegenseitigkeit*: „Tue nicht anderen, was du nicht willst, dass sie dir tun."

Die vier Weisungen oder Imperative der Menschlichkeit:

- Für eine Kultur der Gewaltlosigkeit und der *Ehrfurcht vor allem Leben*: „Nicht töten – aber auch nicht foltern, quälen, verletzen" – oder positiv: „Hab Ehrfurcht vor dem Leben!"
- Für eine Kultur der *Solidarität* und eine *gerechte Wirtschaftsordnung*: „Nicht stehlen – aber auch nicht ausbeuten, bestechen, korrumpieren" – oder positiv: „Handle ehrlich und fair!"
- Für eine Kultur der *Toleranz* und ein *Leben in Wahrhaftigkeit*: „Nicht lügen – aber auch nicht täuschen, fälschen, manipulieren" – oder positiv: „Rede und handle wahrhaftig!"
- Für eine Kultur der *Gleichberechtigung* und die Partnerschaft von Mann und Frau: „Nicht Sexualität missbrauchen, aber auch nicht den Partner überhaupt missbrauchen, erniedrigen, entwürdigen" – oder positiv: „Respektiert und liebet einander!"

Manche hielten dieses Projekt damals für eine große Utopie. Aber die Weltethosidee ist keine Utopie, kein Nirgendwo, sondern sie ist eine Vision. Sie zeigt, wie eine zwar nicht „heile", aber doch bessere Welt aussehen soll und kann.

Hans Küng

korrumpieren: bestechen, moralisch verderben

Hans Küng (1928–2021): bedeutender Theologe, Autor und Kirchenkritiker

AUFGABEN

1 Vergleiche die verschiedenen Regeln der Religionen. Stelle dar, was ihnen gemeinsam ist. > M1

2 Erläutere die Prinzipien und Weisungen des Weltethos durch Beispiele aus verschiedenen Bereichen (persönliche, gesellschaftliche, globale Aspekte). > M2

3 Beurteile, inwiefern das Projekt Weltethos einen Beitrag zum friedlichen Miteinander von Religionen leisten kann. > M2

plus Merkt für eure Interviews mit den Religionsvertreterinnen bzw. -vertretern die Bitte zur Darstellung ihrer Auffassung von Gemeinsamkeiten und Unterschieden in den ethischen Grundsätzen der Religionen vor.

Was wir wissen – was wir können

Wissen kompakt

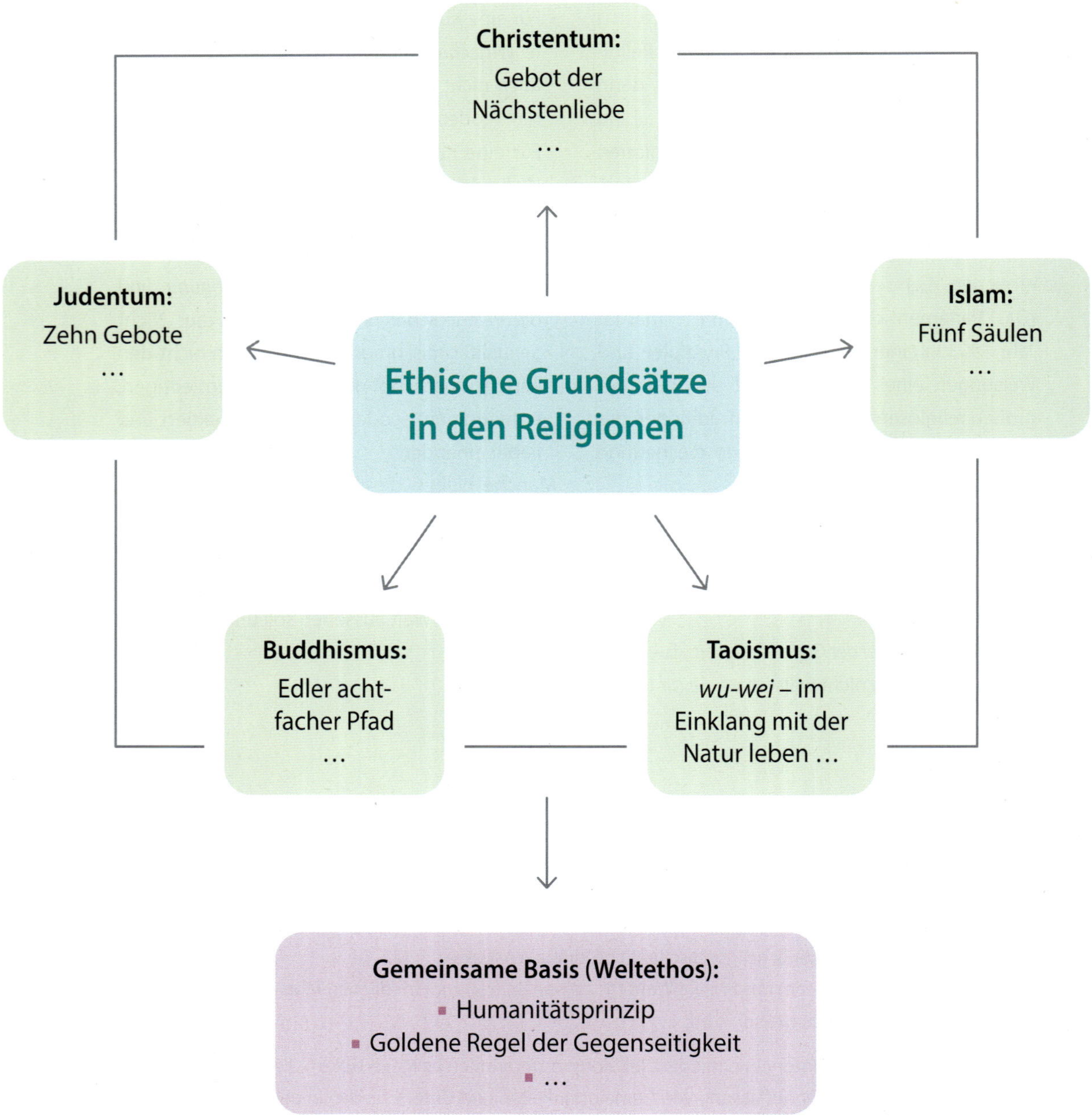

KOMPETENZ-CHECK

Überprüfe dich selbst: Wenn du dich bei einem Punkt noch unsicher fühlst, lies und bearbeite (ggf. mit einer Partnerin oder einem Partner) die passende Schulbuchseite noch einmal.

Ich kann …		Meine Einschätzung – –	–	+	++
ethisch vorbildliche Einstellungen von Vertreterinnen oder Vertretern verschiedener Religionen erläutern	> S. 248–249				
Grundzüge der jüdischen Ethik darstellen und sie an Beispielen erläutern	> S. 250–251				
die ethischen Grundsätze erläutern, die Jesus in der Bergpredigt verkündet hat, und bewerten, ob und wie weit sich das christliche Gebot der Nächstenliebe umsetzen lässt	> S. 252–253				
die Bedeutung der fünf Säulen des Islam erläutern und muslimische Glaubensgrundsätze mit jüdisch-christlichen vergleichen	> S. 254–255				
die vier edlen Wahrheiten des Buddhismus erläutern und erklären, was die Lehre vom Karma ist	> S. 256–257				
die taoistische Lebensauffassung und die Lehre des *wu-wei* an Beispielen verdeutlichen	> S. 258–259				
anhand des Projekts Weltethos die Goldene Regel in ihrer Bedeutung für das Zusammenleben beschreiben	> S. 260–261				

Arbeitsblatt:
Kompetenz-Check „Ethische Grundsätze in Religionen"

Mediencode: 21057-14

plus Es ist nun Zeit, eure Filmreportage fertigzustellen und (in eurem Kurs / eurer Schule) vorzuführen. Tauscht euch im Anschluss über die Erläuterungen und Stellungnahmen der verschiedenen Religionsvertreterinnen bzw. -vertreter zu folgenden Aspekten aus:

- Ethische Grundsätze des Judentums
- Ethische Grundsätze des Christentums
- Ethische Grundsätze des Islam
- Ethische Grundsätze des Buddhismus
- Ethische Grundsätze des Taoismus
- Gemeinsamkeiten und Unterschiede in den ethischen Grundsätzen der Religionen

Hilfestellungen

KAPITEL 1B
Zu S. 37, A2:

Unterscheidungsmöglichkeiten von		
	männlich	**weiblich**
anhand von körperlichen Merkmalen (biologisches Geschlecht)	▪ Geschlechtschromosomen: … ▪ primäre und sekundäre Geschlechtsmerkmale: …	▪ Geschlechtschromosomen: … ▪ primäre und sekundäre Geschlechtsmerkmale: …
anhand von Verhaltensweisen / Eigenschaften (soziales Geschlecht)	▪ … ▪ …	▪ … ▪ …

Wird man als Mann oder Frau geboren?	
Ja, weil … ▪ … ▪ …	*Nein, weil* ▪ … ▪ …

KAPITEL 2A
Zu S. 51, A1:

Formen der Freundschaft nach Aristoteles	
Formen	**Beispiele**
Freundschaft, um miteinander Spaß zu haben	… …
…	Lisa, die gut Rechnen kann, hilft Ben, der schwach in Mathe ist, bei den Hausaufgaben, und Ben, der gut Englisch spricht, hilft Lisa, die schwach in Englisch ist. …
echte Freundschaft: …	… …

KAPITEL 2B
Zu S. 77, A2:

1. In der *Zeichnung* ist ein Mann zu sehen, der sein Spiegelbild im Wasser betrachtet.
   a) Beschreibe den Mann.
   b) Beschreibe das Spiegelbild des Mannes: Welchen Unterschied erkennst du?
2. In dem *Text über der Zeichnung* ist zu lesen:
   a) „Der Andere ist anders." Damit ist gemeint: …
   b) „Er ist wie du." Das bedeutet: …
3. Zusammenspiel von *Zeichnung und Text*:
   Die Karikatur will Folgendes zum Ausdruck bringen: …

KAPITEL 3A
Zu S. 93, A4:

Meine Pflichten in der Gemeinschaft	
Familie	Gehorsamspflicht den Eltern gegenüber
Schule	…
Verein	…
Wohnort	…
Heimatland	…
…	…

Zu S. 95, A4:

Bei der Lösung der Aufgabe empfiehlt es sich, in folgenden Schritten vorzugehen:

Was wird Eichmann vorgeworfen?	…
Wie rechtfertigt der Verteidiger Eichmanns Taten?	…
Was versteht man unter zivilem Ungehorsam?	Unter zivilem Ungehorsam versteht man einen bewussten Verstoß gegen staatliche Gesetze, wenn man deren Erfüllung mit guten Gründen als unmoralisch beurteilt.
Wie beurteilt Gandhi den zivilen Ungehorsam?	…
Wie ist die Rechtfertigung des Verteidigers auf der Basis des Zitates von Gandhi zu beurteilen?	…

KAPITEL 3B

Zu S. 103, A2:

Im Text M2 und im Infokasten wird zwischen folgenden Formen von Gewalt unterschieden:

legitime Gewalt (gesetzliche Form von Zwang) —— *illegitime (gesetzeswidrige) Gewalt*

physische (körperliche) Gewalt
- Verletzung
- Tötung
- …

psychische (seelische) Gewalt
- verbale (sprachliche) Gewalt, z. B. Beleidigung
- …

strukturelle Gewalt (= indirekte Gewaltausübung durch Strukturen der Gesellschaft)
- …

Zuordnung zu den Bildern in M1:

1. Polizisten, die eine Demonstrantin abführen
   = …
2. Randalierer, die (im Rahmen einer Demonstration) Steine auf Polizisten werfen
   = ...
3. Fußballfans, die über eine (von Ordnungskräften gesicherte) Absperrung klettern
   = …
4. Jugendliche, die ein am Boden sitzendes Kind treten
   = …
5. beleidigende Chatnachricht
   = …
6. wütender Autofahrer, der (einem anderen Verkehrsteilnehmer) den Mittelfinger zeigt
   = …
7. obdachloser Mensch, der auf der Straße lebt
   = …

Zu S. 105, A6:

Hilfreicher Internetlink:
https://www.bertelsmann-stiftung.de/de/presse/pressemitteilungen/pressemitteilung/pid/mehr-bildung-weniger-kriminalitaet

KAPITEL 4A
Zu S. 129, A2:

Internetlink für die Recherche:
https://www.un.org/depts/german/menschenrechte/aemr.pdf

KAPITEL 4B
Zu S. 141, 145, 147 und 149 (jeweils *plus*-Aufgabe):

Anregungen:
1. Listen zu utopischer Literatur finden sich z. B. unter:
   https://de.wikipedia.org/wiki/Utopische_Literatur
2. Eine Liste mit Filmen und Fernsehsendungen zum Thema „Dystopie" findet sich beispielsweise unter:
   https://de.wikipedia.org/wiki/Liste_dystopischer_Filme
3. Listen mit Büchern zum Thema finden sich z. B. unter:
   https://www.spiegel.de/tests/dystopien-in-der-literatur-die-besten-romane-a-00000000-0003-0001-0000-000001159250
   https://www.dominik-schwarz.net/potpourri/dystopien/
4. Eine hervorragende Liste mit Jugendbüchern zum Thema „Dystopie" findet sich unter:
   https://www.buechertreff.de/buchtipps/19-dystopie-fuer-jugendliche/?pageNo=4&sortField=likes&sortOrder=DESC

Zu S. 141, A2:

Körper	Seele	Tugend	Staat
Kopf	Vernunft	…	…
Brust	…	Mut	…
Unterleib	…	…	Handelsstand

KAPITEL 5A
Zu S. 165, A1:

Der Säugling sucht …	Der Säugling kann nicht
▪ Wärme ▪ Schutz ▪ … ▪ … ▪ …	▪ sprechen ▪ laufen ▪ … ▪ … ▪ …

KAPITEL 5B
Zu S. 181, A1:

Bild 1 und 2 zeigen Umweltverschmutzung durch Abgase. Als besonders schädlich für die Umwelt gilt …, ein sog. …-Gas.
→ Mögliches Suchwort für die Internetrecherche: Folgen des …-Ausstoßes, …-Effekt
Bei Bild 3 und 4 geht es um das Abschmelzen des Grönlandeises und die Folgen davon.
Das Schmelzen des Eises gilt als eine der Ursachen des ….
→ Mögliches Suchwort für die Internetrecherche: … - Ursachen und Folgen

Zu S. 183, A1:

Hilfreiche Internetlinks:
https://www.lpb-bw.de/weltklimagipfel
https://www.tagesschau.de/wissen/klima/beschluesse-cop27-klimakonferenz-101.html
https://www.tagesschau.de/ausland/afrika/cop27-klimakonferenz-ende-101.html
https://www.sueddeutsche.de/politik/cop27-ergebnisse-1.5699851
https://www.zeit.de/wissen/umwelt/2022-11/un-klimakonferenz-cop27-versagen-klimaschaeden-einigung

KAPITEL 6A
Zu S. 197, A1:

Hier sind zwei Hinweise, die dich auf die richtige Spur führen, falls du nicht weiterkommst:
Hinweis 1: Tür 2 spricht nicht die Wahrheit
Hinweis 2: Tür 3 spricht die Wahrheit.

https://escaperoomspiele.com/das-raetsel-der-tueren/

Zu S. 203, A2:

Wahrheitskriterium:	
Evidenz	Als wahr gilt das, was offensichtlich, unmittelbar einleuchtend und einsehbar (evident) ist.
Korrespondenz	…
Widerspruchsfreiheit (Kohärenz)	…
Konsens	…
Bewährung	…

KAPITEL 6B
Zu S. 219, A2:

Hilfreiche Internetlinks:
https://www.tagesschau.de/thema/fake_news/
https://www.faz.net/aktuell/politik/thema/fake-news
https://www.ndr.de/ratgeber/medienkompetenz/fakenews236.pdf

Zu S. 221, A2:

Torwächterfunktion der traditionellen Medien:

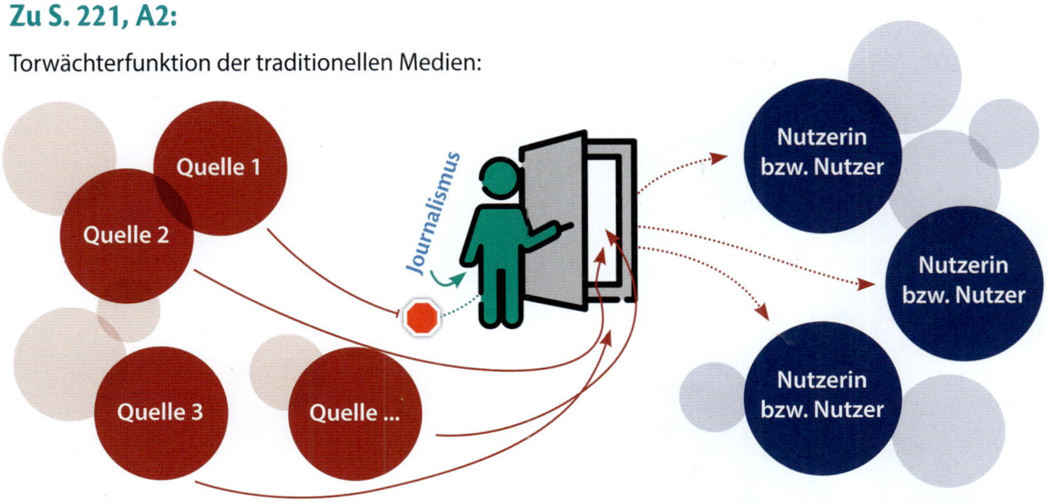

„Gatekeeping"-Modell der klassischen Massenmedien

Wie müsste die Darstellung verändert werden, um die Informationsverbreitung in sozialen Medien darzustellen? – Fertige eine Zeichnung dazu an.

Probleme, die die Veränderung der Medienlandschaft mit sich bringt:

- Es ist nicht mehr garantiert, dass bei der Verbreitung von Informationen journalistische Qualitätskriterien eingehalten werden.
- …
- …

KAPITEL 7A

Zu S. 243, A2:

KAPITEL 7B

Zu S. 259, A2:

Begriffserklärungen	Beispiele
Aufgabe des Menschen: Leben im **Tao** ▪ annehmen, was geschieht ▪ die Gedanken kommen und gehen lassen, wie sie auftreten ▪ ohne Anstrengung/Kampf leben	*Weide im Schnee …* (im Unterschied zur Pinie im Schnee: …)
Mittel dazu: **wu wei** …	*Kirschbaum im Frühling / Sommer …*

BILDVORLAGE

Zu S. 204, M1:

LÖSUNG/AUSWERTUNG

Zu S. 9, A1:

Die Emojis sollen folgende Gefühle darstellen (beginnend oben, im Uhrzeigersinn):
verliebt – überrascht – schockiert – wütend – traurig – glücklich
Das Gehirn (Bild in der Mitte) steht für den Verstand, der von den vielen Emotionen verunsichert scheint.

Zu S. 53, A2:

0- bis 3-mal Ja	4- bis 7-mal Ja	8- bis 10-mal Ja
Na ja, die große Liebe ist das sicher nicht. Vielleicht findest du den Jungen oder das Mädchen ja nur interessant, weil er oder sie in deiner Clique oder Klasse besonders beliebt ist?	Mit reiner Freundschaft lässt sich so viel Interesse bestimmt nicht erklären. Wenn ihr euch ein paar Mal auf „neutralem Boden" trefft (im Kino, beim Eisessen, im Schwimmbad …), wird sich zeigen, ob die Sache ausbaufähig ist.	Dich hat es wirklich erwischt. Am besten schaust du erst mal, ob das Interesse auf Gegenseitigkeit beruht. Und dann brauchst du nur noch ein wenig Initiative.

Zu S. 83, A2:

Im Original lautet die Antwort Calvins wie folgt:

Bill Watterson

Zu S. 195, A1:

Nur Geschichte 1 stimmt: Bei einer bestimmten Windrichtung bricht sich der Wind an einem Haus und lenkt dadurch die eine Fahne in eine andere Richtung als die übrigen.

Zu S. 197, A1:

Lösungserklärung nach dem Ausschlussverfahren:

- Wenn Tür 1 die Wahrheit sagen würde, dann würden 2 und 3 lügen. 3 sagt aber, dass 2 lügt, was ja der Wahrheit entspricht. Und dann hätte man 2 Türen, die die Wahrheit sagen, darum geht diese Variante nicht auf.
- Wenn Tür 2 die Wahrheit sagen würde, dann wäre die richtige Tür Nummer 3. Da in diesem Szenario aber Tür 1 lügt, wäre diese Tür ebenfalls die richtige. Daher geht dieses Szenario auch nicht auf.
- Wenn Tür 3 die Wahrheit sagt, dann lügen Tür 1 und 2. Wenn Tür 2 lügt, ist also Tür 3 nicht die richtige Tür, und wenn Tür 1 lügt, dann ist sie nicht die falsche, sondern die richtige Tür. Darum lautet die Lösung: Tür Nummer 1.

Lösung nach: https://escaperoomspiele.com/das-raetsel-der-tueren/ (abgerufen am 22.01.2023)

Zu S. 197, A2:

a) Wenn vier Personen miteinander anstoßen, hört man sechsmal die Gläser klirren. Es waren also nur vier, nicht fünf Bankräuber.

b) Wenn Monsieur Leconte während des Einbruchs im Schrank eingesperrt war und gerade eben erst von Prof. Berkley befreit wurde, kann er noch nicht wissen, was der Dieb alles gestohlen hat. Es handelt sich also um einen vorgetäuschten Raubüberfall und einen Fall von geplantem Versicherungsbetrug.

Methodenübersicht

In „philopraktisch 2 – Neue Ausgabe" werden in den Aufgabenstellungen verschiedene Unterrichtsmethoden vorgeschlagen. Viele davon kennt ihr wahrscheinlich schon aus Band 1 oder aus anderen Fächern, manche erscheinen euch vielleicht noch neu und ungewohnt. Wenn ihr wissen wollt, worauf es bei einzelnen Unterrichtsmethoden ankommt bzw. wodurch sie sich auszeichnen, könnt ihr die folgende Übersicht zusammen mit eurer Lehrerin oder eurem Lehrer zur Information oder Wiederholung nutzen.

Auseinandersetzen mit Paradoxa

Ein Paradoxon ist ein scheinbarer oder tatsächlich unauflösbarer, unerwarteter Widerspruch. Indem ihr euch mit einander jeweils widersprechenden Aussagen auseinandersetzt, wird euer logisches Denken geschult.

→ *Übungsmöglichkeit: S. 201, Aufgabe 4*

Bildbetrachtung

Bei einer Bildbetrachtung empfiehlt es sich, folgende Leitfragen zu nutzen:

- Was ist zu sehen?
- Was fällt besonders auf?
- Wie ist das Bild gestaltet?
- Welche Gefühle löst es in mir aus?
- Welche Wirkung hat es auf mich?
- Wie ist das Dargestellte zu deuten?
- Welche Fragen oder Probleme werden durch das Bild aufgeworfen?

→ *Übungsmöglichkeit: S. 35, Aufgabe 1*

Diskussion

Mit einem Streitgespräch oder einer Pro- und Contra-Diskussion zu einem umstrittenen Thema oder einer Entscheidungsfrage können unterschiedliche Standpunkte zum Ausdruck gebracht und auf ihre Tragfähigkeit hin geprüft werden. Der in der Sache harte, aber faire Austausch von Argumenten soll die gegnerische Partei von der eigenen Meinung überzeugen. Allgemeine Gesprächsregeln müssen dabei eingehalten werden. Eine Diskussion kann z. B. so geführt werden:

- Vorstellung des zu diskutierenden Problems
- Formulierung der Entscheidungsfrage
- erste Abstimmung (über die Entscheidungsfrage)
- Sammeln von Argumenten in Pro- und Contra-Gruppen
- Präsentation der Argumente vor der Klasse
- Gedankenaustausch über die Argumente
- zweite Abstimmung (über die Entscheidungsfrage)

→ *Übungsmöglichkeit: S. 93, Aufgabe 3*

Experimentieren

Das Experimentieren ermöglicht zuverlässige Aussagen über Ursache-Wirkungs-Beziehungen. Durch die Auswertung von Versuchsergebnissen sollt ihr zu einer Schlussfolgerung gelangen. Dabei ist zu beachten, dass man nur solche neuen Erkenntnisse gewinnen kann, nach denen in den zuvor geäußerten Vermutungen gefragt worden ist. Im Zusammenspiel mit einem Modell können Experimente die Grundlage für eine Theorie sein.

→ *Übungsmöglichkeit: S. 113, Aufgabe 1*

Filmanalyse

Die Förderung der Kompetenz, Filme analysieren zu können, ist ein wichtiges fächerübergreifendes Ziel.

- Das Besondere der Filmanalyse im Philosophieunterricht ist, dass ihr von einer philosophischen Frage oder Problemstellungen ausgeht, die ihr an den Film herantragt.
- Wegen der Komplexität von Filmen werdet ihr im Unterricht in der Regel kürzere Sequenzen mit Hilfe von vorgegebenen Beobachtungsaufgaben analysieren.
- Um solche Ausschnitte in das Ganze einordnen zu können, solltet ihr euch (z. B. durch Recherche in Online-Filmlexika) Inhaltsangaben verschaffen.
- Beobachten könnt ihr die Schauplätze, den Gang der Handlung, das Verhalten der Figuren, die filmischen Gestaltungselemente (Kameraeinstellung, Filmschnitt, Lichtführung, Sound und Geräusche, Musik, Spezialeffekte), Probleme, die zur Sprache kommen.

→ *Übungsmöglichkeit: S. 223, Aufgabe 1*

Gedankenexperiment

Gedankenexperimente spielen im Philosophieunterricht eine große Rolle, weil man sich oft mit Fragen beschäftigt, auf die man nicht so schnell eine Antwort findet. Um ganz neue Ideen, Lösungen oder Sichtweisen zu entwickeln, geht man von wirklichen oder erdachten Gegebenheiten aus und stellt sich verschiedene Möglichkeiten vor, die in der Wirklichkeit zwar nicht existieren, aber existieren könnten. Ein Gedankenexperiment findet immer nur im Kopf statt und ihr erkennt es daran, dass es mit einer Annahme beginnt, die meist so eingeleitet wird: „Angenommen, …", „Stell dir einmal vor, …"

Eine Darstellung der weiteren Phasen bei der Durchführung eines Gedankenexperimentes findet ihr auf Seite 89.

→ *Übungsmöglichkeit: S. 89, Aufgabe 2*

Internetrecherche

Im Internet findet man sehr schnell viele Informationen zu allen möglichen Themen. Es ist aber wichtig, dass man weiß, wie man suchen soll und welchen Ergebnissen man vertrauen kann. Ihr könnt folgendermaßen vorgehen:

- Ihr nutzt für die Suche nur ausgewählte Links, die ihr im Lehrbuch findet oder von eurer Lehrerin oder eurem Lehrer erhaltet.
- Ihr gebt Stichwörter zu eurem Thema in eine Suchmaschine ein und filtert aus den Ergebnissen der Suchanfrage die passenden Informationen heraus. Allerdings ist hier Vorsicht geboten, da nicht alle Internetseiten vertrauenswürdig sind. Am besten ist es, ihr vergleicht die Angaben mehrerer Seiten miteinander und klärt Zweifelsfälle mit euren Eltern oder der Lehrerin / dem Lehrer.

→ *Übungsmöglichkeit: S. 219, Aufgabe 2*

Kreatives Gestalten

Beim Zeichnen von Bildern, Collagieren oder bildlichen Gestalten von Plakaten könnt ihr eurer Fantasie freien Lauf lassen, eigene Ideen umsetzen und auch Gedanken und Gefühle ausdrücken. Wichtig ist, dass ihr bei der Präsentation eurer Produkte erklären könnt, warum ihr sie auf eure besondere Weise gestaltet habt.

→ *Übungsmöglichkeit: S. 91, Aufgabe 2*

Lösen von Rätseln

Rätsel werfen Fragen auf, die nicht sofort gelöst werden können, weil das zu Erfragende verschlüsselt vorliegt und erst durch Nachdenken und Kombinieren entschlüsselt werden muss. So trägt eure Beschäftigung mit Rätseln nicht nur dazu bei, das logische Denken zu schulen, sondern kann auch veranschaulichen, was logisches Denken ausmacht und wie wir zur Erkenntnis von Wahrheit gelangen.

→ *Übungsmöglichkeit: S. 197, Aufgabe 2*

Mindmapping

Eine Mindmap dient dazu, Ideen, Begriffe, Gedanken aller Art zu einem Thema zu ordnen und in ihrem Zusammenhang darzustellen.

- Schreibt das Thema in die Mitte eines leeren Blattes Papier und kreist es ein.
- Um den Kreis herum legt ihr Äste und Verzweigungen an und verseht sie mit Stichworten, so dass eine übersichtliche Darstellung der verschiedenen Aspekte des jeweiligen Themas entsteht.

→ *Übungsmöglichkeit: S. 127, Aufgabe 4*

Museumsgang

Der Museumsgang ist eine Methode, mit der ihr die Ergebnisse von Gruppenarbeiten präsentieren könnt.

- Die einzelnen Gruppen (Expertengruppen) halten ihre Arbeitsergebnisse in Form eines Lernplakates fest und hängen sie dann möglichst weit voneinander entfernt im Klassenraum auf.
- Bildet anschließend neue Gruppen (Museumsgruppen), in denen jeweils ein Mitglied aus der Expertengruppe stammt. Hattet ihr z. B. fünf Expertengruppen, müssen in jeder Museumsgruppe fünf Expertinnen bzw. Experten aus den verschiedenen Expertengruppen sein.
- Die einzelnen Museumsgruppen wandern von Lernplakat zu Lernplakat und das jeweilige Gruppenmitglied, das bei der Erstellung des Plakats beteiligt war, stellt den anderen Gruppenmitgliedern die Ergebnisse vor.

→ *Übungsmöglichkeit: S. 257, Aufgabe 1*

Projektlernen

Projekte geben euch die Möglichkeit, zu einem bestimmten Thema so zu arbeiten und zu lernen, wie ihr selbst das festlegt. Ihr entscheidet, welche Aufgaben ihr in welcher Form und Reihenfolge erledigt. Für ein gutes Ergebnis sind folgende Schritte nötig:

- Wahl der Projektaufgabe
- Planung des Projektweges
- Ausführung
- Festhalten der Ergebnisse
- Abschließende Diskussion über das Projekt

→ *Übungsmöglichkeit: plus-Aufgabe zum Kapitel „Ethische Grundsätze in Religionen", S. 247ff.*

Realbegegnung

Bei bestimmten Themen ist es wichtig, auch zu sehen und zu erfahren, worüber man im Unterricht gesprochen hat. Besuche von Orten oder Einrichtungen außerhalb der Schule sowie Begegnungen mit Menschen, die ihr dort trefft oder die ihr zu euch in den Unterricht einladet, können euch dabei helfen, Inhalte besser zu verstehen und/oder verschiedene Seiten und Meinungen eines Themas kennenzulernen.

→ *Übungsmöglichkeit: plus-Aufgabe zum Kapitel „Begegnung mit Fremden", S. 65ff.*

Rollenspiel

In einem Rollenspiel schlüpft ihr in die Rollen anderer Personen und erprobt angemessene Verhaltensweisen in einer vorgegebenen Situation oder zu einem bestimmten Thema. Jedes Rollenspiel sollte drei Phasen aufweisen:

- *die Vorbereitungsphase,* in der ihr die Ausgangslage besprecht und die Rollen an die Spielerinnen und Spieler verteilt,
- *die Durchführungsphase,* in der die Spielerinnen und Spieler die Szene spielen und die Nicht-Teilnehmenden sich Notizen zum Ablauf und der Umsetzung machen.
- *die Auswertungsphase,* in der ihr euch über die Ergebnisse der Beobachterinnen und Beobachter austauscht und die Spielerinnen und Spieler beschreiben, wie sie sich in ihrer Rolle gefühlt haben. Man kann auch Verhaltensalternativen besprechen.

→ *Übungsmöglichkeit: S. 49, Aufgabe 3*

Schreiben

Im Philosophieunterricht werdet ihr des öfteren aufgefordert, Texte zu schreiben. Dabei kommt es darauf an, dass ihr eigene Antworten auf bestimmte Fragen findet, indem ihr eure Gedanken und Gefühle dazu formuliert. Folgende Textformen sind beispielsweise möglich:

- ein persönlicher Tagebucheintrag oder Brief
- Fortsetzungen zu vorgegebenen Szenen und Geschichten etc.
- eigene Geschichten zu einem Bild oder Zitat

→ *Übungsmöglichkeit: S. 37, Aufgabe 4*

Visualisierung

Indem ihr etwas anschaulich und übersichtlich darstellt (z. B. eine Grafik oder Tabelle anlegt), könnt ihr Unterrichtsinhalte erarbeiten bzw. genauer erfassen oder Ergebnisse festhalten.

→ *Übungsmöglichkeit: S. 185, Aufgabe 1*

Personenregister

Sachregister

Textnachweise

Gefühl und Verstand

S. 8/9: Jörg Peters, Martina Peters, Bernd Rolf

S. 10/11: M2/M4 Helmut Engels, in: Jörg Peters, Bernd Rolf (Hg.): philopraktisch 2A. Bamberg: C.C. Buchner 2011, S. 14-15; M3 Udo Baer/ Gabriele Frick-Baer: Bibliothek der Gefühle, Bd. 6: Der Kleine Ärger und die große Wut, Neukirchen-Vluyn: Affenkönig 2005, S. 28

S. 12/13: M2/M3 Lenne Kaffka: Wie wir lernen, unsere Gefühle zu verstehen. Podcast vom 01. Mai 2021. Online: https://www.spiegel.de/psychologie/fuehlen-lernen-wie-wir-unsere-gefuehle-besser-verstehen-a-25341f59-9bb9-4272-9336-4f09f88baf13 (abgerufen am 15.03.2023), Zeit: 2:01-2:38, 3:38-4:37 und 4:38-6:56 min. (Transkription von Bernd Rolf); Infokasten Gefühle: Jörg Peters, Martina Peters, Bernd Rolf

S. 14/15: M1 Daniel Goleman: EQ. Emotionale Intelligenz. Übersetzt von Friedrich Griese. München: Deutscher Taschenbuch Verlag [4]1997, S. 22; M2, Z. 1-10: Thomas Vašek: Philosophie! Die 101 wichtigsten Fragen. Darmstadt: Peter Delius Verlag (Lizenzausgabe für die WBG) 2017, S. 43; Z. 11-40: Daniel Goleman: a.a.O., S. 22-23; M3 Heiko Ernst: Warum positive Gefühle so wichtig sind. In: Psychologie heute. Heft 1, 2006. Online: https://www.beltz.de/fileadmin/beltz/downloads/OnlinematerialienPVU/Positive_Psychologie/Psychologie%20Heute%20Artikel%20zu%20Positiver%20Psychologie%20Warum%20positive%20Gefuehle%20so%20wichtig%20sind.pdf, hier S. 1-4 (abgerufen am 06.03.2023)

S. 16/17: M1 Bundespsychotherapeutenkammer n.e.V.: „GeFühle fetzen: Rasend vor Wut". Online: https://www.gefuehle-fetzen.net/maria/?c=wut (abgerufen am 06.03.2023); M2 Sonja Schuch: Umgang mit Gefühlen. In: GIVE-Servicestelle für Gesundheitsförderung an Österreichs Schulen. Eine Initiative von Bundesministerium für Bildung, Wissenschaft und Forschung, Bundesministerium für Soziales, Gesundheit, Pflege und Konsumentenschutz und Österreichischem Jugendrotkreuz (Hg.): Modul 2: Wenn alle nerven. Unterrichtsmodelle zur Ressourcenstärkung von Kindern und Jugendlichen. Ich schaffe das. Wien: GIVE-Servicestelle für Gesundheitsförderung an Österreichs Schulen 2021, S. 8, 10-11. Online: https://www.ich-schaffe-das.at/wp-content/uploads/2021/12/Ichschaffe-das_Modul_2.pdf (abgerufen am 06.03.2023)

S. 18/19: M1 Bernd Schreiber: Die Container-Füchse. München: Deutscher Taschenbuch Verlag 2009, S. 78-79; M2 Anne Hewelt: Gefühl und Verstand: Wie Sie gute Entscheidungen treffen (2019). Online: https://www.hogrefe-consulting.com/de/thema/gefuehl-und-verstand-wie-sie-gute-entscheidungen-treffen (abgerufen am 06.03.2023); M3 Helmut Engels, in: Jörg Peters, Bernd Rolf (Hg.): philopraktisch 2A. Bamberg: C.C. Buchner 2011, S. 9

S. 20/21: M1 Helmut Engels, in: Jörg Peters, Bernd Rolf (Hg.): philopraktisch 2A. Bamberg: C.C. Buchner 2011, S. 12; M2 Jörg Peters, Bernd Rolf (basierend auf: Aristoteles: Politik. Hrsg. und übers. von Olof Gigon. München: dtv 1984, S. 49-50; Pol. I.2, 1253 a1-38); Bernd Rolf (basierend auf: Baruch de Spinoza: Ethik nach geometrischer Methode dargestellt. Übers. und mit Anmerk. versehen von Otto Baensch. Leipzig: Verlag von Felix Meiner, o. J., Lehrsatz 42, S. 295f.); Martina Peters, Jörg Peters (basierend auf: David Hume: Eine Untersuchung über die Prinzipien der Moral. Übersetzt von Gerhard Streminger. Stuttgart: Philipp Reclam jun. 1996, S. 216-217, 220); Infokasten Verstand: Jörg Peters, Martina Peters, Bernd Rolf

S. 22/23: M1 Bas Kast: Ich fühle, also bin ich. spiegel.de, Beitrag vom 10. August 2008. Online: https://www.spiegel.de/wissenschaft/mensch/emotionen-ich-fuehle-also-bin-ich-a-561852.html (abgerufen am 05.03.2023); M2 Bernd Rolf (basierend auf Winfried Berner: Verstand und Gefühl: Wie Logik und Intuition zusammenpassen. Online: https://www.umsetzungsberatung.de/psychologie/verstand.php, abgerufen am 05.03.2023)

S. 24/25: Jörg Peters, Martina Peters, Bernd Rolf

Geschlechtlichkeit und Pubertät

S. 26/27: Jörg Peters, Martina Peters, Bernd Rolf

S. 28/29: M2 Heike Abidi: Plötzlich 14. Hamburg: Oetinger Taschenbuch [5]2015, S. 7-12, 16-19; Infokasten Pubertät: Martina Peters, Jörg Peters, Bernd Rolf

S. 30/31: M1, Fall 1: Anke Helle: „Chill mal, Mama!", In: Focus SCHULE (jetzt: Magazin SCHULE) Nr. 3/09, S. 16, 20; Fall 2: Jörg Peters; M2 Matuschek, Karin / Sorge, Samy: Von dir Mama. © Bazzazian Edition / BMG Rights Management GmbH, Berlin. Hanseatic Musikverlag GmbH & Co. KG, Hamburg; M3 Iva Procházková: Die Nackten. Düsseldorf: Sauerländer Verlag [2]2008, S. 18f., 30ff.

S. 32/33: M1/M3 nach Martina Levent, in: Jörg Peters, Bernd Rolf (Hg.): philopraktisch 2A. Bamberg: C.C. Buchner 2011, S. 26-27; M2 Bernd Rolf (basierend auf: https://www.focus.de/familie/pubertaet/

lexikon-der-pubertaet-erziehung_id_1778883.html, S. 28); M4 Kerstin Konrad, Christine Firk, Peter J. Uhlhaas: Brain development during adolescence: neuroscientific insights into this developmental period. Dtsch Arztebl Int 2013; 110(25): 425–31. DOI: 10.3238/arztebl.2013.0425. Online: https://www.aerzteblatt.de/archiv/141049/Hirnentwicklung-in-der-Adoleszenz (abgerufen am 27.09.2022)
S. 34/35: M2 Angela von Gatterburg, Bettina Musall: „Meine Eltern. Meine Freunde. Meine Träume. Und ich. Lara de Diego, 16". In: Der Spiegel Wissen 2/10: Die Pubertät, S. 124; M3 Hans Hirling: Adoleszenz und die psychischen Entwicklungsanforderungen von Jugendlichen. Online: https://www.praxis-jugendarbeit.de/jugend-probleme-themen/23-Adoleszenz-psychische-Entwicklungsanforderungen.html (abgerufen am 01.10.2019)
S. 36/37: M2 Jörg Bernardy: Denk selbst! Philosophische Gedankensprüng, Beltz & Gelberg, Weinheim – Basel 2017, S. 82-84; M3 ZDFtivi, Sendung logo! (Fränzi Meyer): Das bedeutet LGBTQIA+. Beitrag vom 09.07.2023. Online: https://www.zdf.de/kinder/logo/das-bedeutet-lgbtqia-100.html (abgerufen am 18.09.2023); Info-Kasten Sex und Gender: Jörg Peters, Martina Peters, Bernd Rolf
S. 38/39: M1 Katrin Hummel: Homosexuelle Jugendliche. Man muss sich doch in eine Frau verlieben, oder? Online: https://www.faz.net/aktuell/gesellschaft/menschen/homosexuelle-jugendliche-erzaehlen-vom-coming-out-13620857.html?printPagedArticle=true#pageIndex_2 (abgerufen am 25.10.2019); M2 Martina Peters; M3 Jörg und Martina Peters: Interview mit einer transgeschlechtlichen Person („Noah" – Name geändert)
S. 40/41: M1 Silke Fokken: Vanjas Sieg. Online: https://www.spiegel.de/panorama/gesellschaft/bundesverfassungsgericht-was-vanjas-sieg-fuer-intersexuelle-bedeutet-a-1177436.html (abgerufen am 25.10.2019); M2/Anleitung/M3: Bernd Rolf
S. 42/43: Jörg Peters, Martina Peters, Bernd Rolf

Freundschaft, Liebe, Partnerschaft

S. 44/45: Zitate: https://www.zitate-und-sprichwoerter.com/zitate-freundschaft; https://www.careelite.de/freundschaft-zitate-zusammenhalt-sprueche/; https://www.zitate-und-sprichwoerter.com/zitate-liebe; https://zitate.net/partnerschaft-zitate (jeweils abgerufen am 03.04.2023); Aufgaben: Jörg Peters, Martina Peters, Bernd Rolf
S. 46/47: M1 Max von der Grün: Die Vorstadtkrokodile. Reinbek bei Hamburg: Rowohlt 1978 (rororo rotfuchs 171), S. 22, 23; M2 Erich Kästner: Das fliegende Klassenzimmer. Ein Roman für Kinder. Illustrationen von Walter Trier. 171. Auflage. Hamburg: Dressler Verlag / Zürich: Atrium Verlag 2014, S. 80-83; Infokasten Freundschaft: Jörg Peters, Martina Peters, Bernd Rolf
S. 48/49: M1/M2/M3 Jörg Peters, Martina Peters, Bernd Rolf, Verlagsredaktion
S. 50/51: M1 Jörg Peters (basierend auf: Aristoteles: Nikomachische Ethik VIII.1-6, 1155 a3-1157 b5); M2 Cicero: Laelius - Über die Freundschaft. Übersetzt von Robert Feger. München: Wilhelm Heyne Verlag 1976, § 22, S. 32–34; Michel de Montaigne: Die Essais. Hrsg. und übersetzt von Arthur Franz. Sammlung Dieterich, Bd. 137. Leipzig: Dieterich'sche Verlagsbuchhandlung 1953, S. 111; Arthur Schopenhauer: Aphorismen zur Lebensweisheit. Hrsg. von Rudolf Marx. Stuttgart: Alfred Kröner Verlag 1974, S. 208f.
S. 52/53: M2 Sabine Thor-Wiedemann: Liebe, Sex & Co. Ravensburg: Ravensburger Buchverlag 2006, S. 50f.; M3 Melli Klepper: Du bist schön (Slam-Poetry). Online: https://www.youtube.com/watch?v=2k6BfNCQTNI (abgerufen am 10.02.2023); M4 Joanne K. Rowling: Harry Potter und der Orden des Phönix. Übersetzt von Klaus Fritz. Hamburg: Carlsen Verlag GmbH 2003, S. 653-654, 656-658
S. 54/55: M1 Platons Gastmahl, neu übersetzt von Otto Apelt. Leipzig: Felix Meiner 1926. Unveränderter Nachdruck 2004. In: Platon - Sämtliche Dialoge. Hrsg. v. Otto Apelt. Bd. III. Hamburg: Felix Meiner 2004, S. 26-32; M2 Erich Fromm: Die Kunst des Liebens. Übersetzt von Liselotte und Ernst Mickel. Zürich: Manesse Verlag 1993, S. 13-14, 34, 37-39, 42
S. 56/57: M1 Erich Fromm: Die Kunst des Liebens. Übersetzt von Liselotte und Ernst Mickel. Zürich: Manesse Verlag 1993, S. 66-69, 74-75, 77, 79-80; Infokasten Sexualität und Liebe: Jörg Peters, Martina Peters, Bernd Rolf; M2 Diemar Stiemerling: Sehnsuchtsprogramm Liebe: Zur Psychologie der zentralen Beziehungswünsche. Stuttgart: Klett-Cotta 2002, S. 94-96
S. 58/59: M1 Wolfram Eilenberger: Sind wir dafür geschaffen, in Paaren zu leben? In: Philo Magazin 3/2013, S. 34; M2 Bonnie Kreps: Abschied vom Märchenprinzen. Eine Abrechnung mit der romantischen Liebe. Übersetzt von Susanne Aeckerle. Frankfurt am Main: Fischer Krüger Verlag, 1991, S. 225-226; M3 Holger und Stefan: Bernd Rolf; Natalia und Richard: Bernd Rolf (basierend auf: Ursula Nuber: Partnerwahl: Wer passt zu mir? In: Psycho-

logie heute 01/97, S. 24, 28); Marianne und Heinrich; Bernhard und Josie: Bernd Rolf (basierend auf: Henning Engelen: Liebe. Weshalb wir lieben und leiden, uns verbinden, trennen und betrügen müssen. In: GEO 01/97, S. 24f., 28f.)
S. 60/61: M2 Alice Schwarzer: „Der kleine Unterschied" und seine großen Folgen. Frankfurt am Main: S. Fischer Verlag ³1975, S. 148-149; M3 Doris Wolf: Eine Partnerschaft muss keine Lotterie sein. Online: http://www.partnerschaft-beziehung.de/ (05.01.2010); M4 Lydia Klöckner, Martin Spiewak, Sascha Venohr, Paul Blickle und Julian Stahnke: Partnerschaft – Anders lieben wollen. ZEIT ONLINE vom 10. März 2016. Online: https://www.zeit.de/wissen/2016-03/liebe-monogamie-beziehung-ehe-partnerschaft-studie-vermaechtnis (abgerufen am 03.04.2023)
S. 62/63: Jörg Peters, Martina Peters, Bernd Rolf

Begegnung mit Fremden

S. 64/65: Jörg Peters, Martina Peters, Bernd Rolf
S. 66/67: M1 nach François-Xavier Freland: Wir leben in Brasilien. Illustrationen von Sophie Duffet. Übersetzt von Regina Enderle. München: Knesebeck GmbH & Co. Verlags KG 2007, S. 34-47; M2 nach Maïa Werth: Wir leben in Russland. Illustrationen von Sophie Duffet. Übersetzt von Regina Enderle. München: Knesebeck GmbH & Co. Verlags KG 2006, S. 24-35; M3 nach Philippe Godard: Wir leben in Indien. Illustrationen von Sophie Duffet. Übersetzt von Elisabeth Schittenhelm. München: Knesebeck GmbH & Co. Verlags KG 2006, S. 10-25 (Alle drei Texte wurden aus didaktischen Gründen bearbeitet und gekürzt).
S. 68/69: M1 Sarah Althaus, Sarah: Was macht den Reiz des Reisens eigentlich aus?, Blog vom 18. Juni 2017. Online: https://www.rapunzel-will-raus.ch/reiz-des-reisens/ (abgerufen am 03.09.2022); M2 Jörg Peters, Martina Peters; M3 Karlo Meyer: Die Ambivalenzen der Fremdheit und ihr religionspädagogisches Potential. Online: https://www.rpi-loccum.de/material/pelikan/pel3-11/theo_meyer (abgerufen am 03.09.2022); Info-Kasten: Das Fremde: Bernd Rolf
S. 70/71: M2 Martina Peters, Verlagsredaktion; M3 Katharina Kluin im Gespräch mit Tupoka Ogette: „Probieren Sie mal, was passiert". In: Stern 09/2022, Ausgabe vom 03. März 2022, S. 97-98
S. 72/73: M2 nach Janne Teller: Krieg. Stell dir vor, er wäre hier. Übersetzt von Sigrid C. Engeler. Illustrationen von Helle Vibeke Jensen. München: Carl Hanser Verlag, 2011, S. 7-12 (aus didaktischen Gründen gekürzt und ab Z. 42 verändert); M3 Verena Friederike Hasel: Gekommen, um zu bleiben. Bilanz einer Integration. In: Stern vom 02.06.2022, S. 55-56
S. 74/75: M1 Forschen mit GrafStat – Unterrichtsmaterial „Ausgrenzung und Integration". M 04.02 Sortierte Klingelschilder? Online: https://www.bpb.de/lernen/grafstat/projekt-integration/134685/m-04-02-sortierte-klingelschilder (abgerufen am 28.10.2021). Umformulierter Text nach: Wohnungsgesellschaft sortiert Mieter, in: taz.de vom 21.11.2007; M2 Hans Magnus Enzensberger: Die große Wanderung. Dreiunddreißig Markierungen. Mit einer Fußnote „Über einige Besonderheiten bei der Menschenjagd". Frankfurt am Main: Suhrkamp Taschenbuch Verlag 1994, S. 11-15; M3 Tahar Ben Jelloun: Papa, was ist ein Fremder? Gespräch mit meiner Tochter. Übersetzt von Christiane Kayser. Nachwort von Daniel Cohn-Bendit. Berlin: Rowohlt 1999, S. 11-13, 21-25
S. 76/77: M1 Das Lied vom Anderssein. Klaus W. Hoffmann: Im Land der Blaukarierten. © Igel Records. Ein Imprint der Oetinger Media GmbH; M2 Dalai Lama: Mitgefühl und Weisheit. Ein Gespräch mit Felizitas von Schönborn. © 2004, 2006 Diogenes Verlag AG, Zürich, S. 143f.; M4 Bernd Rolf (basierend auf: Immanuel Kant: Zum ewigen Frieden. In: ders.: Werke in zehn Bänden. Bd. 9. Hrsg. von Wilhelm Weischedel. Sonderausgabe. Darmstadt: Wissenschaftliche Buchgesellschaft 1983, S. 213-214
S. 78/79: M1 nach: Alle Menschen sind gleich. Bundeszentrale für politische Bildung. Bericht vom 03. September 2020. Online: https://www.bpb.de/themen/politisches-system/politik-einfach-fuer-alle/236728/alle-menschen-sind-gleich/, CC BY-SA 4.0 - Namensnennung - Weitergabe unter gleichen Bedingungen 4.0 International (abgerufen am 03.09.2022); M2 Elisabeth Kagermeier: „Deutschsein - Alis Traum". In: Die Zeit 3/2019, S. 65. Online: https://www.zeit.de/2019/03/deutschsein-ali-can-metwo-alltagsrassismus-migranten?mode=recommendation&page=23 (abgerufen am 03.09.2022)
S. 80/81: Jörg Peters, Martina Peters, Bernd Rolf

Lust und Pflicht

S. 82/83: Jörg Peters, Martina Peters, Bernd Rolf
S. 84/85: M1 Rita Sandbrink, in: Jörg Peters, Bernd Rolf (Hg.): philopraktisch 2A. Bamberg: C.C. Buchner 2011, S. 64; M2 Fernando Savater: Tu was du willst. Ethik für die Erwachsenen von morgen. Aus dem Spanischen von Wilfried Hof. Frankfurt am Main / New York: Campus Verlag ⁹2007, S. 120-121, 115, 122 (Umstellung aus didaktischen Gründen); Infokasten: Lust (Freude): Bernd Rolf
S. 86/87: M2 Fernando Savater: Tu was du willst. Ethik für die Erwachsenen von morgen. Aus dem

Spanischen von Wilfried Hof. Frankfurt am Main / New York: Campus Verlag 92007, S. 117-120; M2 Héctor Zagal / José Galindo: Ethik für junge Menschen. Grundbegriffe – Positionen – Probleme. Übersetzt von Bernd Goebel. Stuttgart: Philipp Reclam jun. 2000, S. 121-123; M3 Robert Spaemann: Philosophie als Lehre vom glücklichen Leben. In: ders.: Philosophische Essays. Stuttgart: Philipp Reclam jun. 1983, S. 87

S. 88/89: M1 Robert Spaemann: Moralische Grundbegriffe. München: C. H. Beck 1982, S. 25-27, 30-31; Anleitung Methodenkompetenz / M2: Bernd Rolf

S. 90/91: M1 John Boomer (Jonas Stalfort): Interview mit Lust. Vom Autor umgearbeitete, gekürzte Version der Internetausgabe. Online: http://www.john-boomer.de/hm/lust.html (abgerufen am: 30.03.2023); M2 Rita Sandbrink, in: Jörg Peters, Bernd Rolf (Hg.): philopraktisch 2A. Bamberg: C.C. Buchner 2011, S. 66; M3 Bernd Rolf

S. 92/93: M2 Simone Blaß: Eltern haben die Pflicht, ihren Kindern Pflichten zu übertragen. Online: https://www.t-online.de/leben/familie/id_72001380/hausarbeit-eltern-haben-die-pflicht-kindern-pflichten-zu-uebertragen.html (abgerufen am 30.03.2023); M3 Jens Eberl und Katharina Spreier, in: Video: Pro/Contra: Soll es einen Pflichtdienst für junge Menschen geben? Gesendet in der ARD 2022. Online: https://www.youtube.com/watch?v=uAF_UEHwZhQ (abgerufen am 16.03.2022, Transkription: Bernd Rolf); Infokasten Pflicht: Bernd Rolf

S. 94/95: M1/M3/M4 nach Rita Sandbrink, in: Jörg Peters, Bernd Rolf (Hg.): philopraktisch 2A. Bamberg: C.C. Buchner 2011, S. 72-73; M2 StGB § 323c (1). Online: https://www.gesetze-im-internet.de/stgb/__323c.html (abgerufen am 30.03.2023); Mahatma Gandhi, hier zitiert nach: http://satyagraha.fboits.com/gandhi-mahatma-zitate/ (abgerufen am 30.03.2023)

S. 96/97: M1 Bernd Rolf (fiktives Interview, basierend auf Informationen auf: https://pro-humanitaet.de/ - dort insbesondere: Lernen Sie unsere Arbeit kennen / Geschichten zum Lachen und Weinen / Madame Elaine, Monsieur Kokonou, auf https://aktion-pro-humanitaet.pageflow.io/aph-erleben#248428); M2 Rita Sandbrink, in: Jörg Peters, Bernd Rolf (Hg.): philopraktisch 2A. Bamberg: C.C. Buchner 2011, S. 74 (basierend auf einem Originalinterview); M3 Brock, Bazon: Orgasmus und Augiasmus. Pflicht zur Lust und Lust zur Pflicht. Handlungsmodelle. Essay für die Frankfurter Allgemeine Zeitung vom 12.01.1971. Online: https://bazonbrock.de/werke/detail/-54.html?id=54&sectid=329 (abgerufen am 30.03.2023); M4 Bernd Rolf (basierend auf: Friedrich Schiller: Über Anmut und Würde. In: ders.: Werke in drei Bänden. Bd. 2. München: Carl Hanser Verlag 1966, S. 405f., 408f.)

S. 98/99: Jörg Peters, Martina Peters, Bernd Rolf

Gewalt und Aggression

S. 100/101: Text 1: Meldung des Polizeipräsidium Trier. Online: https://www.presseportal.de/blaulicht/pm/117701/5025378; Text 2: Sonja Krell: Jeden Tag bringt ein Mann in Deutschland seine Frau um. 06.08.2017. Online: https://www.augsburger-allgemeine.de/bayern/Haeusliche-Gewalt-Jeden-Tag-bringt-ein-Mann-in-Deutschland-seine-Frau-um-id42300466.html; Text Mitte: Julius Müller-Meiningen: Interview Andrea Costa: „Verstöße können auch mit ‚Citizen Kane' geahndet werden". 10.01.2019. Online: https://www.saarbruecker-Zeitung.de/politik/themen/warum-der-buergermeister-von-luzzara-seine-buerger-zum-filmschauen-verdonnert_aid-35579109; Text 3: Manfred Götzke: Gewalt gegen Lehrer. Angriffe und Mobbing an fast jeder zweiten Schule. 05.05.2018. Online: https://www.deutschlandfunk.de/gewalt-gegen-lehrer-angriffe-und-mobbing-an-fast-jeder.680.de.html?dram:article_id=417202; Text 4: Meldung der Polizei Dortmund. Online: https://www.presseportal.de/blaulicht/pm/4971/5227998 (jeweils abgerufen am 18.08.2022); Aufgaben: Jörg Peters, Martina Peters, Bernd Rolf

S. 102/103: M2 Klaus-Jürgen Tillmann: Gewalt – Was ist das eigentlich? In: Schüler 1995: Gewaltlösungen. Seelze: Friedrich Verlag 1995, S. 9, 10, 11; M3 Andreas Zick. In: Katharina Wysocka: Geiselnahmen und Schießereien: Gewalt in der Gesellschaft nimmt zu. BR24 vom 21.11.2017. Online: https://www.br.de/nachrichten/deutschland-welt/geiselnahmen-und-schiessereien-die-gewalt-nimmt-zu,QbiflnL (abgerufen am 13.01.2023); Dalai-Lama: Über Aggression und Gewalt. Online: http://www.i-bahmueller.de/l_poesie.htm (abgerufen am 01.09.2010); Infokasten Gewalt: Bernd Rolf

S. 104/105: M2 Georg Gruber: Jugendliche Straftäter. Das Ende der Unschuld. Aus der Sendung: Zeitfragen. Feature. Deutschlandfunk Kultur vom 09.09.2021. Online: https://www.deutschlandfunkkultur.de/jugendliche-straftaeter-das-ende-der-unschuld-100.html (abgerufen am 26.07.2022); M3 Günther Gugel: „Willst du Stress?" In: Die Schulstunde als Talkshow. Entscheidung im Unterricht 2/2010. Hrsg. von der Bundeszentrale für politische Bildung. Bonn 2010. [DVD: Willst du Stress – Infomodul 1: Was macht aggressiv (01:54), Zeit: 00:00-01:43]

S. 106/107: M2 Gerhard Voogt: Schülerin: Ich war Mobbing-Opfer. In: Rheinische Post vom

31.01.2011, Land & Leute. Online: https://rp-online.de/nrw/schuelerin-ich-war-mobbing-opfer_aid-13638441 (abgerufen am 06.04.2023); M3 Lernen Ohne Angst e.V. (Angelika Bachmann). Online: https://www.delphin-netzwerk.de/files/downloads/Mobbing%20Situationen%20an%20Schulen%20basieren%20auf%20dem%20Sandwich.pdf (abgerufen am 06.04.2023); M4 Werner Ebner: Mobbingopfer brauchen massive Hilfe (Interview). In: Volksfreund. 04.10.2020. Online: https://www.volksfreund.de/region/konz-saarburg-hochwald/experteninterview-zu-mobbing-an-der-schule-mit-werner-ebner_aid-53845003 (abgerufen am 06.04.2023)

S. 108/109: M1 Bernd Rolf; M2 Hans-Peter Nolting: Lernfall Aggression. Wie sie entsteht – Wie sie zu mindern ist. Theorie und Empirie aggressiven Verhaltens und seiner Alternativen. Reinbek bei Hamburg: Rowohlt Verlag 1978, S. 68-70; M3 Kai Müller-Weuthen: Albert Bandura: Das Bobo-Doll-Experiment. In: Schüler, Ausgabe 2006: Themenheft Lernen. Seelze: Erhard Friedrich Verlag 2006, S. 11

S. 110/111: M1/M2 Hans-Peter Nolting: Lernfall Aggression. Wie sie entsteht – Wie sie zu mindern ist. Theorie und Empirie aggressiven Verhaltens und seiner Alternativen. Reinbek bei Hamburg: Rowohlt Verlag 1978, S. 39-40, 42-45

S. 112/113: M1 Ralf-Erik Posselt: Ein Courage-Training zur Entwicklung und Stabilisierung von Zivilcourage. In: Gerd Meyer, Ulrich Dovermann, Siegfried Frech, Günther Gugel (Hg.): Zivilcourage lernen. Analysen – Modelle – Arbeitshilfen. Bonn: Bundeszentrale für politische Bildung 2004, S. 258 und Tübingen: Institut für Friedenspädagogik Tübingen e. V. 2004, S. 258-259. Online: www.bpb.de/system/files/pdf/KHWCCW.pdf (abgerufen am 25.01.2019); M2 Ulrike Martin: Johannes und Felix bewiesen Zivilcourage. In: Berliner Woche vom 10.10.2016. Online: https://www.berliner-woche.de/zehlendorf/c-leute/johannes-und-felix-bewiesen-zivilcourage_a110316 (abgerufen am 26.01.2019); M3 Bundespolizei: Zeigen Sie Zivilcourage – helfen Sie mit Ihrer Aussage Straftaten aufzuklären! Online: www.bundespolizei.de/Web/DE/02Sicher-im-Alltag/02Zivilcourage-zeigen/Zivilcourage-zeigen_node.html (abgerufen am 28.01.2019).

S. 114/115: M1 Thomas Gordon: Lehrer-Schüler-Konferenz. Wie man Konflikte in der Schule löst. Übersetzt von Maren Organ und Sigrid Krohne. Hamburg: Hoffmann und Campe [2]1977, S. 155; M2 Marshall B. Rosenberg: Konflikte lösen durch gewaltfreie Kommunikation. Ein Gespräch mit Gabriele Seils. Freiburg: Herder [15]2012, S. 12-16

S. 116/117: Jörg Peters, Martina Peters, Bernd Rolf

Recht und Gerechtigkeit

S. 118/119: Silvia Lipski: „Was ist gerecht, Mit dem Mikrophon unterwegs in Stuttgarts Straßen …". In: der blaue reiter. Journal für Philosophie 01/2004, Heft 19: Was ist gerecht?, S. 64-65 (Auswahl an Aussagen); Jörg Peters, Martina Peters, Bernd Rolf

S. 120/121: M1 nach Winfried Böhm; M2 Bernd Rolf (basierend auf: Ines Possemeyer: Gerechtigkeit. Der bessere Egoist. In: GEO 10/2007, S. 56 und Christopher Schrader: Ultimatum auf Fidschi. In: Süddeutsche Zeitung vom 23.06.2006)

S. 122/123: M1 Winfried Böhm; M2/M3 nach Helmut Engels

S. 124/125: M1 nach Helmut Engels; M2 Bernd Rolf (nach Helmut Engels); Info-Kasten Gerechtigkeit: Bernd Rolf

S. 126/127: M1 Jörg Peters, Martina Peters, Bernd Rolf (Fall Mirko: basierend auf: http://www.kostenlose-urteile.de/LG-Muenster_12-c-E-2957_Jugendlicher-wegen-Beihilfe-zum-Boellerwurf-im-Osnabruecker-Stadion-zu-zwei-Jahren-Jugendstrafe-auf-Bewaehrung-verurteilt.news15702.htm (abgerufen am 28.11.2016); Infokasten: Jugendstrafrecht: Bernd Rolf; M2 Winfried Böhm; M3 Bernd Rolf

S. 128/129: M2 Julia Lohrmann: Die Allgemeine Erklärung der Menschenrechte. Online: http://www.planet-wissen.de/politik_geschichte/menschenrechte/geschichte_der_menschenrechte/menschenrechtserklaerung.jsp (abgerufen am 20.12.2016); Info-Kasten Menschenrechte: Bernd Rolf; M3 nach Matthias Gillissen

S. 130/131: M1, Z. 1-8: Helmut Engels; Z. 9-17: Unicef: Die UN-Kinderrechtskonvention. Online: https://www.kinderschutz-in-nrw.de/fachinformationen/gesetzliche-grundlagen/die-un-kinderrechtskonvention/ (abgerufen am 01.03.2023); M2 Unicef: Die UN-Kinderrechtskonvention. Online: http://www.kinderschutz-in-nrw.de/fuer-erwachsene/gesetzliche-grundlagen/die-un-kinderrechtskonvention.html (abgerufen am 20.12.2016); M3 Kindersache: Ab wieviel Jahren darf man einen Ferienjob machen? Online: http://www.kindersache.de/bereiche/deine-rechte/fragen-rechte-konkret/artikel/ab-wieviel-jahren-darf-man-einen-ferienjob-machen (abgerufen am 20.12.2016); M4 Unicef: Kinder dürfen sagen, was sie denken. Online: http://medienwerkstatt-online.de/lws_wissen/vorlagen/showcard.php?id=4838&edit=0 (abgerufen am: 20.12.2016); M5 Martina Peters, Jörg Peters, Bernd Rolf

S. 132/133: Bernd Rolf, Verlagsredaktion
S. 134/135: M2 nach Bundeszentrale für politische Bildung: Kurzer Steckbrief – ausgefüllt von Raul Krauthausen. Online: https://www.bpb.de/dialog/170085/auch-mal-angeschnauzt-werden?type=galerie&show=image&i=170321 (abgerufen am 29.11.2016); M3 Malala Yousafzai: „Rede vor den Vereinten Nationen, 12. Juli 2013. In: dies. mit Christina Lamb: Ich bin Malala. Das Mädchen, das die Taliban erschießen wollten, weil es für das Recht auf Bildung kämpft. Übersetzt von Margarete Längsfeld und Elisabeth Längsfeld. München: Droemer Verlag 2013. S. 380-384
S. 136/137: Jörg Peters, Martina Peters, Bernd Rolf

Utopien und ihre politische Funktion

S. 138/139: August Heinrich Hoffmann von Fallersleben (1798-1874): Kinderlieder. Deutsche Literatur von Luther bis Tucholsky. Großbibliothek (Digitale Bibliothek; 125) Berlin: Directmedia 2005, S. 265.216 f., hier zitiert nach: http://www.goethezeitportal.de/index.php%3Fid%3Dmaerchen_schlaraffenland (abgerufen am 03.02.2023); Jörg Peters, Martina Peters, Bernd Rolf
S. 140/141: M1, Z. 1-25: Thomas Morus: Utopia. In: Klaus J. Heinisch (Hg.): Der utopische Staat. Morus: Utopia – Campanella: Sonnenstaat – Bacon: Neu-Atlantis. Übersetzt, mit einem Essay „Zum Verständnis der Werke" versehen, Bibliographie und Kommentar von Klaus J. Heinisch. Reinbek bei Hamburg: Rowohlt Taschenbuch Verlag 1984, S. 44, 45; Z. 26-85: Thomas Morus: Utopia. Übersetzt von Gerhard Ritter. Nachwort von Eberhard Jäckel. Stuttgart: Philipp Reclam jun. 1987, S. 66, 67, 68, 69, 72; Infokasten Utopie: Bernd Rolf; M2 „Utopie", in: Begriffslexikon des Philosophie Magazins. Online: https://www.philomag.de/lexikon/utopie (abgerufen am 03.02.2023)
S. 142/143: M1, Z. 1-30: Platon: Kritias. In: ders.: Sämtliche Werke. Jubiläumsausgabe zum 2400. Geburtstag. 8 Bde., Bd. 6: Spätdialoge II: Philebos – Parmenides – Timaios – Kritias. Eingeleitet von Olof Gigon. Übersetzt von Rudolf Rufener. Zürich – München: Artemis Verlag 1974, S. 317 (Kritias 113b-c), S. 329-330 (Kritias 120d-121b); Z. 31-35: Platon: Timaios. In: ders.: Sämtliche Werke. Jubiläumsausgabe zum 2400. Geburtstag. 8 Bde., Bd. 6: Spätdialoge II: Philebos – Parmenides – Timaios – Kritias. Eingeleitet von Olof Gigon. Übersetzt von Rudolf Rufener. Zürich – München: Artemis Verlag 1974, S. 203-204 (Timaios 25 c-d); M2 Jostein Gaarder: Sofies Welt. Roman über die Geschichte der Philosophie. München: Hanser Verlag [18]1994, S. 112-113
S. 144/145: M1, Z. 1-27: Francis Bacon: Neu-Atlantis. Übersetzt von Günther Bugge. Durchgesehen und herausgegeben von Jürgen Klein. Stuttgart: Philipp Reclam jun. 1982, S. 46-47, 48, 53; Z. 28-36: Francis Bacon: Neu-Atlantis. In: Klaus, J. Heinisch (Hg.): Der utopische Staat: Morus – Utopia; Campanella – Sonnenstaat, Bacon – Neu-Atlantis. Übersetzt und mit einem Essay „Zum Verständnis der Werke", Bibliographie und Kommentar versehen von Klaus J. Heinisch. Rowohlts Klassiker der Literatur und der Wissenschaft: Philosophie des Humanismus und der Renaissance, Bd. 3. Herausgegeben von Ernesto Grassi unter Mitarbeit von Walter Hess. Reinbek bei Hamburg: Rowohlt 1984, S. 212; Z. 37-43: Francis Bacon: Neu-Atlantis. Übersetzt von Günther Bugge. Durchgesehen und herausgegeben von Jürgen Klein. Stuttgart: Philipp Reclam jun. 1982, S. 43; M2 Ernest Callenbach: Ökotopia. Übersetzt von Holger Hanoweill. Ditzingen: Philipp Reclam jun. Verlag 2022, S. 130-131
S. 146/147: M1 Aldous Huxley: Schöne neue Welt. Übersetzt von Herberth E. Herlitschka. Frankfurt am Main: Fischer Taschenbuch Verlag 1986, S. 19, 21, 22, 27-28; M2 Jörg Peters (basierend auf dem Film „Equilibrium" von Kurt Wimmer aus dem Jahre 2002); Info-Kasten: Dystopie : Jörg Peters
S. 148/149: M1 Jörg Peters: Transkript aus dem Film „Fahrenheit 451" von François Truffaut aus dem Jahre 1966; M2 George Orwell: 1984. Übersetzt von Michael Walter. Mit einem Nachwort von Daniel Kehlmann. Neuausgabe im Ullstein Taschenbuch. 1. Auflage Juni 2017. © für die deutsche Ausgabe Ullstein Buchverlage GmbH, Berlin 2004. S. 417, 418, 425-427, 453-454, 457-458
S. 150/151: M1 Film: Colossus -The Forbin Project (USA 1970, R: Joseph Sargent), 1:26:02-1:26:30 und 1:30:10-1:34:11 (Transkription: Jörg Peters); M2 Fernsehsendung: Precht: Künstliche Intelligenz – Herrschaft der Maschinen? Erstausstrahlung im ZDF am 20. Oktober 2019, 9:16-11:57; 29:55-30:09 31:02-31:50 (Transkription: Jörg Peters)
S. 152/153: M1, Z. 1-5, Z. 13-48: Marc Engelhardt: „Sterntaler, namibisch". In: ders. (Hg.): Völlig utopisch? 17 Beispiele einer besseren Welt. München: Pantheon-Verlag 2014, S. 115-116, 120; Z. 5-12, 53-56: Brigitte Weidlich: Namibia erzielt Erfolge bei der Arbeitsbekämpfung (2019). Online: https://www.namibia-forum.ch/know-how/focus/646-namibia-erzielt-erfolge-bei-der-armutsbekampfung.html (abgerufen am 16.02.2023); Z. 49-53 (basierend auf Leoni Schmid-Enke), Z. 57-61: Leoni Schmid-Enke: Die Geschichte von Otjivero: Bedingungsloses Grundeinkommen in Namibia (2017). Online: https://www.couchundchaos.de/grundeinkommen/ (abgerufen am 16.02.2023); M2 Ruth Kinet: Geleb-

te Utopie in Israel. Deutschlandfunk Kultur vom 13.02.2014. Online: https://www.deutschlandfunkkultur.de/gemeinschaft-gelebte-utopie-in-israel-100.html (abgerufen am 16.02.2023); M3 Carl Zuckmayer, hier zitiert nach: Marc Engelhardt (Hg.): Völlig utopisch? 17 Beispiele einer besseren Welt. München: Pantheon-Verlag [2]2014, S. 7; vgl. auch: https://gutezitate.com/zitat/254794 (abgerufen am 16.02.2023)
S. 154/155: Jörg Peters, Martina Peters, Bernd Rolf

Der Mensch als kulturelles Wesen

S. 156/157: Jörg Peters, Martina Peters, Bernd Rolf
S. 158/159: M2 Arndt Stermann (basierend auf Arnold Gehlen: Der Mensch. Seine Natur und seine Stellung in der Welt. Frankfurt a. M.: Athenäum Verlag [7]1972, S. 33-38), in: Jörg Peters, Bernd Rolf (Hg.): philopraktisch 2A. Bamberg: C.C. Buchner 2011, S. 120; Infokasten Kultur: Jörg Peters, Bernd Rolf
S. 160/161: M1 Karl Löwith: Der Mensch inmitten der Geschichte. Philosophische Bilanz des 20. Jahrhunderts. Hrsg. von Bernd Lutz. Stuttgart: Verlag J.B. Metzler 1990, S. 193; M2 Bernd Rolf (basierend auf: Michael Landmann: Philosophische Anthropologie. Menschliche Selbstdarstellung in Geschichte und Gegenwart. Berlin - New York: Walter de Gruyter [5]1982, S. 183-184); M3 Christa Pöppelmann: Allgemeinbildung – Kultur für Dummies. Weinheim: Wyley VCH-Verlag 2020, S. 28-29
S. 162/163: Christa Pöppelmann: Allgemeinbildung – Kultur für Dummies. Weinheim: Wyley VCH-Verlag 2020, S. 28-29 (aus didaktischen Gründen vom „Sie" zum „du" geändert); M2 Jörg Aschendorff: Sprachliche Missverständnisse auf Reisen. Blog vom 14. Mai 2014. Online: https://www.travelworks.de/blog/sprachliche-missverstaendnisse-auf-reisen-4.html (abgerufen am 04.11.2022); M3 Suzanne Cords: „Fett und alt": interkulturelle Missverständnisse. Rubrik Deutschlehrer-Info. Deutsche Welle vom 05.11.2015. Online: https://www.dw.com/de/fett-und-alt-interkulturelle-missverst%C3%A4ndnisse/a-18830445 (abgerufen am 12.04.2023); M4 Beate Antonie Töster: Interkulturelle Kompetenz. Online: https://www.interkulturelle-dimensionen.com/zitat-woher-kommt-interkulturelle-kompetenz/ (abgerufen am 03.11.2022)
S. 164/165: M2 Annette Scheunpflug: Biologische Grundlagen des Lernens. Berlin: Cornelsen Scriptor 2001, S. 53; M3 Jörg Peters
S. 166/167: M1 Bernd Rolf (basierend auf: Jörg Peters: Der Arbeitsbegriff bei John Locke. Münster: LIT 1997, S. 208-211 und John Locke: Gedanken über Erziehung. Übersetzt von Heinz Wohlers. Stuttgart: Philipp Reclam jun. 1970, S. 7, 15); M2 Bernd Rolf (basierend auf: Immanuel Kant: Über Pädagogik, A1-10. In: Kant. Werke in zehn Bänden. Hrsg. von Wilhelm Weischedel. Bd. 10: Schriften zur Anthropologie, Geschichtsphilosophie, Politik und Pädagogik. Zweiter Teil. Sonderausgabe. Darmstadt: Wissenschaftliche Buchgesellschaft [5]1983, S. 697-700); M3 Jörg Peters, Martina Peters (basierend auf: Jean-Jacques Rousseau: Emil oder Über die Erziehung. Vollständige Ausgabe in neuer deutscher Fassung. Übers. und hrsg. von Ludwig Schmidts. UTB 115. Paderborn – München – Wien – Zürich: Ferdinand Schöningh [8]1987, S. 9-11); Infokasten Erziehung: Jörg Peters, Martina Peters, Bernd Rolf
S. 168/169: M1 Arndt Stermann (basierend auf einer Idee von: Peter Bekes: Wedekind: „Frühlings Erwachen". Stundenblätter Deutsch, S I. Leipzig: Klett Verlag 2006, S. 45), in: Jörg Peters, Bernd Rolf (Hg.): philopraktisch 2A. Bamberg: C.C. Buchner 2011, S. 126; M2 Bernd Rolf (basierend auf: Treibhäuser der Zukunft. Wie in Deutschland Schulen gelingen. Eine Dokumentation von Reinhard Kahl. DVD, Archiv der Zukunft 2004, überarbeitete Auflage [2]2005); M3 nach Freie Schule Leipzig: Konzept. Weil wir lernen wollen (2010). Online: https://www.freie-schule-leipzig.de/wp-content/uploads/2012/12/fsl-konzept-2010-web.pdf (abgerufen am 03.04.2023), S. 7, 9-10, 12 (aus didaktischen Gründen leicht bearbeitet und an einer Stelle umgestellt)
S. 170/171: M1, Z. 1-30: Arndt Stermann (basierend auf: http://de.wikipedia.org/wiki/Into_the_Wild), in: Jörg Peters, Bernd Rolf (Hg.): philopraktisch 2A. Bamberg: C.C. Buchner 2011, S. 130; Z. 31-68: Jon Krakauer: In die Wildnis / Mord im Auftrag Gottes – zwei Bestseller in einem Band. Übersetzt von Stephan Steeger. München: Piper 2009, S. 88; M2 Zitate aus: Rhythm Is It!, Regie: Thomas Grube, Enrique Sánchez Lansch, Deutschland 2004, Piffl Medien Filmverleih
S. 172/173: Jörg Peters, Martina Peters, Bernd Rolf

Technik – Nutzen und Risiko

S. 174/175: Jörg Peters, Martina Peters, Bernd Rolf
S. 176/177: M1 Gustav Schwab: Prometheus, in: ders.: Die schönsten Sagen des klassischen Altertums. Mit Zeichnungen von Erich Hölle. Wien: Tosa Verlag, o.J., S. 17-18; M2: Bernd Rolf (basierend auf: Arnold Gehlen: Anthropologische Forschung. Reinbek bei Hamburg: Rowohlt Verlag 1961, S. 46-48; und ders.: Die Seele des Menschen im technischen Zeitalter. Reinbek bei Hamburg: Rowohlt Verlag 1967, S. 19); Infokasten Technik: Bernd Rolf
S. 178/179: M1 Miklas Cay Mowinkel: Wie die Technik unseren Alltag beeinflusst. Blog Medien in der Schule. Kieler Nachrichten (16.11.2017). Online:

https://blog.kn-misch.de/2017/11/wie-die-technik-unseren-alltag-beeinflusst-.php (abgerufen am 28.03.2023; M3 Friedrich Dessauer: Streit um die Technik. Frankfurt am Main: Josef Knecht Verlag 1956, S. 327-328
S. 180/181: M2 Sofatutor (Franziska Coordt): Wie greift der Mensch in die Natur ein? Online: https://www.sofatutor.com/biologie/videos/eingriffe-des-menschen-in-die-umwelt#wie-greift-der-mensch-in-die-natur-ein (abgerufen am 11.12.2022); M3 Héctor Zagal und José Galindo: Ethik für junge Menschen. Übersetzt von Bernd Goebel. Stuttgart: Philipp Reclam jun. 2000, S. 212-213
S. 182/183: M1 Bundesministerium für wirtschaftliche Zusammenarbeit und Entwicklung: Klimaabkommen von Paris. Online: https://www.bmz.de/de/service/lexikon/klimaabkommen-von-paris-14602 (abgerufen am 11.12.2022); M2 ZDF-logo (Meike Hickmann): Wieso die Energiekrise auch was Gutes bringt (27.10.2022). Online: https://www.zdf.de/kinder/logo/energiekrise-iea-energiewende-100.html (abgerufen am 11.12.2022); M3 Silke Mertins und Oliver Noffke: Atomenergie – jetzt auf einmal doch? (25.10.2022). In: fluter – Magazin der Bundeszentrale für politische Bildung. Online: https://www.fluter.de/atomenergie-pro-und-contra (abgerufen am 11.12.2022)
S. 184/185: M1 Otfried Höffe: Zur sittlich-politischen Verantwortung neuer Technologien: Das Beispiel der Genmanipulation. In: Jörg Albertz (Hg.): Lernziele für die Welt von morgen. Neue Ethik für die Wissenschaft. Bd. 5/6. Wiesbaden: Freie Akademie 1986, S. 133f.; M2 Bernd Rolf (basierend auf Neil Postman: Das Technopol. Die Macht der Technologien und die Entmündigung der Gesellschaft. Übersetzt von Reinhard Kaiser. Frankfurt am Main: S. Fischer Verlag GmbH 1992, S. 59f.); M3 Neil Postman: Das Technopol. Die Macht der Technologien und die Entmündigung der Gesellschaft. Übersetzt von Reinhard Kaiser. Frankfurt am Main: S. Fischer Verlag GmbH 1992, S. 10, 195, 196-197
S. 186/187: Jörg Peters, Martina Peters, Bernd Rolf, Verlagsredaktion
S. 188/189: M1 Thomas W. Frick: Smart Home – Möglichkeiten im Überblick. Online: https://it-wegweiser.de/smart-home/ (abgerufen am 21.12.2022); M2 Kit Keaton: Robot Butlers are finally a Reality. Online: https://www.fastcompany.com/1739734/robot-butlers-are-finally-reality (abgerufen am 11.12.2022), übersetzt von Jörg Peters (aus didaktischen Gründen gekürzt); M3 Jörg Peters (basierend auf Yuri Kageyama: Japan's Weird Hotel: ‚manned' almost completely by robots. Auf: The Globe and Mail. Online: https://www.theglobeandmail.com/news/world/at-japans-weird-hotel-receptionists-porters-concierge-are-all-robots-to-save-labour-costs/article25514707/, abgerufen am 21.12.2022)
S. 190/191: Jörg Peters, Martina Peters, Bernd Rolf

„Wahr" und „falsch"

S. 192/193: Jörg Peters, Martina Peters, Bernd Rolf
S. 194/195: M1 Edwin Friesch (Hg.): Wer dreimal lügt. 66 unwahrscheinliche Geschichten aus unserer Zeit mit 17 Illustrationen. München: Nymphenburger Verlagshandlung 1974, S. 104, 125-126, 159; M2/M3 Klaus Draken, in: Jörg Peters, Bernd Rolf (Hg.): philopraktisch 2A. Bamberg: C.C. Buchner 2011, S. 146-147; Infokasten: Wahrheit: Jörg Peters, Martina Peters, Bernd Rolf
S. 196/197: M2 Corinna Harder / Jens Schumacher: Professor Berkley und das Geheimnis der Baker Street sowie neun weitere spannende Ratekrimis. Mit Illustrationen von Bernhard Speh. Kerle im Herder-Verlag. Freiburg: Herder ^{2}2006, S. 32f.; M3 Corinna Harder / Jens Schumacher: Professor Berkley und das Lächeln der Mona Lisa sowie neun weitere rätselhafte Ratekrimis. Bd. 8. Mit Illustrationen von Bernhard Speh. Kerle im Verlag Herder. Freiburg – Wien – Basel: Herder 2005, S. 54-56
S. 198/199: M1/M2 nach Klaus Draken, in: Jörg Peters, Bernd Rolf (Hg.): philopraktisch 2A. Bamberg: C.C. Buchner 2011, S. 152-153
S. 200/201: M2 Martin Cohen: 99 philosophische Rätsel. Aus dem Englischen von Dirk Oetzmann. Mit 87 Abbildungen. München – Zürich: Piper Verlag GmbH 2004, S. 17; M3 Bernd Rolf (basierend auf Bertrand Russell, nach: http://de.wikipedia.org/wiki/Barbier-Paradoxon und http://de.wikipedia.org/wiki/Russellsche_Antinomie - diese Seiten beziehen sich auf: Bertrand Russell: The Philosophy of Logical Atomism. In: Bertrand Russell: The Collected Papers of Bertrand Russell, 1914-19. Vol 8., p. 228; und: Bertrand Russell: The principles of mathematics. Cambridge 1903, §102, §106. Online: http://fair-use.org/bertrand-russell/the-principles-of-mathematics/s102 .../s106)
S. 202/203: M1 Bernd Rolf; M2 nach Klaus Draken, in: Jörg Peters, Bernd Rolf (Hg.): philopraktisch 2A. Bamberg: C.C. Buchner 2011, S. 159
S. 204/205: M1 Jörg Peters; M2 Bernd Rolf (basierend auf: Günther Patzig: Erklären und Verstehen. In: ders.: Tatsachen, Normen, Sätze. Aufsätze und Vorträge. Stuttgart: Philipp Reclam jun. 1980, S. 59f. - hier angegeben: nach Theodore Abel: The Operation called „Verstehen", 1953); M3 Tim Deutschmann: Wahrheit, Sinn und Perspektive in der Kommunikation. Online: https://www.tim-deutschmann.

de/Philosophie/Wahrheit_und_Kommunikation.html (abgerufen am 24.01.2023); M4 Kerstin Evers: Der Unterschied zwischen Wahrheit und Perspektive. Online: https://suedelbien.wordpress.com/2021/04/30/der-unterschied-zwischen-wahrheit-und-perspektive/ (Stand : 24.01.2023)
S. 206/207: M2 Peter Bichsel: Ein Tisch ist ein Tisch. In: ders.: Kindergeschichten. Darmstadt-Neuwied: Sammlung Luchterhand [16]1983, S. 21-27; M3 Philipp Hübl: Folge dem weißen Kaninchen … in die Welt der Philosophie. Reinbek bei Hamburg: Rowohlt Taschenbuch Verlag 2012, S. 53-55
S. 208/209: Jörg Peters, Martina Peters, Bernd Rolf

Virtualität und Schein

S. 210/211: Jörg Peters, Martina Peters, Bernd Rolf
S. 212/213: M1 Stephen Law: Philosophie – Abenteuer Denken. Übersetzt von Anne Braun. Mit Bildern von Daniel Postgate. Würzburg: Arena Verlag 2002, S. 34-35; M2 ebd., S. 35-37; M3 ebd., S. 36; Infokasten Virtualität: Jörg Peters, Martina Peters, Bernd Rolf
S. 214/215: M2/M3 Stefanie Michel: Virtual Reality ist eine Art Massenversuch. In: Welt.de vom 01.09. 2016. Online : https://www.welt.de/vermischtes/article157912006/Virtual-Reality-ist-eine-Art-Massenversuch.html (abgerufen am 01.09.2018)
S. 216/217: M2 Ralf Burgmaier: Forum junger Film geht an die Grenze. In: Badische Zeitung vom 31.01.2006, S. 34; M3 Bernd Rolf (basierend auf Informationen auf: http://www.dvd-complett.de/spiel-mit-dem-tod.html, abgerufen am 21.02.2012); M4 Bodo Witzke, Ulli Rothaus: Die Fernsehreportage. Konstanz: UVK-Verlagsgesellschaft mbH 2004, S. 22; M5 Antoine de Saint-Exupéry, zitiert nach https://gutezitate.com/zitat/128724 (abgerufen am 23.06.2022); Martin Walser, zitiert nach https://www.gutzitiert.de/zitat_autor_martin_walser_thema_medien_zitat_2446.html (abgerufen am 23.06.2022)
S. 218/219: M1 Kerstin Steinert: Die erfolgreichsten Fake News: Wir zeigen Ihnen, was hinter den bekanntesten Falschnachrichten steckt. In: Südkurier vom 27.04.2018. Online: https://www.suedkurier.de/ueberregional/politik/Die-erfolgreichsten-Fake-News-Wir-zeigen-Ihnen-was-hinter-den-bekanntesten-Falschnachrichten-steckt;art410924,9713663 (abgerufen am 01.09.2018); M3 Anant Agarwala im Interview mit Sam Wineburg: Wir vergraben uns in unseren Vorurteilen. In: Die Zeit 51/2016, S. 78; M4 Verena Stöckigt: Tutorial – Fake News erkennen. tagesschau.de. Online: http://faktenfinder.tagesschau.de/fakenews-erkennen-tutorial-101.html (abgerufen am 18.11.2022)
S. 220/221: M2 Vincent F. Hendricks, Mads Vestergaard: Verlorene Wirklichkeit? An der Schwelle zur postfaktischen Demokratie. In: Aus Politik und Zeitgeschichte/bpb.de vom 24.03.2017. Online: http://www.bpb.de/apuz/245212/verlorene-wirklichkeit-an-der-schwelle-zur-postfaktischen-demokratie?p=0 (abgerufen am 01.09.2018); M3 Bernd Rolf; M4 Götz Hamann, Marcus Rohwetter: Vier Sheriffs zensieren die Welt. In: Die Zeit Nr. 23 vom 02.08.2012, S. 19f. Online: http://www.zeit.de/2012/32/Zensur-Apple-Facebook-Amazon-Google (abgerufen am 01.10.2012)
S. 222/223: M1/M2 Jörg Peters
S. 224/225: M1 Jörg Peters, Martina Peters; Methodenkompetenz / M2 Bernd Rolf
S. 226/227: Jörg Peters, Martina Peters, Bernd Rolf

Glück und Sinn des Lebens

S. 228/229: Jörg Peters, Martina Peters, Bernd Rolf
S. 230/231: M1 Jörg Peters, Martina Peters, Bernd Rolf; M2 Travelbook: Die glücklichsten Länder der Welt. Online: https://www.travelbook.de/ziele/laender/world-happiness-report-das-sind-die-gluecklichsten-laender-der-erde (abgerufen am 04.07.2022)
S. 232/233: M3 Klaus Draken, Bernd Rolf; M4 Redewendungen: Jörg Peters, Martina Peters, Bernd Rolf; Infokasten: „Glück haben" – „glücklich sein": Jörg Peters, Martina Peters, Bernd Rolf
S. 234/235: M1 nach Jörg Moll: Dem Glück auf der Spur. Transskript aus: Die Entdeckung des Glücks. Eine Reportage von Jörg Moll. ZDF/ARTE 2003 (aus didaktischen Gründen bearbeitet); M2 logo! Ausgabe vom 07.07.2018. Online: https://www.zdf.de/kinder/logo/tag-der-schokolade-100.html (abgerufen am 01.12.2019); M3 Ulrich Strunz: forever young. Das Erfolgsprogramm. München: Gräfe und Unze 1999, S. 60 f.; M4 Anselm Grün: Das kleine Buch vom wahren Glück. Freiburg: Herder Verlag 2001, S. 51
S. 236/237: M1/M2 Seneca: Über das glückliche Leben. In: Die Philosophie der Stoa. Ausgewählte Texte. Übersetzt und ausgewählt von Wolfgang Weinkauf. Stuttgart: Philipp Reclam jun. 2001, S. 261-262; M3 ebd., S. 265-266, 269
S. 238/239: M1/M2 Jörg Peters, Bernd Rolf; M3 Jörg Peters, Martina Peters
S. 240/241: M1 François Lelord: Hectors Reise oder die Suche nach dem Glück. Übersetzt von Ralf Pannowitsch. München – Zürich: Piper Verlag 2006, S. 79f., 83f.; M2 Wilhelm Schmid: Glück. Alles was Sie darüber wissen müssen und warum

es nicht das Wichtigste im Leben ist. Frankfurt am Main – Leipzig: Insel Verlag 2007, S. 45f.; M3 Kilian Trotier: Das große Warum. In: Zeitmagazin, Nr. 52. Ausgabe vom 16. Dezember 2021, S. 18
S. 242/243: M2 Ragnar Ohlsson: Der Sinn des Lebens. Aus dem Schwedischen von Angelika Kutsch. München: Carl Hanser Verlag 1999, S. 82–84; M3 Luise Rinser: Die Wozu-Frage. In: Hans Peter Richter (Hg.): Wozu leben wir? Schriftsteller antworten jungen Menschen auf die Frage: Wozu leben wir? Freiburg/Breisgau: Herder Verlag 1968, S. 43ff.; Infokasten Sinn des Lebens: Jörg Peters, Bernd Rolf
S. 244/245: Jörg Peters, Martina Peters, Bernd Rolf

Ethische Grundsätze in Religionen

S. 246/247: Jörg Peters, Martina Peters, Bernd Rolf
S. 248/249: M1 Martin Kämpchen: Mutter Teresa – ein Leben für die Armen. In der Zeitschrift: Stimmen der Zeit 135, 507-518. © 2010 Verlag Herder GmbH, Freiburg i. Br. Online: Online: https://www.herder.de/stz/hefte/archiv/135-2010/8-2010/mutter-teresa-ein-leben-fuer-die-armen/ (abgerufen am: 06.04.2021); M2 Steffen Gassel: Was macht eigentlich Muhammad Rafiq? In: Stern, Ausgabe vom 6. August 2020, S. 110; M3 Seine Heiligkeit der XIV. Dalai Lama: Das Buch der Menschlichkeit. Eine neue Ethik für unsere Zeit. Übersetzt von Arnd Kösling. Bergisch Gladbach: Verlagsgruppe Lübbe 2002, S. 42-43; Infokasten: Religiöse Ethik: Bernd Rolf
S. 250/251: M1 Text nach Abenteuer Ethik Sachsen 1 neu. C.C. Buchner Verlag 2022, S. 184-185 (Wolfgang Straßer); Zehn Gebote, in: Die Bibel. Einheitsübersetzung der Heiligen Schrift. Gesamtausgabe. Stuttgart: Verlag Katholisches Bibelwerk GmbH 2016, 2. Mose 20,2-17; M2 nach Sehen – Staunen – Wissen. Judentum. Geschichte, Lehre und Kultur. Text von Douglas Charing. Aus dem Englischen von Cornelia Panzacchi. Hildesheim: Gerstenberg 2003, S. 40-41
S. 252/253: M1 Die Bibel. Einheitsübersetzung der Heiligen Schrift. Gesamtausgabe. Stuttgart: Verlag Katholisches Bibelwerk GmbH 2016, Matthäus 22, 37-40; M2 ebd., Matthäus 5,5-7, 5,38-48; M3 Frauke Hunfeld: „Lasset die Kinder zu mir kommen". In: Stern 16/2005. Online: http://www.stern.de/panorama/kinderarmut-lasset-die-kinder-zu-mir-kommen-539489.html (abgerufen am 06.10.2011)
S. 254/255: M1 DITIB Türkisch-Islamische Union der Anstalt für Religion e.V. Online: http://www.ditib.de/default1.php?id=7&sid=23&lang=de (abgerufen am 28.11.2018); M2 Der Koran. Aus dem Arabischen neu übertragen und erläutert von Hartmut Bobzin unter Mitarbeit von Katharina Bobzin. München: C.H. Beck, 2. überarbeitete Auflage 2017. Sure 17, 22-36; M3 DITIB Türkisch-Islamische Union der Anstalt für Religion e.V. Online: http://www.ditib.de/default1.php?id=7&sid=24&lang=de (abgerufen am 28.11.2018)
S. 256/257: M1 Cay Rademacher, Andreas Hilmer: Pfad des Wissens. In: GEO Epoche, Bd. 26: Der Buddhismus, S. 154f.; M4 Buddhistische Gemeinschaft Triratna: Dharma-Jahreskurs. 11. Woche: Warum Ethik üben? Abschnitt: Das Karma-Gesetz (Christopher Pauling). Online: http://www.triratna-buddhismus.de/fileadmin/user_upload/Kursmaterialien/Dharma-Jahreskurs_21.07.2017.pdf, S. 60-61
S. 258/259: M1 Lennon, John / McCartney, Paul: Let it be, © Sony/ATV-Tunes LLC; Sony/ATV Music Publishing (Germany) GmbH, Berlin; M2 Bernd Rolf (basierend auf: Alan Watts: Der Lauf des Wassers. Eine Einführung in den Taoismus. Übersetzt von Susanne Schaup. Frankfurt a. M.: Suhrkamp Verlag 1983, S. 74, 116f.); M3 Theo Fischer: Wu wei. Lebenskunst des Tao. Neuwied: Verlag Die Silberschnur 1989, S. 41-43; M4 Martina Peters; Zitate von Lao-Tse: Tao-Tê-King. Übers., eingel. und mit Anmerkungen versehen von Günther Debon. Stuttgart: Philipp Reclam jun. 1981. Kap. 1, § 1 (S. 25); Kap. 47, § 109 (S. 76); Kap. 37, § 85 (S. 61); Kap. 37, § 85 (S. 61); Kap. 38, § 86 (S. 65); Kap. 5, § 15 (S. 29); Kap. 23, § 53 (S. 47)
S. 260/261: M1 Islam: Vierzig Hadithe: Al-Buhārī: Die Sammlung der Hadithe. Ausgewählt, aus dem Arabischen übersetzt und hrsg. von Dieter Ferchl. Ditzingen/ Stuttgart: Reclam 2018, S. 38 (Der Glaube, 13); Hinduismus: The Mahabharata of Krishna-Dwaipayana Vyasa. Translated by Kisari Mohan Ganguli. [Published between 1883 and 1896]. Book 13: Anusasana Parva. Section CXIII, Vers 2. Online: https://www.sacred-texts.com/hin/m13/m13b078.htm (abgerufen und übersetzt von der Verlagsredaktion am 06.04.2023); Buddhismus: Vom rechten Leben. Buddhistische Lehren aus Indien und Tibet. Aus dem Sanskrit und aus dem Tibetischen übersetzt und hrsg. von Michael Hahn. Frankfurt/M., Leipzig: Verlag der Weltreligionen im Insel Verlag 2007, S. 31 (Udānavarga – Feierliche Aussprüche des Buddha); Taoismus: T'ai-Shang Kan-Ying P'ien: Treatise of the Exalted One on Response and Retribution. Translated from the Chinese by Teitaro Suzuki

and Dr. Paul Carus. La Salle, Ill. The Open Court Publishing Co. [1906]. Online: https://www.sacred-texts.com/tao/ts/index.htm, Moral Injunctions: https://www.sacred-texts.com/tao/ts/ts05.htm (abgerufen und übersetzt von der Verlagsredaktion am 06.04.2023); Konfuzianismus: Konfuzius: Gespräche (Lun-yu). Aus dem Chinesischen übersetzt und hrsg. von Ralf Moritz. Jubiläumsausgabe. Stuttgart: Reclam 2017, S. 102 (XV,24); Jainismus: Hermann Jacobi (Übersetzer, 1895): Jaina Sutras, Part II (Sacred Books of the East 45). Kindle Edition; 10. Lektion, Vers 3 (hier zitiert nach: https://de.wikipedia.org/wiki/Goldene_Regel#cite_ref-68, abgerufen am 28.11.2018); Judentum: Talmud: Der Babylonische Talmud. Mit Einschluss der vollständigen Misnah. Hrsg. nach der ersten, zensurfreien Bombergschen Ausgabe (Venedig 1520-23), nebst Varianten der späteren, von S. Lorja, J. Berlin, J. Sirkes u. aa. revidirten Ausgaben und der Münchener Talmudhandschrift, möglichst sinn- und wortgetreu übersetzt und mit kurzen Erklärungen versehen von Lazarus Goldschmidt. In: Der vollständige Talmud in der Übersetzung von Lazarus Goldschmidt online: Traktat Schabbat – Massechet Schabbat, Kapitel 2, 31a. Online: https://www.talmud.de/tlmd/talmud-uebersetzung/schabbat/schabbat-kapitel-2/#blatt-31a (abgerufen am 21.10.2021); Christentum: Die Bibel. Einheitsübersetzung der Heiligen Schrift. Gesamtausgabe. Stuttgart: Verlag Katholisches Bibelwerk GmbH 2016 (Neues Testament, Matthäus 7,12); M2, Z. 1-15: Hans Küng: Projekt Weltethos. München: Piper Verlag 1992, S. 14; Z. 16-52: Hans Küng: Handbuch Weltethos. Eine Vision und ihre Umsetzung. München: Piper Verlag 2012, S. 13-14

S. 262/263: Jörg Peters, Martina Peters, Bernd Rolf

Hilfestellungen

Martina Peters, Jörg Peters, Bernd Rolf, Verlagsredaktion

Arbeitsformen

Martina Peters, Jörg Peters, Bernd Rolf

Bildnachweise

© 2022 AldousHuxley / FredFordham, KnesebeckVerlag – S. 146; AdobeStock / Daisy Daisy – S. 30; - / DavidPrado – S. 156; - / IVASHstudio – S. 92; - / Juulijs – S. 142; - / K3Star – S. 143; - / M S/ peopleimages.com – S. 84; - / PORNCHAI SODA – S. 100; - / Trendsetter Images – S. 164; - / WavebreakMediaMicro – S. 59; akg-images / © VG Bild-Kunst, Bonn 2023 – S. 34; Alamy Stock Photo / Peter Barritt, © VG Bild-Kunst, Bonn 2023 – S. 210; - / Classic Image – S. 236; - / Collection Christophel – S. 149; - / CPA Media Pte Ltd – S. 135; - / Dino Fracchia – S. 188; - / GRANGER - Historical Picture Archive, © VG Bild-Kunst, Bonn 2023 – S. 211; - / Granger Historical Picture Archive – S. 270; - / Peter Horree – S. 200; - / Lanmas – S. 239; - / MBI – S. 156; - / PA Images – S. 248; - / Panther Media GmbH – S. 134; - / Lise Pearson – S. 51; - / Pictorial Press Ltd – S. 167, 225; - / PictureLux, The Hollywood Archive – S. 21, 50, 238; - / RGR Collection – S. 258; - / Shawshots – S. 95; - / Oleksii Terpugov – S. 68; - / The History Collection – S. 258; - / United Archives GmbH – S. 170; - / Westend61 GmbH – S. 39; - / Chris Willemsen – S. 68; Arbeitsgemeinschaft Erneuerbare Energien Vorarlberg – S. 182; Arbeitsstelle Kinder- und Jugendkriminalitätsprävention (2021): Zahlen – Daten – Fakten: Jugendgewalt. Deutsches Jugendinstitut. München, S. 12 – S. 104; Die Arche – S. 253; Baaske Cartoons / Thomas Plaßmann – S. 134; BIG Pilot Project in Otjivero, Photographer: Dirk Haarmann / Copyright: Claudia & Dirk Haarmann – S. 152; BOOMTOWNMEDIA GmbH & Co. KG, Berlin – S. 171; © Bundeszentrale für politische Bildung, bpb / Andreas Piehl – S. 78; ddp-images / AP Photo, Itsuo Inouye – S. 216; © Disney – S. 232 (2); © Dorling Kindersley: Alejandro/KJA Artists – S. 200; Brad Downey, Louisville, Kentucky – S. 200; escaperoomspiele.com – S. 196; Fotolia / anna – S. 30; - / Danicek – S. 180; - / Daniel Ernst – S. 230; - / eyezoom1000 – S. 122; - / Thomas Lammeyer – S. 126; - / outdoorsman – S. 158; - / poisonpurple – S. 158; - / snaptitude – S. 30; - / James Thew – S. 32; - / WavebreakMediaMicro – S. 230; Getty Images / AFP, Jim Watson – S. 221; Getty Images Plus / iStock Editorial, Spitzt-Foto – S. 92; - / iStockphoto, 1stGallery – S. 100; - / iStockphoto, araelf – S. 142; - / iStockphoto, ilya Babii – S. 8; - / iStockphoto, Andres Barrionuevo Lopez – S. 26; - / iStockphoto, bergamont – S. 198; - / iStockphoto, bestsale – S. 8; - / iStockphoto, bmcent1 – S. 158; - / iStockphoto, Maria Bobrova – S. 19; - / iStockphoto, BrianAJackson – S. 118; - / iStockphoto, carolthacker – S. 102; - / iStockphoto, ddukan – S. 230; - / iStockphoto, Demkat – S. 162; - / iStockphoto, Tad Denson – S. 106; - / iStockphoto, DGLimages – S. 59; - / iStockphoto, DJSrki – S. 206; - / iStockphoto, dmbaker – S. 30; - / iStockphoto, draasipos0323 – S. 180; - / iStockphoto, Frizzantine – S. 230; - / iStockphoto, GeorgiosArt – S. 97; - / iStockphoto, gopixa – S. 198; - / iStockphoto, Gwengoat – S. 51; - / iStockphoto, Harvepino – S. 260; - / iStockphoto, JackF – S. 59; - / iStockphoto, Jbryson – S. 16; - / iStockphoto, Jeffkwon – S. 162; - / iStockphoto, jeremyswild – S. 230; - / iStockphoto, Julialine – S. 189; - / iStockphoto, juripozzi – S. 38; - / iStockphoto, karelnoppe – S. 26; - / iStockphoto, Krasyuk – S. 179; - / iStockphoto, kurga – S. 206; - / iStockphoto, LuckyTD – S. 9, 27, 45, 65, 83, 101, 119, 139, 157, 175, 193, 229, 247; - / iStockphoto, Madllen – S. 120; - / iStockphoto, magicmine – S. 179; - / iStockphoto, monkeybusinessimages – S. 189; - / iStockphoto, Viktoria Nikitina – S. 66; - / iStockphoto, Brian Niles – S. 230; - / iStockphoto, odole – S. 158; - / iStockphoto, PeterHermesFurian – S. 234; - / iStockphoto, pioneer111 – S. 198; - / iStockphoto, Rawpixel – S. 188; - / iStockphoto, Ridofranz – S. 230; - / iStockphoto, RomoloTavani – S. 52; - / iStockphoto, rozelt – S. 188; - / iStockphoto, Samuil_Levich – S. 8; - / iStockphoto, SamyS – S. 94; - / iStockphoto, SonerCdem – S. 158; - / iStockphoto, suriyasilsaksom – S. 164; - / iStockphoto, tiler84 – S. 206; - / iStockphoto, TongRo Images Inc – S. 160; - / iStockphoto, Toxitz – S. 162; - / iStockphoto, Wavebreakmedia – S. 92; - / iStockphoto, zokru – S. 257; - / Stockbyte, Comstock Images – S. 230; - / iStockphoto, TongRo Images Inc – S. 160; Greenpeace e. V., Hamburg – S. 96; Team Forschen mit GrafStat / Bundeszentrale für politische Bildung, www.bpb.de/grafstat - S. 74; The Complete Philosophy Files 9783401061788 / STEPHEN LAW AND illustrator DANIEL POSTGATE, reproduced by permission of Orion Children's Books, an imprint of Hachette Children's Books, Carmelite House, 50 Victoria Embankment, London imprint, EC4Y 0DZ – S. 212 (2), 213; Sylvia Haas, Reundorf – S. 28 (8); imago images / camera4+ - S. 92; - / Horst Galuschka – S. 97; iStockphoto / FG Trade – S. 66; - / Mixmike – S. 26; - / PeopleImages – S. 10, 59; - / rivetti – S. 260; - / RyanJLane – S. 10; - / SDI Productions – S. 67; - /

shaunl – S. 14; - / TadejZupancic – S. 10; Kittihawk – S. 60; Kostas Koufogiorgos, Stuttgart – S. 214; Bettina Kumpe, Braunschweig – S. 20, 44, 88; KURIER RedaktionsgmbH & Co. KG / Getty Images Plus, iStockphoto, Julynxa – S. 12; © Marie Marcks – S. 36; ®Matthias-Film gGmbH – S. 216; Mauritius Images / Alamy Stock Photo, Alamy Live News, Pacific Press, Giuseppe Ciccia – S. 218; - / Alamy Stock Photo, Art Collection 2 – S. 176; - / Alamy Stock Photo, Cinema Legacy Collection – S. 95; - / Alamy Stock Photo, Historic Images – S. 51, 138; - / Alamy Stock Photo, lanDagnall – S. 221; - / Alamy Stock Photo, lanDagnall Computing – S. 218; - / Alamy Stock Photo, Incamerastock – S. 238 ; - / Alamy Stock Photo, PAINTING – S. 21; - / Alamy Stock Photo, Pictorial Press Ltd – S. 21, 207; - / Alamy Stock Photo, PicturesNow.com – S. 252; - / Alamy Stock Photo, The History Collection – S. 166; - / Alamy Stock Photo, The Picture Art Collection – S. 166; - / Alamy Stock Photo, ZUMA PRESS, Inc. – S. 114; - / Collection Christophel, Anglo Enterprises, Vineyard Film Ltd. – S. 148; - / Collection Christophel, Pierre Zucca – S. 165; - / RODRUN, Knöll – S. 45; - / United Archives, CinemaCollection – S. 57; Susanne Mewing, Hamburg – S. 54; © Peanuts Worldwide LLC/Distr. Andrews McMeel Syndicate/Distr. Bulls – S. 125, 242; Laurent Perraut, Bamberg – S. 200, 205 (3); Nils Perraut, Bamberg – S. 156; Stefanie Perraut-Wendland, Bamberg – S. 27; Christiane Pfohlmann, Landsberg am Lech – S. 214; © Piper Verlag GmbH, München – S. 240; picture-alliance / akg-images – Cover (2); - / AP Images, Toshiro Kubo – S. 189; - / AP Photo, anonymous – S. 128; - / Oliver Berg – S. 102; - / Besseyre Christelle – S. 102; - / CHROMEORANGE, Ralph Kerpa – S. 158; - / Constantin Film – S. 46; - / dpa-infografik GmbH – S. 70, 246; - / dpa-Report, Rainer Jensen – S. 130; - / Johannes Eisele – S. 102; - / epa, ANSA, Guido Montani – S. 160; - / epa Diego Azubel – S. 180; - / Geisler-Fotopress, gbrci – S. 235, 241; - / Michael Hanschke – S. 102; - / Heritage Images, Ann Ronan Pictures – S. 108; - / Sven Hoppe – S. 72; - / Markus C. Hurek – S. 87; - / Henning Kaiser – S. 71; - / Sophia Kembowski – S. 112; - / Mary Evans Picture Library – S. 222; - / maxppp, Costa Leemage – S. 140; - / Kay Nietfeld – S. 72; - / Britta Pedersen – S. 78; - / Daniel Reinhardt – S. 179; - / REUTERS, LEFTERIS KARAGIANNOPOULOS – S. 248; - / Sammlung Richter – S. 153; - / SULUPRESS.DE, Vladimir Menck – S. 102; - / SZ Photo, Florian Peljak – S. 156; - / United Archives, kpa Publicity – S. 222; - / Westend61, Francesco Buttitta – S. 38; - / ZB, Matthias Hiekel – S. 156; - / Zoonar, Stefano Cavoretto – S. 102; - /Zoonar, Toni Rantala – S. 26; plus + bauplanung GmbH, Neckartenzlingen / Suhan – S. 169 (2); © Reddit / r/midjourney, KI-generiert – S. 218; Shutterstock / Katerina_l – S. 64; - / Salvacampillo – S. 249; Statista GmbH, Hamburg – S. 220; Toonpool.com / Karsten Schley – S. 86; - / Jan Tomaschoff – S. 229; ullstein bild / Wolff & Tritschler – S. 184; Your Photo Today / John Powell – S. 48; © Watterson/Distr. Universal Uclick/Distr. Bulls – S. 82, 83, 271; www.polyp.org.uk – S. 228.